现代中国的立国之道

第一卷

他应成为一个公正的人，在他的天性力所能及的每一时刻去思考和创造。

［德］荷尔德林

现代中国的立国之道

（第一卷）

以张君劢为中心

姚中秋 著

法政思想文丛

The Tao of Nation-State Building in Modern China: Carsun Chang's Paradigm

法律出版社
LAW PRESS · CHINA

法政思想 文丛

目录

前言

这是我的第二本学术性著作,如果《立宪的技艺》(北京大学出版社2005年版)算是学术性著作的话。与那本书类似,眼前这本书也基本上是一个"非意图的后果"。

当然,"非意图后果"不是没来由的。在大学读过七年中国历史,硕士所读专业是近代史学史,专业虽狭窄,但我的毕业论文是研究钱穆先生的历史文化思想。钱穆一般被划入现代新儒家行列,因此,对现代新儒家,我向来就有一种亲和感。本书研究的主要对象——张君劢,与现代新儒家有深刻的联系,张君劢是横跨两代新儒家的重要人物,钱穆与张君劢也有一定交往。

不过,我接触张君劢,却绕了很大一个圈子。大学毕业之后,先进机关,后下海,又在报社做编辑,最后放弃了所有的"单位",以独立学者的身份给报刊写评论。尽管如此,心性仍喜好理论研究,因而,自上个世纪末接触哈耶克思想之后,即进入奥地利学派经济学及普通法的世界,并且有了"普通法宪政主义"的概念。经过一定的研读,自认为已有一定积累,准备写点学术性专著:先是准备写一本围绕爱德华·库克爵士(Sir Edward Coke)思想,讨论普通法宪政主义理论框架的专著。但写了三分之一便停顿了。我的兴趣转移了,准备写一本讨论立法企业家推动制度变迁的理论专著,对自己研究奥地利学派理论——主要是门格尔、哈耶克的思想——作一总结。这本计划中的专著同样在写了三分之一后又停顿了。

之所以有停顿，乃是因为，在上述写作过程中，有时被邀请参加学术会议，有时被期刊约稿，有时仅仅是因为心血来潮，陆续写了几篇关于现代中国思想与政治史的论文。大约在 2008 年 11 月，突然发现，这些似乎是随意决定写出的文章之间，其实有紧密的联系：它们都围绕着中国建设现代国家这样一个主题展开的，且似乎以对现代中国自由主义传统的重新评估为主。

应当说，这种对现代自由主义的重新评估，其来有自。我的思想深受哈耶克影响，不论是研究奥地利学派经济学，还是研究普通法宪政主义，以及其保守色彩。哈耶克区分了英国式自由主义或进化论的理性主义，与法国式自由主义或唯理主义。我立刻就把现代中国自由主义归入后一范畴中——应当说，这也是九十年代后期以来学界形成的共识，朱学勤先生在这方面的论述尤其影响巨大。坊间也有自由主义转向保守之说，我本人就属于这一保守化自由主义的行列。

不过，从历史的角度看，除非我能够发现并正面地论述一个更为可取的思想、观念和实践传统，对自由主义的批评就毫无意义。现代自由主义把历史描得一团漆黑，结果只具有破坏性。而保守主义的美德就在于关注建设更甚于破坏。

还好，在对现代自由主义的历史地位进行重新评估之时，我已经有了一个朦胧的想法：现代中国历史上，在激进革命与现代自由主义传统之外，还存在一个保守—宪政主义传统。这样的印象首先得之于 90 年代初中期突然热起来的陈寅恪先生的论述与思想：他既具有强烈的保守色彩，如他在《冯友兰中国哲学史下册审查报告》中所说，“寅恪平生为不古不今之学，思想囿于咸丰同治之世，议论近乎湘乡南皮之间”；另外，先生又具有强烈自由意识，“独立之精神、自由之思想”一语已成为现代中国自由传统的象征。有意思的问题就是：这两者是如何被融合为一体的？

正是这样的现象引领我开始在现代中国历史中寻找融合保守与自由于一体的思想和政治传统。张君劢令我眼前一亮。此前，我对张君劢的著作已有一定研读。但此番重新仔细研究,并与他之前、之后的思想人物与实践人物作简单的对比之后,我初步确定,张君劢是一个最为合适的研究对象。于是,放下了《立法企业家推动的制度变迁理论》的写作,开始对张君劢的思想进行比较系统的梳理。半年时间,完成了本书第二编各章。

随着研究的深入,我最初朦胧的想法得到证实:张君劢是现代中国保守—宪政主义传统的代表人物,也是其中一个承上启下的人物。这一传统的存在本身即可以证明,我对现代中国自由主义的批评不是吹毛求疵。而张君劢思想的独特性质,让他足以作为重新评估现代中国思想和政治史的坐标。

事实上,对自由主义及激进主义的反思,已有很多先贤进行了探索和研究。如果说本书有什么微薄贡献的话,那就是,除了对这个激进思想与政治传统提出一些进一步批评外,也试图发掘、展示一个被革命历史观和新兴的自由主义历史观长期遮蔽的另一个传统,即张君劢承上启下之保守—宪政主义传统,希望以此来揭示现代中国立国之正统何在。本书的书名即取自张君劢最为重要的著作之《立国之道》的题名。笔者相信,这样的研究不仅为准确认识现代中国思想史、政治史之所必要,也是理解当下中国的现实所必需者。笔者相信,通过发掘张君劢的立国之道,当可对现代中国的思想和政治史作出更为准确的理解,也有助于对中国文明的未来有更为亲切的把握。

不过,呈现在读者面前的本书无意对保守—宪政主义传统进行全面梳理,甚至无力对张君劢的思想进行系统研究。由于我未在学术机构供职,获取资料的能力受到限制。张君劢的若干一手资料,如《再生》杂志,笔者即无缘参阅。好在,笔者收集了张君劢的主要著作;好在,本书只准备对张君劢思想的基本结构进行探索,而并不准备进行传记性研究,也不准备进行思想史专业研究。因而,假如本书叙述过程中存在重大事实错误,尚祈方家指正、读者谅解。

同时,本书不是一气呵成而完成的,不是先有一个完整结构,而后按顺序写出来的。比如,第二章是最晚写出来。因为这个缘故,两大部分之间、章节之间容有概念、理论,甚至论断不一致之处。但是,因为这几年来所思考的问题都围绕着“立国”,因而,其基本宗旨是连贯的。当然,我得承认,我的研究是在强烈的爱憎情感驱动下进行的,结构可能失之粗疏,评论可能失之独断。对于由此给读者带来的可能困扰,我表示歉意。

围绕中国人建立现代国家这个主题,在本书各章节写作过程中,我还写作了其他几篇论文,或者产生了对相关主题进行研究的兴趣。这些研究围绕着一个主题:我所说的这个保守—宪政主义传统对中国的现代国家之构建的思想与实践。在此先做一个广告:上述研究将汇集为现代中国立国之道的另外两卷,分别是:

现代中国的立国之道,第二卷:政治的与反政治的传统。在这一卷中,我将向上追溯张君劢之思想与实践前辈和同道,向后则探讨现代自由主义的思想误差。通过这两项研究,我将逐渐拼合出现代中国保守—宪政主义思想与政治传统的演进路径与其基本理念结构。这个现代传统源远流长,并且与中国儒家思想传统之间保持一种直接的连续性。也就是说,保守—宪政主义传统不仅构成牟宗三先生所说的现代中国“民主政体建国之正宗”,而且,这一正宗传统又恰恰源出于儒家传统在对西方开放的环境下的“转进新生”。但长期以来,在思想和政治史叙事中,它被遗忘或被遮蔽了,变得模糊不清。我相信,揭示出这一传统,不仅具有知识上的价值,也具有现实的意义。

现代中国的立国之道,第三卷:制度分析。前两卷主要是思想史的研究,本卷则转入制度研究。我将依据我对现代国家结构与合理构建进路的理解,对现代中国构建现代的精神秩序(这包括宗教转型、现代学术之形成等)、法律秩序、宪制安排,以及商业秩序的一些努力进行分析。换言之,这些研究不完全是历史的,但也不完全是理论的,而是把二者融合为一。

本书之能形成,两位朋友的支持与帮助至为宝贵:一位是高全喜兄，过去几年，我与他就本书的不少论题即现代国家构建的理论问题进行过密切的交流。我们两人在这方面的理论看法大同而小异，大同即我们都试图实现中国自由主义的古典化转向，关注于现代国家的构建这一主题。不同则至少包括，他更偏重于理论，而我则偏重于历史。

另一位我要表示谢意的是许章润兄，他鼓励我将自己提交给一个研讨会的关于现代中国立国进程的历史勾勒撰写成文，即《现代中国立国进程三波论：民族主义、文化保守主义与宪政主义的互动》，并发表于他主编之《历史法学》第二卷。正是透过这一写作，我对现代中国历史上之保守—宪政主义传统有了一个初步把握，并得以深入张君劢的堂奥。同时，章润兄也为学界进行张君劢研究提供了资料上的便利：张君劢的三本重要著作：《立国之道》、《国宪议》、《中华民国民主宪法十讲》，均经他之手于近年得以出版。

最后，我感谢我的家人。我没有单位，就在家“上班”，家就是我私人生命的意义之全部。这本书自为家中出品，里面有我们全家人的心血。

姚中秋

2009 年岁杪于北京三里河斗室

上编　理论与历史

CHAPTER 01 >>

第一章

现代国家的构建规划与进路

自15、16世纪以降,自英格兰始,经美国、欧洲大陆各国,以致所有与西方接触之文明共同体,都走上了建立现代国家之路,无论其原有治理结构为何。中国也不例外,自19世纪末士大夫形成建立现代国家之政治理念,历经几多坎坷曲折,迄今似乎仍未完成此一大业。欲破解其中秘密,需要深入地思考"现代国家"之"性质"(nature),分析一个可健全运转之现代国家的构成性要素,及这些要素互动而形成之体制和秩序的特征。

这里所说的"国家",不等于政府。它接近于拉丁文res publica和英文common – wealth(或the common weal),其含义是,经由"国民"同意,旨在增进公共之善,以法律为基础而成立之政治单位。由此定义可以看出,现代国家的主体是"国民"(nation)。这是现代国家区别于前现代国家的关键,尤其是在欧洲,它的前现代是等级的、身份制的封建社会。

这里涉及一个重要的语词问题。现代国家在西语中经常用nation – state一词来描述,当代大陆学界习惯把nation – state翻译为"民族国家"。这未必完全准确。这似乎是从国家与国家的关系、从外部角度看待现代国家而对现代国家性质的界定,nation乃是处于与其他族群相对关系中的“民族”。我们则将更多地从内部视角看待现代国家，基于这一视角，nation 就是构成现代国家之政治主体的“国民”，而 nation - state 就是“国民国家”——只是在有些时候，也呈现为“民族的”国家。

当然，一个前现代的共同体的成员也正是借助于种种现代国家制度而整合为现代“国民”的。因此，现代国家的性质，最终是由它的特别制度安排所界定的。顺便指出一点，把 common - wealth 翻译为“共和国”似乎同样是不准确的。现代国家未必一定实行狭义的“共和”制，因为君主国完全能够增进公共之善，且以法律为基础，一如欧洲诸多君主立宪制国家。因此，“治理共同体”可能是该词最恰当的对译。

这个治理共同体内包括两大部分，即社会与政府——根据上面的定义，“社会”是不能与“国家”相对等的，因为社会是国家的一个组成部分。据此，一个现代国家就由一个现代政府的结构与程序、与现代的社会秩序及两者间的特定关系共同构成。建立现代国家就是建立维系一个现代国家正常运转的相关的规则、制度，并将其组织成为一个合理的、稳定的、可持续的制度组合。

现代国家之建立由四个相互关联的事业构成，即立教、立法、立宪与立商——当然可能还应包括更多因素，但下面四项是最为重要的：

所谓立教，即支持现代国家的现代精神秩序之型塑；

所谓立法，即支持现代之大市场、大社会秩序运转与扩展的国内共同法之形成；

所谓立宪，即共同体处理公共事务之结构与程序，也即政体之构造；

所谓立商，即共同体以现代的方式生产和分配物质性财富的机制，也即商业秩序之建立。

一个政治共同体，唯有同时具备了比较优良的现代的精神秩序、法律秩序、权力结构和商业秩序，政府才能保持稳定，社会才能够繁荣，现代国家始告建立。而且，这四个结构性要件之间存在紧密的关系，其间贯穿着一种一致的逻辑，而形成一个连贯的、我们可称为“国家体制”的结构实体。

现代国家的各种因素之间的内在逻辑就是现代国家之“理”，它似乎是普遍的，换言之，它具有强大的排异性。历史上，不同国家曾经尝试过诸多建立现代国家的尝试，但由此形成的国家，因为缺乏这样那样的要件而无法保持稳定，不具有持续性，陷入危机甚至归于消灭。于是，现代国家在不同历史时代、不同文化背景中呈现出来的图景，具有极大的家族相似性。正是这一历史事实使得我们对于现代国家的性质、内在结构的理论分析成为可能——也成为必要。因为，事物唯有被依理而构建，才是一种现实的且合理的存在。

一、现代国家想象：从美国制宪者、托克维尔到张之洞、张君劢

现代国家之建立大体由多个相互关联之事业构成，即立教、立法与立宪。这一认识，得自于对中西各国贤哲关于这一问题的讨论梳理。首先检讨美国制宪者的立国论述与托克维尔对美国立国事业的阐释，因为美国这个国家是以一种比较简单而极端清晰的方式构建而成的，因而也就经典地呈现了现代国家建构的过程，尽管英格兰呈现的现代国家构建过程更为全面、完整。

宗教在美国立国过程中发挥着重要但不大为人所知的作用。因而，制宪者虽然在制宪会议上几乎没有讨论宗教问题，但在制定权利法案的过程中，对此问题进行了讨论。尤其是根据反联邦党人的意见，形成了权利法案第 1 条第 1 款：“国会不得制定法律树立一种宗教为国教，或禁止其自由践行”。[1] 与权利法案的整个立法技术一样，它主要从界定和限制政府权力的角度进行规定，其背后隐含的现代宪法信念

---

〔1〕 Congress shall make no law respecting an establishment of religion, or prohibiting the free exercise thereof.

是:宗教自由是人的不可剥夺的权利,而宗教完全属于社会领域的事务。政府所要做的就是依据法律,公正地维持一个自由竞争的、开放的宗教秩序,因而政府既不能照顾某一种宗教,将其树立为国教,赋予其特权地位,把其他宗教置于不利地位;也不得禁止某一宗教之活动。由此可以看出美国制宪者的立宪智慧:它并不试图规定社会应当是什么,而主要从政府对社会可使用、不可使用的权力的角度来规范政府的行为。

美国宪法正文全部用来进行这方面的工作。在制宪会议上,美国制宪者集中于讨论建立全国性即联邦的政体结构、如何以全国性法律维系一个统一的国家并以法律约束政府权力的问题。用我们的术语来说,前者即为立宪,而后者即为立法。

所谓立宪,就是建立一个合理的、可持续的政体结构。美国制宪者—立国者鉴于此前邦联的失败,试图将十三个殖民地整合为一个"国家",为此,在制宪会议上,他们——尤其是"联邦党人"即《联邦党人文集》中的普布利乌斯——施加给自己的核心任务是在"邦"的基础上建立一个全国性或国家性(national)政府。不过,各邦尤其是小邦依然不愿放弃自己的主权,因此而逐渐形成了一个"反联邦党人"群体。[1] 最终的结果是一个折衷性政体结构。麦迪逊用这么一段话来形容它的基本结构:

> 因而,拟议中的宪制,即便是按照其反对者所设定的规则来检测,严格说来,既不是全国性宪制,也不是联邦性宪制,而是两者的组合。就它的根基而言,它是联邦性的,而不是国家性的;就这个政府的日常权力的来源来看,它是部分联邦的、部分全国性的;就这些权力的运转而言,它是全国性的而非联

〔1〕 他们的主张可以参见[美]赫伯特·J.斯托林:《反联邦党人赞成什么——宪法反对者的政治思想》,汪庆华译,北京大学出版社2006年版。

邦的;就其范围而言,它又是联邦的而非全国性的;最后,就启动修正案的权威模式来看,它既不是完全联邦的,也不是完全全国性的。[1]

在这段抽象的话语背后,我们可以看到诸多新颖、复杂而且保持了逻辑上连贯的制度设计。对此我们不拟进行详尽分析,而只指出一点:正是这些设计,为美国"国民"(nation)处理公共事务提供了一个比较有效的、灵活的、对着未来开放的结构与程序。

在美国立国过程中,法律也始终被立国者置于关键位置。延续英格兰的法治传统,美国立国者清楚地意识到全国性法律对于这个全国性政府的决定性支撑作用。为创建联邦政府而制定成文宪法。这本身就是一个历史性创举,它表明了美国立国者信赖法律对治理,尤其对安顿和控制政治权力的决定性作用。由此,在美国,联邦政府所有机构及其权力的范围都是通过制定宪法和法律的方式建立起来的,而杜绝了人的意志的任意性。历史上,诸多国家都是通过武力建立,随后才制定法律的;美国则树立了一个通过立宪、立法,理性地构造国家的先例。这一历史经验赋予现代国家以一种特殊的性质,这种性质可能是现代国家之为现代的根本理据所在。后发国家能否大体上沿着这条理性的、政治的、通过立宪建立国家的路线构建自己的现代国家,将在很大程度上决定着其建国事业的成败。

在设计政体的时候,美国立国者特别关注于确立全国性法律的优先地位。这当然与美国建国者面临的任务的特殊性有关。其他国家建国者面临的主要任务是驯服暴政,美国建国者面对的任务却是把分散的州融合成一个国家,让松散的邦联更为紧密一些。而建国者经过争议,决定排除中央政府以行政或武力控制各州的方式,而以法律来增进

---

〔1〕 Alexander Hamilton, James Madison, John Jay, The Federalist Papers,中国社会科学出版社(影印本),1999年版,第246页。

和维持联盟的统一性。[1] 首先,联邦政府被授予了制定足以维系全国性政府的法律的权力;这方面的规定占了联邦宪法篇幅的一半。其次,最值得注意的是,美国立国者设立了一个以联邦最高法院为首的联邦法院系统,用以执行联邦的法律。关于这一点,汉密尔顿提出了一个政治定理:“假如有政治定理这样的东西,那一个政府的司法权力与其立法权力同一范围这一点,当属第一。”[2] 在美国立国者看来,“合众国”作为一个超越于邦的国家乃是依包括宪法在内的全国性法律而成立、运转的,其日常的运转也由这些法律来调节。

从美国立国过程,可以清楚地看到法律的至关重要性,包括宪法、全国性法律等。法律是这个新建的国家的基础,也是维系各邦之间及人民之间的联系的纽带,正是法律的实施塑造了美国的“国民”。

在美国建国近半个世纪后,托克维尔走访美国,发表了其经典的政治学著作《民主制在美国》(通译《论美国的民主》)。相比于“身在此山中”的美国制宪者,托克维尔以局外人身份,更为完整地揭示了美国这一治理共同体构造过程的特征,从而构造了一个最为完整的现代国家构建范式。

托克维尔在《论美国的民主》绪论中说:

> 这个时代,指导我们的事务的人所要承担的首要的任务是教育大众;如有可能,激发其信仰;净化其道德;指导其活力;以实务知识替代其经验的匮乏,以对真正利益的熟悉取代其盲目的天性;使其政府适应于具体时空,依照时代的趋势和主体调整政府。

---

〔1〕 汉密尔顿提出的一个宪法方案中就曾规定:“各邦邦长或主席将以联邦的名义任命”([美]麦迪逊:《辩论:美国制宪会议记录》,尹宣译,辽宁教育出版社 2003 年版,下,第 825 页)。制宪会议最初讨论的弗吉尼亚草案中也有一条:“应由行政官和全国司法部门适当数量的成员,组成一个复决会议(council of revision),授权复审全国议会尚未实施的每项法案,和各邦议会的每项立法,具有最后否决权”(《辩论:美国制宪会议记录》,上,第 17 页)。

〔2〕 The Federalist Papers,第 476 页。

托克维尔接着说,“一门新的政治科学是一个新世界所不可或缺的。”[1]从托克维尔的上下文来看,这门新的政治科学,在很大程度上乃是立国者的科学,建立一种优良的政体,或者更广泛地说建立和维系一种优良的社会治理秩序的科学。简言之,是一门立国的科学。

经过考察之后,托克维尔曾对美国宪政制度保持稳定的奥秘作过如下概括:“有助于民主共和制在美国之维系的所有因素都可以归结为三大类:(一)上天安置给美国人的那种独特的、碰巧的环境;(二)法律;(三)人民的民风与习惯。”[2]在这三大因素中,地理环境是碰巧的,而不具有普遍性,因而我们在进行理论思考时就不必考虑这一点。

托克维尔所说的“法律”,类似于中国古典话语中的“法”、“法度”,实际上是指政体结构,托克维尔具体解释这个法律时即说:

> 在我看来,有三大因素极大地有益于民主共和制在美国之维系:第一点是美国人所采用的联邦形态的政府,它使合众国把大共和国的能力与小共和国的安全结合在一起。第二点是市镇的诸制度,它们限制着多数的专制,同时又养育人民对自由的爱好,及保有自由的技艺(the art of being free)。第三点则可在司法权的结构中看到。我已经展示了法院以何种方式抑制多数的过分行为,它们如何制约和指导多数的冲动,而又不阻止其活动。[3]

在这里,托克维尔揭示了美国的立宪事业所取得的成就:联邦制,地方自治与社会自治,及司法权在政体结构中的特殊地位。

托克维尔也非常仔细地讨论了现代话语中的“法律”对于美国现代

〔1〕 Alexis de Tocqueville, Democracy in America, Vol. 1, 中国社会科学出版社(影印本), 1999年版,第7页。

〔2〕 Democracy in America, Vol. 1, 第288页。

〔3〕 Democracy in America, Vol. 1, 第299页。

国家之运转的决定性作用。宪法自然不用说,托克维尔也特别讨论了属于民事法律范畴的继承法,对于美国社会的平等、民主所产生的重大作用:“我觉得惊讶的是,古代和现代的法学家没有认识到这种法律对人间事务的巨大影响。确实,这些法律属于民事范畴;尽管如此,它们应当被置于一切政治制度之首。因为,它们对于国民的社会状态可发挥令人难以置信的影响,而政治性法律只是展示这种状态是什么而已。”美洲殖民者将原来英国的长子继承制改为诸子平分原则,从而构成“通往平等的最后一步”。[1] 而在托克维尔看来,平等正是现代社会最根本的特征,美国政治、社会乃至美国人精神的诸多特点,均直接取决于此。

在托克维尔看来,美国人与其他民族的区别在于,他们继承了英国人的心智习惯,具有强烈的法律精神。在社会治理中,法律和司法是最重要的制度性工具。托克维尔关于美国社会治理的论述部分的章节安排,就显示了法律、司法的关键作用:第五章讨论了《在考察联邦之前考察各州状态的必要性》,尤其突出了市镇作为基本治理单位的自治特征,接下来没有讨论联邦宪制,而是插入一章《美国的司法权及其对政治性社会的影响》。之所以作如此安排,因为,“如果只是随便提及”美国的司法机构,“它们的巨大的政治重要性会被读者低估”。在他看来,“迄今为止,这个地球上没有哪个国家像美国那样组织其司法权力”。[2] 尽管美国的法官跟其他国家的法官一样从事司法活动,但在美国,法官却享有“巨大政治权力”,原因在于,“美国人授予了法官依据宪法而不只是依据法律进行裁决的权利”,[3]此即司法审查权。借助此种制度安排,美国人让“所有公共官员对法庭负责”。[4] 托克维尔的这一发现至关重要,下面我们将会详尽论述。

---

[1] Democracy in America, Vol. 1, 第47~48页。
[2] Democracy in America, Vol. 1, 第98页。
[3] Democracy in America, Vol. 1, 第100页。
[4] Democracy in America, Vol. 1, 第103页。

正是由于这种制度安排，“法律家”在美国社会治理中扮演了重要角色。在托克维尔的语境中，这种角色尤其重要。托克维尔承认民主的“优势”，但也是思想史上第一个强烈担心民主之负面后果——包括多数的暴政——的思想家，而他在美国发现，美国人“托付给法律职业群体的权威，及这些个人在政府中所发挥的影响，是现有的最为有力的抵制多数之暴虐的保障机制”。[1] 托克维尔对法律职业群体的特殊“心性”(temper)进行了分析，他们的角色类似于英国的“贵族”。尤其重要的是，这种法律精神渗透到整个社会，“法律的语言在某种程度上已成为一种通用口语”，美国的法律家似乎成为一个党派，“覆盖整个社会，渗透到构成它的所有阶层；它在不知不觉中围绕着整个国家运作，但最终也塑造了它，使之合乎自己的宗旨。”[2] 在托克维尔勾画的美国国家治理图景中，“法”高居最重要的位置，这也正是所有现代国家的共同特征，尽管程度不等。

托克维尔同时解释了“教”对于美国现代国家秩序的关键意义，这被归入“民风”的范畴下。按照他的解释，所谓“民风”，“不仅是指人们一般所说的民风，也即可以被称为心灵之习惯的东西，还包括人们中间流行的各种认知与意见(notions and opinions)，以及构成其心智特征的种种理念(ideas)。因而，我用这个词包容国民的整个道德与智识状况。”[3] 民风之中，宗教是最重要的。在《论美国的民主》中，托克维尔对宗教给予了特别的重视，在第一卷、第二卷都有大篇幅的讨论，通过对美洲历史和美国现实的考察，托克维尔在美国既有的宗教与稳定的宪政秩序之间，建立了一种正相关关系。[4] 当然，托克维尔也讨论了美国的教育、家庭等与精神密切相关的因素，对于维系美国现代国家秩序的重要意义。

---

[1] Democracy in America, Vol. 1, 第 272 页。

[2] Democracy in America, Vol. 1, 第 280 页。

[3] Democracy in America, Vol. 1, 第 299 页。

[4] 关于这一点，笔者有专文讨论。

这样,托克维尔作为一个局外人,为我们提供了一幅关于美国建国的相对完整的规划:首先是立宪,即建立优良的宪制结构,包括联邦政府与地方政府的构造。其次是立法,整个社会具有法律精神,法律调节着社会生活方方面面的关系,司法在社会一般治理与政治过程中同时发挥重要作用。最后是立教,也即民风之形成,特别是宗教、宗教所影响的家庭观念与制度,它们塑造着国民的精神秩序,进而支持着法律与宪制的运转。

上面我们讨论了西方贤哲关于现代国家整体架构的描述。从19世纪90年代开始,中国士大夫的观念开始发生根本性转变,这一时期构成中国思想、观念及制度史上的一个重要分水岭[1]。在此之前,西方列强大肆进行殖民扩张,社会达尔文主义在西方社会盛行,通过严复的介绍,这种观念传入中国。社会达尔文主义对士大夫所接受的儒家伦理主义的"天下"观念构成强烈冲击。敏锐的士大夫由此恍然大悟了现代世界的游戏规则——尽管从今天的角度看未必正确:一个共同体的强大未必依赖于其道德教化的水平,而是依赖国家所具有的物质性力量。这些士人又清醒地意识到,传统的治理观念和制度资源不足以解决这些危机。由于危机源于西方,士大夫所找到的解决方案自然来自西方,西方既然是靠现代国家而具有对外侵略之力量的,那中国要具备防御的力量,同样应当建立现代国家。由此,士大夫也就产生了中国建立现代国家的意识。

康有为似乎最早具有明确的立国意识,尽管他最早是以否定的形式来表达的。1898年春天,康有为组织"保国会",其章程宣称:"本会以国地日割,国权日削,国民日困,思维持振救之,故开斯会以冀保全,名为保国会。本会遵奉光绪二十一年五月二十六日上谕,卧薪尝胆,惩前毖后,以图保全国地、国民、国教。"接下来具体解释三者之内涵:"为

---

〔1〕 张灏通过对梁启超思想的梳理阐明了这一点,参见张灏:《梁启超与中国思想的过渡(1890—1907年)》,崔志海、葛夫平译,江苏人民出版社1995年版。

保国家之政权土地。为保人民种类之自立。为保圣教之不失。为讲内治变法之宜。为讲外交之故。为仰体朝士请求经济之学以助有司之治。本会同志讲求保国、保种、保教之事以为论议宗旨。”[1]

在康有为看来，欲达成这些目的，需积极地从事两方面的制度构建工作：一方面，大规模“变法”，变革政府的政治、行政、法律，包括立宪，建立现代政府架构；另一方面，康有为也试图重建中国人的精神秩序，其入手处就是仿照西方教会，因应现代社会之需，把儒家改造成儒教。对康有为来说，这两者同样重要，如萧公权先生所说：“保全中国的文化认同（儒学）和维持中国的政治独立（帝国），在康的心目中是同等重要的，两者都不能被‘西潮’所吞没。”[2]在康有的立国规划中，立教与立宪是两大支柱。

大约与此同时，张之洞结撰《劝学篇》，第一篇《同心第一》引述康有为保国、保教、保种之义。值得注意的是，张之洞所说的“三保”的次序不同于康有为，他将“保教”置于“保种”之前。这一点似乎可以说明张之洞比康有为更保守一些，尽管“两人一样热心使儒学的权威与影响绵延下去”。[3]

不过，相比于康有为，张之洞更为深入地论述了保国、保教、保忠三者“安危与共”的关系：“吾闻欲救今日之世变者，其说有三：一曰保国家，一曰保圣教，一曰保华种，夫三事一贯而已矣。保国、保教、保种，合为一心，是谓同心。”接下来，张之洞更具体的说明了三者间的关系：“保种必先保教，保教必先保国。种何以存？有智则存，智者教之谓也。教何以行？有力则行，力者兵之谓也。故国不威则教不循，国不盛则种不尊。”此处之智，或可指其“文化”，在张之洞看来，文化规定着国族，保存一个国族实即保存其文化，保存自身文化方算保存了国族。但文化必

---

〔1〕“保国会章程”，见汤志钧编：《康有为政论集》，上，中华书局 1981 年版，第 233 页。

〔2〕［美］萧公权：《近代中国与新世界：康有为变法与大同思想研究》，汪荣祖译，江苏人民出版社 2007 年版，第 79 页。

〔3〕《近代中国与新世界》，第 93 页。

须依托于国家，尤其是国家之力量，其力量来自于政府之优良治理："且夫管仲相桓公、匡天下，保国也，而孔子以为民到于今受其赐。孟子守王道、待后学，保教也，而汲汲焉忧梁国之危，望齐宣之王，谋齐民之安。然则舍保国之外，安有所谓保教、保种之术哉？今日颇有忧时之士，或仅以尊崇孔学为保教计，或仅以合群动众为保种计，而于国、教、种安危与共之义忽焉。"[1]

康、张二人立场虽有激进、保守之别，但这两份文件确实标志着中国士大夫已经形成了建立现代国家的清晰而完整的意识。因而，两人都寻求变革政府的各项制度，尽管康倡立宪而张仅主张行政改革；两人也都注意到了特定精神、价值、文化对于国家的重要性，区别仅在于康有为力倡立教，而张之洞仅主保教。但恰当的现代国家立教之道似正在于这两者的综合。

待到清末新政与立宪时期，开明士大夫群体关于现代国家的认知已经达到较为清晰的程度，即在原来笼统的变法纲领中，区分出了政府结构与法律，也即形成了立宪与立法的区分。此中的关键似为中西交通中的"国际公法"概念之引入，与变法、立宪过程中"宪法"概念之引入与流行。经由这一中介，人们形成了现代立法概念。人们已普遍意识到，此一立宪变革完全超出传统政治框架，而这一变革唯有借助于系统地制定全新之法律体系方能展开。同时，现代三权分立理论的引入也让人们形成了现代立法、司法概念，并清楚地知道，这两者大大不同于行政。

这其中最可注意者，似为梁启超写于光绪二十二年（1896 年）之《论中国宜讲求法律之学》，开篇即谓："法者何？所以治其群也。大地之中，凡有血气者，莫不有群，即莫不有其群之条教部勒。"也就是说，有群体即有规则，梁启超接着提出一个命题："大抵起群之智愈开力愈大者，则其条教部勒愈繁。"西洋之所以比中国更为文明，就是因为西洋各

---

〔1〕 张之洞：《劝学篇》，华夏出版社 2002 年版，第 11～12 页。

国的法律更为健全。因此,中国"今日非发明法律之学,不足以自存矣。""故吾愿发明西人法律之学,以文明我中国,又愿发明吾圣人法律之学,以文明我地球。"[1]这里,任公似乎已经指示了会通中西的中国现代立法之正道。

因而,我们看到,光绪三十二年七月十三日《宣示预备立宪先行厘定官制谕》明言:"故廓清积弊,明定责成,必从官制入手,亟应先将官制分别议定,次第更张,并将各项法律详慎厘订,而又广兴教育,清理财务,整饬武备,普设巡警,使绅民明悉国政,以预备立宪基础。"[2]这里把法律与行政明确区分开来,且置于同等重要位置,当时大臣已经清楚地意识到:"法律者立国之基,致治之本"。[3] 由此,而有了清末大规模制定民法、刑法、刑事诉讼法等现代法律体系的活动。

张君劢先生于抗战中撰写的《立国之道》[4]一书,系统阐述了现代中国的立国之道。张君劢先生在其理论性讨论部分相当全面地讨论了立国之要件。

张君劢首先指出,民族主义运动乃是立国的精神动力。但是,仅有此种精神,是不足以建立现代国家的,"须知民族主义,只是建国之一方面,其余有待于政治组织之改善。"此所谓政治组织之改善,就是他毕生所从事的事业,即立宪,建立一个现代的宪政主义的政府。而这种政府之建立,实有赖于立宪政治:"简单地说以民主运动,当做政治改善之基础。所谓宪法、议会政治、地方自治、立法权之规定等,就是从民主运动中产生出来的"。[5]

---

〔1〕 引文俱见梁启超:《饮冰室合集》,中华书局 1989 年版,第 1 册,文集之一, 第 93 ~ 94 页。

〔2〕 引自故宫博物院明清档案部编:《清末预备立宪档案史料》,中华书局 1979 年版,上册,第 44 页。

〔3〕 《大立院正卿张仁辅奏修订法律请派大臣会订折》,见引自《清末预备立宪档案史料》,下册,第 833 页。

〔4〕 今以《政制与法制》之名出版,即张君劢:《政制与法制》,清华大学出版社 2008 年版。

〔5〕 《政制与法制》,第 20、21 页。

但是，仅靠政府是不足以支持现代国家之正常存在与运转的，它还需要以与其相适应之道德与法律为基础："为改善国家组织计，有两大源头。如无此两大源头，国家基础是不会确立的，民族生存是无法维持的。所谓两大源头：一、法律；二、道德。"[1]这正是我们的立国框架中的"法"与"教"。张君劢先生对法律与道德之含义及其对立国的作用，进行了具体阐述。

关于法律，张君劢断言，一个国家在很大程度上就是她的法律所规定的："所谓国家是多数人民集合而成之国体。既有千千万万的人民，所以范围而统治之者，不能不有法律。"这包括私法、行政法和宪法，张君劢大体同意西方法学家的一句话："国家是一切法律集合的人格化。"因而，如何合理地制定法律，人民是否具有法律精神，一切特别重要的，政府是否"严格遵守、公平执行、正确解释"法律，乃是国家稳定之前提。[2]

接下来，张君劢先生讨论道德对于国家之决定性作用。这种道德对于国家自身的生存及其在国际间的生存，均具有重要意义："对内而言，专靠权力亦不能维持长久，所谓'马上得之，不能马上治之'，古人已先我而言。再就对外而言：国际间胜负，诚然要靠武备，但整个国家在武力的背后，如无集体的道德，要想立国于世界之林，也是不可能的。"张君劢引了两个例子，日本武士道中的负责任精神，英国政治人物的政治操守。这种集体道德，指国民的信念与价值观，即"国家道德"，尽管张君劢用这个词主要强调国族之信念和价值观在政治人物身上的表现。

张君劢最后总结说，"民族建国之最高原则，不外集体道德与法治习惯"。[3] 由此我们可以理解，张君劢为什么既是一个宪政主义者，同

---

〔1〕《政制与法制》，第21页。
〔2〕《政制与法制》，第21～22页。
〔3〕《政制与法制》，第25页。

时又是新儒家代表人物。他之表彰、发展儒家思想,也正是为了替中国的现代国家寻找道德基础。

基于上述理论,张君劢提出了本人及国家社会党的"建国方案"。[1] 张君劢提出,抗战应与建国并行,而中国欲以抗战为机遇建立现代国家,必须解决三大问题:"(一)民主与专政之争;(二)社会主义与资本主义之争;(三)固有文化与西方文化之争。"这三个问题分别涉及宪政、经济政策与文化政策。张君劢给出的方案是:"修正的民主政治","国家社会主义下计划经济的建设",至于文化政策则为:"对于旧文化之特长,要宣扬并加以发挥,对于欧西文化,不仅学其表面,当求其深处,但此'借材异地'之心,并不动摇吾人对本国文化之信念。"即所谓借材异地,而新旧并存。[2]

张君劢关于立宪、关于新文化之发育持有最为平正中庸之看法,此处不拟具论。值得讨论的是张君劢先生建国方案中的经济建设一项。事实上,自孙中山先生以降,所有讨论立国大业者,几乎都会把经济秩序之再造作为非常重要的议题提出,中山先生三大"建国方略"之中即有著名的"实业计划"。陈独秀、李大钊引入马克思主义后,经济问题更是居于最为重要位置,甚至压倒了政体变革。按照那一理论,政治安排不过是经济基础之反映而已。经济决定论几乎成为学界、政治界之常识,1931 年通过之中华民国训政时期约法有《国计民生》一章,1946 年制定之《中华民国宪法》有《国民经济》一章。

综合中外贤哲之论述,可以看出,现代国家之建立,以立教、立法、立宪、立商为四大要件。尽管如此,由于商业、经济问题在现代国家构建过程中的浮现是相对晚出的,就性质而言,似乎也与宪制结构、法律体系、精神秩序不在同一层面上,因而,下面关于现代立国规划的讨论,暂时不包括商业秩序之构建,而留待未来进行讨论。

---

[1] 《政制与法制》,凡例,第 11 页。
[2] 《政制与法制》,第 5~6 页。

立国规划中的立教,是指支持现代国民之精神秩序的形成与发育。这里的"教",当然不只是指狭义的宗教。事实上,现代国家成立的基本原理及其根本动力之一就是政教分离,政教在任何意义上的制度性合一——不论此处之教为传统宗教,还是世俗的政治教条体系,都与现代国家的基本理念不相容。因而,此处所谓的"教",乃是指支持、支配国民之精神秩序的种种信念、价值体系,即中国传统话语体系中所说之"教"。它可能呈现为名副其实的传统宗教,但在建立现代国家过程中,必须重新架构其与社会、与政府、与个体的关系。它也可能呈现为现代的种种文化制度,这其中比较重要的是"国语"、"国史"。大体上,立教事业是在社会层面上展开的,借助权力立教的努力通常会带来扭曲性后果。

立国规划中的立法,是指建立现代国家正常运转所需的法律规则体系之制定与执行的机制。此处之法,乃是国家性法律,它是超越于地域、血缘、行业、种族、宗教等隔阂,以平等的国民之行为作为其调节对象的,旨在支持现代的大社会(great society)、全国性大市场的正常运转。立国事业中的立法事业涉及两大问题:首先,国家性法律是由谁、基于什么样的基据(data)、通过什么样的程序来制定;其次,这些国家性法律由谁、通过何种方式在全国范围内有效执行。这两者密切相关。在美国立国过程中,立法机制与司法机制的建立居于同等重要的位置,至少立国者作如是想。

立国规划中的立宪,是指建立一套能够有效地处理公共事务的政府权力结构与运作程序,也即设计政府的架构。所谓的"宪",首先是指技术意义上的宪法、宪制。立国者在此所面临的任务是,政府的权力在纵向、横向如何分割、搭配,以及如何使这些权力相互制约、平衡。现代国家的基本特征在于强政府,这是现代大社会、大市场运转所必需的,立国者必须致力于建立一个强政府;但立国者必须同时考虑另一个问题:如何使这个强政府不至于变成一个暴虐的政府,否则,这个现代国家的基本结构就难以保持稳定,而陷入革命的循环之中。为此,可以自我维系的宪制就必须具有价值指向,也即必须是宪政主义的。

上述立教、立法、立宪三要件之间存在复杂的关联，教、法、宪三者之组合，即构成了人们通常所说的“社会”与“政府”。在现代国家结构中，“教”属于社会范畴，“宪”本来就是指政府的构成（constitution），而“法”则横跨于社会与政府之间。但当然，国民的精神秩序对于立法、立宪均具有决定性影响。国民、立法机构成员、法官、政府官员信仰什么，将决定它们制定什么样的法律，怎样司法，建立什么性质的政府，及官员如何行使日常性权力，以及最重要的，国民致力于建立什么样的制度与法律。反过来，国家的宪制结构在很大程度上决定着法律的性质与司法过程，也会影响着国民的精神秩序。一个国家的特征，及其现代性的程度，就是由这三者的特征及其互动关系所决定的。

二、立教：现代精神秩序之型塑

立教即现代治理共同体精神秩序之构造，笔者拟从三个方面进行一些简单讨论：国民信仰体系即宗教之更化，国语、国史之形成——但“教”的范围当然不限于这三项。

欧洲现代国家之建立与宗教有极大关系。张君劢先生在关于中国现代立国规划的讨论中，频繁而完整地发明此意，兹引用其较为完整的一段如下：

> 宗教革命，为欧洲历史中划分时代之界限：第一，全欧为“上帝之城”之世界的观念打破，民族国家观念代之而兴，各国君主离教皇，而自为主权者；第二，各国自有其教会，非统一于教皇一尊下之教会；第三，政治与宗教分而为二。国家不立于教会之下，而超然于教会之外，此国家之性质，显然“天下”为狭小，因为从此以后，世界主义之观念消灭，民族国家代之而兴了。[1]

---

〔1〕“中华新民族性之养成”，见张君劢：《民族复兴之学术基础》，中国人民大学出版社2006年版，第206页。

如张君劢所说,政教分离乃是现代国家最基本的制度安排。不过,历史地看,欧洲各个现代国家之建立,实与宗教有极大关系,至少宗教改革提供了现代国家成立的重要动因。对此,数百年来,西方学者从不同角度进行了论证。从消极的角度来看,教派间的冲突推动人们接受一个权威趋向强大的君主,以它作为和平秩序的维护者,此乃欧洲君主专制主义兴起的一大动因。[1] 从积极方面来看,宗教改革的总趋势是削弱罗马教会的权威,增加世俗君主的权力。如伯尔曼所指出的,"新教教义把精神权威和精神责任转移到各公国和民族国家的世俗立法者身上,这些公国和民族国家的至上权威此时吞并了私有的管辖权,而那先前本是各自自治的。"[2] 在伯尔曼看来,德国革命的关键是路德的宗教改革,英国革命的关键则是加尔文的宗教改革。而宗教改革的影响波及社会各个领域:"受这些革命冲击的,并不仅是法律传统,而且还包括新的国家形态、新的政府形式、新的经济制度、新的阶级关系、新的历史观念和新的真理观念"。[3] 现代国家就是在宗教改革的波浪中逐渐形成的。

更具体地说,宗教的变化改变了民众的心智,促成了人们的国族意识。在这种精神支配下,世俗君主与其人民脱离罗马教会的管辖,英格兰就是这方面的典型。亨利八世与议会合作,推动了英格兰的宗教改革。现代国家之所以被人们称为"民族"国家(nation - state),也正在于此。所谓"宗教改革",从政治的角度看,毋宁是一场"民族主义"运动。

当然,关于宗教与现代立国的关系,乃是一个有争议的话题,宗教推动现代立国的内在机理仍有待深入研究,且未必能够得出一致结论。但是,宗教与现代国家之建立之间具有重要联系,这似乎是一个可以确认的事实。也许可以说,从逻辑上看,宗教——原有的,或经过调整的

---

〔1〕 让一博丹的主权思想之酝酿,即与法国当时激烈的教派冲突有关。

〔2〕 [美]伯尔曼:《法律与革命》(第二卷),袁瑜琤、苗文龙译,法律出版社 2008 年版,前言第 2 页。

〔3〕 前引书,第 1 页。

宗教，为各国之立国提供了精神基础。

不过，本节研究的主题是现代国家结构中的精神秩序问题，而不是宗教作用于现代立国进程的动力机制。要探究现代国家结构中的精神秩序，我们首先要追问：现代国家是否一定需要以某种精神秩序作为其基础？接下来需要讨论：如果需要，它可以，以及应当是什么？

之所以提出第一个问题，乃是因为，如上所述之历史事实显示，现代国家之成立，部分的是人们寻求解决宗教冲突之制度化安排的产物，因而，欧洲所有现代国家之立国者所完成的第一项工作，就是确立宗教宽容——换句话说就是政教分离——的宪法原则。例如，英国光荣革命成功的标志就是宗教冲突之大体解决，实现了宗教宽容，[1]要求担任公职的人员信奉国教的政策也被废除，大体实现了政教分离。应该说，这种政教分离在美国表现为最为明显，美国联邦宪法第6条第3款规定："不得以宗教标准作为担任合众国任何官职或公职的必要资格。"第一修正案更是明确规定："国会不得制定法律树立一种宗教为国教或禁止其自由践行。"只是经由这样的宪法安排，现代国家才大体在其国内解决了一直纠缠人类——尤其是欧洲社会——的宗教冲突。

尽管如此，在现代国家中，宗教仍扮演着十分重要的角色，甚至在政治上发挥着重要作用，尽管这种作用不是制度性的。[2] 托克维尔就明确指出，美国实行了最严格的政教分离制度，宗教却并未因此而退场：

> 在美国，宗教从来不直接参与社会的治理，尽管如此，必

---

〔1〕"清教中的不奉国教者和正统的英国国教徒一起来建立一种宗教制度（religious system），在这种制度中英国的新教教会仍然是国家的国教会，但是长老会、中立派、公理会，和其他的信仰三位一体的新教派别受到'宽容'，一神教派和贵格会及一些其他的激进的新教派别只有被忍受，犹太教在其行动中受到了严格的限制，罗马天主教仍然受到严重的歧视对待"，《法律与宗教》（第二卷），第240～241页，此段译文根据英文略有修改。

〔2〕关于这一问题，笔者撰有专文讨论，参见秋风："政教分离之后——阿克顿汉译著作阅读札记"，载高全喜主编：《大国》（第2期），北京大学出版社2004年版。

> 须把它视为那个国家首要的政治性机构；因为，即便它并未教导人们热爱自由，也推动了人们对它的运用。[1]

这个看法可能有点违反宪政“常识”。但托克维尔恰恰说处以个人类社会治理的基本事实：没有人可以消灭宗教，而宗教作为一种源于人的内在精神的事物，必然会影响到政治，甚至对政治产生巨大影响。问题仅在于，在现代社会，它发挥影响的渠道与前现代社会大不相同了。

在托克维尔看来，新美国与老欧洲相比，由于政教分离，宗教反而能够在更广泛的领域中发挥巨大作用。托克维尔详尽地描述了“被当作一个政治性机构的宗教”如何“极大地有助于民主的共和制在美国人中间的维系”。[2] 托克维尔的思想可以概括如下：人具有肉体与灵魂双重存在。人的灵魂在很大程度上寄居于宗教中。宗教引导现代人超越个人主义的、物质主义的生存状态，面向自己的灵魂，从而也就面向他人，产生并维系其参与社会、构造社会的意向。正是这种意向支持着地方自治、社团自治等“局部性自由”制度，把私人塑造成为公民。这样的公民的存在，使立宪政治成为可能，使宪政秩序得以维系。宗教与宪政间的这种关系是间接的，又是至关重要的。托克维尔据此训诫立宪者，既应实现政治世界与道德世界的分立，又必须反对物质主义。

基于托克维尔的研究，以及阿克顿、柏克的论述，我们可以有把握地说，现代国家是需要某种程度、某种形式的宗教之支持的。现代国家结构中的宗教呈现出两种不同面相：首先，立国者必须确认政教分离原则，不能以政府权力建立和维持任何形式的国教，不论其为传统宗教，还是现代的世俗的政治性信仰体系。但是，政教分离原则并不意味着，宗教不能在一个国家的生活之方方面面发挥作用，不意味着不能存在某种“事实上的国教”。所谓“事实上的国教”，就是无国教之名而对国

---

〔1〕 Democracy in America, Vol. 1，第 305 页。

〔2〕 这是一个小节的标题，Democracy in America, Vol. 1，第 300 页。

民的精神、社会、文化乃至政治生活具有广泛的，甚至可能是深远的影响。当然，这样的宗教是在社会层面上发育的，以其纯粹宗教的力量型塑着国民的心灵，从而对社会治理发挥托克维尔所说的“间接影响”。按照托克维尔的说法，如果没有这种宗教的教化，现代社会内在的物质主义、利己主义趋势将会导致社会的萎缩、政治的衰败乃至文明的退化。

下面的事实也能够证明从反面这一命题的正确性：现代国家建立过程中，所有曾经试图摧毁传统宗教的政治力量，也都试图向民众供应一种人造的宗教体系，比如法国大革命期间，革命者在致力于摧毁传统天主教的同时，试图建立“理性宗教”。[1] 这种荒唐的努力似乎恰足以证明宗教在现代国家结构中之必要性，尽管它发挥作用的方式与前现代国家绝不相同矣。

由此，我们转而讨论现代国家处理宗教的不同进路，即宗教在现代国家结构中的定位。考察各国经验，似乎不外三种：

第一种，原教旨主义模式，即立国者试图建立较严格意义上的政教合一的国家体制，透过正式制度安排，用某种传统宗教指导国民各个方面的生活，复以政府的强制性权力和资源来维系宗教的地位。如前文所说，宗教是现代各国建国过程中非常重要的力量，那些积极参与现代建国的宗派通常是比较激进的。它们通常具有，至少在一定时期内具有按照宗教原则重建整个社会秩序的强烈冲动，如加尔文在日内瓦的政治实践。在当代某些地区，尤其是伊斯兰世界，人们同样能够看到这种建国模式。

第二种，树立“人造国教”的模式。卢梭在《社会契约论》的最后呼吁建立一种“公民宗教”，它是“一篇纯属公民信仰的宣言，这篇宣言的条款应当由主权者规定……它虽然不能强迫任何人信仰它们，但是它

---

〔1〕 关于这一点，可参见笔者的一个简单介绍与讨论，《立宪的技艺》，北京大学出版社 2005 年版，第 125～128 页。

可以把任何不信仰它们的人驱逐出境"[1]。这种公民宗教不是传统宗教,而是主权者或者主权者信奉的哲学家的人为创造物。法国大革命及其后不少国家革命期间的建国模式就是如此:旨在建立现代国家的政治力量刻意地摧毁传统宗教的建制,命令禁止人们继续信仰其教条;同时由自己生产出一种世俗的信仰体系,将其书写入法律中,透过整个法律执行体系和社会管理体系强迫民众接受、信奉。在中国,不少启蒙知识分子,比如胡适,曾经试图建立一种理性主义的、自然主义的宗教。[2] 当然,胡适所提议的这种人造宗教只是劝谕性的。而不同的激进主义政党则都努力把权力延伸到宗教领域:它根据其全盘改造世界的意识形态,刻意地破坏传统宗教与文化,同时又另行建立世俗的人造国教体系,借助权力机器将其变成全民的信仰,并以之指导其在政治、社会、文化等领域的政策。

应当说,在英国、法国乃至德国等国建立现代过程的过程中,都曾经出现原教旨主义和人造国教这两种立教模式,只不过它们在各国呈现的程度不等。例如,树立人造国教模式在法国大革命期间表现得比较激烈,但在英国革命期间,平等派(levellers)同样在一定程度上主张过革命性宗教观念。美洲殖民地的某些邦早期也曾经建立过接近于政教合一政体的治理秩序。如伯尔曼所总结的,"周期性地打断西方演进过程的历次伟大革命"——这当然也包括最终通往现代国家之建立的革命,"都曾立基于一个信仰之上,这就是要通过一个天启的强烈的社会变革,为人类建立一个四海之内皆兄弟的新时代",这种"天启规划"可以呈现为原教旨主义建国方案,也可以呈现为树立人造的世俗国教的雄心。但伯尔曼接着又说,"每一次伟大革命最终都放弃了它的天启

---

[1] [法]卢梭:《社会契约论》,何兆武译,商务印书馆 2006 年版,第 181 页。

[2] 胡适的这种努力主要见于他的文章:"不朽——我的宗教",见《胡适文存》,一集,黄山书社 1996 年版,第 502 ~ 509 页;"《科学与人生观》序",见《胡适文存》,二集,上海亚东图书馆 1945 年版,第 139 页及以后。

规划，而在其新图景和革命前的历史之间做出妥协。”[1]这种妥协，在英美表现得最为典型。也唯有经由这种妥协，才最终实现了现代国家结构的稳定。

这种妥协也就形成了第三种现代国家的立教模式，即宗教改良模式。这是西方各国、尤其是英美在建立现代国家过程中最终采取的立教模式。从结构上看，西方各国立教，如宗教改革（Reformation）一词所示，普遍是原有之宗教的自我转换，是精神领域的改良、再生。在这方面，美国固然比较特殊，似乎根本就没有现代的革命性立教之举，传统宗教自然地延续而进入现代国家场景之中。至于英格兰，虽然脱离了罗马教会，其宗教仪式、信条、乃至教会的组织方式等有所调整，但英国的主流宗教仍然是基督教，宗教在国家结构中的关系经过了合理调整，但宗教信仰本身并未经历颠覆性变化。

经由这样的立教安排，宗教在国家结构中获得了一种较为合理的位置。从国家正式制度上看，教会与政府分立，而只在社会领域内活动。不过，如同托克维尔所说，与权力脱钩的教会反而能够在以另外的多样渠道发挥更大作用。经由支配人们的心智，指导社会的治理，宗教间接地影响法律，甚至经济制度安排。事实上，欧洲大陆的社会民主主义、福利国家体系，与基督教传统有直接联系。或许可以说，不理解宗教，就无法理解现代欧美的国家。

我们一开始即已指出，本文所说的“教”，并不仅指是严格意义上的宗教，而包容所有有助于构造国民之精神秩序的因素。据此，现代国家之立教也包括其国语、国史之构造与扩展。因为，他们提供了一种把国民联结在一起的精神纽带，甚至也构成一种信仰。这一点早已为致力于建立中国之现代国家的人士所勘破，张君劢曾精辟地指出，“民族国家成立的要素有三：（一）言语；（二）风俗；（三）历史”。[2]

---

〔1〕《法律与革命》（第二卷），前言，第3页。
〔2〕《民族复兴之学术基础》，第209页。

关于国语与现代国家的关系,胡适有过精彩论说。胡适在倡导文学革命之初就清楚,自己的这一事业,等同于欧洲现代国家建立之初确定、创造国民的语言文字的活动。他在著名的《文学改良刍议》一文中就提到了"但丁、路德之伟业",他自己又加以注释称:"欧洲中古时,各国皆有俚语,而以拉丁文为文言,凡著作书籍皆用之,如吾国之以文言著书也。其后意大利有但丁(Dante)诸文豪,始以其国俚语著作,诸国踵兴,国语亦代起。路德(Luther)创新教,始以德文译《旧约》、《新约》,遂开德文学之先。英、法诸国亦复如是。今世通用之英文《新旧约》乃一六一一年译本,距今才三百年耳。故今日欧洲诸国之文学,在当日皆为俚语。迨诸文豪兴,始以'活文学'代拉丁之死文学;有活文学而后有言文合一之国语也。"[1]但丁、路德之伟业,就是依据国民之现实的言与文,创造了作为现代国家之构成性制度的"国语"(national language)。

此处"国"语之国,在欧洲背景下,一是针对罗马教廷而提出,旨在标识出这一个国民共同体的地方性,二是针对封建制分散的社会格局而提出,旨在把这一个共同体内部分散的小共同体凝聚成为全国性共同体。在国语运动中,欧洲各地逐渐放弃拉丁语,以本国国民中流行之俗语为基础,形成本国的言语和语文。

这样的国语对于现代国家结构之形成和稳定,具有重要意义。国语打破了国家疆域内不同地方之间及社会上层与下层之间的隔阂,而把生活在共同体内的人凝结为一个具有明确同胞意识的紧密群体,即"国家之民"。如张君劢所说:"言语的因素,很关重要,因为言语与民族情感有绝大关系,总得要彼此言语互相了解,才能休戚相关。"[2]而这种休戚相关之感,正是形成所谓"同胞"意识的基础,它是国民共同体的精神基础。可以说,作为现代国家之前提的"国民",实在是随着国语的出现而形成的。

---

〔1〕《胡适文存》,一集,第4、11页。
〔2〕《民族复兴之学术基础》,第209页。

现代性国史编纂学在所有现代国家建立过程中之重要性，与“国语”不相上下。大约在16世纪的西欧，君主与正在形成中的“国民”开始建立现代国家。作为这一事业的构成部分，历史学家、法律家们着手构造“国族”的历史叙事体系，把自己从基督教世界的统一历史叙事中分离出来，同时也把本共同体当作一个自主的生命体，论证其在时间维度上的发育过程。由此形成了所谓“国族身份的修辞”(rhetoric of nationhood)，[1]它是“国族”想象的重要支柱。

关于这一点，现代中国之立国者同样具有明确的认识。其中之代表即为梁启超发表于光绪二十八年(1902年)之《新史学》一文。在这篇长文中，梁启超把历史编纂置于立国视野中考察，开篇即断言：“史学者，学问之最博大而最切要者也，国民之明镜也，爱国心之源泉也。今日欧洲民族主义所以发达，列国所以日进文明，史学之功，居其半焉。然则但患其国之无兹学耳，苟其有之，则国民安有不团结，群治安有不进化者？”[2]任公所说的史学，就是现代的“国史”之学。这种史学大大不同于传统史学，最大的区别在于：它以“人群”，具体而言，以“种族”、以“国民”、以“国家”为历史演变的主体，在任公看来，“历史者何？叙人种之发达与其竞争而已，舍人种则无历史。何以故？历史生于人群，而人之所以能群，必有其于内焉有所结，于外焉有所排，是即种界之由起……今日则国族相结相排之时代也。”[3]此处所说的人种，准确地说是“国族”。

这个国族，其实乃是以今视古，依据今天的共同体生活的现实构造历史，由历史过程来论述本共同体的独立性，这样的历史叙述将塑造人们的共同体意识。具有建立现代国家之强烈意识的梁启超所关注的乃是国人之合“群”，即整合为“国民”，这可清楚地见之于他写作于同时的

---

〔1〕 参见[美]唐纳德·R. 凯利：《多面的历史：从希罗多德到赫尔德的历史探询》，陈恒、宋立宏译，三联书店2003年版，第343页，原译为“民族主义的修辞”。

〔2〕《饮冰室合集》，第1册，文集之九，第1页。

〔3〕《饮冰室合集》，第1册，文集之九，第11页。

《新民说》。在他看来,历史编纂有助于此种国民意识的型塑,透过历史叙述,国民将会意识到,自己与“同胞”之间在时间上的联系。此种时间上的联系,又可以转化为空间上的凝聚力。于是,“于内焉有所结,于外焉有所排”,内部形成共同体意识,其对外则促成国族间竞争意识。唯有具有这种意识,居于在同一疆域内的民众才有可能成为一个有机“国民”整体,现代国家才有成立之可能。

需要强调的是,与宗教一样,国语、国史的构建,从根本上也是社会之事。它们理应是具有立国意识的文学、学术精英努力的产物,毕竟,语言文字乃是自发秩序的典范,而历史编纂之可信性与学术独立,也必然要求其与权力保持距离。可以说,整个立教事业乃是与强制性权力无关的事业。从这个角度看,立教无待于现代国家之强制性权力的出现,从立国之逻辑看,立教事业乃是先于立法、立宪事业的——历史也确实是这样的。这正是我们在讨论立国规划时先行讨论立教的原因所在。正是因为社会内部立教事业的进展,改变了人们的信念,从而引发了建立现代法律与现代政府结构的意愿。

三、立法:现代国家的国内共同法问题

第一节已简单论述了法律对于现代国家的建立与维系所具有的决定性意义。关于这一问题,英国16世纪法律家福蒂斯丘爵士曾以人体为喻说明,法律如同身体的筋脉:“确实,使一群人变成一个国民(people)的法律,类似于肉身之筋脉(sinews),既然身体是靠筋脉联结在一起的,这个神秘之实体就是靠法律联结并保持为一体”。[1] 接下来我们要讨论的问题是,支持现代国家的法律是什么样的法律?此一法律当如何形成、如何执行、方能支持现代国家?实际上,这是一个问题的两面:法律如何形成将决定法律是什么样的。

---

〔1〕 Sir John Fortescue, On the Laws and Governance of England, edited by Shelley Lockwood(影印本),中国政法大学出版社2003年版,第21页。

今天,人们普遍用“普通法”(common law)指与民法体系相对的英格兰的普通法体系,有时也用以形容该体系的判例法的造法机制,有时又指由此机制生成积累的普通法的法律规则体系。不过,把“普通法”的概念放回英格兰的历史乃至于整个欧洲的历史中,我们就会发现,“普通法”概念出现之初,乃是针对于特殊法、地域法而言的。每个国家在建立现代国家的进程中,都形成了自己的“国内法”(municipal law),实即“国内通行法”、“国内共同法”。这种国内共同法乃是旨在建立现代国家的社会力量用于建立现代国家的工具,它也是支持现代国家大厦的一根支柱。

在前现代的欧洲,法律是多元并存且相互竞争的。首先,存在具有十分广泛的管辖权的教会法体系。事实上,由于基督教信仰的普遍化,教会法曾经是全欧的“共同法”(jus commune)。[1] 教会法有完整的法律规则体系——教会法大全,它有系统的自上而下的司法机构,它从罗马延伸到基层社区,这些教会法院的管辖范围十分广泛,婚姻、继承、遗嘱、甚至契约,都归教会法调整。由于几乎所有人都是基督教徒,所以,这种法律都几乎对所有人都有约束力;其次,在世俗世界里,同样并行地存在封建法、庄园法、商人法、城市法、王室法等法律与司法体系。王室法将是未来诞生的国家法——国内共同法——之前身,但在经典的封建时代,它仅仅是法律世界中的一种法律,它不得不与所有其他法律和司法体系围绕着政治与司法的管辖权而竞争——在封建时代,司法管辖权之争其实就是统治权之争。

当然,王室在不稳定的权力结构中通常占有某种优势,尤其是在英

〔1〕 如伯尔曼所说:“在12和13世纪,‘普通法’(jus commune)主要是教会法的一个概念:它是指整个基督教世界教会法院中可适用的那部分(主要部分)教会法,与只适用于当地的地方教规习惯(lex terrae,‘地域法’)相对”。见[美]哈罗德·J. 伯尔曼著:《法律与革命——西方法律传统的形成》,贺卫方、高鸿钧、张志铭、夏勇译,中国大百科全书出版社1993年版,第551页。

格兰。因缘际会,英格兰王室法在司法权竞争中逐渐取得优势,[1]在刑事、民事领域中,国王派出的王室法院取得了原来属于地方和封建法院的司法管辖权之大多数。这样,王座法庭、高等民事诉讼法庭、财税法庭三大王室法院及王室派出各地之巡回法庭所适用的王室法,就成为通行于英格兰的"普通法"。如有学者所说:"普通法的形成在很大程度上是一个司法管辖权向新的中央机构转移的过程"[2]。这种普通法首先体现为一套更为便利的诉讼程式(各种各样的王室令状)、法庭审理程序——比如陪审团制度。然后,通过王室法院的案件积累,形成了通行于整个英格兰的法律规则体系,在这一意义上,它是普通法。

英格兰最杰出的法律家之一马修·黑尔爵士曾经专门解释过,"普通法"是何以得到这个名字的:

> 它之所以被称为普通法,是因为,它是本王国通行之国内法(common municipal law)或司法规则……因为,尽管存在种种个别法律,有些依据习惯适用于个别场合,有些适用于个别案件;但是,这一种法律则对于所有的人、事和案件是普遍适用的,它优先于那些在个别场合和事务中被承认之个别性法律(particular laws),它是英格兰的普通法(Lex Communis Angliae),就像其他国家的国内法可以、有时也确实被称为该国之普通法。[3]

王室法院将普通法适用于英格兰全体臣民,而不问其身份、地域、职业、信仰等,它是一种真正意义上的"国家法"、"国内法"。正是以此

---

〔1〕 关于法院间的竞争,斯密有过简短描述,见[英]坎南编,亚当·斯密:《关于法律、警察、岁入及军备的演讲》,陈福生、陈振骅译,商务印书馆1997年版,第70~77页。

〔2〕 [英]S. F. C. 密尔松:《普通法的历史基础》,李显冬等译,中国大百科全书出版社1999年版,第8页。

〔3〕 Sir Matthew Hale, The History of the Common Law of England and An Analysis of the Civil Part of the Law, the sixth edition, 1820, p. 54

一通行全国的普通法体系作为主要基础——再加上英格兰独特的议会制度,英格兰在欧洲历史上第一个成为现代国家,所谓 nation - state。如论者所说:“英格兰的普通法(区别于欧洲大学中的‘共同法’[jus commune]或共同的学术法)是欧洲最早的国家法,它最早共同适用于整个王国,并由一个全国范围内拥有初审管辖权的统一法庭予以实施。在欧洲其他地方,法律或者是全欧洲性的,或者是地方性的,而不是国家性、民族性的。”〔1〕在欧洲大陆,人们的生活是由封建的身份所决定的,因而会出现“我的领主的领主不是我的领主”的奇特现象。在英格兰,借助于普通法法庭及其所提供的普遍的救济,全体臣民知道,国王是他们的统治者,是王国之安宁的守护者。这一制度因素逐渐催生了英格兰人的“国族”意识。

都铎王朝时期,英格兰进入较为经典的现代立国时期。在此阶段,普通法协助国王打击罗马教会势力,监督天主教徒效忠于国王,普通法的代表人物也自觉地排斥教会法、罗马法。普通法发展史上也许最为重要的人物——爱德华·库克爵士(Sir Edward Coke),就具有这种法律国族主义意识:他强烈地反对英格兰法律体系的罗马法化,积极地限制教会法庭的管辖权。

尤其重要的是,库克运用丰富的法律知识和政治智慧,编纂了《判例汇编》(Reports)和《英格兰法学大全》(Institutes of the Laws of England),以一人之力,构造了欧洲第一个为现代的大市场、大社会准备的法典:〔2〕原本零散的英格兰普通法被系统化了;封建的土地法的权利关系经过创造性转换,适应了现代工商业之需;通过对《大宪章》的重新诠释,贵族与自由人的封建的自由权(liberties),被扩展成为全体臣民享有

〔1〕［英］R. C. 范·卡内冈:《英国普通法的诞生》,李红海译,中国政法大学出版社 2003 年版,第 113 页。

〔2〕库克为英格兰编纂法律之说,参见 Richard Helgerson,“Writing the Law”, in Law, Liberty, and Parliament: Selected Essays on the Writings of Sir Edward Coke, ed. by Allen D. Boyer; Idianpolis: Liberty Fund, 2004。

的现代的自由与权利。同时,库克基于普通法发展出一套宪政主义政体原则,包括司法审查学说。可以说,借助普通法法律家的努力,英格兰第一个完成了作为现代国家之根基的国内共同法体系的建构,英格兰也第一个形成了宪政制度、市场制度等现代制度。

在这种"国内法",即"国内共同法"管理下,现代国家的构成元素——"国民"形成了,因为,国内共同法冲破了原来把人们分割成不同等级的身份和地域壁垒。在一个王国内部,国民在主权速覆盖的地域和事务内实现了平等,他们享有了政治上、法律上的平等,享有了平等的自由和权利。由此,超出血缘、地域、行业限制的陌生人之间的交换、合作秩序大幅度扩展,形成了大社会和"全国性"大市场——这两者在原来的法律分割的框架下是不可想象的。在此基础上,现代社会开始形成并迅速繁荣,现代市场体制也迅速扩展,人类创造财富的能力出现了跃迁。没有"普通法",就不大可能有健全的现代国家;没有健全的普通法,不可能有现代国家的繁荣。

更为重要的是,经由国内共同法,个体的公民在这套法律所覆盖的范围和程度上,成为一个法律共同体。生活于共同的法律之下,人们自然也就有了进行沟通交流的另一种共同的语言,这是除了自然语言之外的另一种"国语"。同时,生活于共同的法律下的人们彼此之间的判断、决策、行为具有更高的可预期性。共同的法律规则体系把"国民"塑造成为一个可以较为便利地沟通交流的社会。由此,法律推动"国民"成为一个文化与政治上的共同体。原因在于,人们如何生活,固然决定着法律将是什么;反过来,法律也透过其广泛的渠道,影响着人们生活之方方面面,决定着人们的心智、价值观念、生活方式、社会结构,而这正是文化的核心。同时,共同的法律规则也使其覆盖范围内的社会结构趋同,人们彼此之间关于社会治理、关于政治的理想、判断、决策、行为,也趋向具有更高的可预期性,生活在共同的法律覆盖范围内的人们将会形成一种共同的政治场域意识,从而在此范围内展开共同的政治活动,包括建立和支持一个统一的、共同的政治安排。

国内共同法对于现代国家之建立和维系的重要性，被相对后发的各个国家普遍认识到了。中世纪晚期，欧洲大陆各国王室也都致力于建立本国的“国内共同法”。与英格兰不同的是，欧洲大陆各国一般采取的是新兴的“主权者”集中立法的模式，由此，从 18 世纪起，欧洲大陆出现了“法典化”(codification)运动。法典化的实质是，王室，或者说是正在形成的现代国家，借助其新近获得的统治权力，以系统表达的成文的、统一的现代法典，替代原有的多元的、庞杂的、经常是不成文的封建的和地方的法律体系，取得对疆域内全体臣民之各种事务的普遍的、最高的管辖权。

制定这样的法典，有几个略有不同的但具有同一指向的精神源泉。首先，让—博丹、霍布斯等人所发展的主权理论中，主权者最重要的权力就是订立法律及执行法律的绝对权力。[1] 事实上，这种理念在古代中国的皇权制度中就有丰富实践。王朝更替之后，新朝总会为前朝修史，为本朝定律。仅这一点即可证明，秦以后的“郡县制”之政制近似于欧洲 16、17 世纪之君主制(absolutism)。不过，欧洲大陆的立法概念在此基础上增加了全新的因素，即关于人的新认知，及在其基础上形成的现代自然法思想。现在，人被假定为是理性的、追求自身利益最大化的社会主体，现代自然法的种种原理，都是由此推导出来的。

基于这两点，现代欧洲法典的制定者普遍地具有这样一种信念：现代政府必须，而且它也有能力给被假设为理性的国民制定理性的法律体系，以此来保障这些公民理性地安排自己的生活。制定这种法典的目的，既有人文主义的一面，更有明确的政治追求：它是国民主义的。1814 年，围绕着是否制定德国法典，德国法学界发生了一场十分著名的争论，争论的双方是蒂博和萨维尼，前者主张制定民法典，后者则反对

〔1〕 参见[英]霍布斯：《利维坦》，黎思复、黎廷弼译，商务印书馆 1995 年版，第十八章，“论按约建立的主权者的权利”，以及第二十六章，“论民约法(市民法)”。正确的译法也许是“国内法”[civill lawes]。——作者注

这种提议。但是，萨维尼也承认，他们的目标其实是共同的，都是“德意志国民更为坚定紧密的团结和统一”。[1] 自然，在德国之前制定的法国民法典，及其他各国的法典，也都具有这种政治意图：统一的法典既被视为对既有的共同体现实之反映，更被视为增强共同体之凝聚力、创建和维系现代国家的工具。

上述简单的历史叙述表明了，现代国家的国内共同法之构建存在大不相同的路径，大体上可以区分为三种：

第一种，英格兰的普通法模式，面向国民、旨在塑造国民的法律规则体系是以司法化路径发展出来的。在普通法早期历史上，国王与议会确实颁布了某些法律、条例，但它们不是系统的法典。这些法律更多地涉及司法程序而非实体性规则，如伯尔曼所说的：“王室制定法为王室法院实施取源于习俗和惯例的规则、原则、准则以及概念确定了程序。所实施的规则、原则、准则和概念（如重罪概念和占有与侵占概念）取源于非正式、不成文和非制定法的行为规范和范式，这些行为规范和范式存在于人们的头脑中，即存在于社会共同体的意识中。”[2]

这正是英格兰普通法模式的根本特征。这类国家确实在致力于建立国内共同法，但是，列入立国规划的工作通常不是制定包罗万象的法典，而是建立一套司法体系，确立一套处理纠纷的程序与机制。重要的是，这一司法体系被赋予了发展现代大社会、大市场之所需的国内共同法的职能，法官在审理案件的过程中探究、确认和执行合理的法律规则。此类现代国家的法律体系在很大程度上是“法官造法”的产物，政府的成文法（经常体现为“条例”），通常是对司法过程中既有的规则的一个确认与发展。在这样的法律制度下，该共同体之国内共同法是渐进地生成的，而不是被一次性宣告的。正因为这一特征，英格兰普通法

[1] [德]弗里德里希·卡尔·冯·萨维尼：《论立法与法学的当代使命》，许章润译，中国法制出版社 2001 年版，第 116 页。

[2] 《法律与革命》，第 580 页。

法律家总喜欢说,英格兰的普通法就是习惯法。不过,很显然,这些习惯法已经不再是原生态的民间习惯,而是法院所确认并持续地适用的习惯性规则。因此,在英国及受其影响国家和地区——包括中国香港,普通法法院乃是普通法规则体系之母,法律规则体系乃是法院之子。从逻辑上说,法院是先于法律的,法律是法院发现和积累而成的。

现代国家构建国内共同法的第二种进路是法典化模式。欧洲大陆各国的国内共同法是以享有主权的政治性机构进行集中立法、制定法典的方式形成的。这种国内共同法形成模式在现代政治哲学中可以找到看起来十分坚实的论证:现代以来的政治哲学基本上都属于法律实证主义谱系,如霍布斯、奥斯丁所说的,法律就是居于统治地位的一个人或一群人的命令,此一论断突出的是政府通过立法对法律的垄断性供给。〔1〕 同时,启蒙主义也对于人的理性之能力十分乐观,它相信,人是可以制定出万能的法典的。〔2〕 这样的启蒙主义者与寻求主权的国王具有共同的敌人:封建制度。因而,在欧洲启蒙时代,法典化蔚然成风。作为主权者的国王、有时加上议会,借助法学家的理性知识,制定包罗万象的,也自认为理性的成文法典。这些法典突破封建的地方与阶层藩篱,统一疆域内的法律,把前现代的分散的社群凝聚成为一个现代意义上的国家。

这一模式的关键在于理性与权力的结合,用一位学者的话说,"教授与立法者"的合作。〔3〕 制定规范国民生活之方方面面的完备法典,乃是受现代理性主义的激励,旨在为国民设计一种理性的生活样式。这

〔1〕 关于法律实证主义的特征,可参见[美]富勒:《法律的道德性》,郑戈译,商务印书馆2005年版,第221~224页。

〔2〕 这种理性观念,哈耶克称为"建构论惟理主义",他对此有过十分系统的分析,参见[英]弗里德里希·冯·哈耶克:《法律、立法与自由》(第一卷),邓正来等译,中国大百科全书出版社2000年版,第一章,"理性与进化"。关于启蒙主义这种"狂热的理性主义"对法典编纂的影响,也可参见[美]约翰·亨利·梅利曼:《大陆法系》(第二版),顾培东、禄正平译,法律出版社2004年版,第五章,"法典与法典编纂"。

〔3〕 参考[英]R. C. 范·卡内冈著,《法官、立法者与法学教授——欧洲法律史篇》,薛张敏敏译,北京大学出版社2006年版,第二章。

些法典是整全的，最典型者如《普鲁士普通法》，它“包罗了一切法律，刑法，公法，商法和私法。其主要内容由自然法思想演变而来”〔1〕。不过，这种包罗万象的法典倒也不是任意的。相反，欧洲各国的法典普遍具有严谨而深厚的理性基础。这类法典普遍以现代自然法为基础，大量使用了罗马民法的素材。前者主要来自现代法律哲学，后者主要来自源远流长的欧洲大陆法学传统。它们具有浓厚的理性色彩，但这些理论具有深远的历史，尤其是罗马法，曾经既透过教会法，也透过中世纪的学者法，对现实生活发挥过重要作用。因而，应当承认，这些法典的规范与立法之时的人民的生活，还保持着有机的联系。

同时，现代国家的法典总是由最高主权者颁布的，因而，其一经颁布，即具有不可挑战的排他性。各国国王或共和政府颁布法典，就是为了以统一的法典替代各地多样的习惯、法律，使国民的生活受一种共同的规范体系之调节。不论是法国的民法典还是德国民法典，也都被赋予这样的职能。因而，国家也建立了统一的国家司法体系，依据统一的法典裁决一切纠纷，从而实现了国内的法律统一。原来多样的法律体系与司法机制就不复存在了，此后，唯一有效的法律就是国家法。

现代国家的第三种立法模式是革命化立法模式。这种模式与法典化模式有一定相似之处，都采取制定成文法规的方式来建构现代国家运转所需要之法律体系。两者甚至在一定程度上共享着作为其思维基础的哲学，即两者都深受启蒙主义思想影响，都遵循哈耶克所说的“建构论的”唯理主义。〔2〕不过，革命化模式与法典化模式之间仍然存在三项重大区别：

第一，革命化立法模式总是首先以暴力全面取消原有法律，包括强制人们放弃原有的习惯。因此，这些国家最早建立的法律——它们经

---

〔1〕 参见[美]艾伦·沃森:《民法法系的演变及形成》，李静冰译，中国政法大学出版社1992年版，第153～154页。

〔2〕 关于这种唯理主义的论述，参见[英]弗里德里希·冯·哈耶克:《法律、立法与自由》(第一卷)，邓正来等译，中国大百科全书出版社2000年版，第一章“理性与进化”。

常呈现为政策——总是禁止人们延续原有习惯、社会活动、社会组织的破坏性法律。随后制定的正式的法律也仍然具有这种取向。这些国家的法律也会写入不少对于一个社会来说不可或缺的一般性规则，如惩罚盗窃、杀人等；不过，它的核心规则，或者标志其特征的规则，是与人们的情感、历史完全相反的，例如，它取消私人产权制度，禁止私人经营各种商业活动，禁止私人随意结社、信仰。

第二，在废除“旧秩序”之后，革命化模式也从积极的角度，试图向人们强加一套当权者认为按照某种意识形态认为唯一正确的信仰、生活方式、社会结构、经济模式等，即强制人们进入一种刻意设计的社会秩序中。例如，建国者会通过法律在原有秩序的废墟上建立统一的公共所有制，广泛地建立公共企业，向人们灌输一种世俗的宗教，要求人们过一种正确的生活方式，等等。

第三，这样的法律高度的政策化，因而极易变动，而缺乏足够稳定性。这类国家的官方理论通常公开宣称，法律就是统治阶级用以进行统治的工具，法律的正义性遭到公开而坚决的否定。欧洲各国在启蒙思想影响下制定的法典，普遍受现代自然法思想影响，因而，渗透着浓厚的理性气息。似乎因为有这种理性的支撑，这些法律长期保持稳定，一二百年间，只有增订、修改而无根本调整。苏联等国家所实践的立法活动，则径直以法律作为掌握政权者改造社会的工具。这里显示了最粗暴的法律实证主义基本原理：法律就是主权者的任意命令。就其性质而言，这些所谓的法律通常不是真正意义上的法律，而是政策。也因此，这些法律也可以由政府随意地调整、变化、订立与废除。事实上，意识形态、权力斗争格局变化之后，党政机构总是会改变政策，发布一些临时性权宜政策，为人们的行为设置一套完全不同的规范。在这些国家，法律就是政策，即便其有法律之名；而严格意义上的政策的效力经常高于名义上的法律、宪法。

法律既然是政策，是没有客观化的意志的规定，则它们当然也就会随着统治者意志的变化而变化。同时，这种政策化的法律的强制性，它们的全新性,也让它不能很快就发生变化。因为法律的核心内容悖逆人的习惯,无法得到人们的尊敬。人们仅仅基于恐惧而服从,在恐怖性控制松动之后,这些法律的约束力就会丧失,人们会大量地违犯这类法律。另外,这样的法律体系无法支持社会正常的交换、合作体系,权力机构很快就会发现这一点,为了维持社会的正常运转,而不得不对正规的法律进行调整。这样,革命性法律体系内在地缺乏足够的稳定性、确定性。因而,法律在这些国家并不享有其在上述两类国家的地位。事实上,在一定时期,政策性法律体系甚至可能出现颠覆性变化,其原则、结构、司法的程序、机制会被完全重建。下面我们将会论及,所有通过颠覆性的社会、文化、经济革命立国的国家,具有不断革命的内在趋势,此种革命同样是整全的,这自然也意味着法律的不断革命。

综上所述,在现代国家的三种立法路径中,习惯法模式以一套具有造法职能的司法体系为制度之基础,法官是为国民造法的主体,法官在造法过程中运用普通法法理学的核心概念:法律的"技艺理性"(artificial reason),[1]基于国民所创造的习惯法、惯例,加工普通法。在法典化模式即欧洲大陆集中立法模式下,立法者与掌握着某种理论知识的学者共同为国民制定完备而精细的法典,法典之基础是法学的理论理性与审慎的主权性权力,尽管其得失各异,但终究都合乎法律的内在逻辑,是可以自洽且稳定地运转的。革命化立法模式则与这两者不同。如果说,前两种现代立法模式都依赖理性的话,革命化立法模式则主要依赖掌握着统治权的革命者的意志。革命者基于自己改造世界的宏伟蓝图制定法律,以重新塑造人们的信仰、价值、社会结构、经济秩序、政治结构等。如此纯任意志的法律,其实徒有法律之名,而丧失了法律的基本特质,沦为政策,最终难逃自身腐败或被颠覆的命运。

也就是说,立国者在建国时刻所选择的现代立法模式,对于该共同

---

〔1〕 Sir Edward Coke 和 Sir Matthew Hale 对此有深入论述,关于其含义的简单的讨论,可参见姚中秋:"技艺理性视角下的司法职业化",载《华东政法大学学报》2008 年第 6 期。

体能否得到有效而健全之现代法律,具有决定性意义。基于理性而形成的法律,通常具有较为长久、持续的生命力,较能切合现代国家成立与维系的需要,支持现代国家之大社会、大市场的发育与扩展,并与之同步演进。也因此,它始终有资格被称为国民的法律。主要依赖革命者之意志而形成的政策性法律,却是反现实、反法律的,通常也是反市场、反社会的,因而它哪怕在短期似乎能够奏效,但从长远来说,无法支持大社会、大市场的发育与扩展,事实上,这些政策性法律经常以取消大社会、大社会为目标。[1] 它通常被用来支持按照一种特定意识形态而刻意设计的社会结构,这种结构具有现代性的诸多表面特征,但它具有内在的不稳定性,因而无法达成现代国家的基本目标:终结革命。

当然,置身于历史之中,人们可能会注意到,很多时候,立国者似乎没有多少选择的余地。各国国家形成国内共同法的不同进路,必然受制于各国政治、知识、法律、文化等方面的具体情势。但是,任何具体的历史情势都不会具有决定论意义上的影响力。换言之,一个国家的立法模式不可能是命中注定的,立国者必然可以在一定程度上进行选择。对于后发国家来说尤其如此。后发国家的现代化精英通常会接受西方的现代国族国家理念,立国的思考者与实践者受到强烈刺激,必然清楚地意识到建立本国的国内共同法对于立国事业的重要性。同时,立国者也完全能够从发达国家的先例中看到立法模式的差异,因而其进行选择的知识并不匮乏。

选择的结果不出上面所分析的三种路径。第一种是与英国曾有密切关系的国家和地区,如南非、马来西亚、中国香港地区、新加坡等,它们普遍采取了英格兰的普通法模式。它们引入英国式法院制度及其司法程序,实体性法律规则体系则通过司法过程渐进地予以发展。第二

---

〔1〕 关于法律与政策的区别,及权宜的政策无法支持大社会、大市场秩序,哈耶克有精辟论述,散见于《法律、立法与自由》的各个章节,尤其是第一卷第三章"原则与权益"、第二卷第七章"普遍利益与特定利益",尽管他所说的"政策"与本文所说的政策性法律有一定区别。

种是在保留了较为完整之主权的后发国家,通常倾向于采取法律移植的法典化立法模式,也即移植欧洲大陆的成文法典,制定本国的现代的公、私法典。这方面的典型是日本,日本在明治维新之后致力于建立现代国家,为此积极寻求构建本国的国内共同法,首先模仿法国民法典,随后模仿德国民法典。第三种是在到 20 世纪苏联法模式出现之后,革命化立法模式曾被不少国家效仿。这些国家也会制定了大量国家性法律,在此过程中,同样存在广泛的法律规则与司法制度移植活动,当然,移植的对象就是苏联,这些国家的宪法、刑法、司法体系以及立法机构的结构,通常都模仿苏联。

中国作为后发国家在 20 世纪所走的历程,可以最清楚地说明,现代国家的立法模式是可选择的,而没有什么必然性。清末新政中,立国者选择了欧洲大陆的法律与司法模式,即政府集中立法制定法典,而法院则独立行使司法权。各种法典的制定过程持续相当长时间,最初主要移植日本法典,后来则更直接地移植德国法典。但 1949 年之后,在"一边倒"的政治决策支配下,构建现代国家的法律体系的努力也完全转向,转向了苏联式革命化立法模式。政府废除旧有法律,禁止传统的习俗,制定革命化的法律与政策体系,借以全面地改造社会。到 20 世纪 80 年代之后,随着经济与社会体制变革,这一立法模式被部分地否定,又部分地回归移植大陆民法体系制定法典的立法模式。不过与此同时,英美普通法的诸多元素,包括法治理念、司法程序与实体性法律规则,开始对法学、对立法活动、司法体系设计,产生广泛影响。

在中国,下面的事实尤其有趣:20 世纪中期以来,中国三个地区在大体相同的文化土壤上生成了三种完全不同的现代法律体制。大陆采取了苏联模式,20 世纪上半期基本定型的法律与司法体系在台湾得以延续并发展成熟,有效地支持了台湾社会之现代秩序的发育、扩展。中国香港地区则大体采用了习惯法的立法模式,由法院来发展香港社会普遍适用之规则体系。诸种立法模式多元存在的事实给了中国学者比较三种现代国家立法模式之优劣得失的便利。对于探讨当代大陆的立法模式之抉择的人士来说,20 世纪中国的这些多元试验中必定蕴涵着极为珍贵的启示。有些人把偶然的选择当成历史必然性来尊奉,但从现代中国的历史进程及结果,可以得到一个启示:为现代国家生产法律规则,并执行它们的制度框架是可以选择的。因此,真正重要的问题是作出明智的选择。唯有通过对历史的考察,及对法律在现代国家治理结构中的重要性的深入理解,才有可能得到进行明智选择的相关知识,这种知识可以为政治上的明智选择提供支持,从而使得立法模式的选择不至于盲目,不至于被锁定在某个路径中。

四、立宪:政府的设计与构造

所谓宪制,乃是处理公共事务之权力结构与运作程序。就古典政治哲学的宪制概念而言,所有国家都有其宪制(constitution),尽管现代国家所建立的宪制,未必都是具有确定的价值指向的宪政(constitutionalism)。但如果现代国家欲达到其基本目标,即建立稳定而可持续的现代秩序,那它的宪制就合乎特定的价值。也就是说,现代的立国者应当致力于建立自由宪政制度,即保障国民的自由、权利,使政府的权力受到一定约束。这是现代政府的现代性之根本特征所在。因此,所谓立宪,即建立自由宪政制度。

之所以唯有这种政体是现代社会所需的原因在于,相对于前现代的种种政府,现代政府属于强政府、"大"政府;这是现代秩序之发育、扩展所需,但此种巨大权力若不受控制,又会使现代秩序无从发育、扩展。

前现代各个社会的政府通常是职能、权力相当微弱的"司法型政府",中西均不例外。以中国为例,一直到明清,所谓亲民之官的县级政府通常是"一人政府",即中央政府仅委派知县一人,他"除了维护治安这一首要职责之外,最重要的是征税和司法"。[1] 在西方,中世纪政治

〔1〕 瞿同祖:《清代地方政府》,范忠信、晏锋译,法律出版社 2003 年版,第 31 页。

理论始终强调,国王的职能是"实施正义",连相当晚近的休谟也依然这样论说:"出生于家庭中的人,由于必要性、由于自然的倾向、习惯,不得不维系社会。同样的被造物,为求得进一步发展,还致力于建立政治性社会,以实施正义(administer justice);没有这,就不可能有人们之间的安宁,也不可能有安全和相互的交往。因此,对于我们的政府的各个机构,我们希望他们归根结底没有别的目的,仅从事正义的实施,换句话说,支持那十二位法官"[1]——这十二位法官是指法庭审理案件时的十二位陪审员,政府的基本功能就是仲裁社会成员之间的冲突,维持秩序。

这样的政府是没有今人所理解的"行政"的。今人常批评中国古代政制行政、司法不分,但这种格局与其说是司法的行政化,不如说是整个政府的司法化。[2] 特别需要注意的是,这个时候也没有现代意义上的"立法"概念。这种立法概念是伴随着现代国家的出现才逐渐形成的。[3] 在此之前,政府可能在进行某些立法活动,但这通常不过是在"阐明"习惯法而已。[4] 这样的法典通常也相当粗糙,政府听任人们用习惯法填补法典的缝隙,中西均为如此。这也就是说,在前现代时期,政府的主要职能是司法,但政府所执行的法律,尤其是调节人们经济性活动的民事法律,并非政府系统制定,而是社会内部自发形成的习惯法。

但不幸的是,前现代的政府执行法律的能力通常过于软弱。《桃花源记》中所描述的"不知有汉、无论魏晋"的生活方式,与中国人经常说的一句俗语"天高皇帝远",就生动地形容了政府的软弱形象。在不少

〔1〕 Hume, Political Essays(影印本),中国政法大学出版社 2003 年版, p. 20。

〔2〕 有论者即指出:"中国古代司法组织,与其谓以行政官兼理司法,毋宁谓以司法官兼理行政之更切实际。"参见谢冠生:《中国司法制度概述》,转引自那四陆:《清代州县衙门审判制度》,中国政法大学出版社 2006 年版,第 13 页。

〔3〕 关于这一点,哈耶克辩之甚力,参考《法律、立法与自由》,第一卷,第六章"外部规则:立法的法律",如他说:"'立法机关'这个名词事实上是在 17 世纪中叶以后才出现的",第 205 页。

〔4〕 这是哈耶克的用词,参见 Law, Legislation and Liberty, vol. 1, pp. 76 – 78。

社区，人们的合作、交易活动几乎完全由非正式的区域性礼俗来支配，由政府之外的社会性组织来管理。由于政府过于弱小，在很多时候无法在较大区域内有效地执行法律，社会、市场秩序扩展的范围受到限制，人们之间的交易与合作秩序经常被局限于熟人范围内，因而社会可能长期处于停滞，甚至循环状态，而无法实现秩序的突破。

在欧洲中世纪晚期，一种强政府逐渐在欧洲主要是英格兰浮现。从10世纪开始，欧洲逐渐形成封建制，君主、封建领主、城市自由民之间形成一种复杂的关系，君主因为其在政体结构中的“位”而占有某种优“势”。如休谟、斯密等人所论述的，随着商业、工业的发展，封建贵族的势力衰落，君主借助从事工商业的城市自由民的支持，权力逐渐扩张。[1]

正是在这样的背景下，15、16世纪的欧洲，逐渐出现了现代的“主权”概念，让—博丹、尤其是霍布斯对主权给予了经典论述。根据他们的理论，一个国家乃是因为一个主权者而成立的，该主权者可以是一个人，如国王，或一群人，如议事会。他们所享有的乃是一种至高无上的权力，包括对臣民之财产和人身的管理权力。霍布斯甚至认为，这个主权者对于其所统治区域内的全部财产享有支配权。[2]

主权概念的出现标志着欧洲进入现代国民国家构建时期，它呈现

---

〔1〕 休谟的论述见“The Refinement in the Arts”，收入 Hume, Political Essays, edited by Knud Haakonssen（影印本），中国政法大学出版社2003年版。斯密的论述见 An Inquiry into the Nature and Causes of the Wealth of Nations, vol. 1, book Ⅲ, Chapter 3，斯密说：“自治市市民的财富不可能不激起他们［指封建领主］的嫉妒和愤怒，他们想尽办法掠夺市民，毫无仁慈与怜悯之心。自治市市民们自然憎恨、恐惧这些领主。国王也憎恨和恐惧他们；尽管国王可能看不起市民，却没有理由憎恨或恐惧他们。于是，共同的利益就驱使市民支持国王，也驱使国王支持他们反对领主。他们是他的敌人的敌人，尽可能地他们获得保障、独立于他们的领主，是合乎他的利益的”，p. 402。

〔2〕 霍布斯清楚地指出：“一位臣民对其土地的财产权，是一种排斥所有其他臣民使用它们的权利，但却不能排斥主权者，不论其为一个议会，还是一位君主。”在他看来，主权者对于其臣民的一切财产，享有作为“征服者”的权利，“国家不能容忍规定的饮食。因为，鉴于国家的花费不由自己的食欲，而由外部的偶然事件及其邻国的贪欲所决定，公共财富就只能有紧急事态之要求为限，而不能有任何其他限制”，见 Leviathan，第172～173页。

为君主制或绝对主义(absolutism)。应当说,这种变化给人类文明的演进带来巨大好处。仅从经济方面来看,诺思已经注意到:"从历史上看,经济成长往往出现在政治强制高度发展的制度框架内。政治无政府主义在高收入国家中是不存在的……如果没有第三方(a third party)来强制实施合约,要维持复杂的交易又是困难的。"[1]前现代的政府太弱了,因而,大范围的、陌生人之间进行的非人格化(impersonal)合作与交易活动,通常因为缺乏足够抽象与普遍的规则与制度支持而无法有效、持续地发育、扩展。君主主导的强政府冲破了原来把人们分割成不同等级的身份和地域壁垒。在一个王国内部,国民在主权所覆盖的地域和事务内,享有了政治上、法律上的平等,享有了平等的自由和权利。由此,超出血缘、地域、行业等限制的陌生人之间的交换、合作秩序得以大幅度扩展,形成了"全国性"大社会和大市场——这在原来的法律分割与社会分割的制度框架下是不可想象的。现代社会开始形成并迅速走向繁荣,现代市场体制也迅速深化、扩展,人类创造财富的能力出现了跃迁。

不过,诺思也正确地指出,"国家强制力量在历史上的大部分时期对经济成长却是有害无益的。"[2]现代的政府通常都是强政府,但并不是所有强政府都达成了上面所描述的那种效果:它们没有推动大社会、大市场的正常发育,反而以政府的强大权力取消大社会、大市场,从而造成巨大灾难。因而,诺思明智地指出,强政府怎样达成良好的效果,不仅支持经济增长,也促进其他价值,这是一个"始终困扰着我们的、涉及人类问题之根本解决之道的议题"。[3] 为美国联邦宪法辩护的普布里乌斯更准确地提出了这个问题:"在构造一个由人管理人的政府的过程中,最大的难题就在于此:你必须首先让这个政府能够控制治于人

---

〔1〕 [美]道格拉斯·C.诺思:《制度、制度变迁与经济绩效》,杭行译,格致出版社 2008 年版,第 19 页。

〔2〕 《制度、制度变迁与经济绩效》,第 19 页。

〔3〕 《制度、制度变迁与经济绩效》,第 19 页。

者，其次又得让这个政府控制它自己。”[1]

这一根本解决之道，就是本节所要讨论的立国事业之重要部分——立宪。立宪的基本任务是透过对政府各种权力的妥善安排，使政府，尤其是全国性政府的权力足够的强大，从而能够为现代大社会、大市场秩序的发育、扩展制定必要的法律规则并予以有效的执行，以维护和扩大国民的自由，维系现代国家秩序；同时又通过制度化的安排，使这种强大的权力受到限制、约束，从而使之不至于侵害国民的自由。

为完成这一任务，从爱德华·库克爵士到洛克，从让—博丹到霍布斯，从孟德斯鸠到伏尔泰，从联邦党人到反联邦党人，还有柏克、托克维尔，都提出了种种政府理论，据此提出了相应的政体设计方案。理论上可以设想且现实中曾经出现过的现代政体，约有三大类型：主权论的民主政体，革命精英群体掌握全部权力的全权主义政体，代议制的权力分立与制衡政体或者说共和政体。支持它们的理论分别是人民主权理论、革命者主权的专政理论，代议理论及与之相关的权力分立与制衡理论。

霍布斯和卢梭均采取了以一致同意为基本原则的契约主义的政治体构造进路，由此他们突出了政治体的“开端”的绝对性，从而也突出了主权者在政治体中的绝对性。对他们来说，政治体的生命就是由这一绝对的主权或人格化的主权者赋予并维系的。[2] 当然，在两人那里，主权者的来路确实不同：在霍布斯看来，主权者是所有人一致同意授予其绝对权力的第三者；[3] 在卢梭看来，这个主权者则是“由全体个人的结合所形成的公共人格”，[4] 或者说，就是“人民”。因而，人们把卢梭称

---

〔1〕 The Federalist Papers，前引书，第322页。

〔2〕 参考下面的论述：“只是一瞬间，这一结合行为就产生了一个道德的与集体的共同体，以代替每个订约者的个人；组成共同体的成员数目就等于大会中所有的票数，而共同体就以这一同一个行为获得了它的统一性、它的公共的大我、它的生命和它的意志。”《社会契约论》，第21页。

〔3〕 参考 Leviathan，chapter 17。

〔4〕 《社会契约论》，第21页。

为人民主权论的主要阐述者。但不管两人有何分歧,有一点是共同的:对于政治体来说,决定性的因素是主权和主权者。

既然主权者享有主权,那合乎逻辑的推理就是:主权者绝不可将自己的主权转让给他人,任何人也不得觊觎这个主权。同时,主权也是不可分割的,主权者必须自己始终掌握全部主权。这两点是霍布斯和卢梭的共同主张。主权若被分割,就不再是主权。如卢梭所说的:"意志要么是公意,要么不是;它要么是人民共同体的意志,要么就只是一部分人的。"他又说,"每当人们自以为看出了主权是分立的,他们就要犯错误",这种错误就包括,"把主权弄成是一个支离破碎拼凑起来的怪物"。[1] 不论是霍布斯还是卢梭,都拒绝任何权力分立的主张。

甚至可以说,卢梭从逻辑上拒绝承认权力本身的实在性。在他看来,政治的唯一正当主体就是作为一个整体的"人民"本身,除此之外的政治必然是反人民的,因而是不能接受的。在这样的政治体中,只有作为一个整体的人民的权力是真实的正当权力,其他权力都是僭越。因此,卢梭是反政府的,他的思想也确实带有强烈的返回"自然"的倾向,他始终把小型共和国作为自己的理想,而在这些小型共和国,毋宁说并无人民的代表所组成的在人民这个公共人格之外的政府,只有人民的直接的共同治理。因此,卢梭尽管对政府进行了一些讨论,但这种讨论基本无助于现实的政体设计,相反,它根本反对任何政体设计。

按照霍布斯和卢梭的政体规划逻辑,法律和司法同样被置于无关紧要的位置。虽然两人都大量地讨论了法律问题,但是,他们所说的法律都不是别的,只是主权者的意志之直接呈现。霍布斯关于国家法的定义为:"国家法乃是针对每个臣民的,由政治共同体通过语言、文字或别的足以表示意志的符号命令于他的规则,用以分辨正当与不正

[1] 《社会契约论》,第 33 ~ 34 页。

当”;[1]卢梭也说,“由于社会公约,我们就赋予了政治体以生存和生命;现在就需要由立法来赋予它以行动和意志了”,“法律乃是公意的行为”。[2] 当然,他们立刻就意识到了,作为一个集体的政治体是不可能自己立法的。于是,他们就将此一权力授予了一个具有人格者,霍布斯合乎逻辑地将其授予本来就具有人格的主权者,“在所有的政治共同体中,立法者只能是主权者”。[3] 卢梭则只好不顾逻辑的断裂,将其授予了一个突然出现的“立法者”。这个立法者具有“能够洞察人类的全部感情而又不受任何感情所支配的最高的智慧”。[4] 卢梭一心要维护的公意的纯洁,但公意的表达只能借助于人,卢梭被迫假设这个人是非人也即超人的全能者。[5]

不管怎样,主权主义进路的政体理论将立法权排他性地授予了主权者,法律就是主权者的意志之呈现,主权者可以按照自己的意志制定任何法律,主权者是无所谓“合理性”之考量的。合乎逻辑地,霍布斯和卢梭也都同意,这个主权者,不论其为君主还是“人民”,都不受自己制定的法律之约束,可以随时更改不合己意的法律。也就是说,主权者是超越于法律之上的。[6] 但这样一来,法律实际上被取消了。这样的法律,在他们所设想的政体中,当然就不是一个构成性要素。

归根结底,主权主义政体唯一重要的要素是主权。至高无上的权力是倾向于取消制度的。在霍布斯和卢梭眼里,所有制度都是无关紧要的。法律和制度意味着主权的自我设限,而自我设限的主权就不是主权。在主权主义的立国规划中,道德、法律、政府、政治基本上只是主

---

〔1〕 [英]托马斯·霍布斯:《哲学家与英格兰法律家的对话》,姚中秋译,上海三联书店2006年版,第153页。

〔2〕 《社会契约论》,第44、47页。

〔3〕 《哲学家与英格兰法律家的对话》,第154页。

〔4〕 《社会契约论》,第49页。

〔5〕 无怪乎卢梭事先就为自己辩护说:“我的全部观念是前后一贯的,不过我却无法一下子全部都阐述清楚”(《社会契约论》,第43页)。

〔6〕 比如,霍布斯说:“一个政治共同体的主权者,不管其为一个议事会,还是一个人,都不受其国家法之拘束”(《哲学家与英格兰法律家的对话》,第154页)。

权者不受控制的意志的偶然显现而已。这样的政体不追求恒常性、确定性,因而也就没有制度可言。从逻辑上说,主权主义立国进路基本取消了法律和制度之理性设计工作,因而也就不可能有宪政可言。

这样的理论,因为其对主权的强调,似乎对不少共同体的现代立国进程产生过相当大的影响,尤其是其中的人民主权论。按照一般的说法,卢梭所支持的政体是民主的,而直接由人民行使主权的纯粹民主政体必然只适合于小国寡民的共同体,而它不适用于大型共和国的政体规划。吊诡的是,近代不少大共和国的政体设计却深受这种主权理论影响,包括法国大革命期间的革命者。正是依据卢梭的理论,法国的革命—立宪者在设计法国新政体的时候,偏爱人民的直接参与,拒绝采用纵向分权的联邦制,也拒绝横向分权、可能分割人民主权的两院制,同样拒绝政府各个部门之间的制衡机制。〔1〕 由此建立起来的政体在现实的运作中,必然由一定数量的代表掌握权力。但是,因为缺乏事先的制度设计,因而并无有效的法律制度来限制这些事实上的代表的权力。结果,此一标榜人民主权的政体,却堕落成为雅格宾党人的专政政体,或者是军事独裁的君主政体。

也就是说,主权主义政体理论迈出一步就会转生出现代的专政理论,只要主权者替换为具有全盘颠覆社会秩序之宏大理想的革命者。这就是我们将要讨论的第二类现代政体,革命者拥有主权的专政政体。

专政理论的基本出发点是现代主权理论,只不过,与卢梭不同,人民不再是全体,而蜕化成为部分。原因在于,社会本身不再是一个由被假定为平等的个体组成的同质的共同体,完整的——虽然过于抽象——"人民"不复存在,而被按照财产、资产分割为不同的阶级、群体。这些次级群体成为经济、社会、意识形态以及政治活动的基本单元。事实上,最常见的现代革命理论宣称,财产占有状况决定着政府的结构和

---

〔1〕 关于这一点,可以参见拙作,"立宪失败的个案:阿克顿论法国大革命",收入《立宪的技艺》。

人们的观念,政府就是借助于财产占有权而占据统治地位的群体进行统治以实现自身利益最大化的工具。这样,统治阶级就被承认为政治共同体中的主权者。而且,这种主权地位是由"历史"赋予的,是由经济发展的必然性所决定的。不过,这种必然性却是"历史的",而不是恒定的。既然任何人都以利益——主要是经济利益——最大化为唯一价值,那么,统治阶级自然不会自动地让出权力。这就决定了,统治权的更替只有通过暴力来进行。因此,新的统治格局只能通过暴力革命的途径建立起来。事实上,"历史"会决定、捡选某个阶级作为某一历史阶段的革命阶级,这个革命阶级有道德与历史的责任,通过暴力革命把自己变成主权者。历史就是如此进步的。因此,唯一可能而正当的立国者,就是历史注定的革命者。在立国的时刻,主权就在革命者手中。革命者在推翻了旧的上层建筑之后,应当通过立宪,在社会各个领域,当然首先是在政制结构中,把自己安排为统治阶级。这是它的历史使命。

延续主权主义的立宪规划,专政理论同样相信主权是不可分割、不可转让的,从而更为坚决地反对任何形式的权力分立与制衡的制度设计。在革命理论家看来,所谓的分权安排不过是资产阶级用于实现自身利益最大化的一种技术性安排,不过是一个虚伪的骗局,用以掩饰阶级统治的实质。由历史必然性所预定的阶级在建立真正正当的政体时,应当抛弃虚伪,公开宣告自己对权力的绝对垄断,禁止任何人通过任何机制分割这种主权。因此,这种政体通常没有稳定的制度,而依靠精英革命者的意志;假如有制度,它总会选择某种议行合一的制度安排,建立一个融合立法、执行之全权的委员会。

在这样的政体中,法律与权力是完全合一的。根据专政理论,法律是作为主权者的统治阶级的意志的呈现,统治阶级也会利用法律作为自己进行统治的工具。统治本身就是法律。统治阶级完全有权利利用法律毫不留情地追求自身利益的最大化,为此而对被统治阶级进行全面的剥夺也是完全正当的。统治阶级在制定法律的时候不应当考虑任何道德因素，因为道德同样是统治阶级编造的意识形态而已。[1] 越是有效保证自己统治、剥夺被统治阶级的法律，越符合历史的正义。当然，革命者则有权推翻以前不正义的法律，然后利用法律这种工具来实现革命的目标，在此过程中，同样不需要考虑自身利益之外的任何因素。因为，保护自己的主权就是最大的正义。

上面所述的彻底的逻辑，导致作为主权主义政体之极端的专政政体陷入一种难以自拔的困局：它把政治还原为财产占有关系，取消了霍布斯、卢梭所说的“共同体”。从共同体的层面看，已经不再存在“公意”了，因为，共同体被严格地区分为势不两立的统治阶级与被统治阶级；真正的政治也不存在了，现在，政治就等于镇压。革命变成了不断革命：统治阶级为了维持自己的地位，就始终要采取革命性策略，以保持整个社会服务于自己的意志。革命者当然也唯有透过暴力革命，推翻旧的统治秩序。这样，政治就是不断革命。专政主义的政体理论取消了全部政治，一直到自己被取消为止。

综上所述，主权主义的民主政体与革命者主权的专政政体都具有自我取消的内在趋势。这也正是《联邦党人文集》的作者普布里乌斯（Publius）经过对历史、经验的考察，并借助于政治科学的理性思考，而得出的基本结论。基于这一点，普布里乌斯抛弃了主权幻象，走向了代议制，进而设计了一个权力分立与制衡的政体。这个政体克服了其他两种政体消解法律、制度，乃至取消政治的内在矛盾。

普布里乌斯政体理论的出发点是区分民主制与共和制（democracy and republic）。此处所谓“民主制”，实即纯粹民主制（pure democracy），是指“一个由少量公民组成的社会，这些公民亲自集会并从事治理”，此即我们上文所分析过的卢梭主张的主权主义的民主政体。至于他们所

---

〔1〕 波兰尼曾经对他所说的这种“道德的倒错”现象进行过讨论，参见[英]迈克尔·波兰尼：《社会、经济和哲学——波兰尼文选》，彭锋等译，商务印书馆2006年版，“历史与希望：对我们时代的分析”。

说的共和制,是指"一个存在着代议之架构(schema of representation)的政府","治理被委托给其他人选举之少数公民"。[1] 普布里乌斯再三说明,他设想的共和制确实不是纯粹民主的,但它又确实是民主的。这不是修辞,普布里乌斯这样说的时候是真诚的,他相信,代议民主是唯一具有自我支持能力的民主制。在讨论参议院之必要性时,普布里乌斯更清楚地指出了自己的意图:代议制其实也不是自己的发明,罗马就有元老院。因此,古代那些曾经实现民主或实行代议制的政府"与美国政府的真正区别在于,作为集体位格的人民完全被完全排除在美国的政府之外"。[2]

这一论断可谓石破天惊。从政治的根基上说,人民确实是主权者,人民是一切权力的终极渊源,一切法律、政府均须对人民负责:这一点,是美国制宪者的共识,普布里乌斯也完全赞成,并在论述中不断重复。但是,普布里乌斯是现实的政治家,而不是在抽象逻辑中生活的哲学家。他清楚地知道,作为整体的人民没有能力组成政府,也没有能力行使权力。因此,唯一可以设想的、且唯一现实可行的民主的政府,只能是代议制的民主政府。除此之外的一切民主政体,根本就不可行,即便勉强建成,也必然堕落成为它的反面:要么堕落为一人专制,要么堕落为大众的专制——甚至可以说,这种民主制从一开始就是它的反面。普布里乌斯的意图就是要挽救纯粹民主政府的这种致命缺陷,使之成为一种可以稳定地运转的政体样式。[3]

由此,宪政主义的政体架构设计工作才具有了紧迫性与必要性。现在,政治共同体分成两个层次:一个层面是作为政府一切权力之渊源与终极目的的人民的自由、权利与利益;另一个层面是人民产生政府的方式及由此产生的政府之权力。在卢梭的纯粹民主制构想中,权利就

---

〔1〕 The Federalist Papers,第81、82页。

〔2〕 The Federalist Papers,第387页。

〔3〕 关于这一点的讨论,可参见[美]列奥·施特劳斯、约瑟夫·克罗波西主编:《政治哲学史》(下),李天然等译,河北人民出版社1993年版,第767页。

是权力,人民的权利就是人民的权力。现在,在普布利乌斯的国家构架中,权利与权力分开了。

但因此,普布里乌斯也就给不得不面对三大必须解决的难题:第一,如何使人民不失去对政府的控制;第二,如何防止一部分人借助政府压迫、剥夺其他人,即如何使政府始终正义地行使权力;第三,如何使政府不至于变得愚蠢而无能,以至于无法实现人民的利益。[1] 为了解决这三个问题,普布里乌斯发展了一门基于现实而发展理论的"政治科学"(science of politics),或者说,政体设计科学,[2]并依据自己的发现宣告,美国制宪者所设计、他们所支持的代议制民主政府方案是民主的,是有能力的,并能正确地行使权力。

这一政体的基本原理首先是代议民主,这一点不言而喻。与民主同等重要的是权力的分立与制衡。两者共同保证人民对政府的控制,同时也保证政府正确地行使相当强大的权力。这里不准备对权力分立与制衡发挥作用的机制进行详尽研究,仅指出其最重要的两点:通过赋予各个政府部门抗衡其他部门的必要手段,避免所有权力集中到同一些人之手,从而利用掌握着不同权力的人的利己之心,使之互相制衡,避免政府堕落为"选举的专制"。[3] 当然,也避免其堕落为其他形式的专制。

我们将着重讨论第二点:增加政府立法的审议环节,从而将理性的因素引入治理过程之中,以平衡所有掌握权力者的意志。普布里乌斯对一个优良治理(或者说优良政府)设定了一个标准:"一个优良的政府需要两样东西:第一,对政府宗旨的忠诚,此即人民之幸福;第二,关于借以最好地实现此一目标的工具的知识。"[4] 也就是说,在普布里乌斯

---

〔1〕 参见《政治哲学史》,第 770 页。

〔2〕 关于普布里乌斯的这一知识贡献,可参考刘海波:《政体初论》,北京大学出版社 2005 年版,尤其是"宪政联邦主义的理论建构"。

〔3〕 The Federalist Papers, 第 311 页。

〔4〕 The Federalist Papers, 第 381 页。

看来，政府仅有基于人民的幸福而行动的意志是不够的，还需要理智或知识。普布里乌斯相信，宪法的诸多设计，比如，参议院、总统，都是为了增加政府的知识。更重要的是，分权制衡机制将会激励政府各个部门的人员发现和积累这种知识，并且积极地应用这种知识。普布里乌斯在这方面的见解，随处可见于关于设立参议院、赋予其分割、制约众议院权力之必要性，关于总统职位及其制约议会之权力的必要性的讨论中。

普布里乌斯相信，代议制也把德性带入政府，使之平衡私人或集体的自私激情："被委托的权力之设立，就等于承认，在人类中间存在部分的德性与荣誉心，这可以成为信赖的一个合乎情理的基础。"[1]

这是普布里乌斯的政体理论中最为精妙的地方。理性、德性与意志、知识、道德与权力，乃是治理的三个维度，而现代以来的种种政治理论普遍忽视了理性、德性的维度。主权民主理论即将治理的好坏完全寄托于人民的"意志"是否得到直接的展现或回应，完全排除了理性的因素。讨论分权制衡理论的后人也较多地注意了"雄心应被制造出来抗衡雄心"的论断[2]背后以私利之心达成公共之善的政体设计原理，而忽略了普布里乌斯还发明了另一个根本原理：代议的分权体制把理性和德性带入政府，使之平衡民主的意志。德性的因素，在关于民主制的后续讨论中同样被忽略了。

事实上，代议者——不论其为议员还是总统——的理性与德性，反过来也会让人民在表达其意见的过程中，不只是顺从意志和激情，而是同时服从理性，也培育德性。也只有具有这些资格的人享有治理之权："应当控制和管制政府的应当是公众的理性。公众的激情则应当由政府予以控制和管制。"[3]这种说法可能骇人听闻，但却道出优良治理的

[1] The Federalist Papers，第 458 页。
[2] The Federalist Papers，第 322 页。
[3] The Federalist Papers，第 317 页。

秘密。

因此,代议制的分权制衡政体相对于主权主义的民主政体——更不要说其专政政体——的优势就在于,它既面向民意,但同时也依靠理性和德性——包括人民与其代表的理性和德性。

据此我们可以说,普布里乌斯设计或者支持的政体,隐含着一个"两权分立"的基本架构。[1] 普布里乌斯明显地不同意纯粹的三权分立理论,而将其修正为权力的分立与制衡。[2] 安排这一结构的目的在于以理性平衡意志,以品德克制激情。普布里乌斯相信,一个优良的政府不仅关注人民的意志,也基于理性进行判断。这样,理性本身就成为权力的一个渊源。参议院、总统的必要性和部分权威,都来自于理性对于优良治理的必要性。当然,司法部门最为特别,它完全以理性为自身权威之来源,如普布里乌斯所说,法官只有"判断力"(judgement)。[3] 这样,整个政府被普布里乌斯区分为两个部分,它们分别是判断的权威与统治的权力,前者对应于理性和品德,后者对应于意志与激情。当然,这两种权威在不同政府部门不平衡地分布着,最高法院则最典型地代表了政府的理性与德性维度。

从这个意义上说,普布里乌斯发展了普通法宪政主义的政制理论。这一理论在英格兰法律与政制传统中源远流长,对此,美国政治史学家麦基文进行过深入挖掘,[4] 爱德华·库克爵士在17世纪初强烈地主张这一理论,它的核心主张是法律主权。[5] 也正是基于这一传统,美国制

---

〔1〕 关于两权分立,笔者曾撰文简单地讨论过,参考"试论自发地发现法律的程序与两权分立的政体框架",见秋风:《立宪的技艺》,北京大学出版社2005年版。

〔2〕 The Federalist Papers, No. 47.

〔3〕 The Federalist Papers, 第465页。

〔4〕 最简洁的论述可参见[美]C. H. 麦基文:《宪政古今》,翟小波译,贵州人民出版社2004年版,主要是"罗马宪政及其影响"、"中世纪宪政主义"两章。

〔5〕 梅特兰曾经提出,17世纪出现了一种主权竞争的格局:"有三种力量声称是主权:(1)国王;(2)国王在国会中;(3)普通法"(F. W. Maitland, The Constitutional History of England: A Course of Lectures Delivered, Cambridge: at the University Press, 1950, p. 298)。第三种主张的代表人物就是库克,他深化了普通法的宪政功能,发展出一种普通法宪政主义。

宪者自始即把宪法理解为可以由司法部门予以执行的“根本法”，这个执行者就是联邦最高法院。同样是基于这一传统，普布里乌斯在《联邦党人文集》第78篇中不假思索地主张，法院可以依据宪法审查国会立法，并宣告其无效。后来的马布里诉麦迪逊一案不过是为联邦法院系统提供了一个可以援引这一制度的权威先例，而本案的被告，正是普布里乌斯的一员麦迪逊。

总结上面的分析可以看出，美国制宪者基于理论、历史和经验设计了一种新颖的政体，这种政体是民主的，但它是代议制的，并由一个复杂的权力分立与制衡的制度安排，旨在实现理性与意志的平衡，从而使政府既可以按照人民的意志行动，又可以正确地行动，也可以有效地行动。这一宪制设立了一个强政府，但在强政府内部又设计了复杂的自我限制机制，从而使它较好地满足了现代大市场、大社会秩序发育、扩展之需要，而不至于侵害民众的自由、权利。也难怪，自20世纪以来，大多数国家在自身的政体——不论其为传统的君主专制政体，还是现代的主权主义民主政体或革命者主权的专政政体——失败之后，普遍选择模仿美国政体的立宪战略，即便是现代政治起步最早的欧洲也不例外，如阿伦特所说，“第一次世界大战之后，欧洲开始生活在专家宪法之下，这些宪法在很大程度上以美国联邦宪法为原型，满以为会行得通。”[1]

不过，阿伦特接着又说：“然而它们总是激起治下人民的不信任却是不争的历史事实。”[2]在其他国家，同样有美式政体水土不服的现象发生。这并不表明代议制的分权制衡体制本身有问题，它们的失灵主要是因为模仿国的立宪者忽略了立宪事业的复杂性与艰巨性。美国制宪会议代表、普布里乌斯，以及反对强大之联邦的反联邦党人，大多具有立宪者的基本美德，如普布里乌斯在《联邦党人文集》开篇所说，他们

---

〔1〕［美］阿伦特著：《论革命》，陈周旺译，译林出版社2007年版，第129页。

〔2〕同上，第129页。

有一个信念:应该"通过思考和选择建立政府",而不是将其交给"偶然事件与暴力"。更进一步,这种思考与选择,必须基于"深思熟虑"(deliberate)。[1] 这种深思熟虑不是纯理论的运思,也不是听任所谓的历史、环境之必然性的摆布。相反,从制宪会议记录,从《联邦党人文集》及其他相关文献可以看到,美国立国者至少从三个不同维度进行"思考和选择":人类的治理史,尤其是罗马、英国两个大国的政府设计之成败;美洲各邦的宪制经验与此前建立的邦联运作的教训;然后是"政治科学"。他们确实掌握着最新的政治理论,但绝没有轻率地依理论来设计制度。他们对孟德斯鸠三权分立理论的辨析与重新解释,就是一个例证。[2] 他们也在进行具体政体设计的时候,不断进行理论思考,基于人性、基于历史、基于制度的内在逻辑,提出和发展理论,以理论对制度设计方案提供支持。这样,理论与制度之间就保持一种良性互动,这一点是大多数国家的立国者所未能做到的。

所以,美国立宪者的政体设计策略与主权主义民主政体和革命者主权的专政政治设计策略大不相同。事实上,之所以有此策略的不同,也是因为,这三种立宪策略背后,隐含着三种相当不同的立国模式,立国者处理理想、历史与现实的原则大不相同。

五、现代国家的三种立国模式

前面三节讨论现代国家构建规划中的立教、立法、立宪问题,其中均进行了分类的尝试。将这些合起来,就构成了三幅完整的立国图景。本节就将基于这些图景,讨论立国的启示、权力和历史之间的关系,也即立国蓝图、政府与社会的关系,立国模式之别,正是此一关系之别。

毫无疑问,现代的立国乃是建立一种"新秩序",在这一点,所有现代国家的立国者都是自觉的。法国大革命时期的立国者固然不用说,

[1] The Federalist Papers, No. 33.
[2] 参见《联邦党人文集》第四十七篇。

美国立国者的这种意识也是十分强烈的。美国制宪者甚至相信,自己的制宪事业不仅关乎美洲殖民地人民的幸福,也关乎全人类的命运,他们正在为人类建立一种新秩序的范本。如宾夕法尼亚邦代表詹姆斯·威尔逊曾说:"我们现在正在设计的这个政府,不仅会影响到我们现在的几代人,我们成倍增长的后代,子子孙孙,而且还会影响到全球。"[1] 汉密尔顿在《联邦党人文集》开篇也说,如果美国立宪失败,将会被"视为人类的整体不幸"。[2] 这一点,显示了清教信仰激发出来的那种把美国作为上帝选民的历史与道德责任感。

新秩序必然有开端,不过,开端却可以有两种完全不同的情形:一种是无中生有,另一种是有中生有。就立国事业而言,除了一个共同体最古老时代的开国者之外,没有哪个现代国家能够依此模式而建立:每个现代国家都是在其前现代的现实中开始的,也都有其自身的历史。因而,唯一值得立国理论讨论的是有中生有的情形,在现实之中、在历史之中、在"既有"之中创造新秩序的情形。基于这一事实,现代立国者的进路基本不出三种模式,区分的关键则在于怎样对待"既有":

第一种新秩序构建方式的特征是,立国者把历史视若虚无,领导人民摧毁一切"伪善"和不正义的制度,进入"自然"状态,进而按照一个全新的蓝图构造一种全新秩序。

法国建立现代革命正是在这种哲学支配下展开的。[3] 这场革命及此后法国人持续了一个世纪的旨在建立法兰西现代国家的努力,具有了十分显著的启蒙性革命的特征。这样的唯理主义首先从事的是破坏的事业。基于对理性的迷信,它决心用理性检查整个社会,它信奉怀疑一切的原则。可以设想,在这种空洞的理性面前,几乎所有传统的信

---

[1] [美]麦迪逊:《辩论:美国制宪会议记录》上册,尹宣译,辽宁教育出版社2003年版,第205页。

[2] The Federalist Papers,第33页。

[3] 托克维尔说:"人们有理由将18世纪哲学视为大革命的一个主要原因",[法]托克维尔:《旧制度与大革命》,冯棠译,商务印书馆1996年版,第45页。

仰、价值、社会制度、法律，当然还有政府体制，都不具有正当性（legitimacy）。在完成了这种审查与鉴别之后，启蒙者即用理智来破坏它们。因此，法国启蒙哲学具有强烈的反传统、反社会倾向。如托克维尔所观察到的，由18世纪的哲学所支配的“法国革命的目的不仅是要变革旧政府，而且要废除旧社会结构，它必须同时攻击一切现存权力，摧毁一切公认的势力，除去各种传统，更新丰富习惯，并且可以说，从人们的头脑中荡涤所有一贯培育尊敬服务的思想。”[1]随着旧制度崩塌，个体将获得“解放”。

这个解放的过程表现为暴力的大规模运用。要让共同体的整体生活——从政治到信仰——重新开始，就必须摧毁全部既有的秩序，摧毁“既有”。如阿伦特所说，“恰恰是因为不是从无到有，而是从给定的材料中创造事物，就必须侵犯这些材料，以使之服务于塑造过程”。[2] 也即对作为对象之“材料”施加暴力进行改造，这样，针对社会的大规模暴力手段之使用，对于国家新秩序之塑造成为必要的；立国者也会通过构造某种理论证明，这种大规模暴力之使用是正当的。

经由这种破坏性解放，人被解除了一切束缚，共同体进入了“自然”状态。自然状态的基本特征是人人具有理性，因而人人平等。但是，从那些不能在理性面前证明自己之正当性的政体、信仰、文化、社会结构中解放出来的理性的个体，如何在旧秩序的废墟上再建现代秩序？不管怎样，现代社会、国家秩序仍然是一种秩序，而不是非秩序。而且，尽管理性能够使哲人们想象出一个新秩序的蓝图，问题的关键是，谁来构建这个新秩序？用什么样的方式？惟理主义者相信，人的唯一真实属性是他所具有的理性，且人与人在这方面的能力没有多大差异，人在理性面前被假定为处于绝对平等状态。正是基于这种惟理主义假设，法

〔1〕《旧制度与大革命》，第48页。
〔2〕《论革命》，第194页。

国人所真正向往的是平等而不是自由。[1] 那么,在这些绝对平等的理性人中间,如何构造秩序?

两位唯理主义的领军人物——霍布斯和卢梭,不约而同地走向了契约论的国家构造思路。在霍布斯那里,平等的理性人构成的自然状态是人与人永恒的战争状态,结束这丛林状态的唯一出路是他们通过契约建立一个绝对权力,所有人把自然权利让渡给它。卢梭的自然状态更温情一些,但最终建立起来的权力同样是绝对的:由个体的完整意志之共同参与而形成的公意,凌驾于所有具体的个体之上,任何对公益的怀疑都是对个体自身的背叛。[2]

这样,启蒙主义的伦理学与国家哲学走向了一个奇妙的自我倒转:平等的个人的自然理性,只能通过诉诸绝对不容怀疑的理性才能够建立起有效的秩序。这样的绝对理性其实是一种绝对意志。伦理世界中的这个绝对理性—绝对意志转生到现实世界,就是超越于一切秩序之上的"革命者"。革命者作为理性的化身,把旧秩序全盘判处死刑,并以铁的意志有条不紊地进行破坏;革命者为维护理性之绝对性也不断地制造和消灭各种"敌人",并且互相消灭。信奉启蒙哲学的革命者相信,经由这样的破坏,"新人"将会出生,他们将在绝对理性指导下,按照理性蓝图,参与构造完美新秩序。

也就是说,革命者—立国者首先把自己从历史中解放出来了,置于

---

〔1〕 阿克顿在对孟德斯鸠、伏尔泰、卢梭、杜尔哥、狄德罗的思想进行分析之后尖锐地指出:"这些人唯一的共同点是:他们都对自由本身漠然置之"。([英]阿克顿:《法国大革命讲稿》,贵州人民出版社 2004 年版,第 21 页。)他又这样评论法国《人权宣言》:"平等原则是人权宣言最坚定地坚持的一个理念"(同上,第 113 页)。

〔2〕 这里没有提及洛克的契约论,因为洛克的契约论与霍布斯、卢梭的契约论之间存在一个根本区别,按照洛克的设想,人们首先组织社会,进而才成立政治的或公民的社会,这一点,从下面一段话中可以清楚看出:"上帝既把人造成这样一种动物,根据上帝的判断他不宜于单独生活,就使他处于必要、方便和爱好的强烈要求下,迫使他加入社会,并使他具有理智和语言以便继续社会生活并享受社会生活。最初的社会是在夫妻之间,这是父母与儿女之间社会的开端;嗣后又加上了主仆之间的社会……这些社会,不论个别地或联合在一起,都不够形成政治社会……"[英]洛克:《政府论》,下篇,叶启芳、瞿菊农译,商务印书馆 1997 年版,第 48 页。

现实之上。对于他们来说，时间处于某种悬停状态。这类似于京剧舞台上常见的场面调度：某人演唱、做戏的时候，舞台上其他角色通常处于僵滞状态，没有任何表情，仿佛不存在于舞台上。立国者就是这个表演者，立国就被视为历史进程重新设置（reload）的时刻。这样的立国事业通常分成两个相互关联的阶段：首先，革命者—立国者把有变成无，把历史之实有变成立国时刻的空无。接下来，在历史的废墟上，革命者—立国者按照自己的蓝图全盘设计、建造全新的秩序。从这一刻开始，时间重新开始，历史从零起点重新开始计算。

可以说，这是一种"外在的"立国模式。[1] 这既是一个哲学的推论，在历史社会中也有其具体表现。历史之上的人，在现实的社会中通常只能生存于社会的边缘。那些主张全盘破坏再全盘建设的建国者，建立新秩序的主体，不是既有秩序中的人，而是在秩序之外或秩序边缘。因而，这样新秩序不是从社会内部创造出来、转换、生发出来的，而是从社会外部，或自身结构的边缘上被强制的。按照启蒙哲学的论述，唯有理性能够构造永恒幸福的制度，但在启蒙哲学看来，生活于旧秩序之下的人们，不论是社会精英，还是普通民众，都已被旧制度污染了。既有的社会是坏的，既有秩序中的人是非理性的，因此，既有的秩序已经不可能自我更新了。唯有由一种强有力的、通常是暴力的力量从外部对其进行改造。在启蒙哲学的立国规划中，"社会"及生活在社会中的人，尤其是社会的精英被对象化了，他们被定性为旧秩序而成为革命的对象。

这种外部力量通常是边缘知识分子。如阿伦特在另外一个语境中曾指出：支配了法国大革命和立国进程的现代政治哲学的典型谬误在于，它"不是根据行动者和当局者，而是从袖手旁观的局外人立场出发

〔1〕《论革命》，第 41 页。阿伦特接着说："这种谬误由于其内在的一些真理性而相对难以察觉。这一真理就是，有人所开创和出演的一切故事，由于只有在行将结束的时候才会揭示它们的真正意义，这样一来，从表面上看，似乎真的只有旁观者而不是当局者，才有望理解在以往一连串的行为和事件中实际发生了什么。"

来描述和理解整个人类行动的领域。”边缘性知识分子就是这种旁观者。启蒙哲学创造了有史以来最为成功的以理念获得权力的政治奇迹,如柏克和托克维尔都强调过法国大革命之怪现象:文人领导政治革命和建国大业。在法国革命及此后其他国家发生的带有启蒙色彩的革命中,革命主体都是此类社会结构的“边缘”人物,他们通常是边缘性知识分子。这里的“边缘”是指,他们不是社会秩序内部的精英,他们很可能根本不在原有社会结构之内,不是该社会内掌握着某种资源、进行某种治理实践的人物。即便在知识界,他们也不是学术传统的核心,而在其边缘——这是对柏拉图“哲人王”的一个终极反讽:进行统治的哲学家不是最高明的哲学家,而是哲学家的最粗鄙、最肤浅的学徒。

简而言之,这些立国者不是“绅士”。正因为不是绅士,这些参与创造新秩序的边缘知识分子才对既有的信仰、习俗、社会结构、政体没有任何情感纠葛,可以毫不犹豫地进行破坏。同样,由于不是绅士,所以,他们可以单凭理念任意挥洒。他们所建立的不是秩序,而是强制。同样,由于不是绅士,因而除了理念之外,他们不具有任何建立秩序与维持秩序的“技艺”(art),他们根据纯粹的逻辑、想象所建立的不论哪个领域的秩序,都不具有可行性。因而,他们的事业总是容易失败。不过,建立新秩序的失败,在这些边缘人物中所引起的反应总是更加激进化,他们把失败归咎于旧秩序的顽固,因而会发动新一轮革命,更加彻底地破坏旧秩序的残余。“不断革命”乃是启蒙主义的立国事业的基本特征。

这样,启蒙主义者所进行的立国事业就陷于自我否定的无限循环中,注定了无法完成其初始目标:建立现代国家的秩序。英国、美国等未受启蒙哲学支配的立国进程所形成之现代国家,是有终点的:它终结了革命,从而创造了一个可持续的“新秩序”。在启蒙哲学支配下的立国运动所形成的政府,却不是革命的终点,而是革命的手段、工具而已。革命政权建立之后,会进行更大规模的全盘革命,政权与整个社会处于更为尖锐的对立之中。这也就意味着,现代国家的稳定秩序依然没有建立起来。[1] 在《论美国的民主》中，托克维尔不断地拿美国与法国进行对比，从而展示了两种不同的建立现代国家的进路。在托克维尔看来，法国的立国是失败的。相反，"这世界上有一个国家，在那里，我所谈论的这种社会大革命似乎已经接近达到其自然的边界。它是轻而易举地实现的。毋宁说，这个国家根本就没有发生民主革命，就在收获这种革命的果实，而我们还在进行这场革命。"[2]

启蒙运动改变了此后世界各国立国事业的基本图景，激进革命乃是启蒙哲学支配下的立国事业的基本特征。后发国家的现代国家经常由文人，通常是受到启蒙思想支配的青年学生以激进革命的方式构建。中国自新文化运动之后就走上了这样一条立国之路，并同样陷于这样的革命循环之中。

不过，从历史上看，这种外在立国的模式，可以进一步细分为"温和的"与"激进的"两种类型。如法国大革命就属于温和的，而苏联的现代建国模式则是激进的，具有更暴烈的革命性质。

英国与美国则展示了另外一种现代立国模式，即历史延续中的自我转换，社会的自我维新。作为建立现代国家之标志性事件的英格兰宪政主义革命，酝酿于 17 世纪初，爆发于那个世纪中期。英格兰现代国家的建立与前现代的封建制度之间保持了实质的连续性。16 世纪都铎王朝统治时期，英格兰与法国等欧洲国家一样，进入了"立国"期，其具体表现为王国对罗马教廷、同时也对臣民双向扩张权力的君主制，17 世纪初的斯图亚特王朝进一步发展了这一倾向。这种专制主义激起了一场宪政主义运动，最终形成"宪政主义革命"。

然而，这场宪政主义运动所使用的武器，却是社会结构内部既有的制度，即普通法和议会。这两者都十分古老，形成于中世纪之初。普通

[1] 已有论者指出，司法审查制度是在体制内建立了一个革命的替代物，把反体制的革命内在化，把革命日常化。笔者近年对普通法宪政主义进行研究得出的一个基本结论是：司法审查制度乃是英美宪政制度的真正秘密所在，但此处无法详尽论述。

[2] Democracy in America, Vol. 1，第 13 页。

法法律家(common lawyers)宣告,以习惯法为基础、由法官之技艺理性加工宣告的法律,是至高无上的。普通法也确认,议会都是英格兰古老宪制的组成部分,国王征税、立法向来都有经过议会同意的程序。这样,法律与议会结成联盟,共同与王权抗衡。双方最终刀兵相见,几经试验。最终,英格兰社会的精英们达成妥协,实现"光荣革命",成为历史上第一个完整意义的现代国家。如戴雪在《英宪精义》中分析指出的,英国宪制的两大宪政原则,就是由古老的议会和同样古老的普通法传统发展而来的"议会主权"和"法律主治"。

如诸多论者所说,现代英国的立国过程具有保守主义气质——尽管"保守主义"作为一个观念体系只是柏克在反对法国大革命时系统提出的。此处所谓"保守"的含义是,它没有过多触动宗教、习俗、法律、社会结构等领域的制度。人们关注的是政体安排问题,争论、争斗的焦点是王权与议会、权力与法律,究竟谁应当居于统治地位。而争论的双方大体上都属于社会的中坚精英群体,双方所利用的理念和制度,也都是社会内生的。就像前引萨拜因的话所表明的,他们都讨厌霍布斯之流的启蒙思想。

美国立国过程具有同样的特征。如阿伦特所说,美国"革命不是突然爆发的,而是人们经过共同协商,依靠相互誓愿的力量而缔造的。奠基不是靠建筑师一人之力,而是靠多数人之合力。"这样,开端不是空无的,这样的新秩序不是纯任"运气和暴力",而是依靠"理性与反思"构建的。开端被置于既定的时间过程中,时间并没有悬停。这样,开端就自有其规定性,开端是给定条件下的开端。也正因为此,这个新秩序确实是新的,但它与历史又保持了一种真实的连续性。

在制宪会议记录中,我们就可以看到这种奇妙的组合。制宪会议代表在设想种种政体方案的时候,确实相当地大胆、富有想象力,翻阅制宪会议记录,人们仿佛进入一个政体科学研讨会:制宪者把政府的权力进行切割、装配，探讨各种装配方案的合理性、可行性。[1] 他们也确实设计出了新颖的政体，其要素如联邦制、总统制，两院制，还有司法审查制等，都是历史上从来没有过的。但是，他们在从事这些宪制创新的时候，却不是诉诸纯粹的逻辑推理，而是始终把想象力置于某种限制性框架内：第一，他们不断地诉诸历史，这似乎有两个取向：在英国、罗马的历史中，探究其政体设计的基本原理，在除此之外的其他共同体的历史中，吸取政体设计不良的失败教训。第二，他们不断地诉诸美洲殖民地各邦的经验。事实上，制宪会议所讨论的方案，本身就是以某些邦的宪制为范本的。可以说，美国宪法所建立的绝大多数制度，虽然相当新颖，但都可以在历史上找到某种先例，或者乃是为了防范已被历史证明为严重的弊端而设计的。

由此可以看出，美国制宪者虽然相信理性，但不是法国人所相信的理性，而是一种"技艺理性"。汉密尔顿在《联邦党人文集》开篇就提出了立国之可能进路问题："由人组成的诸社会是不是真有能力通过思考和选择(reflection and choice)建立起优良的政府，或者是否他们的政治性宪制(political constitutions)注定了永远依赖偶然事件或暴力。"[2] 制宪确实需要借助"理性和思考"，整个制宪会议及宪法通过过程中的辩论都浸透着理性精神，但这是一种与法国人的立国哲学不同的理性主义。用哈耶克的话说，它是演化论的理性主义，或者说，立国者所依赖的是实践理性或爱德华·库克爵士所说的"技艺理性"。

这种技艺理性源于普通法。美国制宪会议代表中律师及接受过法

---

[1] 阿克顿曾评论说："法国人从美国那里拿来的是他们发动革命的理论，而不是他们切割又缝合政府的理论。"[英]阿克顿：《法国大革命讲稿》，J. H. 菲吉斯、R. V. 老伦斯编，秋风译，贵州人民出版社 2004 年版，第 34 页。

[2] The Federalist Papers.

律教育者的比例极高。[1] 事实上,几乎所有精英都接受过法律教育,即便他从事商业或其他活动。如托克维尔观察到的,法律精神渗透在美国精英的心智中。比如,法律的训练让他们知道妥协。制宪会议代表伦道夫在制宪会议进行过关键时刻曾说:“我们开会过程中,有个观念一直占着上风:反对意见,不论来自各邦,还是来自各人,都可以融合到这个将要提出的政体之中。”[2] 制宪会议中,不同意见发生过激烈的冲突,但最终人们寻求到了这种妥协之道。当然,最终的妥协也是逻辑与现实折中、循环回复的产物。如果没有技艺理性,宪法是不可能被制定出来并通过的。

比较完整地掌握这种技艺理性的人,当然是社会的精英。美国立宪过程是社会结构中的精英为未来制定宪法,但这一举动却不是单纯精英主义的。在制宪过程中,制宪者在提出任何政体设计构想的时候,不断反问自己一个问题:这个构想会被“人民”批准吗? 巴特勒曾说:“我们应该追随梭伦的榜样,他提供给雅典人民的,并非他能够设计的最好政府,而是雅典人民最愿意接受的政府。”[3] 如麦迪逊所说,“设计构造政府的任务不是交给一大群人,而是由那些具有卓越智慧和公认正直的个别公民”,[4] 但是,“这种权力仅仅是顾问性与推荐性的……因而,制宪会议规划、提议一部宪法,假如它未获得它所欲治理的那些人的批准,其所得到的不过就是写了它的那张纸而已。”[5] 他们知道,真正的制宪者是“人民”,因而在制宪会议中,他们不断地猜测人民会批准

---

〔1〕 柏克曾这样评论反叛中的美洲殖民地:“法律研究的普遍,也许世界上没有一个国家是如此之甚得。这一职业人数很多,且势力颇大;在多数的省中,它都是执牛耳者。派往会议[此指大陆会议]的代表们,曾游很多是律师。”([英]爱德蒙·柏克:《美洲三书》,商务印书馆 2003 年版,第 93 页)。

〔2〕 辩论,上册,第 399 ~400 页。

〔3〕 辩论,上册,第 70 页。佩特森也说过同样意思的话:“我们的目标,不是要建立一个这样的政府,哪怕它本身或许最佳,而是建立一个我们的选民授权我们筹备的政府,一个他们会批准的政府。”

〔4〕 The Federalist Papers,第 231 页。

〔5〕 The Federalist Papers,第 252 页。

什么、会反对什么。人民支持或反对的预期,对制宪者的想象力安置了一个减速器。也因此,制宪就不是一小群制宪者闭门在逻辑中创造历史的事业,而是制宪者与人民共同进行创造,尽管人民似乎并不在制宪会议的现场。但是,这个人民不是抽象的,而是具体的,并且,最终,人民确实登场了,是由他们以投票的方式来决定了那部宪法,也即决定了这个国家的成立。因而,托克维尔评论说:“美国革命是某种对自由的、成熟的反思性偏爱的产物,而不是对独立自主的含糊的、混乱的渴求之结果。它没有与无政府的狂放激情结成联盟,相反,它的特征正是对秩序和法律的某种热爱。”[1]美国建国的这种理性特征,与其精英特征有密切关系。

总之,英国与美国建立现代国家的进程,是社会的自我维新努力。这两个国家也发生了革命,革命的根源是社会内部已经发生了某种变化,一种新秩序已经初步形成,而政体结构妨碍着这种新秩序继续生长。因而,社会内部各个领域的精英开始聚合,寻求变革,引发革命。也就是说,现代国家的建立乃是社会的自我维新,革命大体上是社会自身发动的一场政体革命,变革与革命的主体始终是社会内部的精英。英美立国者多是“绅士”,即成功的律师、贵族或从事商业性生产的土地所有者及工商业者。因而,在关于英国宪政史的历史叙述中,有所谓“绅士宪政主义”(gentry constitutionalism)之说。[2] 阿伦特比较法国与美国的立宪过程时这样说:“一种宪法是由一个政府强加于人民的,另一种宪法是人民用来构建自己的政府的。”[3]美国的联邦宪法是全新的,但它是由社会原有的精英依据社会原有的原则制定的。事实上,普布利乌斯在劝说美国人接受新宪法时列举的一条理由就是:“它类似于

---

〔1〕 Democracy in America, Vol. 1, 第 71 页。

〔2〕 关于“绅士”与英国宪政主义变革的关系,可参见 Lawrence Stone, The Causes of the English Revolution: 1529 – 1642, Routledge, 2002, pp. 105 – 108.

〔3〕 《论革命》,第 129 页。

你们自己州的宪法。”[1]因此,新秩序与旧秩序相比已有本质上的区别,但两者之间仍然保持着显著的、重大的连续性,而非彻底的断裂。

这是一种“内在的”立国之路,也即立国事业是在既有的社会秩序内进行的,是社会自己为自己立国,是社会的主体、主流为了便于一种更为优良秩序的扩展而对规则、制度进行理性的变革。因而,在这些国家,尽管社会结构从传统国家变成现代国家,新秩序替代了旧秩序,其间甚至发生了战争,但这种变化依然是渐进的。因为,社会秩序未被根本触动而保持了连续性。从这个意义上,这里的革命是保守的。按照托克维尔的说法,美国建国者没有触动社会既有的宗教信仰和社会结构,而关注于政治领域的问题,即政体设计,[2]而立国的过程实际上是该共同体诸多既有制度之扩展与重新组织,所谓“旧邦新命”。此之谓保守主义的宪政主义革命,唯一可能成功的现代国家立国模式,当属这种革命。

六、立国之核心环节与历史分期

上面我们对三类现代国家的建立模式与其结构性特征进行了简单分析,每一类型的立国者都在宪制秩序、法律秩序、精神秩序乃至商业秩序等方面用力。不过,我们在上面的讨论中已经不断地暗示到一点:

---

〔1〕 The Federalist Papers, 第36页。

〔2〕 托克维尔这样说:“美国人的想象力,即使在其最为飞扬的时候,也是谨慎的、有所迟疑的;它的冲动受到制约,它不能贯彻到底。这些克制的习惯(habits of restraint)也出现在政治社会中,而这十分有益于其人民的安宁和它所建立的制度的可持续性。自然和环境一起把合众国的居民变成大胆的人,他们在追求幸福的时候表现的那种创新精神就足以证明这一点。假如美国人的精神摆脱了一切约束,那他们很快就会成为这个世界上最大胆的创新者、最没有宽容精神的挑剔者。然而,美国的革命者们却必须表明自己尊重基督教的道德和衡平,而这些不允许他们践踏那些与他们的设计相反的律法;他们也发现,自己不大容易凌驾于他们的同党的顾忌之上,即便他们有能力克服自己的顾忌。迄今为止,在美国,没有一个人胆敢提出这样的公理:为了社会的利益,一切皆可为;而在一个自由的时代,这个不虔诚的箴言已经被发明出来,给未来的所有暴君提供庇护所。”Alexis de Tocqueville, Democracy in America, translated by Henry Reeve; New York: D. Appleton & Company, 1904, Vol. 1, pp. 328 – 329,参见[法]托克维尔:《论美国的民主》,董果良译,商务印书馆2002年版,上卷,第338~339页。

立国者对立国的诸多构件的轻重缓急的处理,极大地决定着最终形成的现代国家的整体结构,也就决定着该国家整体秩序最终的稳定性与可持续性。经验的观察似乎证明,立国者始终把宪政制度之构建作为最重要的工作,可能是比较明智的。

我们上面对两种立国模式,即内在的立国模式与外在的立国模式的讨论,已经隐含了这样的结论。实践外在立国模式的立国者通常是处于社会结构边缘的文人,他们相信,改造国民的精神、价值、信念,塑造所谓“新人”——不论是哪种意义上的——是建立现代国家的前提,也是最重要的工作。因而,他们通常会发动针对既有的文化宗教秩序与社会结构的革命。另外,如阿伦特所说的,他们也把贫穷问题引入到建国的考量之中。在19世纪之后,唯物主义的哲学和历史观更是被后发国家的立国者普遍接受。他们可能相信,既有的文化、宗教、社会秩序是由特殊的经济结构支持的。因而,他们相信,建国的基础性与根本性工作就是建立一种全新的、更为公平的社会经济秩序,为此而不惜使用暴力。这类立国者就积极地从事于社会经济革命。

相反,内在的立国模式的实践者,由于他们本身就属于社会精英群体,因而很难产生对社会结构、对主流价值和宗教,乃至对经济商业秩序发动颠覆性革命的念头。他们本来就在这些领域拥有权威,这种权威或者古已有之,或者是由于技术变革、组织变革而于新近形成的。对他们来说,最大的问题是,这种权威遭遇到专横的权力的妨碍,因而他们发动革命的目的就是改变这种不合理的政体架构。因此,他们很自然地从事于阿伦特所说的政体革命。建立宪政制度,确保社会不受专断权力的扰乱就是他们进行革命的主要目标。

事实又一再证明,一个国家假如能够比较顺利地完成这种有限的政体革命,则随着宪政制度之建立,社会的价值、文化、社会、经济等领域的秩序也将发生良性演化。援引亚里士多德的哲学:如果一个现代国家就是一个物,那么,治理制度就是它的形式,而旨在规范、约束正规权力的宪政制度则构成治理制度之最重要部分。一旦现代国家具有这样的形式，那么，宗教、文化、社会、经济等领域内的各种社会力量，就在彼此相互发生关系的领域。总之，就在公共事务领域中，获得了一种寻找合理解决问题之方案的有效渠道。通过这些渠道，不同个人、群体的冲突将得到理性解决，新规则被不断地被理性地发现、发展、演进出来，旧的宗教、文化、社会、经济秩序就会和平地向着大多数人认为合理、至少是可接受的方向变迁。

不妨考察一下张君劢关于社会主义实现方式的思考。早从20年代起，张君劢就是一位社会主义者。但如何实现社会主义，张君劢对德国、英国、苏联的方式进行过深入的比较。在1948年的演讲中，他用经济民主和政治民主的概念分别概括苏联体制与英美体制。[1] 苏联现代国家得建立是以经济社会革命为口号，自称“经济民主”。但张君劢相信，在所谓政治的民主与经济的民主之间，只有一个是正确的，那就是政治的民主。因为，“所谓民主，就是由人民直接或间接的决定国家一切重要决定”。所以，“从根本上说，人民如果无法以自己意见影响政治，不论生活是如何安全，不能说是民主”。[2] 当然，张君劢也相信，经济的民主，社会的公道，简而言之，就是社会主义的经济社会秩序，本身也是极为可欲的，这也是他的政党的纲领性目标之一。但张君劢认为，实现这一目标的唯一办法就是政治民主。

> 我们还有一个意思，就是社会应该使他变动，谁使他变动？应该由人民自由表示其意见。这只有尊重人权，因为没有人权是不能如此的。而民主方法，正是最公道的和平方法。我们的理想是使中国走上社会主义之路。如何使它走上呢？就是上面所说的人民自由表示意见的民主方法……[3]

---

〔1〕 张君劢：《民主社会党的任务》（节录），收入中国民主社会党，中国第二历史档案馆编，档案出版社1988年版，第201页。

〔2〕 张君劢：《民主社会党的任务》（节录），收入中国民主社会党，第202、203页。

〔3〕 张君劢：《民主社会党的任务》（节录），收入中国民主社会党，第204页。

更重要的是，张君劢指出，在政治民主与经济民主之间只存在单向关系，当时，英国工党通过选举执政，并实行大规模社会主义政策。张君劢据此说：

> 以民主方法，由人民自由表示意见，也可以逐渐走上社会主义。换句话说，假定英美没有经济民主，但人民能投票，能有政治民主，很容易过渡到经济民主。像苏联那样，虽有经济民主，但不容许反对党存在，不容许人民自由表示其意见，实难于实现政治民主。总之，由政治民主到经济民主，很容易，由经济民主到政治民主，则很困难。[1]

据此，相对于经济民主，政治民主就居于更为根本的地位，则明智的立国者如张君劢，虽然对于一个公道的经济社会秩序有着诸多想象，但他在人生最重要的时期，始终致力于民主宪政政体之建立。

法律秩序与宪政制度的轻重关系，同样是显而易见的。虽然在英格兰历史上，普通法法律人曾经是17世纪上半叶宪政主义革命的重要力量；在欧洲大陆，开明的专制君主与启蒙者共同进行的法典化运动也促进了现代国家的形成。但是，法律秩序归根到底受制于宪政制度。事实上，在现代成文法国家，立法程序、司法制度都是由宪法予以规定的。因此，对于一个现代国家来说，合理的、有效的法律秩序是由立宪的过程及其制度设计决定的。

比较复杂的是宗教、精神秩序之构建与立宪的关系。制度变迁始于人的精神、价值的变化。事实上，历史上的宪政革命通常与宗教振兴之间存在直接、间接的关系。因此，英国革命也被史家称为清教革命，美国革命与清教之间、中国的宪政主义政治革命与儒家精神之振兴之间，都存在显著的直接关系。正是经过振兴的宗教、信念，为社会中的

〔1〕 张君劢：《民主社会党的任务》（节录），收入中国民主社会党，第204页。

部分精英提供了一种新的理想，一种对现有秩序之不合理性、不正当性进行判断的是非标准；同样是振兴了的宗教，激发了经营追求新秩序的大无畏与献身精神。因此，没有宗教革命，至少可以说，没有比较强烈的宗教精神或人文主义的理想信念，就很难发生宪政主义的政体革命。

不过，单凭这种宗教、精神力量本身，却不足以构建出现代国家。归根到底，现代国家乃是由一整套各不相同，而又相互关联的制度构成的。立国必须具体地体现为建立制度的事业，此即立宪。因此，宗教与精神世界的革命通常是政体革命的动力，亚里士多德所说的“动力因”，但现代国家的现实建立，却需经过立宪的环节，唯有经过此一环节，现代国家才能够获得它的最主要的形式，才能够从一种潜能变成一种现实的存在。

总之，对于一个稳定的现代国家的构建而言，核心的、基础性的环节是立宪。宗教与精神领域的革命是立宪的动力，新的法律秩序的建立，与合理的、公道的经济社会结构的浮现，则完全可以在宪政框架中被生产出来的。尤其是对于经济社会秩序，如张君劢所说，明智的立国者“宁采上梯的慢的方法，而不取跳墙的方法”。[1]

这种进路之所以是明智的，乃是因为如张君劢所说，究竟什么是优良的法律秩序，及公道的社会经济秩序，是需要由人民、由全体国民自由地表现意见，才能够被发现出来。唯有国民共识中的优良或者公道，才是真正的优良或者公道。而宪政制度恰恰为变革的力量寻求共识、为社会达成共识提供了制度框架。假如不借助于这种制度框架寻找共识，则所谓优良或公道就不过是私人性质的意见，而不应当成为治理的依据。现代国家的本质是“国民国家”，它属于全体国民，公共治理就必须以国民的共同意见为依据。而现实的可以设想的达成共同意见的渠道，就是宪政的诸多制度安排，比如代议民主制度，比如自治，比如司法审查等。可以说，正是这些制度保证了一个国家的运转是国民的。

---

〔1〕 张君劢：《民主社会党的任务》（节录），收入中国民主社会党，第205页。

基于上述立国的立宪中心论，我们也可以对现代世界建立现代国家的历史进行一种最为简单、粗略的分期。上面讨论的三种立国模式，或者简化地说是两种模式，绅士立国的内在模式与边缘者立国的外在模式，完全可以从时间的维度上进行理解。也就是说，它们实际上呈现出比较明显的时间先后特征：前者是古典的，后者则是现代的。当然，比时间因素更为重要的，其实是立国诸构件的轻重缓急选择：古典时期的主流立国模式是以立宪为中心的，而现代的立国模式则通常以社会经济秩序之再造为中心，政体结构之理性设计反而被忽略，甚至建立起反宪政的政体结构。

关于这一点，我们仍然不妨参考张君劢的论述。张君劢曾经对西方政治演变有过这样的观察：

> 窃以为欲求民主之真义，应求之于历史，民主政治自始迄今，可分为三期：第一，曰民主之发轫期；第二，曰民主之挫折期；第三，曰民主意义之推广期。所谓民主之发轫期者，自天赋人权学说之流行，迄于十九世纪各国宪法之颁行是也……所谓民主之挫折期者，自十九世纪后半迄于第二次世界大战前后。〔1〕

民主发轫期就是现代立国之古典时期。此一时期，如阿伦特所说，各国立国者所关注的乃是政体革命，致力于在政治上建立宪政制度，并且以宪政的程序来解决社会经济问题、宗教问题。任何立国，都不可能只是立宪，而必然同时涉及宗教之安顿，商业秩序之建立和维护。只不过，在古典的立国时期，人们把这些问题的解决控制在宪政的架构内。宪政本身被认为具有根本的价值，是优良治理的基础。当然，这个宪政

---

〔1〕 张君劢：《民主方法——中国民主社会党政纲释义之一》（一名民主反民主），收入中国第二历史档案馆编，第161～162页。

架构的存在和正常运作，就象征着整个社会具有一种政治和文化共识。这种共识的形成、凝聚与维持，依赖于绅士群体。它居于社会之中，而掌握或控制着权力。因此，这种权力本身也是受到道德与政治节制的，而不可能变成一种绝对的权力，也就不可能执行一种绝对的政策。

张君劢所说的“民主挫折期”就是现代立国之现代时期。也许，法国大革命之立国就意味着立国之现代时期的开始：如阿伦特所说，这场立国革命运动突破了政体革命的范围，而引入了贫困问题，也即把“社会革命”引入立国进程中。立国的古典时期其实也必然处理社会、经济乃至宗教问题，现代时期的特征在于，立国者被这些问题所支配，而忽略了宪政问题，或者说，纯粹为了解决这些问题而设计一种权宜的宪制，宪制仅仅成为实现社会经济目标的工具。宪政本身所具有的内在的价值被忽略了，因而，在这样的立国过程中，宪政的目标通常被放弃。因此，这个时期反而成为张君劢所说的“民主挫折期”，诸多立国者似乎建立了现代国家，但这些现代国家却不具有宪政的结构，甚至完全是反宪政的。也正因为这一深刻的缺陷，立国之现代时期反而充满了混乱与动荡。如此国家，由于缺乏解决公共事务之优良架构和程度，其解决社会经济问题的过程通常引发无法克服的内部冲突，甚至发展成为全社会卷入的大规模暴力冲突。此即我们上面所说的，此类现代国家内在的不稳定性和不可持续性。

张君劢以英国、美国为民主政治发轫期之典型，以苏联、德国为民主政治挫折期之范本，在对两者的实际表现进行比较之后说：“由以上两时代之经过，可以发见民主与非民主之得失利害之比较矣。”[1]张君劢清楚地意识到，不论何时从事立国事业，都必须坚守立国的古典任务，也即始终把立宪这样的政体革命作为立国的基础。而如果偏离这一任务，用社会经济革命压倒政体革命，则最终建立起来的现代国家注定会失败。

---

〔1〕《中国民主社会党》，第164页。

但是,一旦进入了20世纪,几乎所有国家的立国者都无法避免立国的现代性之诱惑。置身于现代,社会经济革命几乎成为现代国家构建的常识。当国民,或者其中的精英接受了西方现代理论之后,当然会产生改变人们的思想或者社会经济结构的理想。而这样的理想,在大多数国家,对于普通民众也是具有极大吸引力、诱惑力的。因而,任何从事现代国家建构事业的政治家,乃至对此事业进行思考得思想家,对不能不注意这种民情、这种社会共识,并作出积极的回应。这是立国事业成功的社会前提。

尽管如此,在立国的现代时期坚守立国的古典使命,是必要的,也完全是可能的。这样的立国者就是明智的立国者,也只有这样的立国者才有可能建立起一个稳定的现代国家结构。明智的立国者不会因新而弃旧,相反,他只是在原有的立宪的事业之外,增加重建社会经济秩序的任务。与此同时,他仍然能够清楚地认识到,一个现代国家的基础是可运行的宪政制度,因而,立国仍然应当首先、主要致力于立宪。明智的立国者之所以明智,就表现于这一方面。

本书后面将要研究的张君劢,就属于这样的立国者。20世纪20年代标志着中国立国进程的转折,此一转折的关键就是社会经济秩序及文化精神秩序的重构,进入思考与实践立国事业的人们的视野。此时,他们面临极大挑战。对于在时间上处于现代的中国的立国者们来说,一方面固然不能不接受现代立国的某些目标,比如,建立一个有能力进行较为广泛的再分配的政府;但另一方面又须坚守立国的古典使命,即优先建立宪政制度。这不是一项轻易地事情。这需要立国者具有足够的理性,需要其对社会足够信赖,需要其对政治过程有足够信赖。我们下面将要研究的张君劢及他所在的现代中国保守—宪政主义传统做到了这一点,本书研究的目的也正是揭示张君劢是如何做到这一点的。

CHAPTER 02 >> 第二章

中国现代国家构建的一个历史线索[1]

从19世纪90年代开始，一些比较敏锐的儒家士大夫开始形成建立现代国家的意识。梁启超先生的《新民说》乃是对这种意识的最早而最经典的系统表达。随后，以梁启超先生为领袖，形成了一个构建现代国家的保守—宪政主义传统。这个传统在20世纪上半期的代表人物就是本书后面将要研究的主角：张君劢。本章将以牟宗三的一篇短文为线索，给予张君劢以恰当的历史定位。

张君劢自谓，他与梁启超的关系"在师友之间"，[2]牟宗三与张君劢的关系，也部分地在亦师亦友之间，尽管两者间曾有过不愉快。这三个人的私人与思想关系，就构成了理解现代中国保守—宪政主义思想和政治传统的一条线索。

张君劢在现代新儒家发展历程中占有承上启下的位置，尽管这一点被长期忽视。张君劢的学术思想

〔1〕 本章曾以"民主政体建国之政治意识的正宗与歧出——书牟宗三《中国数十年来的政治意识——寿张君劢先生七十大庆》文后"之名发表在《原道》第16辑，陈明、朱汉民主编，首都师范大学出版社2009年版。收入本书时有所修改，尤其是补写了最后一节。

〔2〕 张君劢先生讲，麦仲贵笔记，"评梁任公先生清代学术概论中关于欧洲文艺复兴、宋明理学、戴东原哲学三点"，收入张君劢著，程文熙编：《中西印哲学文集》，台湾学生书局，1981年版，下册，第831页。

结构大体在20年代之初定型:第一,1923年年初,张君劢在清华大学发表《人生观》演讲,由此引发人生观大论战或科学与玄学大论战。此一大论战与东西文化大论战一样,标志着新儒家思想之正式成型。尤其重要的是,在论战中张君劢提出"新宋学"概念,明确以复兴宋明理学为号召。第二,张君劢于一战后陪同梁启超先生作第二次欧洲之游,并师从德国哲学家倭伊铿求学。此后,又积极引介德国哲学,尤其是康德哲学、黑格尔哲学,并试图会通康德哲学与宋明理学。第三,张君劢也是现代中国重要的宪政主义者,并创建了国、共之外另一大党:中国国家社会党(后来的民主社会党),参与起草《中华民国宪法》。

张君劢的意义由此凸显出来:以牟宗三、唐君毅、徐复观等人为代表的现代新儒家有三大思想要件:宋明心性之学,康德哲学,民主理想。这三大要件首先是在张君劢那里被组装为一个完整的体系,因而具有了构建现代国家的能力。在与他同时代的新儒家,不论是马一浮、梁漱溟,或者是冯友兰,还是牟、徐二先生之师熊十力先生,都没有形成这样完整的思想结构,因而尽管他们具有思想史、文化史的重要价值,但没有构建现代国家的能力。[1] 就此而言,牟宗三之力倡"新外王"、徐复观之融合儒家思想与现代民主的基本思想规划,乃是沿着张君劢之思想脉络前行的结果。

从经历上看,牟宗三与张君劢也有过密切交往。牟宗三从北大毕业后,即加入中国国家社会党,尽管这很可能更多地受该党另一创始人张东荪的影响。牟宗三早年积极从事该党政务,曾主编该党之杂志《再生》。在重庆,张君劢撰写其最重要的著作《立国之道》,最后一节《我人思想之哲学背景》,由张君劢酌拟大意后,由牟宗三代为写成。此节阐述了一套唯心主义的立国哲学,为张君劢整个立国理念、实践之基础。该文尽管为牟宗三所写,但又完全在张君劢本人思想系统内。张君劢

---

〔1〕 参见薛化元:《民主宪政与民族主义的辩证发展——张君劢思想研究》,稻禾出版社1993年版,第3~4页。

于云南大理创建民族文化书院,牟宗三又曾任教于其中。就在其前后,两人发生冲突,牟宗三中年忆及此事犹有强烈情感。[1] 不过,从牟宗三的叙述来看,此冲突更多只是性格上的冲突,而非政治立场上或哲学思想上的冲突。犹之于牟宗三坦言,他对梁漱溟先生"虽敬佩其人,而不相契"。[2] 事实上,1958 年,张君劢、牟宗三又与唐君毅、徐复观先生联名发表《为中国文化敬告世界人士宣言》,在艰难境地开启儒家复兴之伟大格局。

1956 年 1 月 18 日是张君劢先生七十寿诞之期,有友朋发起寿庆征文活动,最终出版了《张君劢先生七十寿庆纪念论文集》。[3] 牟宗三、徐复观、唐君毅三先生都有纪念文章发表。牟、徐二先生的文章又不约而同地讨论了张君劢以哲学家身份而表现出的政治意识与政治技艺问题,显示了其对张君劢思想、实践价值的高度肯认。

牟宗三所撰文章题为《中国数十年来的政治意识——寿张君劢先生七十大庆》。[4] 牟宗三在该文最后坦率承认,他对"政治意识"的关注乃是受张君劢启发的:"君劢先生尝谓予言,中国以前只有吏治,而无政治。此语对吾影响甚深。吾乃知以前君主专制之不行,民主政体之进步。凡吾今日对于政治所有之一点知识,皆先生之所赐。"牟宗三多次提及此事,如在 1956 年的一篇文章中说:

> 弟复与张君劢先生常来往。他常说中国只有吏治而无政治,中国是一'天下'观念、文化单位,而不是一国家单位。这些化都常刺激弟之心灵而不得其解。后来复看到黑格尔说:只有能建造国家的民族始能进入我们的注意中(大意如此)。

---

〔1〕 事见牟宗三:《五十自述》,鹅湖出版社 1989 年版,第 95 ~ 99 页。

〔2〕《五十自述》,第 101 页。

〔3〕 王云五等著:《张君劢先生七十寿庆纪念论文集》,收入沈云龙主编,近代中国史料丛刊续编第九十六辑台北,文海出版社 1956 年版。

〔4〕 收入《张君劢先生七十寿庆纪念论文集》,第 28 ~ 30 页。因该文篇幅短小,又本文的讨论基本按照该文顺序展开,故凡引用本文,不再一一注明页码。

> 西方近代之所以为近代之内容(积极的一面,有成就的一面),除科学外,属于客观实践方面的,弟大都自黑氏与张君劢先生出渐得其了悟。[1]

这些并非客气话的论述显示:从一定程度上我们可以说,牟宗三于40年代末已经退出国家社会党,但是,他此一时期关于"新外王"的思考,却确实是受刺激于,且得益于张君劢先生。或许可以说,牟宗三的"新外王"论乃是对张君劢若干思想之开拓。在张君劢那里,宋明理学与宪政主义之间并存而不碍,张君劢也初步论述了这两者之间的关系。牟宗三的贡献在于,在儒家的"道德的理想主义"与民主政治、民主制度之间建立起了清晰的联系。由于开出新外王乃是牟宗三所说"儒学第三期发展"的核心使命,则张君劢就是儒学第三期发展之开拓者,牟宗三则是拓展者。由此我们就可以理解,牟宗三在这篇讨论中国自晚清以来之政治意识的文章中,对张君劢作了最高评价。

由此我们也可以理解,这篇文章不是应酬之作,而是牟宗三基于其已经成型之"新外王"理念框架对现代中国历史之重新估价。这篇文章篇幅很短,32开本印刷只有3页。但就其所涉及的内容及论述的气魄而言,却是一篇极为重要的思想史巨著。它以十分简约的笔墨勾勒出现代中国政治意识变化的大脉络,提供了一个观察、刻画及评估现代中国思想、政治史演进的框架。本章即试图参考牟宗三的其他著述,主要是"新外王"三书,解读牟宗三这篇短小的巨著,以揭示基于儒家道德理想主义立场构建现代国家之基本纲领,从而凸显出张君劢思想之历史脉络与独特价值所在。

---

〔1〕"关于历史哲学——酬答唐君毅先生",作为附录二收入牟宗三:《历史哲学》,广西师范大学出版社2007年版,第366页。

一、民主政体建国之儒家道德理想主义理据

该文开篇即提出:“中国自辛亥革命以后,这数十年来的政治意识,大体说来,可分为三流:一、传统的革命意识;二、社会主义的意识;三、民主政体的建国意识。”到后面,牟宗三将对这三者之高下作出历史的和道德的判断,仅肯定第三种进路:“数十年来中国之主要课题仍当是民主政体建国之政治问题,此为一中心之所在。故政治意识离乎此者为歧出,相应乎此者为正宗。”这里的语气虽然是面向未来的,但也涵摄现代历史。牟宗三也确实以此为标准,对现代历史上曾经出现过的正宗与歧出之政治意识,进行了简短而深刻的评论。

为什么以“民主政体建国之政治意识”为正宗?牟宗三的解说是:唯有通过民主政体之建国,中国方能建立起现代国家——牟宗三将其称为“近代的”:“民主政体之出现,在西方,有其历史文化之长期酝酿,其本身亦有一定之观念,意识,与夫一定之轨道。而这一套正是所谓‘近代的’。”牟宗三将这一事业称为“新时代的开国”。此一事业包含一而二、二而一的内容:建立国家,同时也建立民主政体,唯有此二者同时并举所建构者方为“现代”国家。

既然现代国家是优待构建的,则毫无疑问,20 世纪以迄的中国是前现代的。此一前现代的第一个表现是没有严格意义上的国家。自梁启超以下,包括张君劢,诸多论者都已指出,儒家所构想的治理秩序,及中国现实存在之治理秩序,乃是“天下”,而非“国家”——此国家即西方16、17 世纪之后曲折形成之现代国家。[1] 牟宗三也同意这样的说法:

〔1〕 梁启超曾列举中国人无国家思想之具体表现:“一曰知有天下而不知有国家,二曰知有一己而不知有国家”,见《新民说》,收入《饮冰室合集》,第 6 册,《饮冰室专集》之四,第 21 页;张君劢的论述见《立国之道》第一编之甲、乙两节(政制与法制,清华大学出版社 2008 年版,第 8 ~ 25 页。)

“中国不是一个国家单位而是一个文化单位”。[1]

于是,现代中国所面临的首要问题是建立一个国家。牟宗三曾感叹,“数十年来嚷近代化者,大抵皆虚肤浅躁趋骛时式之徒,故不得成正果,反造成社会上之坏影响”。那么,所谓近代化,当从何处着眼?牟宗三的看法是:“近代化是一价值内容之观念,不是一时式之观念,而且单从科学方面亦并不能了解它。从客观实践方面倒真能把握住近代之所以为近代之真实内容……此弟所以特重客观实践一面,不自量力而草《历史哲学》之故”。[2] 也就是说,现代国家乃是现代性之核心所在,建立现代国家就是现代化(近代化)的关键。牟宗三倡议儒家第三期发展着力于开“新外王”,也正是为了应对此一问题,致力于在儒家的道德理想主义轨道上建造国家。

牟宗三的一个思想贡献在于,从儒家“道德的理想主义”立场对“国家”这一共同体形态给予了论证,尽管此一国家形态最初是形成于西方的。此一论证的核心是:道德的理想主义的“实践必须汇归于‘国家的与文化的’,然后始能透露其价值性与理想性”,[3]具体地说:

> 从文化的创造,真理的实现方面说,民族的气质,个人的气质,是它的特殊性,是它实现之限制而又是它实现之具体的凭藉,因此,家庭国家就是实现真理创造文化之个体,它们是

---

〔1〕 牟宗三:《历史哲学》,广西师范大学出版社2007年版,第65页。牟宗三解释说:“中国民族自始即无固定阶级之对立,自始即特别实际而具有亲和感。发展至周,由尽王道之王者建立文制,而成为一各国统于一中心之大帝国,在一文教系统下维系此同意。弥漫于整个社会之基层组织是宗法社会,其一切文制(礼)皆生根于此。由此而直接呈现的,是一普遍的文教系统。再向前说一层,方是那具有国家政治法律意味的大帝国。然而此帝国却不是自近代意义的国家政治法律之立场而看的,即是自社会上由各集团、各分子之‘政治意义’的自觉与约定而重新组织起的。由重新组织起的国家形态应该与社会自身之内在的组织不是同一层。以此,由宗法族系之组织至此国家形态,应该有转折。但是此步转折,中国却始终未转化出。即照秦帝国而言,此具有国家政治法律意味的大帝国实是由宗法社会与文教系统而直接虚映出。秦汉以后,大体仍是如此。”

〔2〕 “关于历史哲学——酬答唐君毅先生”,见《历史哲学》,第366~367页。

〔3〕 牟宗三:《道德的理想主义》,台湾学生书局2000年修订版,第56页。

> 普遍者与特殊者结合而成的。普遍者作为构成它们的一成分，因而亦即是在它们之中呈现。呈现即实现。实现真理即是创造文化。普遍即是它们的理性根据，即上文所说的“超越的根据”。此即是仁，或道德的理性。我们根据这个理性的实现，即能成就文化的创造，亦能成就家庭国家天下等之肯定。[1]

据此，牟宗三断言，道德的理性之自我实现，必然由家庭而升至国家——其实，中间也许还可以再加上一个社会——再由国家而过渡到“天下”。重要的是，天下并不取消国家，相反，它乃是国家之间的协调、谐和而已。牟宗三据此对晚清康有为等人之倡导天下大同，及晚近以来的世界主义思想给予严厉批评。[2] 牟宗三甚至这样说过：“建国是严肃而神圣的工作，是民族‘尽其性’的工作。一个民族不能作到政体建国，便是未能尽其民族之性。一如一个人之未能尽其性，便不可说是一个人格的存在。”[3]

接下来的问题是：沿着儒家的道德的理想主义之轨道而证成之国家的具体形态是什么？在牟宗三的论述中，基于儒家的道德的理想主义，建国之唯一可能的，或者说必然的进路，是以民主政体建国，建立一个宪政的国家。此是与儒家的道德的理想主义相容的中国现代国家之唯一可能形态——这也是张君劢一生的主张。

当然，与此相对，牟宗三与其他新儒家人物一样认为，中国前现代的政制是专制政制。这一论断大体上是成立的。不过，诸多人士可能都没有意识到一点：此一专制的定性与中国乃非一个国家单位而为一

---

〔1〕《道德的理想主义》，第60页。

〔2〕《道德的理想主义》，第61～67页。

〔3〕《五十自述》，第90页。牟宗三在另一篇文章中又说：“但是‘存在的证悟’亦复有客观实践一面。在此一面，一个民族创造它的历史，建设它的国家，以及政道和治道方面的制度或法律。这是政治家以及历史上的伟大人物之所至”；“不能建立国家之民族是未能尽其民族自己之性的民族”，见“关于历史哲学——酬答唐君毅先生”，载《历史哲学》，第364～365页，第367页。

文化单位的论断之间，是存在某种冲突的：因为，专制就意味着一个强国家——准确地说是强政府——的存在，“文制”、“文教系统”是不可能进行专制统治的。不能不说，中国的共同体是一个文化单位而非文化单位之说未必完全适用于“封建”的周制，尤其不适用于秦汉以来的“郡县制”。如张君劢所指出者，“中华民族在民族之要件上，如风俗、语言、文字等，早经具备”。〔1〕此一论断所依据的其实是下列事实：秦所建立的郡县制即类似于欧洲现代国家形成过程中的绝对主义君主制（absolutism）。在郡县制下，已有现代国家之部分制度，也即皇帝从法理上说直接统治臣民，这一点是截然不同于封建制的。17、18世纪之英美法等国家则在风俗、语言、文字等基础上建立了宪政制度，这个国家有一个强政府，是宪政的强政府；中国则未完成此一宪政化过程，现代国家的构建只完成了一半，而后一半即宪政化，逾两千年而未完成。因而，人们所看到的是一个专制的强政府，它既不同于欧洲之前现代的封建秩序，也不同于欧洲现代的宪政的现代国家。秦以来的中国国家形态一方面是早熟的——早早就建立了强政府，〔2〕但又是晚熟的——迟迟未能完成宪政化。

关于中国前现代专制政制的特征及其内在缺陷，牟宗三此文没有详细论述。但牟宗三参与之《为中国文化敬告世界人士宣言》则清楚地指出，专制政制不是一种稳定的、可持续的政治架构，其政制内部存在无法化解的内在紧张与冲突。这种政制的一个根本缺陷在于，只有治道而无政道——如前引文所示，这一看法主要得自张君劢先生。

在《治道与政道》一书中，牟宗三对此一断言进行了深入地分析。他指出：“政道者，政治上相应政权之为形式的实有、定常的实有，而使其真成为一集团所共同之有之或总持地有之之‘道’也。”所谓“治权者，措施或处理公共事务之运用权也”。“行使治权必依一定制度而设各部

〔1〕《政制与法制》，第20页。

〔2〕梁漱溟先生关于中国文化早熟的很多描述，似乎可以此来解释。

门之机关，又必在其措施或处理公共事务上而设一定之制度，犯此制度皆随治权走。此为隶属、委蛇或第二义之制度，而维持政权（宪法，政道），则骨干、根源或第一义之制度……属于治权或吏治之第二义制度，中国以前甚粲然明备，而唯于第一义之制度，则无办法，此即前文所历述之对于政权、政道之反省甚为不足也。"[1]

中国建立现代国家的关键，即在于建立"政道"。在牟宗三看来，政道之根本：

> 是要吾人的心灵逆回来对于权源加以限制与安排，使打天下以取政权之"非理性的"成为理性的，把寄托在个人身上的政权拖下来使之成为全民族所共有，即总持地有（而非个别地有），而以一制度固定之。此即将政权由寄托在具体的个人身上转而寄托在抽象的制度上。[2]

此段论述中的关键是"逆"。中国之所以有治道而无政道，症结即在于中国古代的圣贤，"讲外王是由内圣直接推衍出来"。于是，"外王只成为内圣之作用，在内圣之德之'作用表现'中完成或呈现。"牟宗三断言："中国文化生命之特色表现是'理性之运用表现'而缺乏了'理性的架构表现'"。[3] 其在政治上的表现，便是"儒家德化的治道"，其具体形态则是圣贤人格直接运用于政治上的治理理想：圣君贤相。[4] 此一治道，终究不能避免治乱循环。

但是，这并不意味着儒家的内圣之学本身存在问题。问题毋宁在于，此一内圣之学如何建构出自身的制度，以保障自身道德理想之客观地实现。相对于内圣直推外王，此一制度构建过程是"逆"的，也即不再

---

〔1〕《政道与治道》，第 20 ~ 21 页。

〔2〕《政道与治道》，第 46 页。

〔3〕《政道与治道》，第 39 页。

〔4〕《政道与治道》，第 42 页。

是内圣直通于外王，而是经过一种“曲通”，[1]建立一整套客观性制度，此一套制度即政道，即民主政体。关于这一点，我们下面还将予以论述。

超越内圣的直接外推，而通过一种知识的、制度主义进路的“逆”的过程，建立作为一套客观的制度体系的民主政体，安排共同体处理公共事务的程序与结构，正是牟宗三为儒家第三期所开出的根本使命：“儒家学术发展第三期的发展，所应负的责任即是要开这个时代所需要的外王，亦即开新的外王”；而“这个时代所要求的新外王，即科学与民主政治”。[2]

通观牟宗三的论述，他相信：以民主政体乃是唯一可能的政道。唯有通过建立民主政体，儒家的理性的理想主义方能真正地实现：

> 从中国文化之重道德主体之树立，即必当发展为政治上民主制度，乃能使人真树立其道德的主体。民主之政治制度，乃使居政治上之公位之人，皆可进可退。而在君主制度下，此君主纵为圣君，然其一居君位，即能进而不能退。纵有圣人在下，永无为君之日，则又能推而不能进。然本于人之道德主体对其自身之主宰性，则必要求使其自身之活动表现于政治之上者，其进其退，皆同为可能。此中即有中国文化之道德精神与君主制度之根本矛盾。而此矛盾，只有由肯定人人皆平等政治的主体之民主宪政加以解决，而民主宪政即成为中国文化之道德精神自身发展之所要求。今日中国之民主建国，乃中国历史文化发展至今之一大事业，而必当求其成功者，其最深理由，亦即在此。[3]

---

〔1〕《政道与治道》，第49页。
〔2〕《政道与治道》，新版序，第8、11页。
〔3〕“为忠国文化敬告世界人士宣言”，《中西印哲学文集》（下），第883页。

这样，儒家的理想主义同时要求建立国家与建立民主政体。两者之结合，即规定了中国之现代国家的基本形态。此一现代国家乃是从儒家的内圣之中开出，或“逆”出的唯一可能的“新外王”。通过建立民主政治而建立现代国家，即“民主政体建国”乃是现代中国的最基本挑战。因此，晚清以来所兴起的宪政运动以至民国之建立，乃是中国文化演进之内在路向，也是中国文化复兴之关键。

不过，在牟宗三看来，由于种种原因，主要是由于缺乏必要的社会文化支持，这个新建立的民主共和制度是“非常脆弱与空虚的”。因而，民初政制“虽名曰民主，实仍同专制”，并且是“名不正则言不顺”的专制，“实等于混乱，是则表示国家仍未建立起，政治仍未上轨道。”而若未建立民主政体，即意味着中国未建立现代国家：“故国家之建立，政治之上轨道，相应民主共和国之国体而言，唯赖民主政治之充分实现。”民主政体之建立乃是现代国家建立之标志。

总之，牟宗三在开放的环境下，基于儒家的道德的理想主义，提出了现代中国之历史使命，即民主政体建国。这也就是判断现代中国思想与政治实践是否合乎合理的公式。致力于解决民主政体建国之政治问题者为正宗，偏离此一中心者为歧出。接下来几段，牟宗三以此为标准，简略回顾、评价了现代以来的几大政治思潮与运动。新文化运动及由此衍生出的极端政治思潮与社会运动为民主政体建国之政治意识的歧出，梁启超、张君劢先生则“对于民主政体建国的政治意识，一生信守而不渝”，孙中山大体具有这种政治意识，但略有驳杂。

二、新文化运动知识分子政治意识之“歧出”

孙中山、梁启超先生未能完成民主政体建国之业，但那更多的只是由于时运不济。不料，此一失败激发出新文化运动，在现代中国民主政体建国史上激起轩然大波。早先，牟宗三对新文化运动就有十分严厉的批评：

> 新文化运动之内容是消极的、负面的、破坏的、不正常之反动的、怨天尤人的，因而与那原初动机适成背道而驰，与那超越的形式的含义相违反。这里并没有积极的健康的思想与义理，并没有畅通自己的文化生命，本着自己的文化生命以新生与建国……五四新文化运动，本无在生命中生根的积极的思想与义理，只是一种情感的气机之鼓荡。它只要求这，要求那，而并无实现"这"或"那"的真实生命，与夫本真实生命而来的真实思维与义理。[1]

这样的批评还是比较抽象的，虽然也是比较深刻的。现在，牟宗三则更为具体地指出，新文化运动导致推动中国的现代立国进程发生巨大转向：

> 五四新文化运动之出现是近时中国发展之一重要的关节。它的主要意向是反帝反封建，提倡科学与民主。这都是不错的。然而由此亦开出了意识的歧出。在这歧出中，最重要的民主政体之充分实现之政治意识反倒日趋暗淡，直不在人心中占地位，占地位的，倒是跟反封建而来的反中国文化，这已先动摇了自己的命根，已不是相应民主政体建国之健康的意识，还不止此，又开出了马克斯主义的社会主义之意识。这一个歧出是一个轩然大波，是一个大逆转。由民主政体建国之主干的政治意识，一转而为社会革命之意识，远离问题之中心，全绕出去而注目于社会，注目于经济之平等。

也就是说，自新文化运动之后，现代中国的大多数立国者从解决政体问题的宪政主义"小"革命，转向了全盘解决文化、社会、经济问题的

---

〔1〕《五十自述》，第93~94页。

“大”革命。如牟宗三所说的，这场社会“大”革命有两种互相关联，但也大不相同的表现：一种是关于文化的，致力于文化革命，即是“反中国文化”。另一种则是“注目于经济之平等”。它们分别由两种思潮驱动，文化革命是由启蒙主义驱动，经济革命则由物质主义思潮驱动。

在《道德的理想主义》中，牟宗三对新文化运动中的两种思潮有所剖析。牟宗三指出，新文化运动时代的知识分子对于中国传统及民初民主失败的反省是“非常之外在而直接，是以浅薄而轻浮”，“他们当时提出科学与民主并不是内在地对于科学与民主本身有兴趣，而是藉着以为否定中国文化之口号”。由科学口号而带来一个不得了的毛病，即“科学一层论，理智一元论，泛科学，泛事实，泛理智的态度”。其结果就是只承认事实世界，而完全否定价值世界、意义世界——这就是科学与玄学论战中的科学派所持的基本立场。由于中国文化传统中科学不发达，因而也就完全否定中国文化之内在价值。[1] 由此而掀起了文化革命，中国传统被判定为没有任何现代价值而遭到猛烈的攻击。

由那种唯科学主义观念，知识分子也普遍接受了唯物论。按照牟宗三的回忆，自新文化运动之后，唯物论在学术思想界占据了支配性地位。唯物论之所以为知识分子所普遍接受，牟宗三认为有以下原因：

> 起初为一政治的意识，自由民主的意识，今则转而为经济的意识，社会主义的平等的意识。这一经济平等的意识，倒更能打动国人的心坎，倒更能亲切国人的生命，故其进入意识中比民主政体之进入意识中更为容易。这因为经济是人之物质生活一面，是切于一身之利害的；又因为中国读书人传统的理想是在为生民请命，同情于农民……经济是人之物质生活一面，故……唯物论亦易为一般浅近的所接受，而传统的为生民请命之理想性，亦易于……为劳苦大众请命之似是而非的理

[1] 《道德的理想主义》，第252～255页。

想性所吸引所误引。

此一理论对民主政体建国之政治意识带来致命冲击。按照经济基础与上层建筑的关系理论,民主政体本身并不具有内在的价值,不是人之为人的道德理想自我实现的一种必要架构。相反,解决经济问题才是至关重要的。民主政体并不是解决经济问题的直接手段,因此,依民主政体之理想而建国,对于中国来说并不是必要的。也因此,民主政体建国之政治意识是多余的,甚至是反动的。相反,人们形成了另一种政治意识,一种通过政府权力全盘颠覆原有经济社会及社会秩序的政治意识。

新文化运动知识分子对于他们嘴里所喊的"民主",也缺乏深入体认,他们缺乏"建构的精神",缺乏相应于民主政体这一新政治形态的"政治意识",[1]于是,民主被泛化为"日常生活上泛民主泛自由的风气"。具体地说,"他们之提倡民主,一如其提倡科学,并不是内在于政治而用心,而是脱离政治而转成社会的"。[2] 新文化运动知识分子及受其影响的知识分子由此而坚定地走向了社会革命,打破传统人伦,摧毁传统社会结构。

新文化运动知识分子对民主的这种运用,偏离了民主政体建国之政治意识。"民主本是政治上对权力的大防,现在则转而为掩护生活堕落的防线。"此处之民主实际上是个性解放,即哈耶克所说之"伪个人主义"。[3] 这种泛民主主义不仅不是民主的,事实上,它将产生摧毁民主的后果:"社会上泛民主主义愈流行,愈堕落,则政治上愈专制,愈极权。"[4]

---

〔1〕《道德的理想主义》,第252页。

〔2〕《道德的理想主义》,第256~257页。

〔3〕[英]F. A. 冯·哈耶克:《个人主义与经济秩序》,邓正来译,三联书店2003年版,第一章,个人主义:真与伪。哈耶克也指出:这种伪个人主义,即惟理主义的个人主义"还始终隐含着一种演变成个人主义敌对面的趋向"(第10页)。

〔4〕《道德的理想主义》,第257~258页。

其中原因在于，泛民主主义也即个人的解放，实际取消了政治的社会基础。因为，政治的本质在于不同群体以组织化的方式参与关于权利与利益之博弈，而这种组织通常是传统的，或者从传统的组织形态演进而来。没有组织，即无政治可言，而泛民主主义、伪个人主义恰恰旨在瓦解各种社会组织。[1]

因此，新文化运动虽然提出民主科学的口号，它也确实起到了足够强烈的观念震撼作用，而且，这两者也确实触及到现代国家建构的根本问题。因而，即便是现代新儒家，也在其现代国家建构规划中，把这两者作为关键，牟宗三所说得儒学第三期之开新外王，就是开出科学与民主。但是，新文化运动本身对于科学与民主的理解却存在巨大偏差。参与此一运动的文人并没有因此而正确地走向现代国家建构事业。相反，他们的思想及因其他的思想而出现之政治、社会事件，反而构成现代中国建国事业的一大歧出。不仅是它本身偏离民主政体建国之正宗政治形态，也使它之后的建国规划深受其非政治的、反政治的气质之影响。

三、民主政体建国之精神性

牟宗三进一步指出，新文化运动的知识分子之反对中国文化，既从根本上偏离了政治，更偏离了民主政体建国之政治意识。从理论上说，每一民族创建现代国家，都是一种“具体的普遍性”：

> 每一民族之创制建国以尽其性，可以说都是独一无二的，而且在创造中每一阶段都有不同的形态。此只有在客观实践中，通过存在的证悟、具体的解悟以把握之。民主建国，近代化的建国，当然我们可以说与英法美的民主建国在本质上并

〔1〕 关于这一点，作者在下列文章中有略微详尽的论述：姚中秋：“自由主义、宪政主义与立宪政治”，载《中国政法大学学报》2008 年第 5 期。

> 无多大的差别，然这只是在“存在的证悟”中精神的本质——自由——之实现的理路上相合。此不是种类概念之“抽象的普遍性”，而是精神实现过程中“具体的普遍性”。具体的解悟把握具体的普遍性：此是践履的、动态的；此并不要通过归纳分类，而只要通过存在的证悟，在精神发展之认识中以把握之。故此种认识过程即是创造过程。[1]

换言之，民主政体建国的过程必然呈现为一个创造过程。按照牟宗三所引述的黑格尔历史哲学思想，“精神之圆满体现（具体化）所预定之形态，此即国家”，牟宗三则据此推导：“由民主政体、宪政制度所规定的现代国家，乃是人之为人的精神自由之圆满体现（具体化）所预定之形态。作为一种制度形态、作为一种政体结构的民主制度，或者说相对完整的宪政制度，乃是人类普遍的精神自由在西方历史背景中之具体化。”

此种精神自由对人而言是普遍的，但它的表现既有文化性，又有历史性。所谓文化性是指，“人同有恻隐之心，羞恶之心，辞让之心，是非之心，但恻隐之心等之表现方式却有不同……这就是文化不同之根源”。所谓历史性是指，“人之心、理的表现或表现的心、理，一方不能一时将心、理之全幅内容一表全表，另一方亦必须将其所表现的一点在历史中逐步开展扩充其意义，亦必须在历史中通过自觉将其所未表现的逐步发展出来的。这就是心、理表现的历史性”。[2] 据此，中国之治道乃是中国人之精神自由追求自我实现之文化的、历史的表现，乃是一种具体的普遍性；西方的宪政制度则是西方人之精神自由追求自我实现之文化的、历史的表现，同为一种具体的普遍性。

因此，反对中国文化，既抽离了民主建国之普遍性，又抽离了其具

〔1〕《历史哲学》，第369页。

〔2〕《道德的理想主义》，第248页。

体性,从而使之成为不可能。此之所谓普遍性,即儒家《道德的理想主义》所证成之“生动活泼怵惕恻隐之仁心”,[1]具体地说就是儒家传统之文化意识:“简单地说来,就是:我们要真正是一个人,把自己作人看,把人作人看”[2]由此而有人格平等、天下为公之观念。此为中国文化之“体”,为历代圣贤所体认,所践履。过去儒家为此体为构造之用,就是种种“治道”。这一治道固然有无法克服的内在矛盾、缺陷,但儒家传统却表现了那“道德的心”、那“活泼怵惕恻隐之仁心”自我实现之内在力量。因此,牟宗三提出这样两个关于历史实践之命题:“一、‘怵惕恻隐之心’或‘悱恻之感的良知之觉’为一切实践,个人的及社会的,所以可能的普遍而必然的条件;二、‘唯仁者能好人能恶人’是一个足以成就肯定(好善)与否定(恶恶)的普遍而必然的真理”。[3] 因此,“我们正要本着这个‘怵惕恻隐之心’来推动社会改造社会”,[4]包括建立宪政政体。事实上,唯有本着这个“怵惕恻隐之仁心”才能够推动政体之宪政化,以至于建立宪政政体,而不是推动政体之专制化。

因此,牟宗三始终坚持认为,儒家圣贤所体现之中国文化与民主制度“没有不相容的地位,而且还是本末一贯的一个谐和体”。[5] 诚然,民主制度乃是形成于西方的具体的普遍性,然而,中国、西方人同此心,民主制度乃是其表现形态,则同具“活泼怵惕恻隐之仁心”的中国人,从理论上说,在合适的知识、社会、政治等环境下,亦有可能发展出民主制度;即便其未曾发展出此一具体制度,但当此制度在西方证明其有助于“活泼怵惕恻隐之仁心”之用,则它就可作为中国文化之仁心的现代之用:“道德上之天下为公人格平等之思想,必然当发展至民主制度之肯定”,[6]因此,从理论上说,民主制度可以说是中国传统“开”出来的,是

---

[1] 《道德的理想主义》,第13页。
[2] 《道德的理想主义》,第228页。
[3] 《道德的理想主义》,第34~35页。
[4] 《道德的理想主义》,第35页。
[5] 《道德的理想主义》,第258页。
[6] “为中国文化敬告世界人士宣言”,载《中西印哲学文集》,下,第882页。

在中国文化中内生出来的，尽管这一内生过程借助了西方的知识资源。[1]

换一个角度看，中国的民主政体建国过程便是一个创造的过程。归根到底，中国建立民主制度之源是中国人自己，尤其是由儒家圣贤所表现之“活泼怵惕恻隐之仁心”，而不是西方现成的民主制度。从创造动力与精神表现的关系上看文化，制度只是精神之物化，民主制度则是天下为公人格平等的道德理想之物化。这种仁心内在地具有自我实现的趋向，在现代开放的知识环境下，在了解了民主制度之解决问题能力后，它便必然超越传统治道，而进至于政道，即民主宪政之政体、制度。

因此，牟宗三在纪念张君劢先生的文章中得出了这样的结论：“传统的为生民请命之理想性，其背后的精神绝不是唯物论……民主政体之政治意识，则是人之精神生活一面，乃是直接与道德价值，人格尊严，相连的”。牟宗三所说之精神生活，即他深入论证之“道德的理想主义”。

可以说，政治乃是一种精神现象，民主政治则是一种高贵的精神现象，不论在西方、中国，均是如此。基于这样的信念，牟宗三在《道德的理想主义》一书中，有很多篇幅对唯物质主义的历史哲学予以驳斥。诚然，在民主政体中，政治活动主体可以是自利的。但是，民主“政体本身之全部却为道德理性所要求，或者说，此政体之出现就是一个最高的或最大的道德价值之实现”。[2] 以人人自私、统治阶级必然寻求自身利益最大化的假设出发，必然成为一个“纯否定”，从而取消了实践，也取消了历史。[3]

牟宗三还从民主政体形成的角度，论述了道德理想主义之至关重要性：“民主政治并不是从天上掉下来的，各种权利之获得也不是吃现

---

〔1〕 关于这一点，笔者提出“中体西学，资相循诱”的思想试图对中体西用作出新解释，见姚中秋：《论自由主义的保守化》，“原道”，第十五辑。

〔2〕 《政道与治道》，第51页。

〔3〕 “道德的理想主义与人性论”，见《道德的理想主义》。

成饭白送上门的，这是人们为理想、正义而流血斗争才获得的。这很显明，自由必通着道德理性与人的自觉。”[1]有助于民主政体建立之努力，乃是基于一种理想的实践，乃是“怵惕恻隐之仁心”发动的实践。传统经济学所假设的经济人的纯然自利的活动，不足以言建国，更不足以言民主政体之建国。制度经济学家诺斯的诸多研究已经肯定了这一点。[2]

四、孙中山先生政治意识之驳杂

牟宗三本文中有两处论及孙中山先生，第一处称：“孙中山先生应选首届大总统，而旋让位于袁世凯，其风度是很可贵的，我相信他那时是很有近代化的政治意识在心中。”在这里，牟宗三对孙中山持一种肯定的态度。

第二处则涉及孙中山先生之改组国民党：

> 列宁在俄国的成功给予孙中山先生的刺激很大，亦影响他民元时向往近代民主政体之政治意识。联俄容共不能不说是一点曲折。他虽然仍以宪政为最终之目的，而社会主义的意识亦终非其主要之纲领。然而在联俄容共时，其助长人们的布尔什维克式的社会主义之意识，只知经济平等之意识甚大，因而复使一般党员甚至知识分子违离民主政体建国主政治意识甚远，而同时军政训政宪政之划期，以及以党治国之订定，亦足以带累宪政之实施，而使民主政体建国之政治意识不免有驳杂。

---

〔1〕《政道与治道》，第52页。

〔2〕比如，在《经济史上的结构和变革》中诺思论述了意识形态对于制度变革的重要性，参考[美]道格拉斯·C. 诺思：经济史上的结构和变革，厉以平译，商务印书馆2005年版，第60～68页。

就此处所论看，孙中山先生的驳杂其实发源于五四新文化运动中传播的关于构建现代国家之种种新观念，或者可以说，这些新兴观念强化了中山原有之某些含糊的观念，并有机会得到付诸实施。国民党改组的革命观念之依据和动力是新文化运动。因而，孙中山于民主政体建国之政治意识的驳杂，实在是新文化运动在此以点上之歧出的后果之一耳。

由于受当时流行之历史哲学误导，晚年的孙中山先生过分关注于物质财富之革命性重新分配，“经济平等之意识甚大”，于是，政体构建的重要性在其政治意识中被大大地降低了。这样，民主政体建国之政治意识本身也就退化了。一旦民主政体建国之政治意识退化，尽管孙中山先生已去世但遵循其思想路线的国民革命政府，就倾向于不加节制地使用暴力，此即孙中山先生自己所设想的军政之实施。此时之暴力，不再只是被用于实现民主政体之构造这一十分有限的目标，而被用作十分广泛的社会革命，乃至思想、文化革命的手段。这样以大规模暴力为主要且根本手段的革命，必将妨碍政体革命而不是推动之。

因此，牟宗三说，那一场国民革命事业在结束了北洋军阀的统治，也结束了清末民初的清客学风的同时，“也结束了清末民初的那浮浅的鼓离的政治意识、民主共和的意识，康梁、严复以及孙中山先生和那时所都具备的意识。”[1]很显然，牟宗三对清末民初的政治意识是不满意的，认为其民主政体建国之政治意识是不完整的。然而，新文化运动及国民革命所启动的观念所带来的变革却更为糟糕：它根本背离了民主政体建国之政治常轨。牟宗三在此处也清楚地说明，现代中国立国之古典时期随着国民革命而终结，此后进入了更为激进的现代时期。这个时期的政治人物、知识分子则直向着反民主的黑暗和反政治的虚无主义中堕落。

对于这样的“大”革命的文化、社会与政治后果，当时中国另一重要

〔1〕《五十自述》，第27页。

人物，梁启超已经发出了明确的警告。

五、作为民主政体建国之正宗的梁启超的政治意识

牟宗三在这篇纪念张君劢先生的文章中特别表彰梁启超先生，其主要依据是他之讨袁活动，当袁称帝之时，

> 疾风知劲草，而当时真能保持民主政体建国之政治意识者，则为梁任公先生。他于袁氏帝制嚣张之时，发表《异哉所谓国体论》一文。文中明言政治家只问政体，不问国体。其意是国体不可常动，虽有皇帝，亦可立宪而成民主，譬如英日，故在清末，不主革命，而主君主立宪。现在既已革命矣，改国体为民国，何又纷纷再事开倒车？故仍主民国，从事民主政体之充分实现。他这里虽分国体与政体，实以作为内容之民主政体为主要。而袁氏之帝制自为实即恢复以前之君主专制，否认民主政治，不徒改变国体而已。梁氏之政治意识非常清楚，故出死力以倒袁。袁世凯之垮，可说完全是梁任公与蔡松坡师弟二人之力。

在此可以补充一点：任公较为健全的民主政体建国之政治意识，不仅体现于倒袁事业中，在此前、此后，也均有明确而有力的表现。

此前之表现即清末任公在东京与革命党人就立宪与革命进行之论战。此一论战的实质，用任公密友徐佛苏的话说，即政治革命与种族革命之分：

> 所谓种族革命者，欲以激烈手段推翻满清君主也。所谓政治革命者，欲以和平手段运动政府实行宪政也。梁先生者，久在日本横滨主办《新民丛报》，鼓吹革命者也。此时见留日

学界主张立宪之人渐多，又惕心于国内历次革命牺牲爱国志士过多，而仍能实行革命，乃亦偏重于政治革命之说，发挥立宪可以救国之理，于是于丙午年间与马良、徐佛苏、麦孟华、蒋智由、张嘉森及留日学界三百余人创设政治团体于东京，名为政闻社。[1]

任公是在开明专制论背景下论种族革命与政治革命之辩的，在《开明专制论》最后，任公斩钉截铁地提出："欲为种族革命者宜主专制而勿主共和；欲为政治革命者宜以要求而勿以暴动"。[2] 在《申论种族革命与政治革命之得失》中，任公则更清楚地论述了种族革命之不必要及种族革命取消政治革命的必然性。在任公看来，政治革命的目标是简单的：

政治革命者，革专制而成立宪之谓也。无论为君主立宪，为共和立宪，皆谓之政治革命。苟不能得立立宪，无论其朝廷及政府之基础生若何变动，而或因仍君主专制或变为共和专制，皆不得谓之政治革命。[3]

此处的基本分析框架乃是国体与政体之两分。一个国家是实行共和制还是君主制，这是国体问题，两者无所谓优劣之分。重要的是立宪与否，而这属于政体问题。对于民众的自由、幸福而言，重要的是政体安排。宪政的要义不在于变换掌握权力者的名目，宪政主义不关心谁在掌握权力，它关心的是通过某种制度安排，让权力受到有效限制，使诸种权力相互制衡，从而给自由拓展出更广阔的空间。如果这个世界

[1] 《梁启超年谱长编》，第416页。按丙午应为丁未（1907年）之误，张嘉森即张君劢。
[2] 《饮冰室合集》（第2册），饮冰室文集之十七，第75页。
[3] "申论种族革命与政治革命之得失"，见《饮冰室合集》（第2册），饮冰室文集之十八，第4页。

上真有什么政治进步的话,其主要标志只应当是,权力受到更多约束,民众的自由、权利获得更大保障。因此,对于追求自由者而言,对于建国者而言,唯一重要的事情乃是政体之宪政化变革,也即政治革命。

梁任公所坚持的政治革命的政治性,表现为其拒绝天翻地覆式的革命,拒绝对于社会秩序——其中包括王朝的种族因素——的彻底颠覆。政治革命之政治性的正面表现则为其透过严格意义上的政治性活动来实现变革、包括政体变革。

通过对历史的考察及理论的思考,任公认为,“立宪之几,恒不在君主而在人民。但使其人民有立宪之智识,有立宪之能力,而发表其立宪之志愿,则无论如何之君主而遂必归于立宪。”[1]所谓政治革命,就是以“要求”,而不是以暴力、破坏为主要手段之革命。在任公看来,对于建国而言,“要求的政治”是唯一可能的途径:

> 质而言之,则要求必能达政治革命之目的,且非要求万不能达政治革命之目的。是要求者,政治革命唯一之手段也。而政治革命既为救国之唯一手段,以积叠的论理说推之,则可径曰:政治上正当之要求,实救国之唯一手段也。然则中国之能救与否,惟视人民之能为要求肯为要求与否以为断。[2]

据此,任公走上组织政党之路。任公所设想的政体变革之道是要求的政治,而唯一有效的要求的政治必呈现为政党政治。任公所设想的政体革命之手段,并不是自下而上的乞求,毋宁是具有政治主体性的人民的自我构建。而任何构建工作必须借助“力量”(power)才是有效的。政党就是人民凝结力量的工具。唯有通过组织政党,人民才能够

[1] “申论种族革命与政治革命之得失”,载《饮冰室合集》(第2册),饮冰室文集之十八,第27页。

[2] “申论种族革命与政治革命之得失”,载《饮冰室合集》(第2册),饮冰室文集之十八,第42页。

组织起来,明确地提出政治性“要求”。如果没有政党,分散的人民很可能提不出政治性要求。并且,唯有通过组织政党,“人民”才是一种政治性力量,人民的“要求”才能以实体性形态表达出来。政治革命终究是革命。因此,在政治革命中,人民不光是以言辞提出要求,更是以力量提出要求,从而对君主及其政府构成足够的政治压力,迫使其接受人民的要求,按照人民的要求改造政体,也即进行立宪,进行政治革命。

因此,组织政党乃是人民政治自觉之关键,也是政治自觉的主要产物。在牟宗三看来,开新外王的关键为政道之建立,其建立的关键则在于,从理性之运用表现转向理性的架构表现。这种架构表现的“底子是对待关系,由对待关系而成一‘对列格局’(Co - ordiantion),是以架构表现便以‘对列之局’来规定”。具体而言:

> 这一步构造的底子是人民有其政治上独立的个性,而此独立的个性之出现是靠着人民有其政治上的自觉,自觉其为一政治的存在。如此,人民对于皇帝成一独立个性之对立体,即敌体。只有在此敌体关系上才能把政权从个人身上拖下来,使之寄托在抽象的制度上,而为大家所总持地共有之。人民一有其政治上的独立个性,则对待关系与对立之局成。此即政道之所由来。政道出现,则民主政体出现。政道是民主政体所以出现之本质的关键,故政道与民主政体之成立皆是理性之架构的表现。[1]

换言之,政道之建立,起点在于人民的政治自觉。由此一自觉,“圣君贤相”的形态就显示了其严重的不足,精英与人民自当思其改进之道。改进之道就是组织政党,或者更广泛地说,人民组织起来,以政党的方式表达自己的要求。此时的社会秩序改进者,已不复为圣君、贤

---

〔1〕《政道与治道》,第46页。

相，而是人民自己。人民通过组织政党也具有了实践的能力。由此，人民成为政治的主体，而不再是被动的客体——而在“圣君贤相”的治道架构中，人民始终是一被动的客体。

自人民具有自觉且具有实践能力起，立宪的政治（constitutional politics）即正式展开——关于这种政治的具体界定，我们后面将会讨论。此时的政治不再是自上而下的，而是自下而上的，或者说是上下互动的，以人民的组织化的要求为政体演进之动力。换言之，在立宪政治的过程中，牟宗三所说的“对列之局”即已形成。则作为这种政治活动之结果的宪政安排，当然呈现为一“对列之局”。也即已具有政治自觉的人民把优良治理的理想寄托于抽象的制度，而不再寄托于政治人物之私人道德。此时人民知道，那制度就是自己创造出来的，自己也可以改进之。

任公在倒袁活动中，则主要运用了“国体”与“政体”概念之辨，来坚守民主政体建国之政治意识。此处的逻辑与其反对种族革命的逻辑是一致的。在《异哉！所谓国体问题者》中，任公十分深刻地论述了国体无法随意变迁及随意变迁必将导致秩序混乱的理据：

> 夫国体本无绝对之美，而唯以已成之事实为其成立存在之根原；欲凭学理为主奴而施人为的取舍於其间，宁非天下绝痴妄之事？仅痴妄犹未足为深病也；惟于国体挟一爱憎之见，而以人为的造成事实，以求与其爱憎相应，则祸害之中，于国家将无已时。故鄙人生平持论，无论何种国体，皆非所反对；唯在现行国体之下，而思以言论鼓吹他种国体，则无论何时皆反对之。昔吾对于在君主国体之下而鼓吹共和者尝施反对矣，吾前后关于此事之辨论，殆不下二十万言，直至辛亥革命既起，吾于其年九月犹著一小册，题曰新中国建设问题，为最后维持旧国体之商榷。吾果何爱于其时之皇室者，彼皇室之僇辱我岂犹未极？苟微革命，吾至今犹为海外之僇民耳。后

以当时皇室政治种种予人以绝望,吾非童騃,吾非聋聩,何至漫无感觉?顾乃冒天下之大不韪,思为彼匄垂绝之命,岂有他哉?以为若在当时现行国体之下,而国民合群策群力以图政治之改革,则希望之遂,或尚有其期;旧国体一经破坏,而新国体未为人民所安习,则当骤然蜕变之数年间,其危险苦痛将不可思议。不幸则亡国恒于斯,即幸而不亡,而缘此沮政治改革之进行,则国家所蒙损失,其何由可赎?[1]

任公所说"国体",表面为君主、共和之分,实与文化、民众观念、生活习惯等联系在一起。"凡国体之由甲种而变为乙种,或由乙种而复变为甲种,其驱运而旋转之者,恒存夫政治以外之势力"。简言之,所谓国体即是一种具有历史性的文化社会秩序,或说是一般人民对于治理秩序的想象之物化、与其持续的叠加。道德秩序、文化秩序、社会秩序、经济秩序,乃至由于某些特殊历史情势而形成的种族格局,大体都属于这个广义的"国体"的范畴。政体的范围则是狭窄而清楚的,就是一个社会处理所公共事务之权力结构与程序之特定组合。国体构成社会之基础性秩序,也构成政治活动的基础。

既然国体与政体的性质大不相同,两者变革的进路也是完全不同的:"夫变更政体则进化的现象也,而变更国体,则革命的现象也。进化之轨道恒继之以进化,革命之轨道恒继之以革命。"[2]政体架构是相对简单的秩序,因而是可以进行某种技术性操作的,换言之,政体革命是可能的。相反,道德、文化、社会、经济秩序等的变动当委之以文化的自然演进,人为地对其进行革命性变革是有极大难度的,也是有极大风险的。基于某种外在的理由——如理想化的理论、外国的范例,以革命的方式变更那广义的"国体",整个社会必然陷于混乱。

---

〔1〕《饮冰室合集》(第8册),饮冰室专集之三十三,第86~87页。

〔2〕同上,第97页。

重要的是，当政治之基础性秩序出现颠覆时，是难以进行理性的政治革命的。辛亥革命之后中国所发生的混乱，即是明证，任公也痛心地论及于此。

任公第三次坚守民主政体建国之政治意识，则是在国民革命军北伐之时。任公当年在致子女及友人的信中，对于南方政府的政策表示了极大的不满和忧虑。他已经预见到，"一党专制的局面谁也不能往光明上看。尤其可怕者是利用工人鼓动工潮，现在汉口、九江大大小小铺子什有九不能开张，车夫要和主人同桌吃饭，结果闹到中产阶级不能自存，而正当的工人也全部失业。"以至于他说，"我们殊不愿意对党人宣战，待彼辈统一后，终不能不为多数人自由与彼辈一拚耳"。[1] 后来他又解释"受病的总根源，在把社会上最下层的人翻过来，握最高主权。我所谓上层下层者，并非指富贵贫贱等阶级而言，乃指人的品格而言。"[2]

由此可以看出，对于改组后的国民党所进行之国民革命，梁启超所忧心者，正是其社会革命的成分。实际上，早年在流亡东京期间，梁任公即著文反对革命党人所主张的土地国有的"社会革命"论。[3] 而此一社会革命当然可作更广泛的解释，也即试图从根本处颠覆固有的社会、文化、道德秩序。任公所反对之种族革命，实际上也可归之于社会革命范畴。在任公看来，此种社会革命将取消政治革命赖以进行的基础性秩序，从而使建立民主政体之政治活动之展开成为不可能。即便勉强建立其民主政体，其运转也缺乏健全的社会秩序之最低限度支持，从而无法维系。

总之，在现代中国历史上的三个重大事件中，任公都反复论述一个十分深刻的命题：中国建立现代国家，必须坚持"政治革命"的进路，而

---

〔1〕《梁启超年谱长编》，第1107页。

〔2〕《梁启超年谱长编》，第1126页。

〔3〕比如，"驳某报之土地国有论"，见《饮冰室合集》（第2册），饮冰室文集之十八，第1页起。

拒斥非政治的革命，包括种族革命、经济革命、社会革命、文化革命等。政治革命与非政治的革命具有不相容性，两者不能同时进行。广义的国体的革命必将取消政体革命之基础。此一命题系理解民主政体建国之政治意识的关键，牟宗三肯定梁任公之处，也正在于他对建国的政治性的坚持。

当然，任公在这个问题上还是有一些夹杂的。关于梁任公的政治意识，牟宗三在《五十自述》中又有所阐发：

> 梁任公是一代的风云人物。戊戌政变，以及与蔡松坡合力讨袁，都见他的风力，与风云中恢廓得开的才气，然他的见识亦只是时代中横剖面的政治变法之意识，立宪之意识，无论是就满清帝国以立宪或是改变中华民国后就五族共和以立宪。这自然是民主政治的意识，这是不错的，然在中国要实现这新政体，是要费大力气的。这就要牵涉到文化生命的问题。他晚年感觉到徒政治之不足，要从讲学起。因此他也成了一位国学大师，然……他把它[指乾嘉的考据学风]当作一个正面的统绪承继于其生命中……他接不上中国的学统，他通不了中国文化生命的底蕴……他的讲学与他的政治事业中所养成的政治意识根本通不起。由他的学问见他的器识，他的政治意识因此也孤离了。[1]

这里所批评者，是任公——及他之后的胡适——误把乾嘉考据之学比附为中国之文艺复兴，中国之科学方法，而全然忽视并且根本反对儒家的道德的理想主义，从而也就无法接上“孔孟之文化生命与德慧生命所印证之‘怵惕恻隐之仁’”。也正因为这一点，梁任公和胡适的政治意识、政治活动具有一定局限性。具体而言，他们的立国活动在相当程

〔1〕《五十自述》，第26～27页。

度上是纯粹技术性的，而缺乏道德的自觉与文化的自觉，因而，其政治活动也就缺乏价值之深层次支持，缺乏理想之深层次支持。由于这一原因，任公、胡适等人对于民主在中国的内生性成长缺乏信心，直接言之，就是对民主政体缺乏诚挚的信仰。这清楚地表现在他们对于民主制度在中国建立的诸多怀疑之上。正是基于这种怀疑，他们走向启蒙。由启蒙自然地走向反中国文化之道德革命、社会革命、文化革命，他们以为这事业有助于民主政体在中国的建立，但客观上的效果却是推动了民主政体建国事业的逆转。

当然，在这一点上的认知错误，胡适等新文化运动知识分子，及现代中国自由主义的表现得更为严重，因而，牟宗三也就有十分严厉的批评。相反，梁任公的这一错误在其整体思想结构中属于枝节性的，因而，他在现代中国民主政体建国历史中的地位，依然得到牟宗三的高度肯定。

六、张君劢之实践的政治家的意识

张君劢与梁任公是介于师友的关系，按照牟宗三的说法，张君劢之信守民主政体建国之政治意识的自觉性、坚定性，实际上是超乎任公的，他在新文化运动之后反民主政体建国之政治意识的汹涌大潮中是个显著的例外："对于民主政体建国的政治意识，一生信守而不渝，梁任公而外，唯张君劢先生能之。"参照前后文的论述，牟宗三认为，张君劢先生比之梁任公更足以成为现代中国民主政体建国的政治意识之代表，他的正宗政治意识表现在以下几个方面：

> 他始终反对……只注意经济平等之宗教式的社会主义之意识，反对它的唯物论，唯物史观。他能保持西方理想主义之正音，他能毅然肯定宋明理学之价值。在科学论战时，他独能否认科学万能之狂言，而认识科学之限制，认识价值世界之不

可化归性。他始终反对打天下之意识，而以政党政治之实现为己任……

张君劢先生关于“立国之道”有深入思考，这将是后面研究的对象，这里仅根据牟宗三的纲目略作讨论。

张君劢很早即追随任公从事立宪政治活动，此一方面的政治实践努力，贯穿一生。不过，张君劢对于立国问题之深入思考，基本定型于20年代初。其标志性事件是引发科学、玄学大论战的《人生观》演讲及此后的论辩。在此次论战中，他针对当时流行的唯科学主义思潮，强调科学的限度，强调“人生观”与科学的性质差异，从而肯定了意义、价值对于人生、对于社会的独立价值，进而肯定了其对于社会政治变革的重要性。牟宗三也反复强调这一点。

由此，张君劢先生在中国的学术传统中肯定了宋明理学之价值。张君劢比较了汉学、宋学之得失后说：“唯心、唯物两派之立脚点之施肥暂不问，若就其应用言之，关于自然界之研究与文字之考证，当然以汉学家或欧洲唯物派之言为长……其关于人生之解释与内心之修养，当然以唯心派之言为长。”[1]此即牟宗三所论及之张君劢的“唯心主义”。张君劢先生同时信奉中西之唯心主义，西方的资源，先为德国人倭伊铿，后为康德、黑格尔。宋明理学则被张君劢先生视为中国的唯心主义，并予以推崇。

在张君劢看来，宋明理学对于处于立国之过程中的中国具有极大的理论与现实价值。牟宗三曾为张君劢拟写了一节《我人思想之哲学背景》，阐述了一种唯心主义的社会哲学。此文指出，社会变革始于人心，制度乃是“心的物”。因而，立国之关键正在于心之觉悟。张君劢指出，宋明理学的理论功能正在于此：“唯以心为实在也，故勤加拂拭，则

〔1〕“再论人生观与科学并答丁在君”，见《中西印哲学文集》，下，第974页。

努力精进之勇必异乎常人。”[1]张君劢也指出，从现实角度看，也唯有宋明理学能够矫正当时社会之弊端：“当此人欲横流之际，好为服国民之公职者，不复知有主义，不复知有廉耻，不复知有出处进退之准则。其以事务为生者，相率于放弃责任，其以政治为生者，朝秦暮楚，苟土饱暖，甚且为一己之私，牺牲国家之命脉而不惜，又岂碎义难逃之汉学家所得而矫正之乎？诚欲求发聋振聩之药，唯在新宋学之复活。”[2]

张君劢倡导“新宋学”具有两种意义：从内容上看，它是唯心主义的，从而与西方尤其是德国的唯心主义传统有可“会通”之处。这也正是后来牟宗三的学思进路；从形式上看，它是中国传统的。尤其重要的是，张君劢致力于新宋学之复活，乃是为了推动中国民主政体建国的历史性实践。这样，张君劢就在宋明理学、德国唯心主义哲学、立宪的政治之间建立了直接的联系。这也正是张君劢先生对现代新儒家发展作出的最大贡献。牟宗三的思想正是在此框架内发展的，因而，尽管他在私人事务上与张君劢先生曾有性格上的冲突，但在公共立场上终究对张君劢先生作出了完全肯定的评价。

不过，牟宗三所特别赞扬张君劢者，在于其对“政党政治”的坚守及对立宪事业的执着。张君劢先生虽形成现代新儒家之思想结构，但其思想之深度恐未必及于牟宗三。然而，张君劢先生又有超越于牟宗三之处：他不仅是一位思想家，更是一位实践的政治家：

> 他实具有政治家之意识与风格，故其论民主政治决不囿于政治学教授之立场，而能通着历史文化以及哲学上之理想主义。此实为一实践的谋国以忠的民主政体建国之政治家的立场。

---

[1] 《中西印哲学文集》，下，第976页。
[2] 《中西印哲学文集》，下，第976～977页。

可以说,正因为张君劢从事着立宪政治之实践,具有政治家之意识与思考方式,因而他关于民主政治的思考才能通着儒家传统,才能通着中、西唯心主义。因为,作为政治家,张君劢必须考虑立宪、立国政治之操作问题。也就是说,他不能仅止于证明宪政之善,而必须找到建立宪政之可行的途径。因此,张君劢的思想不得不关注于人,关注于人之心,人的精神。他十分强调政治家之德性、能力问题,也十分强调人民的品格、政治意识问题。[1] 如此具有政治自觉的人民才能够以具有政治德性的政治家为中心组织起来,从事于制度变革事业。可以说,唯心主义乃是唯一能对立国、立宪作出令人信服解释的哲学,而儒家的道德的理想主义则能为立国活动之主体提供实体性的精神内容,这两者使旨在增进正义的立国的实践成为可能。

张君劢之立国、立宪实践,既体现于理论思考中,也体现于政治实践中,他的实践,承袭梁任公,具体形态主要为政党政治。如前所论,这是儒家的道德理想主义所能许可的唯一可取,也唯一具有实际政治效力的政治形态。排除了暴力即所谓"打天下",组织政党就是唯一可取的,不论是在何种制度环境中;而唯有组织政党,追求民主之道德心才能具有现实的力量。值得注意的是,张君劢按照儒家的理念对政党政治进行了修正。[2] 此一关节有待未来的研究。不管怎样,正是实践的意识,使得他对于自己所处的政治、社会、文化情势具有敏锐的认知与把握能力:"因为他的民主政体之政治意识把得稳……故一有行宪之机,便决与人为善,遂造成今日自由中国所行之宪法。"

前文已论述过,此一政党政治意味着人民之政治意识的自觉与政治能力之养成,因而,此一政治的必然产物就是"理性之架构表现",就是仁心之"外延的表现",即宪政制度之构建。因此,作为政党政治的领导者,张君劢自始即具有一种强烈的制度建构意识。他虽然倡导新宋

〔1〕《立国之道》第五编之前两节:未,政治家;申,民众。

〔2〕《立国之道》第二编"修正的民主政治"。

学之复活，呼吁政治人物具有“德力”，从而坚守了政治的精神性；不过，他也清楚地知道，立宪不是仁心的直接呈现，而是需要通过“逆”出，需要构造出一套制度。牟宗三对此有精彩议论：

> 而对于这一套的理解与施行又不是直接的为生民请命之意识所能至，而是需要一种间接构造意识的。争自由民主，争人权，固有时需要有革命之否定，然否定已，必修返回来委屈自己从事一制度之设立，以保住人民之自由与权利……此其背后的精神根本是理想主义与理性主义，而不只是一种打倒的意识，亦不是一种打天下的革命意识。如此思之，则其进入人们的意识中之困难是很显然的。这是一种政治家的意识，创制垂统，谋国以忠的意识。相应国体政体而为轨道之构造与夫遵守轨道的意识，既非打天下的意识，亦非为劳苦大众请命（替天行道）之宗教式的社会主义之意识（并非说政治家不注意生民的福利，但却不是宗教式的）。

按照牟宗三的说法，中国现代化的正道是转理性的作用表现而为理性的架构表现，从内容的表现转为外延的表现。作为其一个面相，民主制度是一种架构，就是一种外延的表现。因此，民主建国的全部努力，最终必须落实于“创制垂统”，而具有“相应国体政体而为轨道之构造与夫遵守的意识”，乃是真正伟大的政治家的政治意识之所在。

当然，现代中国历史上，这种政治意识是罕见的。原因在于，大多数所谓政治运动事实上是非政治或反政治的，如现代中国自由主义者诉诸理智的启蒙，形形色色的激进主义者诉诸普遍的暴力。这些当然是非/反政治。而一旦取消了立国过程的政治性，则所建立的国家本身也是非政治的或反政治的。它的一个重要表现是：它将是没有制度的。因为，不论是科学真理对个体与公共生活的全面指导、管理，还是被历史被选定的阶级的独断统治，都是不需要制度的。这种统治的权力既非来自于被治者的同意，则治理过程也不需要借助那表现为“对列之局”的制度进行。只有在平等的主体的权利、利益、意见需要协调的共同体内，包括宪法在内的制度才是必要的，当然也才是至关重要的。也因此，暴力革命的立国者与唯科学主义的立国者在思考立国事业的时候，都不会认真地思考制度设计问题。现代中国思想史的根本特征是关于制度的思考之匮乏。即便有些团体始终在谈论政治，但因为其很少考虑制度，因而，其所谈论的不过是虚假的政治、伪装的政治。

但张君劢始终坚守立国过程的政治性，也因而始终具有明确的宪制构建意识。他曾经于20年代对德国、苏俄宪法及其宪法理论进行过深入研究，于20年代和40年代两度参与起草宪法草案，最终获得“中华民国宪法之父”的荣誉。这正应了牟宗三的分析逻辑：伟大的政治家必具有强烈的“怵惕恻隐之仁心”；但是，如孟子所说，“徒善不足以为政”。〔1〕具有仁心的政治家还必须具有政治意识，才能使其仁心得到最大时限。则具体而言，此一仁心将不会直接表现，而是间接表现，即“返回来委屈自己”，构建一套制度。此制度将对所有人，包括本人构成限制，但也保障所有人，包括本人的自由。宪政制度使得所有人的仁心得以不受阻拦的涌现，且得以便利的各个领域自由地表现，从而使仁心得到最大程度的发挥。〔2〕就当下人们的知识而言，这样的制度就是民主宪政制度。以一种制度构建意识建立民主制度，乃是“践仁”之最高境界，是最圆满的道德。张君劢在大陆时期所努力者，正是通过政治实践寻求这一制度之构建。

牟宗三对张君劢的高度评价，缘于张君劢以仁者之心所进行的关于政治、制度构建的思考与实践——综合言之即“立国之道”。此一立国之道在现代中国思想和政治史上的重要性，长期被种种谬误遮蔽了。

---

〔1〕《孟子·离楼上》。

〔2〕牟宗三专门讨论过民主与天才的关系，见《道德的理想主义》，第48～52页；他得出结论：“在天国未实现以前，民主政治仍是最可贵的制度。我们还是让圣人掌教化；而亦唯民主政治始能保障圣人而尊仰之。”

牟宗三则以其在疏通中国文化传统、寻找此一文化生命之新通路的大视野下,发前人之所覆,令现代中国思想、实践之正宗得以初步显露其光辉。

七、民主政体建国之正宗政治意识的湮没不彰

牟宗三自青年时代即“体会到时代的风气,学术的风气,知识分子的劣性,家国天下的多难,历史文化的绝续。”这一切引发他深刻的“客观的悲情”。[1] 在这篇纪念张君劢先生的短文中,牟宗三再三感叹家国天下之多难:“乃以正宗之政治意识,于数十年来之发展中,竟不得势,湮没不彰,则固中国之悲剧,亦天运之未复也。”

民主政体建国之政治意识之所以不得势,客观的原因是,此种政治意识之进入国人的意识内在地是非常困难的。牟宗三两次谈及此种困难。首先,民主宪政制度“对国人是完全新的”,因此,

> 这一套要在中国知识分子的意识里生根而成为习惯,好像是从自家的生命里发出来,是很难的。一般的人民,更不用说。因为不能亲切了解与实行,所以[民国初年——引者注]那改变了的国体与政体只是一空架子,而人民的真实意识则不能与之相应。这一个新时代的开国,在历史文化的背景上说,在意识上说,是非常脆弱与空虚的。

此处所描述者,表面上看似乎针对守旧主义者。守旧主义的心智无法理解、承认民主对于中国之必要性,因而不能接受之。

但从牟宗三的完整论述看,此种貌似客观的困难,在一定程度上也是激进主义的心智制造出来的。原因正如前文分析,新文化运动中及

---

〔1〕《五十自述》,第85页。

其后的知识分子,因为其认知能力之欠缺,过分地突出了现代西方与传统中国的对立。他们在中国传统中没有发现具体的民主制度安排,于是断言中国文化是根本反对民主制度的。他们进一步推论:建立民主制度唯有打倒孔家店。这样的心智就将民主制度神圣化,作为一个完全的"他者"。民主制度就成为绝对的新,也即一种无法认知、在中国文化背景中无法模仿、学习的制度。按照牟宗三的论说我们可以断言:20世纪中国主流知识分子对民主制度的失望态度,及因为此一失望而引发的种种政治意识之歧出,对于中国之民主政体建国的消极乃至破坏性作用,远远大于守旧分子之不接受民主制度所造成的影响。

现代中国政治意识之悲剧的另一客观困难,是前文已引述的一点:"间接的构造意识","进入人们的意识之中是困难的"。推测起来,此处所说的困难主要存在于立国者、存在于政治人物心智中。社会的这些领导人物或者是迷信"革命之否定",或者只具有"为生民请命的之宗教式的"经济平等意识,或者只具有基于激情的打天下的意识,而不知"返回来委屈自己从事一制度之设立",没有创制垂统的意愿,更没有"遵守轨道的政治意识"。当然,社会领导人物的如此心智,实在亦是前述思想上的"脆弱与空虚"所致。

因此,归根到底,现代中国之政治意识之偏离正宗,根源在于观念的混乱,精神的迷乱。而此种混乱、迷乱,在一定程度上源于知识分子的形态与其历史使命之错位。牟宗三曾经提出过这样一个命题:

> 当时代演进中一个新政治形态来临的时候,知识分子要担负新政治形态之实现与形成的责任,必须有宏深的志愿,有切实而确定的认识,有严肃而负责的心情,有识大体的综合智慧。这是荀子所谓的大儒雅儒,吾所谓政治家式的思想家或思想家式的政治家。[1]

〔1〕《道德的理想主义》,第257页。

牟宗三以古代中国之孔孟、董子、宋明儒者为此类大儒雅儒之典范。[1] 当中国文化生命处于现代转型、儒家处于第三期发展之际，此种大儒雅儒就必然既有儒家的道德的理想主义，而又具有为民主政体建国之政治意识。牟宗三认为，张君劢先生正是这样的大儒雅儒：张君劢先生的心智"实为一实践的谋国以忠的民主政体建国之政治家的立场"。

但是，现代中国历史上完整地具有这种心智的人物实属凤毛麟角。相反，大多数知识分子，尤其是所谓"政治学教授"，无法把握政治与道德的关系，从而使政治干枯化，抽离了民主政治之大本大源，从而使其所有论述及所有实践，都具有一种无法承受之轻。

现代政道，即宪政制度的根本特征是"道德理性不能不自其作用表现之形态中自我坎陷，让开一步，而转为观解理性之架构表现。当人们内在于此架构表现中，遂见政治有其独立的意义，自成一独立的境域，而暂时脱离了道德，似与道德不相干"。在学术领域发生了同样的变化：现代政治学告别了古典政治学，而成为一门不问价值的实证性学问。[2] 意识到这一事实、接受过这种政治学训练的人士对于道德之进入政治领域始终保持警惕，把任何这种趋势称为"泛道德主义"。这就是"政治学教授"的基本信念。牟宗三则指出，

> 但须知这种分开划分，只因政治有独立的意义与境域而可以纯政治学地讨论之"政治学上的权法"，在此独立境域内，不牵涉那形而上的道德理性，而使民主政体内各种概念清楚确定……这只是政治学教授的立场，不是为民主政治奋斗的实践者的立场，亦不是从人性活动的全部或文化理想上说话的立场，所以那种清楚确定只是名言上的方便。至于说到真

---

〔1〕《道德的理想主义》，第232～240页。
〔2〕《政道与治道》，第51页。

实的清楚确定，则讲自由通着道德理性，通着人的自觉，是不可免的。我们不能只从结果上、只从散开的诸权利上割截地看自由，这样倒更不清楚；而上提以观人之觉醒奋斗，贯通地看自由，这样倒更清楚。[1]

不幸的是，将政治与道德分离，却成为对政治产生极大影响之知识分子的基本信念。如牟宗三所说："中国的政治变动历来都是知识分子作领导"。[2] 现代中国之政治变动系受源于本文化外部的观念之引导，知识分子的领导作用更显突出。这些知识分子很自然地接受了"政治学教授"关于政治的观念，事实上，现代中国的自由主义知识分子本身就是教授，包括政治学教授。因此，以知识分子之身份从事政治的人物对道德甚至保持了变态的警惕。这些知识分子相信，政治可以是无道德的，他们进而相信，政治必须是反道德的。一种关于现代政治的事实性描述，变成了一种关于政治一般的规范性要求。

此处显示了现代中国所面临的一个"后发劣势"。中国在现代化进程中所处的阶段与西方完全不同。欧美各国已建立了相对健全而稳定的宪政、法治、市场等现代国家之制度框架。在那里讨论英格兰的普通法宪政主义、联邦党人、斯密很可能是过时的。西方最"先进"的政治学、经济学等学术所要解决的问题，通常是政治、经济、社会等领域运转之技术性问题，是在给定制度框架下需要进行之政策调整性的问题。中国的情势则与此完全不同：中国知识分子所要解决的问题正是宪政、法治、民主、市场等基本制度框架的构建问题。按此逻辑，哲学、社会科学乃至人文学科应讨论现代国家的基本制度框架之性质、结构关系与构建问题。简言之，中国需要的是"立国之学"，因为建国乃是人间秩序之最高层次，因而这种知识系统也是最高程度的"大人之学"。牟宗三

[1] 《政道与治道》，第52页。

[2] 《道德的理想主义》，第257页。

即曾经清楚地强调创造政体的政治性行动的特殊性：

> 凡是政治现象皆是人的政治实践所创造出来的……虽然我们可以讨论“人的政治实践”如何成为理性的，并亦希望其成为理性的，但这并不一定就是“科学的”……在既成政体下的政治性的行动尚且如此，则创造政体的政治性的行动，其非科学所能相应，非科学方法所能决定，那就更明显了。
>
> 这超科学的决定，有时是理性的、智慧的，有时是非理性的、疯狂的、愚蠢的；有时是有利的，有时是有害的；有时其利在眼前，有时其利在未来。但无论如何，这里含有创造性，亦含有爆炸性；含有意志的主宰性与智慧的运用性，亦含有意志的刚愎性与昏暗的悖谬性；含有超越而综合的器识、识度与大公而忘私的德量，亦含有偏私的狭隘与小智小慧的浅陋。[1]

但是，中国学者向西方学习，却很容易陷入“后发优势”陷阱中。身处后发国家之中国学者可以直接引入西方最“先进”的学术、知识，这类学术也是西方学界之显学。它们属于常规的治国之学，是政客之学，所谓“小人之学”。通过这样的知识引入、模仿，中国学者可以迅速与西方学术实现“接轨”。但如此与“先进”学术接轨的劣势是非常明显的：中国学者讨论的问题很可能与中国现实毫无关联。现代中国一直存在一个无法克服的难题：学术与现实的错位。牟宗三所讨论的领导政治变动之知识分子的政治概念之浅薄，就是此一错位的一个后果。知识分子拿着政客治国的学术来思考、讨论立国的大问题，用政策性知识解决制度性问题。

正是这种错位，让知识分子无法理解道德、传统在立国过程中的决定性作用。学术与现实的错位在知识分子心目中甚至根本消解了立国

〔1〕《政道与治道》，第92页。

的问题本身。时髦的现代政治学引导他们坚定地反传统、反道德，从而导致他们陷于一种道德困境：他们以为自己在从事立国的事业，但据其错位的观念所采取的措施，很可能与立国无干。如牟宗三所质问者：

> 纵横捭阖，骂人为玄学鬼者，其对于民主政体之贡献又安在？囿于政治学教授之立场，而反传统文化，反理想主义者，其对于民主政体之贡献又安在？君子内而论学，外而论世，故非拘无识量者所可与知。

甚至更糟糕，不论是左翼还是右翼的知识分子，根据其与现实存在严重错位的先进观念所采取的措施，很可能对现代中国之立国事业产生了负面影响。即如牟宗三所指出者，这些以知识分子身份而从事政治活动者及受其影响的政治人物，受到经济平等、文化革命或道德革命或打天下的意识之诱惑，而偏离民主政体建国之政治意识；其所从事之社会实践也偏离了政治，而政治乃是现代中国建立现代国家架构的唯一正道。

牟宗三基于其对中国文化之深入理解，基于其亲身参与及观察现代中国历史的"悲情"，基于其从儒家视角对现代性的理解，而为现代中国规定了其历史使命，建立现代国家，由此而规定了判别现代思想、政治活动之意义的标准：民主政体建国之政治意识。

然则，所谓政治、所谓政治意识，究竟为何？综合牟宗三的论述，我们可以说：政治的参与者是全体人民，尽管其事实上的主要参与者是精英。政治区别于暴力、区别于启蒙之处在于，这里没有大天下的绝对意识，也没有理智的傲慢。参与政治的人们相互承认对方的自由、权利和利益，以理性的辩论、协商和妥协的过程解决协调个体与群体的关系。至于立国的政治，其要旨则在于制度之建构，尤其是宪制之建构。立国的政治是最高形态的形态。

正因为此，立国的政治不可能是纯粹利益的政治，相反，这种政治必然通着道德，它必然是由“怵惕恻隐之仁心”所发动、所引导的。唯有如此，从事政治的人们，尤其是其中的领导者，才有可能克制一己之私，才有可能放弃打天下之意识，才有可能以天下为公的精神，致力于寻求公共善之最大化。现代民主制度之知识将使现代立国者超越传统，返回来委屈自己从事于制度之构建。现代之大儒必得是这样的政治家，现代之大政治家也必得通过儒家文化生命之润泽来理解基于中国文化的脉络理解民主政体建国之性质与意义，承担起为生民立命、为万世开太平之大任。

由此，传统与西方将在现实中有机地交汇，由此，政治与道德之间的对立将被弥合而使政治有体而道德有用，由此，在精神、政治与制度之间将建立起本末一贯的通路。

八、现代中国立国之分期：古典时期与现代时期

把牟宗三对孙中山、新文化运动、梁启超、张君劢的评价置于既有的现代中国之思想史、政治史常识乃至主流学术——不论是基于革命史观还是基于自由主义史观——中，绝对是惊世骇俗的。但它是站得住脚的。这一评论深刻地揭示了张君劢、牟宗三两位现代新儒家先贤思想上的一致性，并为基于宪政主义的、儒家的、唯心主义的立场之现代中国历史叙事，简而言之，为保守—宪政主义视角的现代中国历史之重新书写，提供了一个基本框架。

按照牟宗三的叙述，我们还可以把现代中国的立国历程划分为两个阶段。现代中国的历史就是国人产生了现代国家意识并致力于构建现代国家的历史，始于甲午战争前后，可以孙中山、康有为二先生投身政治活动作为起点。由于现代国家的完整结构迄今尚未建立，故这段历史仍在进行之中。这个漫长的历史，至少就其前期而言，可以以新文化运动及随后发生之国民革命为分界线，划分为两个阶段。此前的时代为现代中国立国历史的古典时代，此后则为立国进程之激进化革命

时代。[1] 笔者也曾更明确地从新文化运动直接影响的角度来划分现代中国立国的“古典时期”与现代时期：

> 由于新文化运动的影响，现代中国的立国事业形成两个截然不同的阶段：古典阶段与现代阶段。清末士大夫形成建立现代国家的意识一直到国民党改组之前，为古典时期。“古典”的含义是，政治尚不具备……意识形态化与革命化性质。这个时期的立国事业的是一种有限度的“政体革命”，从事立国事业的人们旨在为社会提供另外一套法律与政治框架，且仅以此为限……从军阀到政客，从学者到商人，使用的都是相对古典的政治语言。人们讨论着怎样制定宪法，如何设计政体，或者讨论裁兵、南北议和、政府行政管理、司法或者财政等比较现实的问题。[2]

牟宗三的论述也表明，他相信，确实是从新文化时代开始，整个中国的建国路线发生了巨大的转折。不过，“新文化运动”是一个十分含混的概念，历史的真相很有可能是：在新文化运动这个概念所指的那个时期内所发生的很多重大变化，未必直接渊源于狭义的新文化运动。而依据张君劢的论述，我们可以对于现代中国立国进程的转折形成一个更为清晰的认知，而这种转折最为明显地体现于政治领域。

应当说，张君劢对于这种转折有十分明确的认知，下面我们将会论述，张君劢那篇引起科学与玄学大论战的《人生观》演讲，其实就表达了处于立国事业转折时期他的思考。此前，张君劢留学德国，在德国新宪

---

〔1〕 关于这一划分的简单论述，可参见姚中秋：“现代中国立国进程三波论：民族主义、文化保守主义与宪政主义的互动”，收入许章润主编，历史法学（第2卷），中国：法制与法意，法律出版社2009年版，第140页。

〔2〕 姚中秋：“新文化运动与立国进程之转向——以胡适为中心”，载《中国政法大学学报》2009年第3期，第114页。

法颁布之初，他就已经敏锐地注意到，“德之新宪法”与1787年之美国宪法、法国第一革命之宪法鼎足而立，构成了宪法演进史的三大典型，而它所代表的是“二十世纪社会革命之潮流”。[1] 确实，此后，各国通过的宪法普遍地写入社会经济内容。中国的例子就最为典型。紧在张君劢起草的国是会议宪法草案之后，或者在同时，1922年夏，叶夏声奉中山先生之命起草《五权宪法草案》，[2] 其中有国计民生的规定。此后，国民党主导出台几乎所有宪法文本，都有此一具有社会主义倾向的经济社会条款。而社会经济秩序变成国家构建的实体性内容，就是现代立国之现代时期的根本特征。可以说，张君劢就是现代中国立国进程转折的积极推动者。

从张君劢的例子就可以清楚地看出，现代中国立国进程之转折，乃是西方世界变化冲击的结果。这一点，张君劢很快就能够从学理上给予理性分析了。尤其是到了30年代，随着苏联之巩固，德国纳粹政权之兴起，张君劢愈发明确地感受到自己所处时代的政治理念与制度与19世纪之间存在一种根本断裂：1934年，张君劢发表一篇演讲《当代政治思想之混沌》，他断言，“处二十世纪之今日，不独吾国政治思想陷于大混乱，即以欧洲论，其政治思想亦在动摇之中……自世界大战而后，俄意专政之局既成，欧洲政治思想发生绝大动摇，谓为等于火山之爆炸者可以也”。[3] 后来，张君劢从民主制度盛衰的角度，把西方政治理念和制度划分为三个时期，“第一，曰民主之发轫期；第二，曰民主之挫折期；第三，曰民主意义之推广期。所谓民主之发轫期者，自天赋人权学说之流行，迄于十九世纪各国宪法之颁行是也……所谓民主之挫折期

---

〔1〕“德国新共和宪法评”，见《宪政之道》，第254页。

〔2〕原文可见夏新华等整理：《近代中国宪政历程：史料荟萃》，中国政法大学出版社2004年版，第590～596页。

〔3〕《民族复兴之学术基础》，第99页。后面张君劢还专门列出了两张表来说明欧洲政治制度与思想之多样性。

者，自十九世纪后半迄于第二次世界大战前后”。[1] 不管第三个时期，他所说的前两个时期，就分别对应于我们所说的现代立国之古典时期与现代时期。

其实，从19世纪后期到20世纪初，西方世界经历了一次巨大变化，这一点是一个公认的历史事实。比如，哈耶克曾经在《自由宪章》中区分出自由主义的英国传统与法国传统，并说，自1848年以来，“法国传统逐渐在各地取代了英国传统”。[2] 有趣的是，张君劢也始终把英国及美国作为他所说的民主发轫期的典范，因为其面对社会经济革命的冲击，始终没有放弃民主政体的基本框架，尽管与此同时，他们也引入了很多现代的社会福利与经济干预政策。

但在这两个国家之外，社会经济革命猛烈地冲击了西方世界对于现代立国之古典时期的宪政主义共识：

> 昔有普通选举即各人平等选举之说，今则苏俄工农选举权之各异，明定于宪法中；昔有各人之根本权利，如所谓言论结社之自由，今则对工人则予之，对资产与知识阶级则夺之；昔以民意民治未归，今则明标个人独裁或一党独裁之旨；昔以三权分立为旨归，今则立法行政大权集中于全国代表会议，再缩小之，谓中央执行委员会，再缩小之，为中央执行委员会中之若干人，或曰政治会议，或曰常务委员，惟其变更之多如此，安得不谓十九世纪以来之大变化乎？[3]

宪政主义共识的破裂，乃是现代立国之现代时期的核心特征，中外

〔1〕 张君劢：民主方法（一名民主反民主）——中国民主社会党政纲释义之一，中国民主社会党，第161～162页。

〔2〕 F. A. Hayek, The Constitution of Liberty, Routledge Classics, 2006, p. 50.

〔3〕 “当代政治思想之混沌”，民族复兴之学术基础，第99页。后面张君劢专门列表对比了两种不同类型的国家体制。

均不例外。此时,随着意大利、德国、苏联的建立,作为一个整体的西方的宪制图景发生显著变化。新兴的国家普遍地建立了非宪政的、反宪政的制度框架。当然,英美各国依然还保留着其宪政主义的政府架构。这样,西方的宪制图景就呈现出了多样性,内部甚至是直接冲突的。如张君劢1938年撰写《立国之道》时所说,立国者面临世界上同时盛行之资本主义与社会主义、民主政治与反民主政治两种政治趋势之“拉扯”,[1]或“夹攻”。[2]

1946年,张君劢专门发表,“二十年中有六种主义互相对立:第一,国家主义或民族本位与世界革命之对立;第二,共产主义或社会主义资本主义之对立;第三,法西斯主义与英美式的民主政治之对立”。[3] 1948年,张君劢更为精准地概括了他所经历的20世纪上半叶的时代特征:“吾以为自第一次大战迄于第二次大战之末,世界上最为显明之一点,即今日西欧北美与夫苏俄之政见异同,实为‘意的牢见之争’。”[4]西方史家和政治家所谓的“意识形态时代”是也。西方世界的这种变化,给一心学习西方建立现代国家的国人带来极大冲击。

> 凡此欧洲政治思想之动摇,大影响于吾国之政治。盖民国以来,正本十九世纪之欧洲思想,而从事建设,乃其工作尚未成功,而二十世纪反国家反议会反自由之思想又大输入,而吾之政治工作,乃陷于无可进行之境。犹之甲工程师提出图样,且鸠工度材,以着手于墙脚之间早,而乙工程师忽焉闯入,批评甲图之种种不当,不徒批评已焉,直欲逐甲工程师以自代,乃甲乙二人各相诟谇,纠纷莫解,而国家本身之建设工作,

---

〔1〕《政制与法制》,自序,第3页。

〔2〕《政制与法制》,第87页。

〔3〕张君劢:“二十余年来世界政潮激荡中我们的立场”,收入《中国民主社会党》,第88页。

〔4〕张君劢:“民主社会主义之哲学背景——张君劢先生星期演讲”第一篇,见《中国民主社会党》,第112页。

搁置不问矣。[1]

"欧洲政治界之大纷乱若此,而我国亦愈彷徨无措,"或者是"全国之政治思想日在东倒西歪之中而莫知其所终极矣。"[2]正是在这种背景下,从新文化运动以来,中国的思想界陷入急剧的分化、冲突,乃至尖锐而广泛的对抗之中:"多数国人好极端,好新奇,专以刺激青年学子,号召为党徒,尤其是欧战后之苏联革命与德、意之法西斯主义声势喧赫。"[3]所谓道术为天下裂,精英群体陷入分裂。而且,这种分裂十分严重,不同群体之间发生根本性对抗,甚至爆发为大规模的暴力冲突。

这一变化的社会结构方面的原因,则是绅士群体的衰落与现代知识分子的兴起。对于这一点,我们未来将会进行更深入的研究,此处只简单引用张灏先生对传统士绅和现代知识分子与社会、政府、中国文化的关系的论述,以说明绅士立国与现代知识分子(文人)立国的重大区别。传统士绅对于中国固有文化保持着忠诚。他们是基层社会的有机构成部分,作为社会精英,不仅具有文化、社会上的权威,也参与地方的行政。清末所谓立宪,就是这个绅士群体将自己的非正规的权力正规化,将文化、社会上的权威变成一种稳定的制度安排。可以说,清末立宪以至于民国初期的宪政发展,其动力为绅士。此以现代中国立国之古典时期的基本形态就是"绅士宪政主义"(gentry constitutionalism)——当然,绅士不仅从事立宪事业,也主导与现代国家相关的其他事业,如立法、新文化之创造等。

自1905年废除科举,一个新兴的知识人群体兴起,这就是"现代知识分子"。现代知识分子的基本特征是,他们与中国文化缺乏有机的联系,他们脱离了基层社会,寄居于现代城市,主要是沿海城市。他们没

[1] "当代政治思想之混沌",见《民族复兴之学术基础》,第99~100页。
[2] 《民族复兴之学术基础》,第100~103页。
[3] "老当益壮之自白",见《中西印哲学文集》,上,第153页。

有参与地方治理，因而在政治上属于边缘人物。但是，由于现代各种文化、政治制度的兴起，他们在文化上、观念上，乃至政治上的影响力，却异乎寻常的巨大。[1] 相对于传统士绅，他们的心态更为激进。[2] 现在，他们成了思想领域和政治舆论的主宰者，也成为政治活动的参与主体。

由此导致的最严重后果是，晚清以来形成的宪政主义的观念与政治共识破裂，种种"主义"都中国都获得了广泛而狂热的追随者、传播者及冒失的试验者。尤其是种种形式的激进主义迅速地上升到思想界的主流地位，并深刻地影响了此后中国的立国进程。

张君劢对这一点，再三陈说，比如，他在1946年曾说："在以上六种主义对立中，我们中国所受影响最大，(一)清末所接受之民主政治如议会政治政党政治等说发生动摇"。[3] 而在此之前，他更明确地指出，20年代之前中国思想界是相对单纯，存在共识。在那个时代，尽管有"君主立宪"与"民主共和"之争，但双方均认同于宪政制度：

> 试思满清末造，吾国从事于政治活动者，一方为君主立宪党，他方为革命党，然其心目中所认为改革方案者，除君主民主之争以外，其政治上主张曰宪法同也，曰法治同也，曰责任内阁同也，曰国会同也，曰政党政治同也，曰地方自治同也。简单言之，其政见之差异，不过半斤八两，即包含君主民主之争言之，不过五十步与百步而已。[4]

---

〔1〕 张灏：《幽暗意识与民主传统》，新星出版社2006年版，第138～139页。另外，殷海光用"代间的紧张与冲突"来解释"以五四运动为中心的近三四十年中国的历史为什么是进入一个激变的大时代"，见殷海光：《中国文化的展望》，中国和平出版社1988年版，第208页。

〔2〕 张朋园通过对清末以来议员背景的分析也揭示了这一点，参见氏著：《中国民主政治的困境，1909—1949：晚清以来历届议会选举述论》，联经出版社2007年版。

〔3〕 张君劢："二十余年来世界政潮激荡中我们的立场"，收入《中国民主社会党》，第89页。

〔4〕 "当代政治思想之混沌"，见《民族复兴之学术基础》，第99页。

清末立宪固然专注于立宪，辛亥革命虽然也倡导种族革命，但革命党人后来也逐渐放弃这一纲领，大体上，这场“革命”仍然只是单纯的政体革命。李剑农也指出，辛亥革命之后几年，“多数人民所希望的安居乐业的平和；政党所争的是政权；论坛所讨论的是总统制好呢还是内阁制好？一院制好呢还是两院制好？简单地说，就只是政制。”[1]这一点，与阿伦特所说的美国革命相当类似，政治人物所关注的是纯粹的政治问题，在从事立宪活动的时候，所考虑的只是政府的形式和制度安排问题。

但在此之后，从事政治的精英有意识地超越单纯政治领域，致力于改造整个社会、塑造全新秩序。进行广泛的“大革命”，是此后中国政治最重大的特征。如牟宗三所分析的，首先，新文化运动试图对传统进行革命，而在这场运动中，外部的激进主义哲学传入中国，诸多精英的关注点开始转向社会经济革命。广州、武汉国民政府所发动之国民革命就是以强大的暴力为支持，发动社会经济革命。启蒙主义的文化革命与激进主义的社会经济革命随后不断地扩大化、激进化，此即牟宗三所说的现代国家建设之歧出。

此一歧出的致命之处在于：宪政主义的目标本身被放弃，[2]至少被推迟了，即以进行社会经济革命的名义在宪政之前插进了军政、训政两个阶段。张君劢在40年代末曾经伤感地指出：“民国十五年以后，旧日政治上朋友可以说已经星散了，当时政府要走苏俄一党专政的道路，不容多党政治”。[3] 历史也许并非巧合：1926年夏天张謇去世，1927年初康有为之去世，夏天王国维之自杀，1929年初梁启超之去世，保守—宪政主义的代表人物先后凋零，这恐怕就是中国立国之古典时期结束的

---

〔1〕 李剑农：《中国近百年政治史》，武汉大学出版社2006年版，第462页。

〔2〕 严泉明确指出：“新文化运动开始后，宪政主义在思想界的主导地位迅速丧失”，见严泉：《失败的遗产——中华首届国会制宪：1913—1923》，广西师范大学出版社2007年版，第27页。

〔3〕 “张君劢：民意代表机关之任务”，收入《民国时期党派社团档案史料丛稿·中国民主社会党》，中国第二历史档案馆编，档案出版社1988年版，第347页。

最佳象征。

张君劢的特出之处在于，尽管他本人对于社会经济革命之进入中国现代立国视野，起了推动作用，但他在此同时，依然始终把立国的重心放在古典面相上。在宪政主义思想与政治共识破裂之后，依然守护着这种共识。也正是这一点，让张君劢在现代中国的立国史占有特别的位置，而因为这一点，牟宗三也把张君劢先生尊为民主政体建国之政治意识的正宗。

下编　张君劢的立国之道

CHAPTER 03 >> 第三章

张君劢的立国哲学:唯心主义的制度变迁理论

本书以张君劢为中心探讨现代中国的立国之道,“立国之道”一词本身就取自张君劢的一本著作——也许是其最重要的著作。[1] 本书的基本命题是,张君劢是现代中国思想发展与现代国家形成史上最为重要的人物,尽管他的立国思想与立国政治实践之重要性,迄今仍被人们忽视。[2]

晚近以来,学界对张君劢在思想史和宪政史上的地位之评估有欠公允。20世纪中期的革命史观固然早就断言,张君劢的理想已经失败,并且必然失败。[3] 自

---

[1] 《立国之道》(1938年初版,1947年二版),收入张君劢先生九秩诞辰纪念册,中国民主社会党中央党部印赠,1976年。不过,为方便中国大陆读者查证,本书引文均引自中国大陆版本:张君劢:《政制与法制》,清华大学出版社2008年版。

[2] 关于张君劢的传记,可参考郑大华:《张君劢传》,中华书局1997年版;江勇振:《张君劢》,收入李爽青、江勇振、吴寄萍著:《中国历代思想家:熊十力·张君劢·蒋中正》,商务印书馆1999年更新版;程文熙撰,张君劢先生年谱初稿,收入《张君劢先生九秩诞辰纪念册》,中国民主社会党中央总部印赠,1976年。同时,也可参考《张君劢传记资料》,天一出版社1979年版、1981年版。

[3] 不用引证早期的著述,这种历史观部分地体现于吕希晨、陈莹:《张君劢思想研究》,天津人民出版社1996年版。作者称,张君劢“为在中国实行资产阶级共和国的制度,设计了一个理想蓝图”,而“整幅蓝图具有许多空想成分,而且它在20世纪的中国也是根本行不通的”,第283页。

20世纪80年代以来，学界逐渐形成了一种关于现代史的自由主义历史观，胡适所代表的现代中国自由主义获得空前重视。自由主义思想史的研究一时相当繁荣。张君劢尽管始终致力于宪政事业，但在这一自由主义历史叙事中依然处于边缘位置。这一历史观的著述之研究结论普遍是，自由宪政的理念与制度在现代中国缺乏文化、社会与政治基础，因而已经并且必然失败，张君劢本人也被作为一个失败者对待。[1]

表面上截然相反的进路，对张君劢竟然得出了完全相同的结论，并且同样忽视了自20世纪40年代末以来发生于海峡两岸的基本政治与历史事实，这确实是一件十分有趣的学术现象。对于熟练运用历史主义的革命史观而言，存在的就是合理的。既然激进革命已经取得成功，则张君劢试图建立宪政秩序的努力从一开始就不具有历史的合理性。问题在于，为什么自由主义历史观同样不看好张君劢的立国方案？症结可能在于，自由主义历史观笼罩在现代中国自由主义思想范式中，如许纪霖所指出的，他们更倾向于出世、启蒙、民主、独立。[2] 尤其是强调启蒙的重要性与学术的独立性，由此，具有自由主义价值观的学者就会把张君劢的立国思考与实践视为知识分子的一种"堕落"。[3] 张君劢的事业之所以失败，就是因为这种堕落——他们没有进一步思考，没有堕落的现代自由主义是否过于软弱无力？他们更没有思考，张君劢的事业真的失败了吗？

应当说，张君劢的立国思考与实践失败了的断言，显然有失仓促，至少说明论者观察历史的时间尺度过短。这一论断忽视了最基本的历

〔1〕 这方面的典型是许纪霖：《无穷的困惑：黄炎培、张君劢与现代中国》，三联书店1998年版。作者声称，张君劢的结局是自我"毁灭"，第242页。最新出版的一本著作则把张君劢当成"自由主义"的代表人物，进而以张君劢为例探讨了"自由主义"在中国失败的"必然性"，作者甚至以黑体字这样评价说："张君劢同样也是宪法的强奸者，而且更深刻地说，张君劢是自己强奸自己。"（丁三青：《张君劢解读：中国史境下的自由主义话语》，南京大学出版社2009年版，第317页）

〔2〕 相关论述参见《无穷的困惑》，第261～277页。

〔3〕 这也正是许纪霖的用词，参见《无穷的困惑》，第239页。

史事实:张君劢所起草的宪法乃是今日台湾通行宪法之基础,尽管在台湾,由于政治原因,张君劢的贡献同样遭到遮蔽。从这个角度看,张君劢深度参与其中的立宪事业是成功的。如果再考虑到现代新儒家对于现代中国思想的贡献,则张君劢以科学与玄学论战的方式参与开创及为之辩护的"立教"事业,同样并未失败。

正是基于这一点,本书以张君劢为分析现代中国思想与制度变迁过程的坐标,将要探讨的问题不是张君劢为什么失败了,而是他为什么成功了。更准确地说,本书将要探究的问题是:为什么作为保守—宪政主义者的张君劢,有能力提出适合于中国之现代立国的方案?为回答这一问题,我们将对张君劢的思想和政治实践进行略为仔细的分析。这一分析将从多个方面展开,此处首先讨论张君劢关于立国,尤其是立宪的主体、方式、途径等方面的哲学性思考。

一、立国的主体意识:重新解读"人生观"论战

在思想史上,张君劢是以科学与玄学大论战之一方主角的身份富有争议性地登场的。人们通常把这场发生于 1923 年的争论放在文化框架内考察。[1] 但是,仔细地分析张君劢的文本,尤其是最初在清华大学的《人生观》演讲就会发现,这一讨论远远超出了文化的范畴,而直接关涉于现代中国之立国问题,在张君劢自己更是作如是观。即便是那些严格意义上的哲学、文化面相的讨论,张君劢也是基于立国的视角展开的。

在那场争论发生之后,张君劢曾多次回顾这场论战,而其主要观点并无变化。1934 年,张君劢在广州发表演讲《人生观论战之回顾》,1953

---

〔1〕 比如《科学与人生观》一书的编校者高瑞泉说:"这场论战涉及的论域相当广泛:科学与人生观的关系、直觉与逻辑思维的差异、人文学科与自然科学的关系、传统的心性之学(以宋明理学为代表的'玄学')与以功利主义和科学主义为核心的现代工业文明的冲突,更一般地说,是工具理性与价值理性的冲突。从哲学的层面看,论战的焦点则在自由意志与决定论的孰是孰非",见"本书说明",张君劢等:科学与人生观,黄山书社 2008 年版,第 1 页。

年再次回顾这场论战。[1] 可见张氏本人十分重视这一讨论的思想史价值。推测起来,主要的原因是,张君劢关于立国的思想体系及相关政治活动,都是以这场论战中所提出的,也许是以尚有点含混的立场为本而展开的。也就是说,张君劢此后的思想,尤其是他关于立国的全部思想,在人生观论战的两篇文章[2]中均有了初步的表达。这场论战标志着张君劢思想结构之成型,他关于现代中国的想象也是通过这场辩论而趋向完整的。

表面上看起来,张氏最初在清华大学发表的《人生观》演讲,实有感于当时唯科学主义在思想,乃至一般舆论界的盛行,如作者后来所说:"盖二三十年来,吾国学界之中心思想,则曰'科学万能'"。[3] 后来,张君劢也再三强调这一点。不过,对这一演讲的文本稍加分析即可发现,张君劢所讨论的问题范围其实非常广泛。甚至可以说,张君劢立论的根本,完全不在个体的人生观范畴,而是在共同体的国家观,在于建立现代国家的立国观。

科学与玄学论战发生于部分中国学人对西方文明之一致性、完美性产生怀疑之后,梁启超在《欧游心影录》中最早清晰地表达这种怀疑态度的人。而与梁启超的关系是"在师友之间"[4]的张君劢,曾陪伴梁任公西游,其思想深受梁启超影响,同样表达了这种怀疑。这样的怀疑遭到现代自由主义者的嘲笑,这种嘲笑可见于科学与玄学论战中。但是,这种怀疑对于现代中国之立国事业来说具有非常重要的思想意义。正是由于对西方的这种怀疑,部分中国学人清楚地意识到曾经被笼统

---

〔1〕 这两篇文章均收入张君劢:中西印哲学文集,程文熙编,学生书局 1981 年版,下册。前一篇文章也收入了张君劢:民族复兴之学术基础(1936 年初版),中国人民大学出版社 2006 年版。

〔2〕 这两篇文章均收入《中西印哲学文集》,下;也收入《科学与人生观》;同时也收入了《中国现代学术经典:张君劢卷》,黄克剑、王涛编校,河北教育出版社 1996 年版,本书的引文均出自此。

〔3〕 《张君劢卷》,第 606 页。

〔4〕 "评梁任公〈清代学术概论〉中关于欧洲文艺复兴、宋明理学、戴东原哲学三点",收入张君劢:《义理学十讲纲要》,中国人民大学出版社 2006 年版,第 105 页。

地归于“西方”名下的欧美社会内部的复杂性、多样性,乃至冲突性与其历史性,进而意识到了现代中国立国的复杂性,立国的主体意识也因此而凸显出来。

在此之前,由于知识欠缺,晚清士大夫和民初知识分子对西方的理解是比较笼统的。[1] 当然,这种笼统倒产生了一种非意图的后果:他们普遍把西方理解为宪政的,因而精英群体内部具有一种宪政共识。这也是现代立国之古典时期的基本心智特征。

新文化运动参与者似乎继承了这种知识上的天真,尽管产生了完全不同的思想后果。在他们看来,西方是一个相当抽象的整体,他们以“科学、民主”来概括整个“西方”或“欧美”。并且,西方作为一个整体是完美的,是全部人类历史进步的终点,是一个可供中国全盘模仿的典范。当然,与这一认知相对应,中国同样是一个整体,一个全面落后的整体。由此认知,新文化运动知识分子形成了现代中国历史上具有重大影响的“全盘西化论”。现代中国自由主义者始终没有意识到,或者是不愿面对西方内部的复杂性、多样性及其历史性,直到今天,这种整体主义的西方观在整个社会,包括在部分知识分子中间,依然具有相当巨大的影响。

从思想倾向看,晚年梁启超、张君劢及梁漱溟等人属于保守主义,从政治的角度看,他们则属于宪政主义者。这一保守—宪政主义群体的思想贡献在于,他们告诉中国人,西方并不是一个整体。相反,人们今天所看到的西方是历史地形成的;目前的西方世界内部,也存在多样的制度与思想。

---

〔1〕 张君劢曾以亲身经历说明当时知识界对于西方的认识程度:前清末年的留学生的“所谓求学不过是在政治运动中已求帮助自己智识之一种手段,很少有人以学问为目的,以努力学问为终身事业的。这个时期大家只知有政治、有救国。在西方洋求学的人们,关于宇宙间何以有智识、有学术?学术何以有许多门类?何以有所谓方法?这种种问题,大家偶尔在书本上能够翻到,至于真正研究纯粹学术的人,可以说是绝无仅有。各人自己同学术应该发生何种关系,学术上有多少派别,如哲学上有经验派、纯理派等,我们自己应属何派之中,也从未想过。”“我从社会科学跳到哲学之经过”,收入《义理学十讲纲要》,第174~175页。

这种多样性之所以在第一次世界大战前后被国人注意到,缘由有三:第一,19世纪中后期到20世纪初期,西方思想发生剧烈变化。其总体趋向是对此前形成的现代国家体制及现代性出现了广泛的怀疑、批判,乃至颠覆。很多西方人士已经从根本上怀疑所谓现代化之基本取向是否可取,并且事实上已经在各个领域系统地提出了诸多替代方案,比如政治领域的社会主义、无政府主义,哲学领域中的非理性主义、生命主义,文学领域中的"现代主义",等等,宗教信仰也经历广泛而深刻的危机。第二,恰在此时,中国人通过留学、考察等方式,深度接触西方,因而有条件注意到西方人的这些深刻自我反思。不过,最重要的原因是第三,在向来对中国传统具有同情的人士看来,欧洲人、美国人对西方现代的反思性看法背后的价值,与中国传统的理念、价值之间,似乎有很大契合之处。张君劢本人一直崇信西方三个思想人物:柏格森、倭伊铿、康德。在张君劢看来,他们与中国宋明思想有诸多相似处。他们与中国的相同之处极大地刺激了张君劢等人,使其得以切身感受到西方之复杂性。

保守—宪政主义者的另一个贡献是提出了这样的命题:现代中国的文明是需要现代中国人自主地选择并加以创造的。逻辑很简单:如果西方本身就是多样的,那么,西方就不再是一个神圣的典范了。如果西方是一个整体,那么或许可以说,西方是完美的,而现代化的路就只有西方已经走过的那一条。由此当可得出结论:中国的立国过程可以,并且必须不假思索地模仿、学习西方。但现在,西方本身的多样性及西方人的自我批判性反思就意味着,西方文明中有好的因素也有坏的因素,既有的西方现代体制并不是完美的,而事实上,当时的西方哲人已经提出了似乎更为完美的替代方案。欧洲大战的悲惨历史更是让中国的保守—宪政主义者相信,西方文明显然已经出现了严重问题,西方人自己对于人、对于历史,对于社会、对于经济等各个领域,已经形成了与此前——这正是中国所想象的西方——不同的想象,提出了不同,甚至截然相反的新的国家、社会、文化、哲学方案。在这种情况下,中国人当然也不得不放弃全盘学习完整西方的计划;中国人不能再盲目地学习既有的西方现代体制,而必须同时关注西方人想象的新方案。简言之,致力于解决中国问题的人们,不得不在多样的、复杂的、相互冲突的西方的理念和制度中间进行抉择。保守—宪政主义者与当时其他知识分子一样致力于构建现代国家,他们也同意,要完成这一任务,必须学习西方。但在保守—宪政主义者眼里,西方已经有多个,既有现实的多样性,也有理论上的多样性。

由是,在保守—宪政主义者的意识中,处于立国过程中的中国作为选择者的主体性就凸显出来了。中国那些致力于构建现代国家的人们,也即立国的思考者与实践者,必须在多个西方中间进行选择。那么选择的主体是谁?当然只能是中国人自己。由是,传统中国的理念与制度,得以进入现代中国立国的抉择范围之中。因为如上所说,强烈地感受到了西方之多样性的保守—宪政主义者在这多样性中发现了与传统中国的理念的相似性。这当然会迫使他们思考,传统中国的理念可能同样有助于现代中国之立国事业。这就是梁启超、张君劢、梁漱溟、牟宗三,乃至陈寅恪等人的基本推理过程。

由此可以看出,一种迷信的破灭会打开人的心灵。对西方的完整性、完美性的迷信之破除,打开了这部分具有保守心态的中国士人的视野。乍看起来,这似乎是一个悖论:保守主义者反而具有开放的心灵,依然醉心于整体看待西方的激进主义者的心灵反而是封闭的。保守主义者提出的问题是:如果西方的理念与制度有不合理的部分,那么反过来,中国固有的理念与制度中是否存在依然合理的因素?这是那些相信西方依然是完美的现代中国自由主义者所不可能提出的问题。于是,在保守—宪政主义者看来,现代中国的立国者所要面临的工作,就不仅仅是在多样的西方中间进行选择,而是同时在中、西之间进行选择。当然,保守—宪政主义者也清楚地知道,中国文明、文化内部存在诸多严重缺陷,因此,立国者也必须在中国内部进行选择——而如果认为中国文明根本无足取,也就不会有这种选择的烦恼。

张君劢在清华大学演讲中所表达的也正是这样的思考:选择的重要性与可能性。这篇文章所表达的也正是现代中国立国者所面临的选项的多样性及因此而导致的主体自主选择之根本重要性,张君劢同时也论证了,这种选择是完全由可能进行的。[1] 这篇文章之所以引起广泛争议,也恰恰是因为它涉及了一个至关重要的问题。

张君劢《人生观》演讲中开宗明义地表达了自己的立场:"天下古今之最不统一者,莫若人生观。"[2] 此处强调了人生观的多样性。他进而指出,人生观"无一定之解决者",[3] 接下来,张君劢提出了其著名的人生观五大特点:"曰主观的,曰直觉的,曰综合的,曰自由意志的,曰单一性的。"[4] 概括而言,张君劢断言,人生观是人的自由意志可以自由选择的。

不过,一个重要而经常被人们忽略的问题是:张君劢所说的"人生观"究竟是指什么?来看看张君劢的论述。他列举了人生观的九大项目:我与我之亲族之关系,我与我之异性之关系,我与我之财产之关系,我对于社会制度之激渐关系,我在内之心灵与在外之物质之关系,我与我所属之全体之关系,我与他我总体之关系,我对于世界之希望,我对于世界背后有无造物主义之信仰等。凡此种种,包括了人性观、伦理观、社会观、经济观、财产观、社会变革观等。其中确实有一部分项目涉及个体的私生活,属于较为严格意义上的伦理性"人生观",但更多的内

---

〔1〕 成庆已从此一角度解读张君劢的《人生观》演讲,他指出:"张君劢对于人生观的解释,实际上是将康德哲学与阳明心学进行调和的结果。因此,我们看到主体性哲学在张君劢这里得到了前所未有的发挥。如果说包括康有为、谭嗣同在内,个人都必须依托在一个'天人'的架构里才能得以维持其意义,张君劢却将科学与道德之基础依托在自由意志之上,从而将个人的主体地位提升到一个新的高度。这也扭转了晚清数位思想家,包括康有为等人,试图利用'宇宙论'的方式来理解个人的努力方向,张君劢将个人的主体性推升到一个必须自我立法,自我肯认的处境之中"。成庆:"寻找秩序—— 中国思想史脉络中的张君劢研究",载《华东师范大学学报》(哲学社会科学版)2008 年第 1 期,第 28 页。

〔2〕 《张君劢卷》,第 597 页。

〔3〕 《张君劢卷》,第 599 页。

〔4〕 《张君劢卷》,第 602 ~ 603 页。

容则涉及公共生活,即便是涉及狭义人生观的项目,也同时牵涉公共层面。据此我们可以断言,张君劢所说的“人生观”,其实在很大程度上是指现代国家观,也即应当建立一个什么样的社会秩序,应维持什么样的国民精神,建立什么样的法律规则体系、经济体制,应当建立什么样的宪制结构,等等。张君劢所讨论的人生观,关涉的是构造社会、经济、政制的价值、理念、纲领。

这篇演讲的第二部分可以进一步证明这一论断。此部分讨论上述人生观之五大特点。在论述过程中,张君劢举了很多例子来说明,人生观属于人的精神之自由意志范畴。由这些例证我们同样可以归纳出,张君劢所说的人生观,其实有两类:第一类涉及个体关于生命、生活的看法及讨论这种看法的伦理学。第二类属于社会的制度安排,比如政治制度、商业制度等,还有讨论这种制度安排的各种学说。在这里也可以注意到一点:在关于此两类人生观问题的讨论中,张君劢都将制度与观念相提并论。这样的论式或失之含混,但它也清楚地表明,张君劢相信,观念创造制度,推动制度变化。后面我们会对这一点进行详细的讨论。

该演讲最后一部分讨论再一次证明,张所说的人生观更多的是国家观。在这里,张君劢说,人生观主要体现在四个方面:“曰精神与物质,曰男女之爱,曰个人与社会,曰国家与世界”。[1] 而他在具体讨论过程中所涉及的问题,都是国家层面上的制度设计问题。

在回应丁文江批评的第二篇文章中,张君劢虽然花费相当大的精力来讨论科学——关于自然、物质的“确实科学”——的限度问题,但其实,他的关注重点依然不是狭义的人生究竟是科学公例所能决定还是属于自由意志的范畴,相反,他所关注的依然是立国问题。

据此我们可以说,科学与玄学大论战充满了含混性。丁文江对张

---

〔1〕《张君劢卷》,第603~604页。

君劢的回复[1]表明,他似乎没有理解张君劢立论的重点,他偏离了国家观,转而讨论狭义的人生观去了。后来胡适的序言同样具有这种倾向,在这里,他提出了著名的“自然主义的人生观”[2]。这种对对方重点的误解,乃是由自己的认知结构所决定的。具有启蒙心态的现代自由主义者之投入于人生观争论,同样是在思考现代国家的建立问题。只不过,依据他们的建国规划,最重要的问题是个体的精神、理智状态。他们相信,只要完成了用现代自由、平等意识对个体的精神的塑造,现代国家的建立事业就算完成了,至少他们作为立国者的任务就算基本完成了。启蒙者欠缺制度意识,他们的思考很少触及国家的体制及文化的结构。

但张君劢似乎未受这一回应的影响,在回应中所举的例子,依然大多数是关于社会、经济、政治的制度选择及讨论这些制度的学说。他不时地提到国家、政治,并提到他自己起草的国是会议宪法草案。其中更是直接讨论了中国现代国家的基本精神取向问题:“夫人生天地间,各有应得之智识,应为之劳作,应享之福利,而相互之间,无甚富,无赤贫,熙来攘往于一国之内与世界之上,此立国和平中正之政策也。”“我国立国之策,在静不在动;在精神之自足,不再物质之逸乐;在自给之农业,不在谋利之工商;在德化之大同,不在种族之分立。”[3]张君劢的固执同样是由他对现代国家之构建事业的性质的认知所决定。仅仅辩论的文辞,就已经显示了两种不同的立国进路,而后来的思想史解说,则大多依据启蒙主义的科学一方的概念、进路,因而,张君劢的用意被遮蔽了。

通过上面的梳理,大体可以确认:张君劢所说的“人生观”,其实是指现代国家观,即现代国家的制度安排及讨论这些制度安排的学说、思想、哲学。当张君劢说,人生观是个人的自由意志的问题的时候,他的

---

〔1〕 丁文江:“玄学与科学——评张君劢的《人生观》”,收入《科学与人生观》。

〔2〕 胡适:“序二”,收入《科学与人生观》。

〔3〕 《张君劢卷》,第652~653页。

意思实际上是说，建立一个什么样的现代国家，是共同体自由选择的问题。张氏最初演讲的第三部分就讨论了中国人在国家观问题上如何抉择的问题。

在《人生观》演讲的上半部分，张君劢只是在学理层面上讨论古今中外各种制度与人生、社会、经济、政制等方面的理念体系之主观性、直觉性等由人的自由意志所决定的特征，到演讲的后半部分，张君劢回到了中国的现实层面上具体地讨论，身处当时的世界文明背景下，中国人应当确定什么样的国家观。

在这里，张君劢首先强调了中国作为一个政治共同体在建立现代国家问题上的主体性地位。张君劢说："盖人生观，既无客观标准，故唯有返求于己，而决不能以他人之现成的人生观，作为我之人生观者也。"[1]按照上文的辨析，张君劢所说的人生观就是指国家观，则此处之"己"，在很大程度上是指中国、中国人，他人则是指西方。在演讲的最后，张君劢更是明确地点明了他讨论人生观问题的语境：

> 方今国中竞言新文化，而文化转移之枢纽，不外乎人生观。吾有吾之文化，西洋有西洋之文化。西洋之有益者如何采之，有害者如何革除之；凡此取舍之间，皆决之于观点。观点定，而后精神上之思潮，物质上之制度，乃可安图而索。此则人生观之关系于文化者所以若是其大也。[2]

这些论述清楚地显示了，张君劢通篇演讲所要讨论的主题是"文化转移之枢纽"，或者说，讨论中国文明演进的方向、中国现代国家构造的取向，而不是个体如何安排其人生的问题。事实上，这一考虑，贯穿张

---

〔1〕《张君劢卷》，第603页。
〔2〕《张君劢卷》，第604页。

君劢的一生。[1]

很显然,张君劢已经看到,西洋文明已经不再具有一致性、完整性、完美性,其内部既有有益者,也有有害者,既有旧的既成的制度现实,又出现了新的并且似乎正在实现的理想。此处标举"有益"与"有害","现实"与"理想",意味着张君劢认定,国家有其"应然",现代国家建构应有助于此一"应然"国家之实现,立国者必须具有判断力。正是借助于这一关于国家一般的认识,张君劢得以推西方之教训及于立国过程中的中国:某些制度,如果已被事实证明有害于西方,则其很可能有害于中国,中国的立国者就应当避免重蹈覆辙。例如,张君劢质疑说:"抑知一国偏重工商,是否为正当之人生观,是否为正当之文化,在欧洲人观之,已成大疑问矣",那么,中国人对于西洋现代文明,当然也就不能一味地迷恋。由此可以顺理成章地得出结论:中国建立现代国家,不可能是一个被动地移植、模仿的过程,而必然是一个自主的选择、创造的过程。共同体、尤其是其中的立国者,必须对西洋的理念、制度进行"取舍"。

这种取舍,"皆决之于观点",当然是自己的观点。张君劢此后更加清楚地阐明了这一观点,他提出中国相对于其他文明、主要是西洋文明的中国自身"思想的自主权"命题。这一命题的提出,当然直接源于立国意识。他质问:"专门追随外国思想之后,是不是可以立国,是应该研究的。"他的回答当然是否定的。"既已号为独立的民族,而思想上绝不自求独立,是有独立之名,而无独立之实。"当然,张君劢也声明说,"我的意思,不是说完全不要学,贵乎以人家的好处,来作参考,来消化它,然后自出心裁,而有一种合乎国家社会的主张,此我所谓思想自主的意义。"[2]也就是说,问题并不在于立国者使用什么样的原材料,而在于立

[1] 黄克剑指出:"措思并躬行于哲学与政治,'儒行'与'民主'之间的张君劢,为新儒家文化意识宇宙提供的全幅智慧,都涵摄在这样一个命题中:'文化转移之枢纽,不外乎人生观'",参见"张君劢先生小传",见《张君劢卷》,第7页。

[2] "思想的自主权"(1933),收入《民族复兴之学术基础》,第96页。

国者是否具有立国之主体意识,是否对所有的资源,运动自己的判断力进行判断,进行取舍。

这样的取舍实际上也是创造。西洋文明、制度已经陷入某种危机,中国自然不当继续不假思索地模仿那些已经给西方人带来危害的理念、制度,而应当寻求避免这些危害的理念、制度,为此,现代中国之立国者当然可以学习西方人的自我反思,但是,这种自我反思,及西方历史内部的反动,比如各种激进运动,又未必是正确的矫正现代西方之弊的方案。因而,现代中国立国者就应当进行创造性活动,以自主精神为建造新现代中国创造出新的理念、制度。

张君劢在回应丁文江批评的文章中,便清楚地表达了这种创造新的国家模式的雄心。他断言,西洋现代以富国强兵为宗旨的物质主义国家不是"正当之文化",那么,中国就应当另寻"和平中正之政策"。[1]这就要求现代中国的立国者进行审慎的创造:"谓以人类之智力而不能别寻途径,吾不信焉。是在国人之努力,是在国人之创造。"[2]在他看来,中国人立国面临着复杂的环境,上述各个方面的理念与制度是多样的,而且,在很大程度上是,"无一定之解决"。中国要建立现代国家,就必须自己在中西之间、在中西内部的不同理念制度之间进行抉择,进行创造。在张君劢看来,立国的选项是开放的。这样,古、今、中、西就同时进入立国者的思考范围内。张君劢因此而对西方和中国传统都保持了开放性,同时深入地研究西方的思潮和中国的政治传统理念和制度。

通过上面的掘发可以看出,张君劢呈现了一种强烈的、明确的立国的自觉意识。当然,在孙中山身上,在其他一些思考立国问题或从事立国事业的人物身上,我们也都可以看到这种自觉意识。不过,后面的分析将会表明,张君劢的特殊之处在于,他在古今中西之间、在对西方开放与保守中国传统之间、在理想与现实之间保持了比较恰当的平衡。

---

〔1〕《宪政之道》,第86页。
〔2〕《张君劢卷》,第654页。

那么，现代中国立国之选择与创造何以可能？如果立国所需要之理念与制度的选项是开放的，那最为重要的就是共同体作出明智的选择。对于中国来说，立国者必须在三组选项中间进行复合选择：中西之间，中国内部的不同传统之间，西方传统内部的不同观念之间。选择、创造需要理性，因而，张君劢提出了“思想力”问题，并发展了立国的哲学与科学。为解决选择与创造的主体问题，张君劢发展了一个立国者理论；为解决这种观念上的选择、创造如何变成现实的制度之问题，张君劢发展了一个由少数人的观念推动制度变革的制度变迁理论。同时，张君劢也就选择与创造的实体性内容进行了探索，具体地研究了国家精神之选择、制度理念之选择与创造、制度之抉择等问题。他自己也以这些哲学、知识投入于实践中，这些思考语实践，就构成了一个相当完整的现代中国立国之道。

二、古典立国共识的破裂与“思考与选择”的重要性

处于复杂的世界政治与文化环境中，现代中国的立国成为一个需要进行艰难之选择与创造的问题，于是，理智、理性、思考的决定性意义就凸显出来。张君劢在清华大学《人生观》演讲中就特别强调了国人，尤其是立国者、立宪者赖以作出明智选择，进而进行会通、创造的知性工具：“思想力”或“思索力”，后来更进一步对此问题进行了论述。在张君劢看来，现代中国的立国事业对参与此一事业的人之智力、思想构成一项巨大的挑战。

中国人构建现代国家所面临的第一个工作就是借助理性来决定，现代是指什么？张君劢一身而经历了现代中国立国之两个时期，尤其是在1918年留学德国之后，苏联、德国之新制度，让张君劢切身感受到了西方世界整体现代图景的瓦解；到二三十年，意大利、德国的新国家形态的兴起，更是对包括张君劢在内的中国思想、政治界造成极大冲击。处于构建现代国家过程中的中国人受到各种理想、理念、制度的拉

扯。张君劢清楚,此中充满陷阱,若稍微放松理性,就可能陷入万劫不复之中。

处于这种思想界看似活跃实则东倒西歪的环境中,张君劢不断地诉诸理性和审慎。这似乎是保守主义的基本心智倾向。中年的张君劢曾经这样说,20世纪的世界流行着六种相互冲突的主义。

> 我再重复说一遍对于以上六种主义中所采之态度:我想任何人处在这二十余年当中,没有人不感觉到烦闷苦恼,要知处此主义对立时代,各个人必须经过读书与思索而后决定之态度,才是真正的态度。十九世纪后半叶,关于制度与思想上绝无争执,自己立场稳定,自然容易。及第一次世界大战至今日,任何人不免彷徨动摇或反复,由自右派变左派,亦有本为左派忽隐外界压迫变为右派。我们虽处此困难境遇中,我敢说自己确有立场,而非随声附和的人,在我的著作和文章内随时可以证明出来,因为我们经过一番思索的……[1]

张君劢晚年又曾有如下夫子之道:

> 我本庸人,但知读书以求其理之当然而可行者,若夫"刘季之好大言",以新奇一夸大为取悦众人之计,为我之所不能为。[2]

张君劢不仅自己如此行事,也反复向知识界和政界做如此呼吁。他反复指出,在各种新奇学说、制度涌现之时,对处于现代国家建立过

---

〔1〕 张君劢:"二十余年来世界政潮激荡中我们的立场",见《中国民主社会党》,第92页。

〔2〕 "老当益壮之自白",见《中西印哲学文集》,上,第155页。他接下来说:"此所以处五十余年政潮之中,幸未入于歧途,然亦无所成就者为此故也。"

程中的中国人来说,审慎而明智的抉择就显得十分重要:

> 吾人处于两种潮流夹攻之中,应毅然决然求得一种适宜于自己之制度。换词言之,追逐他人,益自陷于纠纷之中不能自拔。此种国际潮流,逼得吾们创造新政制。[1]

而创造新政制,或者说,拿出稳妥的立国方案,有赖于思想:

> 若自己不肯思索,但以模仿外人为能事,他人有一二标语,吾随而学之,以横冲直撞之方法行之,如小孩之学语、学步然,则吾国唯有陷于万劫不复,尚何出路之可言哉![2]

于是,"思想力"、"思索力"这样的词频繁出现于张君劢的论著中。换言之,理智的抉择,即理性的运用,在张君劢的立国哲学中具有十分关键的位置。在他看来,中国现代国家立国之成败,取决于国人之理性所作出的审慎辨析与抉择。

在回顾人生观讨论的时候,张君劢一再指出这一点。1934 年,他在岭南大学演讲《人生观论战之回顾》,其中关于现代中国"思想开展之途径"所列的第一条,即"思想力之培养",并指出,"唯有中国人今后心思之活跃,乃能产生科学与新文化之活跃"。[3]

在抗战期间,张君劢发表了题为《养成民族思索力》。文中,张君劢特别强调,"目前吾们国家最重要的事项,是确立吾们的政治经济制度,这就是大家所希望的中国近代化。"此即中国现代国家之建立,而这一事业能否成功,取决于面对西方各个潮流,能否进行明辨:"一种外国制

---

〔1〕《政制与法制》,第 87 ~ 88 页。
〔2〕《民族复兴之学术基础》,第 104 页。
〔3〕《民族复兴之学术基础》,第 88 ~ 89 页。

度，总要找到他背后的理性与根据，并且问问中国是否可行，然后敢自己拿出主张来”。唯有如此，才能够找到正确的立国之道：“如果一个民族有思索力有创造力，那么他的命运是不会始终落在人后的。”[1]

张君劢在晚年最后一本著作《中国专制君主政制之评议》中，张君劢对钱穆先生关于中国政治的诸多溢美结论给予批评，同时再次论述了国人、尤其是立国者进行明智选择之“识力”问题：

> 吾以为居于今日东西关系之密迩，与其求彼此之殊特，不如求彼此之会通。而其法有二，一曰知己，二曰知彼。
>
> 知己者云：“知己之所长所短，知其所长，然后能择善而守之。知其所短，然后取任之长，以补己之不足。”
>
> 知彼者云：“知人之所长所短。知其所长，取其精者以为己。弃其短者，以其不陷于人之覆辙。”
>
> 吾人诚本良心理智之公，去荀子所谓一曲之私，则世界甚大，道德甚阔，自能供我取精用宏，而不致入人陷阱之中。政治也，经济也，自有有益无害之途径，在己之知所选择而已。

接下来，如同人生观演讲一文中一样，张君劢列举了世界种种制度方案及其学说，而后说：“此则视其中国学者识别力之如何，以定取舍，一国人心之方向随之转移。而利害祸福，亦伏于其中矣。”[2]

综合起来，终张君劢一生，未曾改变下面的看法：建立现代国家之成败祸福，主要取决于立国者之明智的、理性的认知、甄别、权衡、取舍。

也正是基于这一考虑，张君劢反复强调，他从来不反对科学，也不反对科学方法。相反，他始终认为，中国传统知识体系存在重大缺陷，比如，缺乏逻辑学，缺乏精密的学科分类，因而，中国欲建立现代国家，

---

〔1〕《明日之中国文化》，第 119～120 页。
〔2〕《中国专制君主政制之评议》，第 534～535 页。

必须引入科学:“世界人类既因科学进步而大受益处,尤其是中国人几千年来不知就真,不知求自然界之知识的国民,可以拿来当做血清剂,来刺激我们的脑筋,赶到世界文化队里去。中国唯有在这个方针之下,才能复兴中国的学术,才能针砭思想懒惰的病痛。”[1]张君劢也再三论述,唯有引入西方哲学与中国传统思想会通,唯有运用科学方法研究政治思想,才能设计出合适的政制,才能够找到合理的立国之道。

张君劢对于思想力、思索力的这种信赖,可能引起人们从多个方面的怀疑,人们可能怀疑,张君劢在很大程度上把立国大业之成败寄托于理智,寄托于建国者的明智选择。经济决定论、暴力决定论、制度决定论者都难以接受张君劢的看法。

然而,张君劢的看法,立刻能够让我们联想到《联邦党人文集》开篇所提出的一个关于人类治理的“天问”:“由人组成的各个社会,是否真有能力通过思考和选择(reflection and choice)建立优良治理,或者它们的政治安排注定了得听任偶然和强力(accident and force)的摆布。”[2]按照普布利乌斯的看法,治理秩序的建立就是两种途径,要么是通过暴力,要么是通过思考和选择。无独有偶,牟宗三的历史哲学所列举的两种建立秩序的进路,也是英雄之“打天下”与圣王之以德得天下。前者任力,后者尽管在后世缺乏实现之具体形态,但毕竟“开启了理性政治之门”。[3]

毫无疑问,人类历史上的大多数国家之建立,乃是由于偶然事件或者强力,中国的王朝之建立多是通过暴力或偶然事件。《在中国专制君主政制之评议》一书[4]中,张君劢用大量篇幅对各个王朝之建立方式进行过专门研究。但很显然,由此所建立之王朝,毕竟是专制君主独有权力,而人民任人宰割的政制,因而也就难免陷入治乱循环之中,始终无

[1] 《民族复兴之学术基础》,第82~83页。

[2] The Federalist Papers, No.1, 第33页。

[3] 参考牟宗三:《政道与治道》,广西师范大学出版社2006年版,第83页。

[4] 张君劢:《中国专制君主政制之评议》,弘文馆出版社1986年版。

法实现“优良的治理”。在这里，张君劢曾说：“一国或一社会团体之中，有种种之力，或为道德之力，或为法律之力，或为军队之力，或为政治之力，或为金钱之力，或为言论之力，或为社会好尚之力。”[1]很显然，道德、法律、言论、社会好尚之力，在性质上，不同于军队、政权之力。换言之，前者可名为“理”，后者可名为“力”。中国专制君主多崇尚军队、政权之力，而王朝兴替也多由这两种力所驱动，牟宗三所谓“打天下”者。历史事实证明，这不是通往优良治理之途，由此所建立的政制是专制政制。

对此，美国制宪者是不满意的；张君劢也是不满意的。建立现代国家的宪政主义努力正是为了走出这一历史的恶性循环，从而找到建立优良治理的真正途径。而这种制度，只能经由理性的“思考和选择”才可能建立起来，至少在美国，革命者一制宪者通过诉诸法律的革命实现了独立，[2]又通过理性之辩论设计了合众国的政制。而这一宪制也确实保持了稳定，并带来美国的繁荣。这一历史事实给张君劢曾经留下过深刻印象，张君劢曾经多次以羡慕、崇敬的口气提及美国制宪者。[3]此外，张君劢对20世纪欧美各国建立现代国家的历史也进行过密切跟踪、观察、研究，他从中发现，相对来说，制度较为合理的国家之建国，通常是理性决策之结果。这一点，见之于他对日本立国、对德国立宪的介绍中，在这里，他提出了“独立的政治理智”概念[4]——对此，我们后来

---

〔1〕《中国君主专制政制之评议》，第418页。后面张君劢又说过类似的话，参见第460页。

〔2〕美国革命者在《独立宣言》中宣称，国王违反了法律，并列举了种种违反英格兰宪法与根本法的罪状。关于这一点，可以参见[美]小詹姆斯·R.斯托纳：《普通法与自由主义理论：柯克、霍布斯及美国宪政主义之诸源头》，姚中秋译，北京大学出版社2005年版，第281~288页。

〔3〕例如，他在“我与宪法”一文中回忆，在日本留学期间，汉密尔顿、麦迪逊等联邦党人“几个少数人，能左右一国的大法”的历史事实，曾经给他以极大激励，见此文作为代序，收入《宪政之道》，第5页。

〔4〕“德国新宪起草者柏吕斯之国家观念及其在政治学说史上之地位”，收入《宪政之道》，第351页。

将会详尽论证。

中国在建立现代国家的时候,必须改弦更张,排除暴力或偶然的选项。张君劢一直试图从哲学上、从历史经验中寻找一种超越于命运与暴力的立国之道。排除了这一选项之后,唯一的途径就是以"理"立国,或者用张君劢的话说,通过理性的思考和决策立国。

关于这一点,我们不妨对一个离题稍远的问题略作讨论。从哲学上说,张君劢坚定地主张理性至上,尤其是相对于激情。梁启超在《清代学术概论》中论戴东原思想,"综其内容,不外欲以'情欲哲学'代性理哲学。就此点论之,及与欧洲文艺复兴时代思潮之本质绝相似。"对于任公这一论断,张君劢表示强烈怀疑:"单单'情欲'二字,是否为欧洲文艺复兴之本质,已大有疑问。"张君劢相信,任公误解了戴东原哲学,也误解了欧洲的文艺复兴,而戴东原则误解了孟子。

> 梁氏以为情欲哲学,可以代替性理哲学,不知学问与人生不同,人之寻常生活不能求情欲之满足。戴东原因反对当时之所谓"理",乃有"以理杀人"之语。这是未能将政治之理、法律之理分开的缘故。不知理性之所以能够至高无上,一方能克制情欲以求合于理,他方在学术上则以理性为主,其中有物理之理、数学之理、自然科学之理、道德之理、逻辑之理、哲学之理,形而上学之理。吾人若不从理下手,而但求情欲之满足,如是而求与西方并驾,是断不可能的。[1]

张君劢区分了两种理,一方面是作为行为规范,旨在克制情欲、约束人的行为之理,此即宋明儒所说之"天理";另一方面则是人的理性思考能力,即孟子所说的"心之官则思"的"思"——张君劢反复地讨论过孟子的这句话,并将其作为儒家哲学的一个最重要的命题之一。当然,

---

〔1〕《义理学十讲纲要》,第113页。

在张君劢的哲学中,这两种"理"其实相通的,即中国传统哲学所说之以致知之心而格物致知而诚心正意。因而,两种理都是必要的,前一种理维持社会秩序,而理性能力则使人能够依此理而行。

意识到这两种"理"的存在及重要性,对于立国的成败,具有决定性作用。国家、现代国家、优良的现代国家有其内在的"自然"(自然)或者说"理",即其成立的内在依据与特定的结构。如欲建立一个优良的现代国家,则立国者必须明了此一现代国家之自然或者说理。

关于国家之理,由牟宗三执笔的《立国之道》最后一节有一段进行过详尽的讨论,牟宗三引用宋儒之说云:

> 好像理学家讲理气一样,任何物事必有其质气,亦有其所以然之理。气则常变而多殊,理则永恒而如一。这个普遍而不变之理实有其谐和之自性,并非一个多元至加和。"国家"亦是如是。它不是各个人之加和,它超出个人至上有其谐和性,但它也实入于各个人之中而代表其通性。所以,人类之公性或通性,即国家的所以然之理性的基础。它有了这个通性的基础,国家才有了永恒与普通性,也就是有了它的自性……国家的这个精义之认识,是理性主义者的贡献。[1]

虽然这一论述系针对阶级论的国家学说而发,但它指出国家有其内在之理,各个时代之国家有其通性。这种通性在于,其必须"入于各个人之中而代表其通性"。对此,立国者是应当由所认知的。否定国家的这种"自性",而基于乌托邦,比如无政府主义,比如阶级论,因为其对国家的自性缺乏准确的认知,因而无法支持国家的建构,更遑论现代国家的建构,而这两种理论又确实曾经被很多现代中国人拿来作为现代国家建构的依据。

---

〔1〕《政制与法制》,第218~219页。

当然,国家有其普遍性,也有其“经验性与变动性”。[1] 具体来说,现代国家确实有极大地区别于前现代国家之处。关于这一点,张君劢有十分清醒而明确的认识,反复强调“建国”、“立国”,其实就是强调中国需要在既有的前现代国家的基础上构建一个现代国家。而这种现代国家,同样有其内在之“理”,立国者同样需要对此予以准确的认知。否则,他以为在建立现代国家,但其实所建立者乃是一个非现代的国家。袁世凯在政治上的可耻失败,就是因为他不学无术,不知天下之大势,不知现代国家的基本构造之“理”而倒行逆施。

理性的建国之道之必要性,还得到另外一个事实的加强,这就是国民的平等性。现代国家的特征是国民的平等的共和。一个显而易见的事实是,共和国必须通过共和的方式建立。也即现代国家的构建,也应当是国民共同参与。但是,共同体内部不同人群必然会有不同意见:“一国之内,常有思想不同、利害不同的人……这种种人存在于国家之内,是一种事实;既有了这种事实,如何还能同处一国之内,使国事和平进行?”这样的设问让我们联想到《联邦党人文集》第十篇关于“派系”(faction)的讨论。解决意见分歧之道,唯有寻求基于共识的规则之治:“这种种意见、利害不同的人有一条共同的轨道,大家都肯在这轨道内走,这个国家自然能统一,自然能和平,这就是我所说基本事项的一致同意(Agreement of the Fundamentals)。”[2] 这种轨道,就是宪法。宪法只能通过理性被恰当地制定出来,如此制定的宪法让现代国家的治理表现为理性的治理,而唯有理性的治理有可能向全体国民开放机会。因而,共和国肯定是以理性作为治理的基础的。

既然如此,建立现代国家,也必须坚定地诉诸理性,而非听任暴力与偶然事件:这是张君劢立国哲学之宪政主义取向的集中体现。现代国家本身是理性的,则建立此一国家的过程就必须也是理性的。宪政

---

〔1〕《政制与法制》,第219页。
〔2〕《宪政之道》,第243页。

旨在消灭以暴力解决政治冲突，则立宪本身就必须是理性的事情。如果是借助暴力建立政制，则此一政制必然以那拥有暴力者为绝对的主权者，其他群体不能得到公平对待，则此政制就不具有内在稳定性。宪政政制旨在解决治乱循环，此种政制之建立只能通过思考和选择，而不可能诉诸暴力，否则就又重回治乱循环之中。唯有通过理性，才有可能设计出合理的制度，让不同群体在制度框架内公平地博弈。

在《养成民族思索力》一文中张君劢则在较为形而下地层面上进行讨论，他指出，当西方现代国家的形态呈现出多样性乃至冲突性的时候，对各种国家的内在之“理”进行仔细辨析，对于中国之立国事业尤其重要。中国人应当意识到：

> [苏联的]五年计划及[墨索里尼的]法西斯蒂，都有他背后的原动力，而原动力绝不仅起于一朝，决不仅在表面现象之中。这时代里面，无论政治与经济，能把人家的制度来源、思想来源弄清楚，就不会一天到晚跟外国人走，但知以模仿他人为能事。每个国家的政治史、每种学问的思想史，如同一把钥匙一样，可以把人家肚子里的内容发现出来。[1]

多个现代国家形态呈现在中国的立国者面前，究竟哪种合乎现代国家之自然？新兴的国家虽然在时间上更现代，却完全有可能于现代国家之自然相背反，是对现代国家的背叛，因而其自身无法保持稳定与持续性。这就要求立国者具有足够的理性能力，首先理解并坚守现代国家之自然，而同时又对这些新兴的制度之内在理据、逻辑进行分析，不被其表面的、短期的成功所迷惑。唯有如此，立国者才能够在多样的

---

〔1〕“养成民族思索力”，载《明日之中国文化》，第117页。这篇文章的后面又说：“一种外国制度，总要找到他背后的理性与根据，并且问问中国是否可行，然后敢自己拿出主张来”，第119页。

国家模式中间作出明智的选择。否则,放弃思考,而纯任情感、激情,则难免“像小孩子一样,街上锣鼓响,就赶出去看,锣鼓所以来的原因我们不去问,仅感觉方面最容易受到此即”[1],而导致建国事业之混乱与失败。另一方面,立国者也必须对中国的历史、现实作深入的理解,以找到现代国家之自然在中国具体历史中实现的形态、进路。

上面引文中有一句话也值得注意,张君劢认为,理解一种国家体制,要深入到该国的历史中。张君劢本人不断地回到西方历史,尤其是文艺复兴之后建立现代国家的历史,也即现代立国之古典时期的历史,借以理解现代国家在西方各国特定语境中是如何建立的,而在不同的制度背后,又存在那些普遍性,这些就是现代国家之自然。张君劢确信,中国所需要的,正是这样的现代国家。以此为标准,张君劢观察他自己时代发生在正在苏联、德国发生的建国现象,并做出了诸多经得起历史检验的结论。张君劢的经验证明了,不理解西方现代立国之古典时期,就不可能准确创理解现代国家之自然,而错把种种新兴的制度当成现代国家的典范来学习。20 年代以来中国现代立国的诸多失败,原因就在于此。

由此我们可以更为准确地理解,张君劢关于中国文化的发展方向的论断:“吾人以为今后吾族文化之出路,有一总纲领曰:‘造成以精神自由为基础之民族文化’。”此处的精神正是指理性的能力,指他反复论证的思想力、思索力。它是与物质相对而言的:“人类有思想、有判断、能辨善恶,故有精神。”他接着说:

> 精神之自由,有表现于政治者,有表现于道德者,有表现于学术者,有表现于艺术宗教者。各个人发挥其精神之自由,因而形成其政治、道德、法律、学术。在个人为自由之发展,在全体为民族文化之成绩。个人精神上之自由,各本其自觉自

[1] 《明日之中国文化》,第 117 页。

> 动之知能，以求在学术上、政治上、艺术上有所表现，而此精神之自由表现，在日积月累之中，以形成政治、道德、法律，以维持其民族之生存。故因个人自由之发展，而民族之生存得以巩固。此之谓民族文化。[1]

多数论者仅从“文化”狭义的文化角度理解这一点，这有一定道理，却不充分。张君劢所关心者，始终是立国之大事业。这种精神自由，也不是宪政国家宪法所规定之法律上的自由。相反，它是哲学意义上的自由，是人的精神之天然属性，是“自觉自动之知能”。这种精神自由不是由法律保障的常规意义的自由，相反，它是先于法律的立国哲学意义上的自由，是先验的自由，是“人民”或“国民”作为主权者自己为自己立法的自由。具有这样的自由的国民乃是宪政、法律及学术、文化等所有方面的制度之选择与创造主体。它的含义是，一个共同体必须通过理性的方式为自己立法，为自己的幸福建立秩序，而不能把自己的幸福交给暴力或者命运。

此一“精神自由”，立刻让我们联想到陈寅恪先生所说的“自由之精神，独立之思想”。[2] 事实上，这两位先贤的论述进路确实相当相近。两人都不是在论述法律意义上的自由，而是在论证文明生成、演进与国家建立、维系之动力，那就是人的精神超越于物质限制的创造性。

三、折中于理智、道德与行动之间的哲学思考

上面的讨论立刻向我们提出了这样一个问题：强调“精神”，思想，理智，乃是现代中国关于立国的哲学思考的总体趋势。尤其是现代以来的各种主流政治哲学理论，包括激进主义政党的领导人，也都特别强

〔1〕《明日之中国文化》，第85～86页。

〔2〕陈寅恪：清华王观堂先生纪念碑铭，《金明馆丛稿二编》，三联书店2001年版，第246页。

调“知”的重要性,如孙中山之“知难行易”,如马克思主义者所说之“主观能动性”,现代自由主义的启蒙其实也是把变革的动力寄托于个人的理智的运用。那么,张君劢又是如何防止建立现代国家的理性选择、创造变成理性的滥用,反而呈现出保守的倾向?下面我们尝试探讨张君劢的平衡之道。

从专业哲学的角度看,张君劢是一位唯心论者。这一立场,在20年代以后的中国是极为罕见的。[1] 但这一哲学体系的形成经历过一个演变过程,而完成于儒家传统与康德哲学的会通。而所谓“唯心”的含义也因此是相当丰富的,所谓的“心”既突出了理智的创造性功能,但同时也突出了道德的指导性作用。正是这种特殊的理念结构,让张君劢在思考、道德与行动之间保持了平衡,而以道德规制思考与行动,从而成为徐复观所说的“书生政治家”,[2] 而既非沉溺于理性的文人,也非迷信暴力行动的激进主义者。

张君劢是受现代欧洲之非理性主义哲学之吸引,而进入哲学领域的。他曾如此自述其演变:

> 我初窥哲学门径,从倭伊铿柏格森入手……然柏氏倭氏书中,侧重于所谓生活之流,归宿于反理智主义,将一二百年来欧洲哲学系统中之知识论弃之不顾。故我初期治两家学说后,心中即有所不慊,乃同时读康氏著作于新康德派之所以发挥康氏者。此为我心理中潜伏之态度。倭氏柏氏提倡自由意志,行动,与变之哲学,为我之所喜,然知有变而不知有常,知

〔1〕 牟宗三先生在张君劢追悼会致辞中曾经讲过这样一则轶事:当张君劢任教于燕京大学那一年,一位美国教授到燕大访问,在欢迎茶会上,“这位美国哲学家在茶会上问,你们中国哲学界谁是唯心论者,当时在场的没有一个敢说我是唯心论者,但是张君劢先生挺身而出,说我是唯心论者”,贺麟先生对此感叹:君劢先生很有勇气。因为,从五四运动以后二三十年间,“有哪一个人敢公开承认,我是唯心论者?”参见《张君劢传记资料》,1979年,第299页。

〔2〕 徐复观:“中国知识分子精神之回向——寿张君劢先生”,收入《张君劢先生七十寿庆纪念文集》,第49页。

有流而不知潜藏，知行动而不知辨别是非之智慧，不免为一幅奇峰突起之山水，而平坦之康庄大道，摒之于视野之外矣。倭氏虽念念不忘精神生活，柏氏虽晚年亦有道德来源之著作，然其不视知识与道德为文化中之静定要素则一也。[1]

这段话清楚地说明了，张君劢哲学思想之西方资源，先经过倭伊铿、柏格森之冲击，最后归宿于康德。对此一转向的根本原因，张君劢在其为张东荪著《思想与社会》一书所写序言中，进行了详尽论述。

张君劢开篇第一句话即指出，“吾与东荪及适之，皆受欧美反理智主义哲学之洗礼之人也”，二张思想之反理智主义倾向显而易见，胡适所宗奉之实验主义，实亦具有反理智主义倾向。而

吾辈当日所以提倡此派学说，初非如柏氏、倭氏、詹氏之反对黑氏，乃由此派学说侧重人生，尤好言人生之特征，为自由，为行动，为变化，正合于当时坐言不如起行、唯有努力奋斗自能开出新局面之心理中来也。[2]

二张及胡适与其老师们的哲学之反理智主义倾向，出自不同理由，前者更多的是基于立国的策略，而作出的选择。而二张作为投身政治过程的宪政主义者，其所选择的哲学，也比胡适的哲学更强烈地突出人的生命之自由意志和行动的一面。

实际上，人生观讨论时期，张君劢的思想主要就在倭伊铿、柏格森的支配之下，因而才会断言，人生观——实际上是国家观——的特点是主观的、直觉的、综合的、自由意志的、单一性的。就在此之前的一篇文章中，张君劢也特别强调了行动的重要性：

---

〔1〕“我之哲学思想”，见《中西印哲学文集》，上，第44～45页。

〔2〕“张东荪著《思想与社会》序”，收入《中西印哲学文集》，上，第117～118页。

抑知人类进化之大动力,曰生命的奋进,曰冲动,曰意力。三者名虽异,而实则一。总之则向上之心耳。惟其有此向上之心,故一切境界,皆由人造……当千九百十八年十一月以前,谁能测定德之必改共和者?夫亦曰德社会民主党之意力致之耳,德社会民主党之行为致之耳。如是世界进化之大动力,其意志哉,其行为哉。[1]

不过,大约到30年代初,倭伊铿、柏格森所反对的黑格尔学说、康德哲学就进入张君劢的视野,并对张君劢产生了越来越大的吸引力。1935年出版的《民族复兴之学术基础》中收录了张君劢介绍、讨论黑格尔思想的几篇文章。相对而言,张君劢虽然很早就阅读康德及康德派的著作,[2]但康德思想之被张君劢信奉和融入自己哲学思考之中,似乎当属更晚的事情。由这两家之哲学,张君劢开始对非理性主义的思想进行反思,嫌其"知有变而不知有常,知有流而不知有潜藏,知行动而不知辨别是非之智慧"。张君劢对倭伊铿、柏格森哲学的主要批判集中于,他们"但知有行动,但知有冲破,以弃旧而谋新,则社会之乱终于无穷期,而平和秩序安所赖以建立乎?"根据张君劢的理解,柏格森、倭伊铿的哲学所强调的是没有道德规定性,亦无理性约束的"生命"自身之绝对优位性。这样的哲学或许在西方语境中具有某种合理性,但是,张君劢不免发出一个疑问:这样的个人"生命",何以构造制度、文化,进而构造出现代国家?

毫无疑问,张君劢具有强烈的立国意识,他的哲学思考也是围绕着

〔1〕"悬拟之社会改造同志会意见书",《中西印哲学文集》,上,第319~320页。

〔2〕张君劢自述,"在治倭氏、柏氏学说时,同时更以余力读西南学派黎卡德氏《认识之所对》……恍然于以生活为主之哲学,但知有变有流有冲,至于理智之静观默察,以求其概念与范畴,在柏格森氏视之,若生活演进中之一张死呆电影片而已。此第一次西方亮派哲学之激荡,令我神魂为之不安者"。"新儒家哲学之基本范畴",《中西印哲学文集》,上,第518页。此处的西南学派即新康德主义一个流派。此时的康德思想已在张君劢思想中产生了相当影响力。

立国进行的。建国事业乃是人世间最宏大、也最艰难的事业，固然需要行动，固然需要意志，但是，此种行动归根到底是构造一种秩序，此种意志终究需要以理性为依归。国家终究是一种秩序，现代国家，就其自然而言，更是一种优良而稳定的秩序。假如一种哲学不能支持起一种稳定的秩序的建立和维系，那它就不足以作为立国者的哲学。而倭伊铿、柏格森的哲学似乎具有反秩序的倾向。在张君劢看来，这种学说表现为"意志主义"，以意志为人类进化的动力，"所以主张行动激进，冲动皆由此而起"，而引发暴力革命。[1] 而暴力革命之门一旦打开，就无法关上。因此，这种非理性主义的生命哲学、直觉主义、意志主义本身无法形成制度，反而会诱导激进的暴力革命。因而，张君劢逐渐意识到，这种非理智主义哲学是不足以作为以建设为本的立国哲学的。

张君劢也明确指出了，倭伊铿、柏格森的非理性主义的哲学确实容易被现代新兴的非宪政的国家的建造者们所滥用。张君劢在 1948 年一篇演讲《民主政治的哲学基础》中，对柏格森、倭伊铿等人提出这样的批评：他们

> 竭力主张行动在先，思想在后，他们的意思无非说世界上的科学与制度起于人类的欲望、利害、要求，换句话说，学术、制度起于主观的，而非客观的，这种学术流行后，就无所谓科学真理，一切得合于政治、社会，此即所谓政教合一，这种情形，在法西斯国家与俄国都有同样表现。[2]

这一批评十分值得重视。如前所述，在张君劢看来，国家、现代国家是由其客观之"理"的，换言之，在政治领域中，也是存在客观真理的。明智的立国者会理解这个"理"，并依此安排建国纲领。唯有如此，建立

---

〔1〕"民主政治的哲学基础"，《中西印哲学文集》，上，第 250 页。
〔2〕"民主政治的哲学基础"，《中西印哲学文集》，上，第 249 页

之现代国家,才是真正的现代国家,在现实中才有可能保持。也就是说,现实的现代国家必须是合理的国家。张君劢眼里的柏格森、倭伊铿的哲学则倾向于否认"客观真理"之存在,将这种哲学运用于国家构建中,则立国者必然否认国家之"理"、尤其是现代国家之"理"的存在,因而放弃对于这种理的追索,及依理进行的制度构建。如此而进行的国家构建,就是缺乏理性依据的,不可能不偏离现代国家之"自然",由此种制度支持的现代国家自然也将难以维系,即便建立起来,也只能带来灾难。事实上,张君劢就在法西斯主义思想与两家哲学之间建立起了联系。[1]

因而,张君劢的思想在30年代发生了一个较大的转变:"抗战以来,身处后方,脑中盘旋往复者,为理性乎反理性乎问题。"[2]最终,理性得以进入并取得主宰地位:"吾人以为遵理智主义与理性主义以行,对于物之性质,对于人之相处,皆应研究其所以如此如彼之理。其行事也,自有物理,自有人情,为之依据"。[3] 因此,行动者必须研究此内在之"理"或"自然",理性能力或者说理智对于行动、对于立国行动的重要性由此凸显出来,如他所说:

> 我们从各国的革命历史上,可以得到教训,知道单单从行动冲动是不能达到人类的幸福的,往往推翻复推翻,不得美满的结果。如果于行动之先,能以理智前后多加考虑,倒反可以一步一步前进而得到坚实的基础。我现在以哲学发展初期的几个字来说明民主政治的基础——"理性的意志"——在这基础上,我相信可以将中国的民主政治确立起来。[4]

---

〔1〕 "张东荪著《思想与社会》序",《中西印哲学文集》,上,第118页。
〔2〕 "张东荪著《思想与社会》序",《中西印哲学文集》,上,第119页。
〔3〕 "张东荪著《思想与社会》序",《中西印哲学文集》,上,第120页。
〔4〕 "民主政治的哲学基础",《中西印哲学文集》,上,第250页。

这样，张君劢就在柏格森、倭伊铿的意志、行动之前加上了理性，以理性来约束意志，让理性来指导行动。

不过，张君劢所说的“理性”，并不仅是前面我们所论说的理智、知识，而是还包含理智之外的德性：

> 我所谓理性，虽沿欧洲十八世纪之旧名，然其中含有道德成分，因此亦可径称为德智主义，既德性的理智主义，或曰德性的唯心主义也……吾所以推尊理性，以为应驾理智与行动而上之者，盖亦为理智如刀，用之不得其当，鲜有不伤人者；行动如马，苟不系之以韁紲，则骑者未有不颠且踬者。重理性，所以纳二者于规矩之中也。[1]

也就是说，张君劢载理智之外，又引入了德性、道德，它与理智共同构成“理性”。尽管如此，此时的张君劢并未放弃早期所受倭伊铿、柏格森哲学的某些命题，他仍然肯定“行动”的重要性。他的策略是在此之外引入理智与道德两个因素。这样，理智、道德与行动三个要素同时进入张君劢关于立国的哲学的思考之中，他对立国的主体的思考就是同时从这三个方面进入的。

正是这样的运思方向，促使张君劢在西方哲学的诸多谱系中，最终归宗于康德。康德思想对他最大的吸引力即在于，既解决了知识之可能问题，又论证了道德何以可能的问题，从而将确保行动之合理性与正当性。而且，在康德那里，知识、道德两者之成立，都取决于人的主体性，这一点与他前此所接受的哲学资源并无根本冲突。因而，虽经变化，而张君劢的思想结构并无根本调整的迹象。

具体地说，在张君劢看来，首先，康德论证了知识之成立依赖于先天于人心之中的范畴：

---

〔1〕“张东荪著《思想与社会》序”，《中西印哲学文集》，上，第121～122页。

> 康氏全部哲学要点之所在,曰仅有经验主义者所谓杂乱无章之感觉,则知识无由成立,因知识必先有思想方式或曰概念,以其为范型,而后以感觉实之于其中,而有整然之条理……感觉虽由外而来,而范畴早具于思想之中,且赖有自觉性之统一作用,而后有知识之可言也……意谓以人为主动,不以外物为主动,此康氏对于知识论之大贡献也。[1]

在这里,知识的成立也有赖于认识主体之自觉性,因而,知识不是源于外部世界,而源于人的主动性,尽管康德并不否认知识的对象是外在于人的。

另外,康德又为道德之必要性提供了论证:

> 对于上帝、灵魂与自由三项问题,以为此非"纯粹理性"(知识)中所能解释,而在"实践理性"中则成为不可或缺之理性准则(ideas of reason)……康氏又以为功利以快乐解释道德者,将有流于智巧、权变与术变之病,故创为断言命令(Categorical imperative)之说。意谓待人接物应本"视人为目的,不可视之为手段"之绝对原则,此与吾国"正其谊不谋其利,明其道不计其功"之言正相吻合。[2]

总之,在张君劢的理解中,康德"一方保存科学知识之正确性,他方对人生行为方面遵奉一种'戒慎乎其所不睹,恐怖乎其所不闻'之天秩天序,自有其思深虑远之苦心,非但以有物有则为最高理想者,所能与

---

〔1〕 "我之哲学思想",《中西印哲学文集》,上,第48页。
〔2〕 "我之哲学思想",《中西印哲学文集》,上,第54页。

之同日而语也”。[1]

不过,在张君劢看来,西方哲学对于道德的认知,终究不够充分:

> 吾则以为欧洲近代文化,起于开明时代[即启蒙时代]与理性主义,此时代所注重者为思为知识,以知识之可靠与否为中心问题,其名曰理性,实即理智而已……则欧人之理智,未尝涵育于道德空气之中。[2]

康德也不例外。康德确实给道德留出了空间,但张君劢认为,在康德那里,道德与知识却分为两途。这种遗憾推动张君劢最终回到儒家传统,深入儒家哲学体系内部,并发现了儒家哲学相对于西方哲学的优长所在。如他晚年所说:

> 在数十年中,除对西方哲学界之宗匠康德氏素所钦服外,其余各大家常觉其独到而不免于一偏。以是踌躇四顾,而不乐为某家某派旗帜下之一兵一卒。近年以来自己思想上一种转变,曰与其对于西方某派左袒或右袒,反不如以吾国儒家哲学思想为本位,刷新条理,更采西方哲学中可以与儒家相通者,互为比较,互为衡量,互为引证。[3]

因此,张君劢晚年的精力多用力于阐述儒家哲学,尽管他在20年代初就已经提出了“新宋学之复活”,但他的新儒家论述集中出现于50年代之后。这固然是因为他失去了从事政治的客观条件,但可能也是因为,张君劢通过数十年的思考和实践后最终发现,儒家哲学反而可能

---

〔1〕“我之哲学思想”,《中西印哲学文集》,上,第57页。
〔2〕“张东荪著《思想与社会》序”,《中西印哲学文集》,上,第123页。
〔3〕“新儒家哲学之基本范畴”,《中西印哲学文集》,上,第521页。

最适宜于充当立国者之哲学。这主要是因为,儒家哲学恰当地处理了知识、道德与行动的关系。关于这一点,张君劢是这样论述的:

西方哲学各派之东来,固有大影响于吾国思想界,然迄于今日,乃令国人走到儒家传统哲学万不可放弃之一途。其所以然之故,果何在乎?就其概括方面言之,吾国儒家哲学以人生为目的,尤注重于知识与道德之并行不悖。至于西欧哲学之注重自然界,注重逻辑,注重语意,可谓为吾国人注意力之所不及。惟其念念不忘于众人所公有之知识与道德,以求人生问题之解决,且前后各代继续本乎"行健不息"之旨以为之,此乃中国文化所以历久常存而不至于误入歧途者也。[1]

当然,这只是一个最简单的说法。事实上,张君劢对于儒家哲学进行了相当系统的整理与阐发,而这种阐发,都隐约地指向了现代中国的立国事业。这一思考指向也使得张君劢的儒家论述带有强烈的"会通"色彩,既包括会通中西哲学,也包括会通儒家传统内部的不同思想流派。

在《儒家哲学与西方哲学环境中之觉悟》一文中,张君劢概括儒家哲学之特点为:天地万物,致知穷理,推己及人,形上形下。在《新儒家哲学之基本范畴》中,张君劢总结宋明新儒家哲学之基本范畴为二:万物之有,致知之心。[2] 在《新儒家思想史》第二章,张君劢概括理学的三大原则:第一,道乃实在;第二,世界是实在的;第三,心之官则思。[3] 由此可以看出,新儒家最重要、也是张君劢最看重的两大观念是:天地间有"理",人当致知穷理。张君劢相信,儒家思想传统之同时承认这两

---

〔1〕"儒家哲学处于西方哲学环境中之觉悟",收入《中西印哲学文集》,上,第488页。
〔2〕参考《中西印哲学文集》,上,第488~492页、第523~538页。
〔3〕参考《张君劢卷》,第35~42页。

者，一举解决了欧洲哲学史上唯实(物)主义与唯心主义的争论，因而具有重要的哲学和哲学史意义。[1]

更进一步说，儒家这一命题，对于现代立国者具有重要意义。在宋明儒那里，万物之有乃以“理”或“道”为本。正是根据这一点，张君劢曾经致力于构造“义理学”，有《义理学十讲纲要》出版，在此书第一讲开篇他说：

> 吾国儒家，上自孔孟，下逮于宋明清之理学家，所以说明宇宙万物之由来与人类所以自处处人者，有一统一的宇宙观或曰人生观。诗曰：“天生烝民，有物有则，民之秉彝，好是懿德。”此言天地万物，受自然法则之支配，与今日科学家所谓“自然律”其名称虽同，何也？西方所谓“自然律”，行于自然界之内，我所谓“物则”，其中一小部分属于天地万物之理，其中大部分乃为为人处世之道，在现代欧美称之为“道德总价值”。[2]

儒家所说的“理”具有两个面相：它们既是知识的对象，也是道德行为的依据。很多人，包括张君劢也因此而主张，中国传统社会虽然没有发展出现代科学，但儒家也并不构成发展科学之哲学障碍。[3] 不过，儒家对“理”的关注当然专注于伦理政治方面。儒家上述宇宙观或人生观肯定了道德价值即张君劢所说的“义理”的客观性。张君劢相信，宋明

---

〔1〕 “新儒家哲学之基本范畴”，《中西印哲学文集》，上，第526～527页。

〔2〕 张君劢：义理学十讲概要，中国人民大学出版社2006年版，第1页。

〔3〕 现代新儒家四大家在《为中国文化敬告世界人士宣言》中这样说：“我们承认中国文化历史中，缺乏西方之近代民主制度之建立，与西方之科学，及现代之各种实用技术，致使中国未能真正的现代化工业化。但是我们不能承认中国之文化思想，没有民主思想之种子，其政治发展之内在要求，不倾向于民主制度之建立。亦不能承认中国文化是反科学的，自来即轻视科学实用技术的。”《中西印哲学文集》，下，第877页。

儒所说的“道或理,是自然的不变法则,也是天意”。[1] 或者如《为中国文化敬告世界人士宣言》中所说:

此所谓义理之事,乃自觉的依据义理之当然以定是非,以定自己之存心与行为,此亦明非只限于一表面的人与人之关系之调整,以维持政治社会之秩序,而其目标实在人之道德人格之真正的完成。此人格之完成系于人之处处只见义理之当然,而不见利害,祸福,得失,生死。而此中之只求依义理之当然,而不求苟生苟存,尤为儒者之学之所特注意的。[2]

不过,儒家伦理哲学与西方自然法学说存在一个极大的不同:这种普遍的理,在道德领域的呈现形态,体现为孟子所说的“心之所同然者”。张君劢经常引用孟子的这句话:“心之所同然者何也?谓理也,义也。圣人先得我心之所同然耳。故义理之悦我心,犹刍豢之悦我口”。张君劢解释这句话说:

至于道德原理(ethical princinples)则为若干宗教先知、教育与哲学家等所发现。道德原理,并非可任意创造,因其必为社会上大多数人所认可。由此其基础必建于人类能予赞同之上。此种赞同乃体现于社会观念、自然法、契约或制度中……孟子称此社会与自然现象之两种法则,为“义”与“理”。依现代术语,“义”为道德义务法则,而“理”则为治理自然与社会现象之法则。“义”与“理”依孟子乃建基在“共是”与“共非”。[3]

---

〔1〕《张君劢卷》,第39页。
〔2〕《中西印哲学文集》,下,第865页。
〔3〕《中西印哲学文集》,下,第670页。

对于任何一个个体而言，道德规范乃是一种客观的真理，是一种不变的法则。但儒家哲学又从内在的角度来理解此种法则，而且，在儒家看来，唯有通过转向内在，才能够把握之。在儒家传统中，《中庸》的“天命之谓性，率性之谓道”，实现了这样的转换。如此，天所命于人者，即为人之所以为人之性。如徐复观先生解释所说：由此“使人感觉到，自己的性，是由天所命，与天有内在的关联；因而人与天，乃至万物于天，是同质的，因而也是平等的。天的无限价值，即具备于自己的性之中，而成为自己生命的根源，所以在生命之自身，宰生命活动所关涉到的现世，即可以实现人生崇高的价值。”[1]这一转换开辟了孟子乃至宋明儒学之思想通衢。由此，儒家倾向于认为，生命即是道，循着自己之“性”而行的正常的、平常的行为，就是“中庸”，“所谓平常的行为，是指随时随地地，为每一人所应实践，所能实现的行为”。[2] 当然，这种生命乃是一种自觉的生命，这种要求自觉即表现为中庸所说的“慎独”，实际上就是把为生理欲望压抑的“性”解放出来。[3] 其最高的呈现则是中庸下篇所说的“诚”：“所谓‘诚’者，乃仁心之全体呈现，而无一毫私念杂入其中的意思”。[4] 循着这样的进路，宋明儒继承、扩展中庸、孟子，发展了“心性之学”。据此心性之学，万物——尤其是伦理政治实践——乃是涵摄于个体的觉悟的：

> 由此而人生之一切行道而成物之事，皆为成德而成己之事。凡从外面看来，只是顺从社会之礼法，或上遵天命，或为天下后世立德立功立言者，从此内在之觉悟看，皆不外尽自己之心性……而人性即天性，人德即天德，人之尽性成德之事，皆所谓赞天地之化育。所以宋明儒由此而有性理即天理，人

---

〔1〕 徐复观：《中国人性论史：先秦篇》，台北市商务印书馆 2007 年版，初版，第 118 页。
〔2〕《中国人性论史：先秦篇》，第 113 页。
〔3〕 参考《中国人性论史：先秦篇》，第 124 页。
〔4〕《中国人性论史：先秦篇》，第 149 页。

之本心即宇宙心,人之良知之灵明,即天地万物之灵明,人之良知良能,即乾知坤能等思想,亦即所谓天人合一思想……一切对外在世界之道德实践行为,唯依于吾人之欲自尽此内在之心性,即出于吾人心性自身之所不容自己的要求……[1]

据此,与其他现代新儒家一样,张君劢抑汉学而扬宋学,并特别重视孟子的哲学地位,对其推赏有加,[2]其专篇论文研究孟子者的数量也最多。张君劢曾概括孟子思想体系:"一曰以四德为人性之源。二曰以心为人生之主体。三曰以思为心官之能。四曰义理为言行之准则。五曰以良知与穷理或曰德性之知与闻见之知二者相辅而行。"[3]在张君劢看来,孟子哲学之最大贡献,在于其确立"心""思"的优先性:"孟子实为将其理念体系建基于理念之第一人,彼认实在存于各人'本心'之中,不在于现象世界"。[4] 孟子将感觉与思想予以分界,这一点,打开了哲学思想之门。由此所谓"思",而有了知识与道德乃至制度之可能性:

天下之事物无穷,有待于人心之思,以推求其所以然之故,事物之种类也,先后也,轻重也,本末也,价值高下也,外延也,内包也。学问之种类也,何谓天文,何谓地理,何谓物理化学,何谓生理心理,何谓社会与民族,何谓政治法律,其范围其主题其界说其概念,何一不赖有心官之思为之划分,为之整齐条理,为之确定层次秩序。[5]

---

[1] "为中国文化敬告世界人士宣言",《中西印哲学文集》,下,第869~870页。

[2] 如谓:"吾国古今哲人之立言起义,能影响千百年后之人心而支配之者,莫过于孟子"("立极之哲人——孟子",《中西印哲学文集》,下,第703页)。他甚至于说:"就某种意义言,孟子实为一有过于孔子之伟大哲学家"("孟子哲学之意义",《中西印哲学文集》,下,第665页)。

[3] "孟子哲学",《中西印哲学文集》,下,第690页。

[4] 《中西印哲学文集》,下,第667页。

[5] "孟子哲学",《中西印哲学文集》,下,第691页。

因此,知识与道德之源头均在于“思”,甚至法律、制度之源亦在于人心所具有的“思”的能力。张君劢反复强调,孟子的这一认知使哲学成为可能。当然,孟子的重点依然在于对心所具有的良知的阐发。也正是孟子,把义理归之于“心之所同然者”。

由是,宋明儒对于如何把握天理,行为如何合乎正当,如何达于至善,就产生了不同的理解,而有了朱陆或朱王之争。就事实层面来看,张君劢似乎更为偏爱阳明学,[1]张君劢曾称赞王阳明为“中国最伟大的思想家”[2]。但是,张君劢在理论上,又多次提出会通朱王、会通穷理与致良知两种不同进路的雄心。[3] 下面一段话清楚地表明了他的会通之道:

> 阳明所谓理,指忠孝慈爱之道德言之,是可求之于一心,无疑义矣。更以心为规矩尺度,自可视之为标准之唯一者矣……然吾人举自然界之一二端,便可知阳明之说不能用之于一切事物之理……处此自然科学发达之日,应坦白承认自然界或物理界之知,唯有求之于外界,不可求之于一心……此物理之知与善恶之知二者,吾国昔时亦尝分之为闻见之知遇德性之知之二类……在外之物理,以朱子之说应之,在内心之德性,以阳明之说应之。此亦两说之可以并存者矣。况乎阳明重直觉之善,可求于一觉而得之,以云善之条目,当继之以思考,此为朱子之着眼点。如是就道德之理言之,已有本源与节目之不同,其所谓达到之法,自不能出于一途。[4]

---

〔1〕 关于这一点,参见薛化元的辨析,《民主宪政与民族主义的辩证发展——张君劢思想研究》,第254页。

〔2〕 “新儒家思想史”,《张君劢卷》,第311页。

〔3〕 薛化元也指出:“在他心目中的王阳明哲学事实也是与朱熹思想颇为接近的——特别是对外在的社会规范”,民主宪政与民族主义的辩证发展——张君劢思想研究,第256页。

〔4〕 “新儒家哲学之基本范畴”,《中西印哲学文集》,上,第537页。在“儒家伦理学之复兴”一文中,张君劢也表达了相同的意思,同书,第559页。

张君劢让朱子与陆王分别在不同领域中发挥作用:第一层分类是自然与道德,两说各司其职。第二层分类是善行与善端,同样是两说并存,各自发挥作用。值得重视的是后一个论断,致良知重在扩充恻隐之心、羞恶之心、恭敬之心、是非之心——孟子所为的“四端”。但是,道德的实践却必然与外物相接,因而也就必须致知穷理。由此,德性与知识、行动之间就建立了相互支持的关系,从而使得善的、同时又是合理的伦理与政治实践成为可能。张君劢在赞美阳明之说的时候,就特别强调了阳明对于“理”的重视:

> 阳明先生之重视行,预见了法国柏格森主义者及美国实用主义者,但有一点不同,即阳明先生之要求行是基于理,而柏格森主义者及实用主义者之要求行却是基于反智主义的。[1]

也就是说,依据张君劢的诠释,中国儒家传统,尤其是宋明儒,同时兼顾了知识与道德,尽管其科学的知识的一面在传统中国并不十分发达。在张君劢看来,这一二元结构是与康德的思想结构相通的。而在儒家哲学中,道德与知识之间还存在直接的沟通关系,而非断为两截,就像上面的论述所表明的。

当然,张君劢也承认,即便是在知的领域,宋明儒学也主要发展了德性之知,因而,若总体上对比中西文化,则可以说,中国人偏重道德,西方人偏重知识。处于立国过程中的中国人有必要、似乎也完全可以把这两者融为一体:

> 东方所谓道德,应置之于西方理智光镜之下而检验之,西方所谓理智,应扎之于东方道德甘露之中而和润之。然则合

〔1〕“新儒家思想史”,《张君劢卷》,第311页。

东西之长，镕于一炉，乃今后新文化之途辙，而此新文化之哲学原理，当不外吾所谓德智主义，或曰德性的理智主义。[1]

德智主义确实是一个非常有趣的概念，它是张君劢的会通主义思考方式的产物。这一概念在哲学上能否成立，当然有待深思。而张君劢基于立国意识而对两者进行的思考，必须倾向于这样的会通。因为，立国既是最高层面的伦理实践，又是最复杂的实践，此一实践当然同时需要道德与理智。

同时，张君劢既然面临立国政治之重任，则行动依然具有根本的重要性。因此，张君劢基于倭伊铿、柏格森的理论而形成的对自由意志、对行动的偏爱，在接受了康德哲学和宋明儒学之后，并未发生根本变化，而是在此基础上，增添了道德与理智的成分：

> 然吾人之意，非反对行动也，亦非反对冒险也，其所谓行动所以冒险者，当有其所以然之故，当有其正当之理由，必如此而后其行动与冒险，不流于孟浪，不掷于虚牝，而有益于国家与人类之幸福，此吾所以认为行动与冒险应纳诸理性之中而后可也。[2]

也就是说，张君劢虽归宗于理智主义，也强调了行为之道德性，但仍然具有强烈的行动意向，但此时的行动、尤其是政治性行动则有更大的可能合乎人情、社会之理，也被约束在道德规范之中，而不至于演变成狂乱的破坏。

可以说，折中于道德、理智与行动之间，就是张君劢立国哲学之基本结构。他的一生其实都信奉此一哲学，只不过，在不同时期，侧重点

〔1〕“张东荪著《思想与社会》序”，《中西印哲学文集》，上，第123页。
〔2〕“张东荪著《思想与社会》序”，《中西印哲学文集》，上，第120页。

有所转移,论证的资源也有所区别而已。这种哲学的形成实在是张君劢思考立国问题之产物。反过来,张君劢之种种立国活动及其国家规划,均受到这种哲学的影响。张君劢的基本结论是:从事立国事业的人们,必须既具有德性,又充分地利用理智,对现代国家之自然、对现代国家所需要之种种制度的内在逻辑及其相互间关系,进行深入思考,而后积极而又审慎地投入行动,尤其是政治行动,才有可能完成现代立国之使命。而事实上,如果行动确实是基于德性,又由理智所支持,则它当然也就呈现为政治的。

四、选择、行动与国家秩序:唯心主义的社会哲学

张君劢相信,现代国家秩序乃是一个抉择与积极行动的问题,这种选择与行动需要借助知识、并在道德的规制下进行,如此方有可能构建一个合理的现代的人间秩序,即一个现代国家秩序。接下来我们要讨论,张君劢对于这个现代国家新秩序之形成机制的哲学思考。

晚年张君劢对自己的哲学思考进行过这样的概括:

> 吾之所以权衡中西思想者如是,若有人来问:我自身哲学能否自成一个系统乎?我可以答之曰有,是为唯实的唯心主义。我之系统中,以万物之有为前提,而其论心之所谓认识与文物之所以建立,则以心之综合与精神之运行为归宿。此我三四十年之心思积聚,而不敢自以为是者。[1]

这一哲学立场虽然使用了唯物、唯心等专业哲学术语,但它基本上是针对立国问题而提出的,它主要是一种社会秩序哲学,即关于如何构造一种社会秩序的哲学思考。

---

〔1〕 "新儒家哲学之基本范畴",《中西印哲学文集》,上,第540页。

其实,张君劢早在科学、玄学论战中,就已经形成了这样的立场。张君劢在讨论人生观的演讲和文章中,把制度安排与讨论此类制度安排的学说混在一起。这种表面上看起来的混淆,其实已经较为充分地透露出了他的文明变迁理论,或者说国家秩序建构理论之总体倾向。

张君劢的基本命题是:文明的变迁呈现出非决定论的性质。而社会之变迁,最终由人生观之变化所决定,如张君劢所说,"文化转移之枢纽,不外乎人生观"。[1] 由此而言,历史、文明的演变也就不是决定论的,所有的制度、因而全部历史都是人的行动的产物:"历史之新陈代谢,皆人类之自由行动,故无因果可言。惟其如是,科学决不能支配人生,乃不能不舍科学而别求一种解释于哲学或玄学中(或说形而上学)。"[2] 然则,由人所构成的社会之演变并不是命定的,相反,它是人的努力可加以变动的。

张在回复丁文江的文章中,更详尽地讨论了这一点。他对比了19世纪的两种教育理念:"所谓科学的教育家,诏其学生曰,一切现象皆有因果,人类进化为自然律所支配,故只能求所以适应于其环境……其社会革命家告其同志曰,人事变迁,无所谓因果,视吾人之意志何如。意志力强,则环境可以冲破;反是者,人类为环境之奴隶。"[3] 前者"教人为现状之奴隶",表面上看起来激进的唯科学主义者,反而是保守的。后者"教人以自由创造说,教人以冲破环境"。尽管张氏对两者都有批评,批评前者"偏于官觉偏于唯物主义"[4],但相当明显地能够看出,张君劢是倾向于后者的。他说:

> 自欧洲社会革命与其青年运动观之,理智以外之人类潜伏的心能,隐而未发者,正未可限量。诚能迎机道之,则物质

---

〔1〕《张君劢卷》,第603~604页。
〔2〕《张君劢卷》,第644页。
〔3〕《张君劢卷》,第648页。
〔4〕《张君劢卷》,第649页。

制度与精神自由之间,保持现状与打破现状之间,自有一条平和中正之道。[1]

这一论述十分重要。身处三千年未有之大变局,中国为建立现代国家,不论是否需要打破现状,却都是需要建立新制度,也即需要“转移一国之风气”,[2]而这就需要诉诸精神,诉诸人的自由意志,因为,这种意志可以不受物质性制度的主宰。

张君劢进而认为,人生观——国家观——的变化,通常始于若干伟大人物之思想。因此他说,“思潮之变迁,即为人生观之变迁”。由此人生观之变迁,而有了文化变迁、社会变化,乃至政治变迁。它们最终取决于少数先觉者之自觉和努力。张氏所列举的人生观,主要是哲学观点、政治观点、宗教信条、人生哲学等。世上各种经济学、政治学、法学、伦理学、哲学等理论所论述的就是不同时代、不同文明、不同作者的人生观。如最初的演讲所说:“所谓古今大思想家,即对于此人生观问题,有所贡献者。”对于这些“人生观”,我们无从分析其所由来。相反,它们是中国人所说的“先觉”、“豪杰”,或西方人所说的“创造”、“天才”的伟大心灵独出机杼的神秘产物。[3]

因此,张君劢所讨论的“人生观”,其实包含两层含义:其一,社会中人们所奉持的普遍的价值、理想、理念,其二,指专门讨论这些价值的学说、观念体系。这两者之间当然存在密切关系。事实上,张君劢之所以在讨论过程中将两者混在一起,可能恰恰是因为,他相信,这两者之间是相互勾连的。或者从根本上说,共同体的价值、信念是由具有先知先觉者所提出的思想、学说所塑造的。因而,学说的变化即可代表,甚至决定社会普遍价值之变化,从而带动文化、社会与政治的广泛变化。至

---

[1] 《张君劢卷》,第649页。
[2] 《张军劢卷》,第649页。
[3] 《张君劢卷》,第600~602页。

于这些学说，则是由少数先知先觉者的自由意志创造出来的。张君劢相信，历史是由具有主观意志的人创造出来的，但首先是由先知先觉者创造的。一个文明要获得转机，就需要这类先知先觉者，在建立现代民族国家过程中他们就体现为立国者。

在此之前，张君劢于1922年在《改造杂志》发表《悬拟之社会改造同志会意见书》中已经清楚地阐述了一种由个人之精神自觉、积极行动到合理的人间秩序的制度变迁模式："人类社会之现象为何？曰继续不断之变动而已。变动何由起？曰人类心力实为之而已。投石于河，点水受击。圆形波纹，普及水面。人心之动也，亦然。始造乎一二人，终则磅礴乎一世，是心力之由小而大也。"[1]社会变革之源泉不在经济社会情形，而在于少数革命豪杰的自觉，在于这些人的心力。因此，他也强调，"世界改造之大动力，厥在道德精神耳"。[2] 伦理的政治世界的创造者，就是人自己，更具体地说是人的精神，人的心。

1925年，张君劢翻译英国哲学家乔特所著《心与物》，并撰写一篇长篇序言，在这里，更为明确而系统地从哲学上阐述了他的唯心主义立场。张君劢的唯心主义是比较特别的，这种唯心主义不是本体论上的：

> 吾人之意，以为心物，或曰精神物质，二者与生俱来，人类之知识行动，即生于此两界间，不能取一舍一，而有所谓知识行动；故二者之存在问题，自吾人之立脚点言之，不成问题耳。[3]

从所谓本体论上说，心与物二者均为客观的存在。本体论上的唯心主义与唯物主义都是片面的，也是不能成立的，在他看来，西方哲学

---

〔1〕《中西印哲学文集》，上，第306页。

〔2〕《中西印哲学文集》，上，第321页。

〔3〕"乔特《心与物》译序"，《中西印哲学文集》，上，第106～107页。

史上围绕着本体论之唯物、唯心之争论,实在没有多大价值。他自己在本体论上的立场是心、物二元主义,他认为这是一个毋庸争论的问题。

但是,“自认识方面言之,心物虽并存,而其主客先后之分,吾唯有答曰,心先而已”。他更进一步论证说:

> 人类除其认识物质界而外,更进而上之,有社会生活,伦理生活,法律政治生活,乃至宗教生活,其相为对待者,非物质而人群也。物质不论其公式为奈端式,为爱因斯坦式,要必有物之本性,非人所得而左右着。人类则异是,自动者也,有自由意志者也,彼此相与之际,除非有外力之拘束,自认定一至高原则,如是则心安,不如是则心不安,因而本其心之所感者,发为种种行为,而教育也、道德也、政治也、生计也,若各有一种准则悬乎心目间,以伦理言之,曰良心;以政法言之,曰公平;以人类进化言之,贵乎脱去桎梏而接近自由;乃至社会过渡时代,有倡改革说者,或以言论,或以行动,虽牺牲一身或数百人之性命,亦所不惜,谓非人生在宇宙间独往独来之表现得乎?〔1〕

确实,伦理政治社会等人间生活的各个领域都存在种种制度。对于任意个体来说,他们都具有客观性,都呈现为一种客观之“物”,都产生一种外在的约束力。但归根到底,这些制度乃是由人创造出来的,因此,心才是制度之本:

> 然人居物质精神两界间,伦理上有礼俗之束缚,社会有环境之影响,政法上有国家威权之恐吓,若不赖外力,则不能整齐而划一之者;人但见其在外各力之消长,可推定人生之将

〔1〕“乔特《心与物》译序”,《中西印哲学文集》,上,第107页。

来，乃有人生与物质同受因果律支配之说。不知人生者，以心为总根源，心智前进无已时，观察之者遂常落后一步，则以落后者，而与前进不止者相角逐，此断断乎不可得者也。[1]

张君劢所说的“唯心”就不仅是在认识论意义上，而是伦理政治社会实践意义上的，是社会哲学意义上的。人的“心”——所谓“精神”——创造制度，制度本身即成为一种外在之物。人造之物与自然之物一样是客观存在的，是有“理”可循的。但是，心终究又具有改变这些制度的能力。就像他在人生观论文中所反复强调的，“人生者，变也，活动也，自由也，创造也”。[2]

1938 年，张君劢在抗战的背景下，著成《立国之道》一书，系统地阐述了其抗战“建国”的政治、经济、文化纲领，并明确指出，“在此等方案中，常隐然含着一个哲学原则。此原则即我人思想之哲学背景。”[3] 在这里，张君劢上承人生观讨论中关于精神与物质的思考，提出了一套立国者的“社会哲学”，对于从思想开始通过社会价值、信念之变化到社会制度、社会结构之变化的过程，进行了系统的阐述——它在张君劢的著作中最具有哲学色彩，因为它出自牟宗三的手笔。

在《立国之道》的开篇，张君劢就已经简单地讨论了一种文明演变模式。他指出，抗战对国人的精神产生了巨大冲击，人们对于政治得到了宝贵的三条“新认识”。[4] 建国的问题就在于把这些新认识变成制度，那么，从这新认识又如何通往新制度？张氏引入了习惯的环节：“如何把这新认识能使大家铭心刻骨，这是心理学上养成习惯的问题……习惯之所以养成，由于生理上反复不已的实习。”对于抗战建国来说，最为重要的就是把政治上的新认识变成“不成文”的习惯。不过，仅有习

---

[1] “乔特《心与物》译序”，《中西印哲学文集》，上，第 107 ~ 108 页

[2] 《张君劢卷》，第 623 页。

[3] 《政制与法制》，第 211 页。

[4] 《政制与法制》，第 50 ~ 51 页。

惯又是不够的。“我在上文中所说之新认识,不但在政治心理上可成为新习惯,更须把它具体化于制度与实际生活之中。这样才能由新认识变为新习惯,再由新习惯变为新政制”。在这之前,张举了日本明治诸大臣、普鲁士的哈登堡、英国的格兰斯顿的例子说明,“事势之趋向已到了这地步,政治家必须能把握人心之需要,且在政治制度上实行起来”。[1]

重要的是,在这一过程中,“新政治家”始终居于十分重要的位置。首先,新认识本身必然是由新政治家提出的。正是这些新认识,即新人生观、新信念,启动了制度变革过程。这一点,是张君劢再三强调的。其次,同样是新政治家,有能力洞悉大众之愿意和心理趋向,设计出新的制度安排,这种新制度能够得到同样具备新认识的民众的认可,便成为一种稳定的、可持续的制度。

在人生观讨论的第二篇文章中,张君劢讨论了精神与物质的关系。其所涉及者既有自然世界,也有社会现象。比其最初的演讲,他更为清晰地主张社会政治之物由人心所造。

《立国之道》中的这篇《我人思想之哲学背景》则专门讨论人的精神与社会诸种制度的关系。“社会现象不同于自然现象的地方,就是社会是人的,有人的意志参加其中”。[2] 社会现象乃是“心的物”。[3] 关于心与社会的关系,张氏提出了唯心主义的“社会之函变说或机能说”。

> 人类的意力加入客观环境即是人类的匠心,人类的理想与理性之运用客观环境,于此而显人类精神,于此而成社会现象。在此种机能关系中,从其生产方面足以利用厚生者言,为经济现象;从其保持领土人民,使士农工商得以进行不堕而

---

〔1〕《政制与法制》,第54页。
〔2〕《政制与法制》,第213页。
〔3〕《政制与法制》,第214页。

言，则为政治现象；从其设为规范以为维系之具，且使之前进而言，则为法律现象。[1]

主要社会现象，经济现象、政治现象、法律现象，换言之，经济制度、政治制度、法律制度，所有这些统统都是"心的物"，是人的理想、理性与客观环境互动的产物。[2] 而这所谓的客观环境本身，同样又是人的理想与理性与更早的客观环境互动的产物。因而，各种制度都是人在特定精神支配下行动的产物。在张君劢看来，制度确实是具有客观性的，它约束着人的行为。但归根到底，任何既有的制度又都是人的精神所创造出来的。关于这一点，作者有全面论述。经济、政治、法律制度定型之后，

即好似三套不同的机括。一成其机括，即各有其威力，成为客观而外在，此即系统之权力性。这机括系统，为达到人类的福利、目的与理想起见，吾人又须尊崇它、维护它。它是我们人类前进的规矩或道路。这就是秩序或条理的威力。不过它虽然物化，有了客观的威力，而其实它又是由人类的意力而成。于其"行进"中的意力上，显出人类的精神，即自由是。故从权力方面言，人类社会好似机械的命定论，但从人类精神方面言，则又是能动的自由论。[3]

因为"人类的意力，在任何社会现象、社会集团中，无往而不有其表现"，所以，这是一套唯心主义的社会理论。这是从认识论上命名的，如果从社会哲学的角度看，则人相对于制度具有主动性，即"人类意力实

---

〔1〕《政制与法制》，第217页。

〔2〕关于这一点，哈耶克也曾经有所论述：社会科学中的事实是所谓"主观事实"。

〔3〕《政制与法制》，第217页。

居主宰地位”,[1]制度是可以经由人的主观努力予以改进的。在人类意力与客观环境之间的机能关系之中,“谁为主宰原则”?作者对于这个问题的回答是:“据以往的讨论,此种关系之所以成立,全在人类精神方面之意力。由此意力,才成那种加工的组织关系,有目的性的功能。客观环境是意力所组织所运用的。意力处于其中而居超越的地位,因而遂起一种超越的功能或作用。”总之,“意力固须因循外物之情势而措施,但其自动性与主宰性仍一贯不变。”[2]正是从这个意义上说,作者得出结论:人尽管生活于制度之下,但人始终是自由的。人的意力居于“超越的地位”,一旦意识到制度的不合理性,就可以突破制度的局限,进行制度创新。

正是这一点,为立国提供了最基础的哲学论证。因为,立国就意味着,对于一个社会的各种制度进行大规模变革。给定的社会事实、制度确实构成了人的行动的约束,人不可能完全无视这些存在。但是,人却始终具有超越这种约束的可能性。约束与超越之间的关系,就表现为制度的权力与人的精神自由之间的关系:“权力是一架敏活机器的运转力,这是属于物的一方面,自由是人类前进的动力,这是属于心的一方面。”[3]“自由是意志,是机动,是精神。”[4]

更进一步,这种唯心主义社会哲学也为政治的立国提供了哲学论证。因为,张君劢所设想的立国活动乃是发自于人的心,人的精神。但张君劢后来对他的学说进行了完善,在单纯的自由意志之外引入了理智与道德。这样,精神之发动,就必然指向立国主体之自我修养、约束,与对于立国之学的探讨。立国的行动固然发端于自由意志,但受到此道德与知识之夹辅,自然地只能进入于政治的轨道。关于这一点,我们将在后面进行详尽论证。

---

[1] 《政制与法治》,第222页。
[2] 《政制与法制》,第221~222页。
[3] 《政制与法制》,第213页。
[4] 《政制与法制》,第212页。

这样,至少到了《立国之道》时代,张君劢的社会哲学就已经完全定型了。他晚年关于康德、儒家哲学的思考,则更多的是在深化对于精神、心的认知。依据这套社会哲学,在社会领域中存在多重的心—物关系。

首先,在伦理社会政治等领域,人的活动与其间的制度之间,就存在某种心—物关系。以经济领域为例,张君劢说:

> 人类参加一个集团而从事生产,然便是经济行为。有了组织,便是结构便是它所以成为系统的规范或格式,这个便是政治。有政治统辖于其中,即有人类意力灌输于其中。所以经济结构决不是纯粹物质的。它是常常在一个制度性的“行进”中修改着、整饬者、前进着。[1]

经济之“制度性”便将经济活动与物理世界区别开来。人们始终会从事经济活动,无数个体所从事的这种经济活动,乃是一种客观的现象。但是,在这种类似于物的客观现象背后,是有一种“制度性”的:“盖经济结构是人间的,不是自然的。它不能离人类而独立存在,所以它不能赤裸地在外存在。它是有人类的意力灌输于其中,即所谓经济之制度性是。它如何能与物理系统一样,同为外在?”[2]正是人的意力形成了经济活动的某种制度性。这些制度会约束人们的行为,但这样的制度性终究不能完全取消人的“意力”或者前面谈到的“人生观”发挥作用的可能性。人们——下面将要谈到的治国者,可以通过制度变革,改革从事经济活动者的人生观,从而重新塑造经济结构。例如,从自由市场经济到计划经济,或者相反。

其次,在新制度形成的过程中,存在一种“心—物关系”模式:国民

---

〔1〕《政制与法制》,第214页。
〔2〕《政制与法制》,第216页。

之多数构成了“物”,具有充分之德力智力的“新政治家”则是“心”。张君劢把一个政治共同体划分为两大群人:“政治家之责任在领导,其与之相对者则为多数国民”。[1] “一国政府所为,处处影响到民众身上的利害,此是不容否认的;政府所为,应处处为人民打算,亦是大家公认的。但是民众有民众的地位,希望他们与政府当局一样能窥见政治上的曲折利害,是不可能的事。”[2]原因在于,人民忙于生计,没有时间;人民缺乏必要的知识;有些政治活动也必须秘密进行。由于这些原因,“一国政治上的运用,有时是靠少数人,而不能件件请教于议会或多数。少数人之责任,如此重大,所以一国以内,要有多少人时刻把一国政治问题精心思索,权衡利害,仿佛剥竹笋一样,要剥到最后一层而后已。这种事唯有靠以政治为专门职业的人来做,然后方有正当的解决。”[3]政治不仅取决于意见,也依赖理性,尤其是少数职业政治人物的理性。

就制度变革过程而言,制度变革当然取决于民众的新认识、新习惯,但是,民众的多数由于种种局限性,而缺乏变革的愿望,也难以具备变革的知识。他们经常是习惯的顺从者、尊奉者。因此,张君劢并不反对中国同样需要建设新文化,制度变革需要民众改变“人生观”:“今后要改造中国政治经济,其下手处应先从人生态度着手,或曰人生观应彻底改造。由此生活态度之改造中,乃生我们所要之新文化。有此新文化,不怕无新政治制度与新经济建设。此新政治制度与新经济建设,若无新人生观或新文化为衬托,恐怕便成为无本之木、无源之水。”[4]

与民众的服从性形成对照,政治家则具有更为强烈的主动性,至少,比较容易具有这种主动性。众人容易被习惯支配,少数人则容易摆

[1] 《政制与法制》,第202页。
[2] 《政制与法制》,第203页。
[3] 《政制与法制》,第205页。
[4] 《政制与法制》,第157页。

脱习惯。在张君劢看来,关于制度变革之新认识通常源于政治家的启发与言说,新制度则有赖于政治家之设计与执行。可以说,政治家即社会之心。正是此一论辩,为立国者在立国过程中的决定性作用提供了哲学论证。

不过,还可更进一步指出,在伦理社会政治领域中,存在第三层心—物关系,也即"哲学"或者说思想与社会的关系。在《人生观》演讲中,张君劢即在列举了历史上伟大的思想家之后说:"一部长夜漫漫之历史中,其秉烛以导吾人之先路者,独此数人而已。"[1] 在《民族复兴之学术基础》第一篇文章《中国新哲学之创造》一文中,张君劢提出:

> 哲学家之理想,固不能脱离事实,然自有事实先驱之可能……一国的历史,犹之全套的戏剧,其立于演台之上者,不外乎各个演员。一种哲学、一种思想、一种潮流,其发动之者,不外乎个人,而历时既久之后,就以往之经过而言,则名曰历史的演进。就各人之触景生情而言,则为时代的要求,质而言之,各个人之哲学的贡献,自然日积月累而成历史的演进与时代的要求。假令个人不能提出一种主张以成为一种贡献,其历史上之岁月完全空过,有何演进可言,有何时代要求与一己关系之可言。[2]

愈到晚年,张君劢愈加重视哲学思想在文明演变过程中的决定性作用。张君劢所说的"哲学",有时指严格意义上的哲学,但有时又指广义的思想,甚至包括普通人的思想。要言之,他的基本论旨是:历史没有什么必然性,相反,人是具有自由意志、具有自主创造能力的,人也具有趋善避恶之性。中国之新文明、新制度、新国家,就可以由具有德力、

---

〔1〕《张君劢卷》,第603页。

〔2〕《民族复兴之学术基础》,第58~59页。

智力的公民、绅士、政治家主动地努力创造出来的,而这种创造行为始于心的变化,思想的变化。

借由上述多种心—物关系,张君劢相信,政治的变化,现代国家的形成,最终取决于人的自觉,尤其是少数人的“先知先觉”。而这种先知先觉通常与道德的觉醒联系在一起。这样,张君劢就在儒家的心性之学与现代国家构建之间建立起了联系。1921 年出版的《改造》杂志上发表的文章《国民政治品格之提高》之最后,就直接地讨论了新政治与私人品格之间、与儒家修身养性德纲目之间的关系。在这里,他首先提出,中国要建立宪政制度并使之有效运转,就必须以理性政治取代武力政治,此中关键则是建立理想的政党,理想政党的基础则是由知识、有判断力的国民,但国民又是需要教育的:

> 转移国民之业,非空言所能致焉。必先有人为之倡,而后世从而和之。故所谓品格提高者,非执途人而语之焉。乃先责之吾一身而已。乃于同志相约,朝夕以此相策励而已。吾一人每年每月每日能以若干时为私人生活之劳动,能以若干时为公共团体效力乎?各人自食其力而外,能以若干力量某团体生活之发展乎?吾之委身于团体,能视为身心性命之事,始终不易其所守乎?诚以此数者,为根本条件,则私人生活既已独立,私人与团体之界限既已分明,庶几私人生活可告无罪,而团体可以得所托命矣。要之,政党之新生命,根本于吾等私人之新生命。私人之新生命不立,而欲求团体之新生命,未有能济者也。[1]

个体的生活同时具有两个面相:私人生活与公共生活。政治的变革、制度的变迁,包括现代国家之构建,原初的动力正在于个人之积极

[1] “国民政治品格之提高”,《改造杂志》,第四卷第二号,第 11 页。

参与公共生活。但更进一步说，这种参与的意向乃至行动的决心，由来自个体的私人道德之自觉和修养：

> 夫吾言新政治之创造而独归本于私人生活者无他故也，良心也，自觉也，为人所同具者也。乃习俗移之，境遇限之，于是此自觉自动之精神，归于麻木。非有贤者之士，以身作则，则长夜漫漫，不知何时始旦。此则先知先觉之责也。
>
> 曾涤生不云乎，
>
> 风俗之厚薄奚自乎？视乎一二人心之所向而已。
>
> 柏格森不云乎，
>
> 行为之出于全人格者，始为真自由。
>
> 生活之创造，是为人类自由自在之行为。
>
> 呜呼，甚勿谓吾躬藐焉。一部二十四史之改造，视吾一二人心里之转移而已。[1]

张君劢晚年著《新儒家思想史》，专门讨论曾国藩的这种制度变迁理论。归根结底，制度的变迁，包括现代国家的构建，始于人的精神自觉，及因之而起的行动。这种精神当然最初发生于一二人心中，随后逐渐扩展，而形成一种客观的精神、社会、政治的力量。

可以说，这就是《大学》格物、致知、正心、诚意、修身、齐家、治国、平天下八纲目所包含之制度变迁理论，它是张君劢的唯心主义制度变迁理论的基底，张君劢晚年曾经这样说：

> 大学之八条目，开始由个人做起，一方面正心诚意，一方面格物致知，即物而穷理。凭此再推进一步，己立立人，己达达人，逐次向修身、齐家、治国、平天下之目标迈进，这真是一

---

〔1〕“国民政治品格之提高”，《改造杂志》，第四卷第二号，第11～12页。

套大规模的思想。[1]

五、道德在立国过程中的功能

根据上述张君劢的唯心主义制度变迁理论,中国之现代国家将由中国之国民主动地创造出来。不过,我们前面已提到过一个问题,现代以来的诸多政治人物都同样突出过立国的主体之创造性,由现代自由主义知识分子构成的启蒙者与追求激进的社会经济结构变革的革命者,都特别强调主体全盘地改造现实、创造一种全新制度的可能性。那么,张君劢又是如何保证他所设想的立国主体,没有变成这种破坏性创造者?综观张君劢的整个思考,可以发现这样一个保证:张君劢所构想之立国主体,乃是以儒家的"义理"作为立身、立国之本的。正是这一点,保证了张君劢之立国规划始终保持着牟宗三先生所说的"中国文化主位性"[2],保证了立国主体的活动被限定于特定的文化约束条件内,也正是这一点保证了张君劢的立国规划之可行性与合理性。

托克维尔在讨论美国立国过程时曾经指出,美国立国者在道德的世界和政治世界按照完全不同的原则行动:在政治世界大胆进行理性设计,对道德原则则保持敬畏态度。[3] 这一点,我们后面将会论述。不过,托克维尔接着又指出,在美国立国者那里,这两个世界之间又紧密相连,道德与政治之间存在一种正相关关系:

> 这两种倾向,表面上看起来是如此地不相容,却绝不会陷于冲突中;他们携手前行,相互支援。宗教认识到,公共自由(civil liberty)为人的天赋提供了一个高贵的操练机会,政治世界是造物主为心智的各种努力所准备的一块田地……自由则

[1] "儒学之复兴",《中西印哲学文集》,上,第574页。
[2] "从儒家的当前使命说中国文化的现代意义",《政道与治道》,新版序,第22页。
[3] 参考 Democracy in America, vol. 1, 第305页、第43~44页。

在所有的战场上、在所有的战斗中，把宗教视为自己的伙伴，视为自己婴儿时期的摇篮，及其各种诉求的神圣源头。它认为宗教是道德的守护者，道德则是法律则是最佳保障，是永享自由的最可靠的保证。[1]

事实上，托克维尔非常详尽地讨论了，宗教对于美国人建立其自由宪政制度发挥了多么重要的作用。张君劢及现代新儒家，更广泛而言，现代中国历史上包括梁启超、陈寅恪在内的保守—宪政主义传统，所努力的基本目标，也正是在民主宪政与儒家传统之间建立起这样的正相关关系。牟宗三等学院哲人侧重于从理论上论述，儒家思想、传统并不反对中国建立民主宪政，相反，如新儒家在《为中国文化敬告世界人士宣言》中所论及的，民主宪政乃是儒家理念之实现。至于张君劢——及共同领导民盟的梁漱溟——则以新儒家人物的身份而积极参与，乃至主导立宪的行动证明了，这两者本来就可以"携手前行，相互支援"。

这些先贤的思考及实践揭示了，儒家、尤其是作为其实体性内容的"义理"、道德，可以在现代国家构建过程发挥十分关键的作用。张君劢在思考自己的立国构想时，也确实对此问题进行了思考，在他那里，儒家传统至少具有两方面的重要功用。

首先，儒家的基本价值被张君劢作为立国的价值指南。现代中国的立国方案可谓五花八门，其中的基本立国精神也是多样的。除了现代自由主义的立国方案具有强烈的"程序性共和国"色彩，其他党派所设想之现代国家，都具有明确而强烈价值指向，而其总体倾向是非中国的，有的时候甚至是反中国的。例如，以富国强兵作为国家的首要目标，追求建立强大而权力不受限制的政府，强调国家内部阶级之间的对抗与相互消灭。

在现代国家之基本精神问题上，张君劢自始即有明确的主体意识。

---

〔1〕 Democracy in America, vol. 1, 第 44 页。

这一点,张君劢在《人生观》演讲中已经揭明:"盖人生观,既无客观标准,故唯有返求之于己,而绝不能以他人之人生观,作为我之人生观者也。"[1]张君劢所设计的中国现代国家之内在精神是儒家的,通过儒家,张君劢接受了西欧的民主社会主义。关于这一点,我们后面将会详尽讨论。他以两者之融合,作为拟议中的现代国家之基本精神。于是,建立现代国家的努力,也就成为实现文化复兴的过程。

其次,儒家"义理"将激励立国的行动,而同时又构成对于这种行动的一种约束。正是儒家义理,把张君劢所构想的具有伟大创造性的立国主体,与激进革命者和启蒙者区分开来,而呈现出柏克式保守主义的心智。

《人生观》讲演及后面的讨论强调了立国过程中主体思考、决策与行动的能力对于国家建设之成败的决定性意义。此一讨论隐含的意义是,立国有待于科学、理智,但张君劢同样强调,立国更需行动之意志与道德的自觉。

关于这一点,梁任公周围的精英早就提出过,张君劢也为其中之一,张在1918年年初就发起"松社"计划致信梁任公:"晨间唐规严来谈松社发起事,以读书、养性、敦品、励行为宗旨。规严之意,欲以此社为讲学之业,而以罗罗山、曾文正之业责先生也。闻百里前在津曾亦为先生道及此举,今日提倡风气舍吾党外,更有何人?"又云:"松社为一种精神结合,非日日以精神相磨励,万无益处"。[2] 此种精神磨励,当然不是纯粹为了个人修养,而为了以强大的精神力量从事于立国大业。

何为合格之立国主体?事实上是张君劢毕生都在思考的问题。从理论资源来说,他经历了从柏格森、倭伊铿之非理智主义向宋明理学之转变。前者促使张君劢特别强调自由选择、意志与行动的重要性。[3]

---

〔1〕《张君劢卷》,第603页。

〔2〕《梁启超年谱长编》,第859~860页。

〔3〕这可见之于《再论人生观与科学并答丁在君》与《悬拟之社会改造同志会意见书》等文中。

张君劢同时也在这种思想与宋明理学之间建立了起联系，所谓“柏氏倭氏言有与理学足资发明者，此正东西人心之冥合”，而其相通之处即“唯以心为实在也，故勤加拂拭则努力精进之勇必异乎常人”。[1] 当然，此种努力乃鉴于当时政治之堕落，新宋学之倡导正是为了对治精英群体的这种精神病症。

> 当此人欲横流之际，号为服国民之公职者，不复知有主义，不复知有廉耻，不复知有出处进退之准则。其以事务为生者，相率于放弃责任；其以政治为生者，朝秦暮楚，苟图饱暖，甚且为一己之私，牺牲国家之命脉而不惜。若此人心风俗……诚欲求发聋振聩之乐，唯在新宋学之复活……[2]

张君劢之复活新宋学，乃是为了塑造合格之立国主体。如张君劢所注意到的，现代中国学界主流特别重视汉学，这包括梁启超、胡适等人。他们相信，汉学“合于西方科学方法”[3]，甚至称清代学术思想为中国之文艺复兴。但张君劢对此反复予以反驳。在张君劢而言，说汉学合乎西方科学方法，乃是基于对现代西方科学方法之误解：“既名之以科学或自然科学，就不能不以自然界为对象。绝不能以中国旧书的整理，也安排在科学之内。”[4] 在张君劢看来，“吾人以今日之眼光评之，汉学家所研究者为文字，为名物，谓为近于西方之文字学，考古学可也”，相反，“宋学家自心性之微处，以求人之所以行己立身，与夫治国平天下之道，其所研究有属于形而上学，有属于心理学，有属于伦理，简言

---

〔1〕《张君劢卷》，第659～660页。

〔2〕《张君劢卷》，第660页。

〔3〕《张君劢卷》，第658页。

〔4〕《民族复兴之学术基础》，第69页。他晚年又专门对梁任公提出批评：“五四以来不将科学方法作为限于自然科学之方法，而以之与文字考证学方法混而通之，是一项错误”（“评梁任公清代学术概论中关于欧洲文艺复兴、宋明理学、戴东原哲学三点”，《中西印哲学文集》，下，第834页）。

之,可称为哲学。”[1]尽管张君劢相信,两者可以互补而不必一较高下,但总体上,他更重视宋学的价值,他相信,不是清代学术,而是宋明理学,才与西方的文艺复兴相类似。

当然,张君劢之重视宋明理学,不仅因为其在思想、哲学等学理上的发展潜力更大,同时也有更为实用的立国政治的考虑。张君劢之倡导宋学,主要是看重其“明明德、吾日三省吾身、克己复礼之修省功夫”。[2] 他把儒家视为一种心智、道德修养体系,强调其训练国民,尤其是精英、政治人物之私德、公德的功能。[3] 这当然与张君劢本人的立国哲学有关。张君劢是“唯心主义者”,相信制度乃是人心之产物,因而他也相信,

> 当国事鼎沸纲纪凌夷之日,则治乱之真理,应将管子之言而颠倒之,曰:知礼节而后衣食足,知荣辱而后仓廪实。吾所以欲提倡宋学者,其微意在此。[4]

也就是说,张君劢相信,唯有借助新宋学之复活,实现一次道德的觉醒,建立现代国家的合格主体才能生成。人生活于制度之下,但按照张君劢的哲学,人又可以改变制度。但是,生活与客观的制度之下人又何以能够改变制度?假如一个人的心智完全顺从于制度的逻辑,则他甚至根本不能产生创造新制度的意向,也无从具有关于新制度的想象,又怎能变革制度?同时,制度变迁意味着权力和利益的巨大调整,既得

---

〔1〕“中国学术思想史上汉宋两派之长短得失”,《中西印哲学文集》,上,第425页。

〔2〕《张君劢卷》,第660页。

〔3〕有学者注意到张君劢前后期对儒家思想之价值的认识有所变化:早期“张君劢之提倡儒学,主要的还是把儒学当作一种人伦与心性修养之学看待,认为它是我们文化的特长,因而主张加以保存,以与西方的知识和名学互相补足。但到了晚年,他对儒学有了更高的估价,认为它足以充当整个未来中国新文化的基础,且应该成为整个未来中国新文化的主体”(李日章,“张君劢思想纲要”,引自《张君劢传记资料》,1979年版,第184页)。

〔4〕《张君劢卷》,第660页。

利益者可能会抵制，这个既得利益者如果是政府及其官员，他们可能动用暴力来抵制。那么，即便有人因受到不公平对待而产生了改进制度的意愿，如果他是“理性的经济人”，他也不会采取行动。因为他会算计到，个人要付出的代价太大了。诺贝尔经济学奖得主道格拉斯·诺斯清楚地意识到了这个问题。基于个人成本收益计算，每个人都会成为“搭便车者”：让别人努力去吧。结果是，所有人都在等待别人。这也是人类社会在大多数时间制度虽然不合理却没有变革的原因。任何制度变迁理论必须首先解决这个难题。[1] 在混乱的中国要实现立宪、建立现代国家，同样需要克服这个难题。

这一难题的唯一解决办法是道德觉醒，至少是在一部分人中间。通过道德觉醒，人们的是非感将会增强，对制度之不合理的容忍度降低，对那些遭遇不公平对待者的同情增强。通过道德觉醒，人将超越自己所在的制度，可以想象、向往一种更美好的制度。通过道德觉醒，一部分人将克服搭便车心态，产生一种精进、献身的精神，愿为实现优良治理秩序而不顾身家性命。

在张君劢看来，宋明理学能够为面对艰难立国使命的国人，提供这样的道德激励。相反，清代学者所热衷的汉学则不具有这种功能。也因此，在宋明理学中，张君劢似乎也特别热衷于阳明心学。因为，在确立了以心为实在的原则之后，则自可得出一个伦理学上的结论：“勤加拂拭则努力精进之勇必异乎常人”，[2] 这一结论具有重要的政治含义：通过宋明儒所提示的修养工夫，腐败的、胆怯的、功利的理性经济人，将成长为具有道德勇气的立国者。

应当说，张君劢所设想之立国，不是简单地立宪，而是全面地建立一种现代的新秩序。立宪本身就已十分繁难，因而需要道德觉醒之支

[1] 关于这一点，参考[美]道格拉斯·C. 诺斯：《经济史上的结构和变革》，厉以平译，商务印书馆 2005 年版，第五章。为解决这一问题，诺斯引入了“意识形态”。

[2] “再论人生观与科学并答丁在君”，《张君劢卷》，第 659 页。

持。而同时,立国也意味着社会秩序之再造,这就涉及"风气转移"。而这正是新宋学所注重的。宋明儒一直强调通过"风气转移",而建立优良治理秩序。张君劢晚年构造"义理学"体系,也正是为了对治"国人精神上之真空",[1]这种精神真空导致了现代立国在政治、社会、文化等方面的失败。张君劢相信,要完成立国大业,就必须以发明人心所通之"义理","明是非、彰善恶以正人心",实现风气之转移。至于风气转移的关键,则为精英群体之道德自觉。张君劢相信曾文正所提出的制度变迁理论:

> 风俗之厚薄奚自乎?自乎一二人之心之所向而已……此一二人者之心向义,则众人与之赴义。一二人者之心向利,则众人与之赴利。众人所趋,势之所归,虽有大力,莫之敢逆。[2]

这正是张君劢自己所阐述的唯心主义社会哲学之所本。准乎此,张君劢特别强调精英,尤其是其中之政治家的道德自觉对立国的重要性。由此可以理解,《立国之道》讨论道德问题,何以总是落脚于政治家。[3]

因此,张君劢构想了一知所行止而又具有行动能力的立国者群体,这个群体并非如他所希望的那样出现,但他自己树立了这样一个典范,"绅士"或许可以较为准确地概括这个典范的人格。

反过来,儒家道德信念也对张君劢立国规划中的立国者构成了一种约束、限制。儒家传统在立国规划中的这一作用,让张君劢的立国规

---

〔1〕《义理学十讲概要》,引言,第5页。

〔2〕参见"新儒家思想史",《张君劢卷》,第556页。张君劢曾提出:"吾亦以为义理善恶是非之标准,应求证于二千年之历史,其彼此关系之密切,有可得而略言之者曰:(一)治乱兴亡由于风俗厚薄;(二)风俗厚薄视乎人心趋向;(三)人心趋向系于领导方法,以曾文正之术语言之,视乎一二人心之所向"(《义理学十讲纲要》,第38页)。

〔3〕例如,"一个个的政治家的善良操守,构成其集体的道德——或曰国家道德"(《政制与法制》,第24页)。

划和努力，与现代中国其他立国努力相比，十分独特。

胡适等自由主义者所设想的立国主体是启蒙文人，张君劢已指出其缺陷在于迷信理智，而鄙视行动，因而也就没有政治能力——后面我们将会论述现代中国自由主义的非政治、反政治特征。激进的革命建国者所设想之立国主体乃是"革命者"，张君劢同样指出，其具有行动的意志，却缺乏理智的支持与道德的约束。[1] 概括起来，启蒙者与革命者都具有强烈的非道德、反道德倾向。[2] 由其所进行之立国活动，通常带有破坏性，而无从建立一种可维系之秩序。

与此不同，张君劢所构想立国主体，首先充分发挥其致知之心的功能，对西方、中国均保持开放性，但立定主体性之立场，因而面对西方各种相互冲突的思想、价值、制度，以及中国复杂的传统与现实，能够慎思明辨，就中国问题之正确解决，能得其正当之答案，形成比较健全的立国方案，而这种慎思明辨正是儒家的传统规范。因而，张君劢自己的方案就具有明显的合理性。其次与一般现代启蒙文人不同，也与西方传统中的哲学家不同，这个立国主体群体又具有强烈的实践意向，这同样是儒家《大学》之道德教诲。因而，具有儒家理念的立国者一旦形成立国方案，就会积极寻求通过政治活动的方式推动其实现。不过，最后一点似乎是最为重要的：这个立国主体群体，通过儒家的教育和修养工夫而把自己置于道德——而且主要是传统道德的约束之下，因而，他们既具有一种殉道之勇，而同时他们的行动本身也是审慎的，尤其是相对于革命者来说。

换言之，张君劢相信，立国主体应具备三个条件：理智、意志与道德。张君劢虽然批评启蒙者对迷信理智、惮于行动的倾向，[3] 但实际上，张君劢从来不否认理智之重要性，因而毕竟，处于潮流互歧时代，若

---

〔1〕 参见"民主政治的哲学基础"，《中西印哲学文集》，上，第250页。

〔2〕 革命者甚至有一种"道德倒错"，可参见［英］迈克尔·波兰尼：《经济、社会和哲学——波兰尼文选》，彭锋等译，商务印书馆2006年版，"历史与希望：对我们时代的分析"。

〔3〕 "悬拟之社会改造同志会意见书"，《中西印哲学文集》，上，第309页。

无理智,根本无从抉择,立国也就无从谈起。对于意志,张君劢中年曾作过修正,但仍予以坚持。而在进入儒家思想体系内部、思想趋于成熟之后的张君劢,则突出了以道德控制理智、意志的重要性。正是这最后一点,把他们与激进革命者区别开来。

张君劢曾在《儒家伦理学之复兴》一文中,分析了导致现代中国"道德意识之动摇"的三大原因:第一,中西之对比尤其是西方在第一次世界大战之后的巨变;第二,关于社会的历史主义认知;第三,现代各种思想学说,如功利主义、唯物辩证法、逻辑实证主义等。[1] 总括而言,支撑现代中国激进革命者的根本基础是历史主义[2],革命者把自己融入"历史",从而摆脱了历史地形成、存在的道德的约束。张君劢也清楚地揭示了支持这种革命观的哲学体系否定道德的内在机理。[3] 由于道德意识的动摇,革命者—立国者的精神不再有任何约束,首先,他们会满不在乎地毁灭传统道德,因为道德在他们看来已经没有什么意义;其次,他们的行动方案也不局限于道德所设定的界限,而倾向于不择手段;最后,他们的国家理想可能具有强烈的非道德性,如可能堕为物质主义,把国民降低到物质的层面来看待,而忽视了国民的精神层面之存在对于人、对于国家的意义。

基本上,张君劢所构想之立国者,兼修理智、意志与道德,他尤其在意于德性对理智和行动的控制与约束。在其教育思想中有充分阐述。张君劢早年曾办政治大学,此后则一心恢复传统举办书院,原因即在于他认定,"吾国书院与今日欧美大学绝不相同者,在西方大学重理智之造诣,而吾国书院则德智并重,实则侧重于德","宋明之书院,注意于修

〔1〕 参见《儒家哲学之复兴》,第102~103页。

〔2〕 这一点,按照施特劳斯的说法,是现代性的基本特点,见自然与权利。也正是从这一意义上说立国并非纯粹现代性之事业,而带有古典性。

〔3〕 参见《辩证唯物主义驳论》,"马克思氏唯物史观"与"社会发展与命定论"两篇,最后则总结辩证唯物主义之缺陷之第一条即:"但知有物而不知有新有精神。本此原则,否定人心,否定人格,且不知有人之思辨与是非,因而视道德如无物,形式逻辑之三律,弃之如不足爱惜",第187页。

养省察，实为风气转移之关键”。他为民族文化书院所订之宗旨即“培养德智交修，诚明并进之学风，共同研讨学术文化，致力身心存养，以期担负文化复兴之大任”。[1] 所谓文化复兴，实即该文再三提及之“立国”。而同样是从立国角度着手的《中华民族精神——气节》一文，也将气节解析为辩理之明、信心之坚、殉道之勇三项美德，[2]据此，立国者既具有道德勇气，又知道自己努力之界限。

托克维尔所描述的美国制宪者则在道德世界的边缘停下来，他们没有怀疑、破坏道德世界的律则，即所在张君劢所说之“义理”。这一点就是其变革措施的保守性之要害所在。更进一步说，这些在政治世界上进行大胆设计的立国者仍然生活在传统的道德世界中，他们在政治世界的创造性活动依然受这些传统的道德律则的约束。这些约束使得他们所采取的变革措施，相对来说比较温和，不可能在共同体内部制造阶层对立，也不可能进行大规模的杀戮。

与美国立国者具有同样心智的张君劢的思想和实践也就同样具有这种保守倾向。关于立国，他所强调的两个进路：首先是转移风气。此一论述背后，确实如曾国藩话语所表明，社会被分成贤、人才与庸弱三大群体，首先，“民之生庸弱者，戢戢皆是也。有一二贤且智者，则众人君之而受命焉。尤智者，所君尤众焉”，而随着贤且智者之“口说播为风气……于是乎徒党蔚起，而一时之人才出焉”。[3] 此所谓人才，就是经历了道德自觉之绅士群体。此处之贤且智者固然也以言辞进行启蒙，但更多地还是“以身作则”。他们或者是哲学家，或者是政治家，以个人之心力，影响风气，移动人心。这一点与现代自由主义者所构想之立国主体——启蒙者——是完全不同的。

同时，在道德约束下所进行的立国活动，也是政治性的。这种政治

---

〔1〕“民族文化书院缘起”，《中西印哲学文集》，下，第1424、1432页。

〔2〕《中西印哲学文集》，上，第626～628页。

〔3〕转引自《张君劢卷》，第536页。

性直接源于其活动之道德性。立国的道德性促使立国者首先致力于转移社会风气,此一功业为立国政治之展开创造了文化与社会条件,也即通过转移风气的努力,立国者得以发现、培养、凝聚自己的"徒党",从而结成政党。检视中国历史即可发现,每一次士人的道德自觉,都伴随着士人群体意识的觉醒,都伴随着各种各样的结社活动,它可能表现为讲学的形式,也可能表现为借助各种名目的聚会活动,如孔子之聚徒三千、董子之讲学,东汉末年士人之聚会、宋代的讲学与"朋党",明末之"党人"。梁启超、张君劢之建立政党,恐怕正是这种传统与西方政党观念融合的产物——张君劢经常把创办教育或媒体作为结成政治性党派的第一步,[1]这一点恐怕是非西方的。此种结党活动乃是受道德驱动的,而同时又受道德节制。以此为载体所展开之现代立国活动,很自然地呈现着比较纯粹的政治性质。也就是说,道德——传统道德——排斥了不道德的选项,从而确保了其所从事的立国活动之政治性。张君劢因为具有儒家信念,所以成为一位立国的政治家,而那些以激进手段从事立国事业的人却几乎难以成为严格意义上的"政治家",那些明显地反对儒家、仅仅以言辞从事立国的人士则根本就是非政治的,甚至可能是反政治的。

从这个角度,我们可以较深入地理解张君劢关于现代国家构建过程中道德与法律的作用及其相互之间关系。张君劢认为,现代国家不可能靠种族、靠暴力、靠某个阶级的统治凝聚起来。作为一种特殊的共同体,它只能以人为的、理性的法律与道德作为纽带。首先,张君劢反复强调,法律是国家的基础,在 1934 年的一次演讲中,张君劢即论述了法律与建立现代国家间的关系:

中国要变成近代国家,当然条件很多,如巩固国防,如发

〔1〕 如 1923 年日记中曾记,"与东荪筑山霆锐振铎等十余人,商量办一理想杂志,以唯心观为中心概念,待各方响应者多,再提起组党问题"(《张君劢先生年谱初稿》,第 23 页)。

达科学，都是很重要的问题，但是还有一最切要、最基本的条件，便是法律。国家有法律，等于房子有基石一样。换句话说，要变成近代国家，非先变成法治国不可。所谓法治国者，是以法律治国，而不是以人治国。[1]

部分地基于张君劢的这一思想，我们在关于立国之理论的讨论中，以“立法”作为现代国家之要件的依据所在。正是基于这一认识，张君劢关于法律与道德的关系之认识，便超越于传统儒家：

良以国之所以为国，有各机关之关系，有政府与人民之关系，有人民与人民之关系，决不如先声之以内心修养为教，家庭之以和爱相处为事，可恃德以处理之者。惟其然也，儒家既耻尚力、尚术、尚势之法家之托名于法，然则舍德、法之相辅，别无他途矣。[2]

个人与团体的生活，不论是私生活还是公共生活，有一部分是必须由法律来调整的。当然，既然现代国家以人民主权为首要原则，则现代国家的法律必须是自由的法律，也即“法规不能不求其正确”，此正确，就是正义，即法律必得保障人民之生命自由。要做到这一点，则制定法律的过程也必须尊重民意，“立法与修改法律，须得与人民商量，须有民意代表之参加”。[3] 据此，张君劢对于法家之所谓法，持全盘否定态度。张君劢也从这个角度诠释传统中国的“治乱”之说：“治者，治平之谓也……因此真正所谓治，必须尊重民意，人人立于法律之前一切平等而

〔1〕“法治与独裁”，《宪政之道》，第376页。
〔2〕《儒家哲学之复兴》，第141页。
〔3〕《政制与法制》，第21页。

绝无歧出。而其立于民商者,各依法进退……”[1]因此,张君劢的宪政设计中,特重立法院对人民负责且独立立法之意。[2] 尤可注意者,张君劢虽为新儒家,但对儒家之轻视法之作用、纯任德治的立场,持批评态度,而主张“德法相辅”。

道德也是把国民凝集为一个共同体的重要纽带,张君劢甚至说:“我认为新道德标准的确立,乃是新中国最基本的工作”。[3] 在晚年又写道:

> 人与人相处,或为父子,或为兄弟,或为夫妇,或为朋友,或为社会中四民之分工合作与互市交易。试问能不相亲相爱而成为家乎,能不言而有信以成为朋友乎,能不辨是非善恶而知所当为与不当为乎,能不奉公守法以成政府、以成国家乎?此即仁义礼智与忠诚之性,天所赋予而人所同具者也。此即一己之所以修,一家之所以齐,一国之所以治,而道德意识之不可须臾离也。[4]

此之所谓“义理”,或西人所谓的“道德总价值”。[5] 在他看来,现代国家与传统社会一样,需要靠道德维系,此道德既包括私人之德性,又包括现代国家特别需要之公德、公共精神。综合张君劢的论述,这种

---

〔1〕《儒家哲学之复兴》,第142页。据此,张君劢也清楚地指出法家之法与现代之法性质完全不同。事实上,张君劢认为,中国君主专制政制之理论基础,正是法家,参见第134~135页论述。

〔2〕这一点,尤其体现于国民大会与立法院的关系上:“我人以为与其如‘五五宪草’的规定,将立法院弄成一个间接又间接的代议机关,不如将立法院改为由人民选举产生,使他直接能代表民意”(《宪政之道》,第178页)。

〔3〕《政制与法制》,第184页。

〔4〕《儒家伦理学之复兴》,《儒家哲学之复兴》,第104页。在这段话中间,张君劢针对那种道德随着历史而变化的论调说:“其在欧美,政体由君主易而为民主,而敬上奉公之忠自若焉。夫妇限于一夫一妻,而彼此爱敬之情若焉。其为个人者各有自由发展之途,特重于诚实不欺。其为公民者,已受法律之保障,然亦尤能爱护公物、爱护国家与地方团体。”

〔5〕《义理学十讲纲要》,第1页。

公德又可以从两个层面来看，一为政治家之公德，一为公民伦理。[1]

重要的是，张君劢对儒家传统的“诚心正意齐家治国”纲目给出了现代新解，在他看来，儒家内圣之学，可贯通于私德与公德之中，尽管前者为古今不变者，而后者是现代特有的。如张君劢在民族文化书院所订学规的德性纲目中，即以立己、达人、爱国三者贯通，

> 第一，关于立己者三：曰诚朴，曰任勇，曰公忠。第二，关于达人者有三：曰敬人敬事，曰胞与为怀，曰集团纪律。第三，关于爱国者有三：曰爱护本国历史，曰养成法治精神，曰履行国民义务。[2]

私德与公德之间并非截为两橛，相反，私德乃是养成公德之基础，而公德则是私德之攀升。私德使人成为好人，公德使好人成为好国民，其中部分为好政治家。正是这好政治家，借助于理智，而具有追求建立优良治理秩序之心向；其努力获得好国民之响应，从而转移风气，并启动立宪政治。这就是张君劢所设想的现代国家建立之道。同时，在现代国家结构建立之后，正常的市场交易、社会合作、民主政治与文化建设，仍须以国民具有基本的私德、公德为前提。

由此或许可以说，在张君劢的思想中，现代国家乃是一个道德与法律的共同体，而道德似乎还要居于在先位置。合乎逻辑的结论便是，中国欲建立现代国家，绝不可破除旧道德。在张君劢看来，所谓的旧道德当然是可变的，但其中又包含着不可变者。在《立国之道》中，张君劢又辨析过道德的永恒性与其表现性；[3]《儒家伦理学之复兴》又专门辨析“伦理之变与不变”。[4] 潜藏于张君劢论述中的一个含义是：道德，尤

---

〔1〕 关于这两点的论述散见于《立国之道》第四编“文化政策”及第五编“结论”各处。

〔2〕 《中西印哲学文集》，下，第1426页。

〔3〕 参见《政制与法制》，第220页。

〔4〕 参见《儒家哲学之复兴》，第123～126页。

其是明是非辨善恶之基本“义理”,必然是古老而传统的。它们出之于人之良知,而由圣贤所发明、阐述。它们可以被重新阐释,从而表现为新的形态,但其本身是不能被否认或刻意颠倒的。抛弃这些传统的义理,则必然进入道德、精神的真空。在这种社会,秩序已经没有,又何来立国、立宪?大约正是在这个意义上,张君劢断言,儒家可以成为中国现代化的基础。

这种思想很容易被贴上“道德主义”的标签,而遭到批评甚至讥讽。有论者曾指出,胡适把民族国家理解为一个取消了民族文化认同的“程序共和国”,张君劢则在科学与道德、制度与文化二分的基础上建构一个拥有本土价值认同的“民族共和国”。[1] 更有人评论说,胡适的“程序共和国”虽然看来空虚一些,然而,唯其空虚,它就能容纳更多的人物与思想。而张君劢的“道德共和国”,倘若一不小心,就可能滑向“思想专制”了。[2]

所谓“程序共和国”就是指宪政框架,毫无疑问,张君劢的全部政治思考和政治实践,始终是在追求建立这样一个框架。因此,张君劢绝不拒绝程序共和国,而且后面我们还将分析说明,关于这种共和国的程序、规则、制度,张君劢本来就是专家。但是,在对于这个共和国表达了强烈的希望之外,具有强烈立国意识的张君劢还给自己提出了一个更为艰巨的任务:构建这样的框架。希望不是构建,希望必须通过实践才能变成现实。很显然,作为一套程序的宪政框架本身是不可能自动建立起来的。对于现代中国人来说,享受程序共和国的好处的前提是首先把它建立起来。而建立这样一个程序共和国的工作,与在程序共和国之内从事常规政治,是两个完全不同的事务。前者的难度将远远大于后者,因为前者是在创造后者。张君劢给自己确定的任务恰恰是构

---

〔1〕 参见许纪霖,“在现代性与民族性之间:张君劢的自由民族主义思想”,载《学海》2005年第1期,作者对张君劢的思想基本持赞成态度。

〔2〕 参见陈奎德,“张君劢:宪政主义、民族主义、新儒家三位一体”,复旦大学儒学文化研究中心网站。

建。正是这一考虑,促使张君劢从常规的社会科学转向了思考基本秩序问题的“哲学”,从对民主制度的思考转向了对道德的思考。因为,如果离开了道德,立国要么是不可能的,要么是激进而偏颇的。

通过引入道德,张君劢的制度变迁理论终于完整。由道德开始,经由知识,而形成行动,这是一套相当全面的制度变迁,乃至立国理论。张君劢之呼吁“新宋学之复活”,就是要把现代国家构建的事业还原于每个人的道德自觉与政治自觉,及因此而形成之积极地参与和行动。由于立国者需要如此全面的资格,因而,张君劢设想的立国的希望在于社会主流结构内部的绅士,而非社会结构边缘甚至根本就在社会结构之外的人物。至于这种发自于人的道德与政治自觉的力量发挥制度构建作用的主要渠道,则是政治,尤其是国民主义的政治,其现实的表现形态则是理性的政党政治。

CHAPTER 04 >> 第四章

张君劢论“立国之学”

立国事业，尤其是其中的立宪事业，在很大程度上，乃是一个知识的问题。即便我们承认，利益和激情在制度设计过程具有重要作用，也不可能完全排除知识的决定性作用。因为，哪怕是利益和激情，也需要借助于制度，才能得到保证，而关于制度的知识，将决定制度的设计方案。制度就是关于制度的知识的客观化。

现代建国，尤其是其中旨在构建政体框架之立宪事业，与知识的关系就更为密切了。如果说打天下者可以把制度的设计完全交给意志，听任权力的直觉来操作的话，那么宪政制度之构建者却不能如此省事。因为，他或他们的天职是设计一种没有内部严重冲突的制度体系，从而能够在某种程度上终结治乱循环或者暴烈革命；他或他们只能以所有人的平等为前提，因而所设计的制度必须能够保持最大限度的开放与正义，让所有人和平地进行权利和利益之博弈。

简而言之，这样的制度体系必须是合“理”的，合乎宪政的内在之理。可以想象，这样的制度体系是复杂的，完全可能超出人的直觉理解能力之外。打天下者乃是为自己设计制度，他只需要全副关注于自己看得见的利益，尽可能地把权力集中于自己手中。这借助直觉即可做到。也因此，这种制度其实始终内在地缺乏可持续性。而宪政制度的设计者不是为自己或自己所在的部分设计制度，某项制度的好坏，并不是那么显而易见的。举一个最简单的例子，对制宪者最有利的制度，必不可能被他人认可，因而注定了无法成为宪法。处于为全体设计制度之境遇中的宪政设计者就不得不站在某种旁观者的立场上，去探究"宪政"之理。此"理"是超越于所有人的私人的、眼前的利益之上的，但又能够平等地对待所有人的私人的利益。宪政设计者据此理而设计的条款方有可能获得他人认可，而成为宪法。知识在立宪政治中的重要性因此凸显出来。如此复杂的制度体系必须借助于丰富的知识，才能被构想和设计出来，并获得普遍的认可。

但是，宪政设计者所依赖的乃是何种知识？应当说，现代中国至少有两个群体，都普遍具有知识人的身份，并积极地关注于宪政事业。一个是梁启超、张君劢、张东荪等保守—宪政主义者，另一个则是胡适等现代自由主义者。他们都注意到了知识在中国构建现代国家事业中的重要性，而他们自己的职业生涯也大多也围绕着知识的生产和传播。不过，他们各自视为立国之根基的知识，具有不同的性质。

张君劢基本上是一位儒家士人。依照《大学》格物、致知、正心、诚意、修身、齐家、治国、平天下的儒家基本思想纲领，儒家士大夫——儒家绅士——必然同时是思考者与行动者。以宋明儒为例，这君劢就曾经这样写道：

> 制度与哲学本不必有何关联，可是，在宋明理学时代，很多制度却都是理学产生出来的，其最后根据是新儒学的基本观念。例如，所谓仁政基于正心诚意原则，便有很多实践方式。[1]

〔1〕"新儒家思想史"，《张君劢卷》，第43页。

张君劢曾反复论及，在西方，哲学与行动是分立的，可以互不相干。但在中国，由于儒家所思考者主要为伦理、政治，因而，思考内在地具有实践的指向。这也正是所谓传统的知行合一理论的哲学与现实依据所在。对儒家士大夫来说，学问与政治之间是连贯的，并无任何重大障碍。致知的目的就是齐家、治国、平天下，参与社会治理活动，包括从事政治，乃是一种“天职”(calling)。努力发展心性之学的宋明儒，同样积极地从事社会治理，包括制度构建，乃是儒家之逻辑所使然。据此，张君劢视为立国之根基的知识，乃是一种具有强烈实践指向的知识。

不过，当中国开始进入现代立国时代之后，这种局面发生根本变化。科举废除，现代教育兴起，绅士阶层逐渐消失，这种知行合一之生命形态，也就逐渐地衰落，以至于不再是理所当然的了。代之而起的是现代知识阶层。[1] 这个新兴的知识阶层与传统绅士的最大区别就在于，知识与治理实践之间的分离。对大部分人来说，知识就是专业技术。其中有一部分人则成为现代知识分子，或者进入现代大学、研究所等学术机构，或者进入其他学校，或者从事文字工作。他们成为专业的哲学家、学者、教师，或者文人。顺便指出一点：很多人以“知识分子”称呼传统中国的绅士，这是严重的概念误用，至少在中国语境中，“知识分子”是一个现代现象。

即便在现代儒家内部，也并不是所有人都是儒家绅士的现代形态。同被划为现代新儒家的冯友兰、贺麟，与熊十力、梁漱溟、张君劢的生命形态就完全不同：前者即现代知识人的生存形态，后者则是传统儒生的生存形态。当然，在熊十力与张君劢之间也存在相当巨大的差别。前者是传统文士的现代形态，后者则是比较经典的儒家绅士的现代形态。

---

〔1〕 如周策纵说：“随着地主和旧士大夫势力的衰落，一批具有一定西方知识的新知识分子阶层出现了。在1907年以后的10年间，由于西式教育体制开始大规模实施，约有1000万人受过或正在接受这种或那种形式的新教育。他们与现代西方文明的各种形式的接触，与传统的思想体系和统治阶级的不断疏远，使得他们能够领导其他不安定分子开展一场‘救国’运动。”（［美］周策纵：《五四运动：现代中国的思想革命》，周子平等译，江苏人民出版社2005年版，第9页）

不过，由于中国始终没有完成现代国家的构建事业，因而，即便是以学术为志业的现代知识人，也会关注这个重大的现实挑战。这其中最著名的就是现代自由主义知识分子群体。但他们终究是现代知识分子，他们思考立国问题的进路，以及最终形成的立国之道，与具有强烈实践意识的张君劢就大不相同，也因此，双方之间才会发生人生观大论战。这里涉及的是现代国家构建的基本进路之分歧。连带地，双方也形成了关于建国之知识的不同认知。张君劢与这些自由主义知识分子一样，也是哲学家、学者、教授、文人。但是，当双方在思考、从事立国的事业时，所思考、所表达的，却是不同的知识。本章将对张君劢旨在支持其立国之实践活动的知识的性质及获取方式进行简单讨论。

一、理性与立国政治

后面我们将会论述，张君劢所设想的政治的立国之道，呈现为一种国民主义的政治。这种国民主义的政治也必然是理性的政治。现代国家必须通过这种理性的方式才能够被合理地构建出来。在这里，理性一词至少有两层不同、但相互关联的含义。

张君劢之所谓理性，首先是指排除武力。这一点，他在 1921 年 10 月的《国民政治品格之提高》中有十分明确的论述。张君劢对比了数千年的中国政治与仅百年的西方政治之区别：

吾专制而彼民治，吾无宪法而彼有之，彼有个人自由之保障而吾无之，彼教育其民唯恐其不智，而吾则行愚民之术。其根本原因则在于对于政治问题，“吾为武力解决，而彼则理性解决是已。所谓武力解决者，一二黠且智者，挟其权谋术数，以号召徒党，或啸聚一方，或削平大难而定天下于一尊。盖数千年历朝鼎革之局，无一次而能外此公例者矣。惟其最后之解决，恃力而不恃理。故常以一人为主，而国民则奴隶耳机械耳，其辅佐则攀龙附凤者耳。若夫理性之解决反是。政治之主张虽有缓进急进之异，大抵挟其所说，以鼓动其国民，必待日久成熟，而后和之者日众。惟其所恃武器为口舌为纸笔。彼此之对待，由人格关系，而决非一二草泽英雄使贪使诈之比。故西方政治上非无个人之争，而其决之也，以主张之是非，以赞成者之多少，其所以党派分立，而能成从容揖让者此也。[1]

张君劢随后概括传统中国政治之建立国家的进路是“打天下”。这是张君劢对前现代的中国立国之路的基本判断。既然天下、政权是“恃力而不恃理”地打出来的，则最终建立起来的政制就是专制的，专制则必然带来的治乱循环。关于这样的历史逻辑，张君劢晚年在其最后一本专著《中国专制政制之评议》中，有更为细致的历史与政治论证。事实上，前现代的中国社会长期遵循打天下的建国模式及因此而形成专制政制，乃是新儒家对中国传统政制的基本判断，牟宗三先生在其“新外王三书”即再三言及于此，并且断言：唯有民主政治的制度安排能够帮助中国走出这种治乱循环。

而现代民主政治，在张君劢看来就是理性政治。张君劢以近代西方为范本所揭示的现代政制的基本特征就是理性地解决政治问题。看起来，张君劢这里所描述者，为现代政治常规时代的运转情形：不同政治主张在宪政框架下自由竞争。不过，毫无疑问，张君劢的论述同时也涵盖了理性地构建国家的问题。张君劢举了当时南北双方政治势力的建国进路，两者的具体宪制设想虽然不同，但都信奉“打天下”的进路，唯一的区别只是，前者是仅在意于维护权力，但对传统道德尚保持敬畏的老军阀，后者则是以意识形态为支撑的新军阀。但两者之打天下的信念，最终都取消了政治。他同时举了英国与法国的对比来说明，英国以民主的方式建立现代国家，与法国以拿破仑武力征服的方式建立国家，其所建立的国家之性质完全不同。[2]

---

〔1〕“国民政治品格之提高”，《改造》（第四卷）第二号，第3页。

〔2〕参见同上，第四页。

在这中间,张君劢十分清楚地论证了国民主义的政治必为理性政治的理据:

> 而所谓真正之理性政治,必起于个人良心上之自由,本此自由以凝成公意,于是为政策为法律,盖政治上人与人之分合,以政见为主,非以人为主。人与人之相待,为平等的,而决无所谓操纵与网络。及其政策见诸施行,则合乎人人心理之同然,初不加利诱胁迫于其间。能如是者,斯之谓真民主真自由真理性。[1]

旨在建立现代国家的非常规的立国政治与常规的现代政治之运转,均以国民之普遍平等为前提,即便在立国政治过程中。国民在法律上和政治上的普遍平等,确实通常被当做建国之目标,是有待于实现的。因而,有很多理论,就假设了在建国过程中人与人之间的不平等。但是,国民主义政治则基于其一贯的逻辑相信,宪政建国的事业也必以人们伦理上的普遍平等为前提。基于这一点,从原则上说,武力政治必被排除在建国过程中,建国必须理性地进行。换言之,立国的政治只能是透过言辞来进行的意见的政治,也即通过不同的,甚至相互冲突的政见之间的竞争进行。只不过这里的政见涉及国家基本制度之构想,不同的政治力量表达不同的意见,最终由全体国民在和平的状态下自愿做出选择。这就是理性的立国之道。当然,这种理性的立国之道,其实也正是政治的立国之道,这两者是一枚硬币的两面。

这样,理智及其产物——知识——在政治地立国的过程中的重大作用就凸显出来了。倚重理智,这也正是理性的政治的第二层含义。那就是,现代国家之构建,与现代国家之运转,均有赖于作为理性内容之一的理智、知识,具体而言,即建国的知识。

不过,张君劢提醒我们,这是一种很特别的知识,形成这种知识所

---

〔1〕“国民政治品格之提高”,《改造》(第四卷)第二号,第4页。

需要的也是一种特别的理智。改造社会,建立现代国家,不能没有行动,尤其是政治行动。这一点,是张君劢与自由主义知识分子的最大区别所在。我们在讨论张君劢立国哲学时已经指出,他认为,立国成败的关键正在于寻求理性与意志、知识与行动之间的平衡——在很多时候,还需要加上道德。只有这样,立宪、立国的政治才有可能展开。这种行动欲产生政治影响,就必须是社会性、集体性,因而是政治性行动:“改造当有一定之方向,时时发为言论,以告诫国人,然后结为团体,要求实行。于是成为一部分之势力,而政府敬惮焉,而容纳其要求焉。”[1]这就是国民主义立国政治的基本进路:立国者通过提出合理的构想,形成一种意见的力量。宪政的价值和知识唯有通过民众之参与,才能够形成现实的力量,尤其是政治性力量,进而推动制度变革。张君劢相信,中国社会的变革改造,也即现代国家的建立,不能仅靠理性,也必须借助意志采取行动,尤其是群体性的政治行动。

但是,张君劢知道,这种行动主要依靠合理的知识,才能够达到可欲得结果。我们前面已经论述过,他中年对倭伊铿、伯格森哲学的反思,就意味着理性、理智在他关于建国的思考中占有了关键的位置。这之后的张君劢相信,对于建设一个美好社会而言,理智是至关重要的。张君劢在论及西方现代国家形成的历史时,总是特别强调理性肯定之重要性。当然,在这里,理性肯定主要是指对人的肯定,但也指理智在人间秩序之构建中的重要作用。例如,在《民主政治的哲学基础》一文中,他主张,理性是现代国家的本源。他认为,现代文化由三个运动而来:第一,宗教革新;第二,科学发展;第三,民主政治。这些“都建筑基础于哲学初期的理性主义之上”,都以文艺复兴时期“人的发现”为前提,而所谓人的发现,就是对人的“理性的发现”与信赖,人们依据理性来安排宗教、学术与政治。

需要注意的是,这种理性主义与启蒙主义之间显然存在相当巨大的区别。《联邦党人文集》开篇向一切旨在建立现代国家,尤其是建立

[1] 《中西印哲学文集》,上,第310页。

现代宪政的社会展示了两种不同的立宪途径:或者是通过“思考和选择”主动地建立起“优良治理”,或者是听凭“命运和暴力”的摆布。[1]现代中国自由主义知识分子群体,甚至激进的政治力量,也都选择了借助“思考和选择”建立现代国家的进路。身受启蒙哲学影响,前者对于人的理性充满信心,并希望通过启蒙运动,塑造现代国民心智,使之成为立宪、立国之合格主体,由此就可以自动地进入现代社会。张君劢早在日本留学时期,就已知道美国制宪者的故事。张君劢之反对武力政治,主张理性政治,以及他在《人生观》演讲中主张中国之立国乃是思考与选择之事,也许就曾受此影响。但是,他所理解的“思考和选择”的理智,究竟是指什么?

在讨论这一问题之前,我们首先指出:知识乃是立国成败的一个关键因素,尤其是国民主义的、理性的政治得以展开的一个重要因素。国民主义政治的基本努力目标是以同意的方式建立现代国家,尤其是宪政制度。但是,国民、绅士的政治努力只是立宪之动力,宪政的合理形式却不可能因为这种努力而自动地出现,因为它太复杂了,超出了直觉所能认知、把握的范围。这种复杂的政体形式唯有通过理智才能够被发现,甚至被发明。哈耶克的说法当然是正确的:自发秩序是自由的秩序。但是,自由的政制却必须是人造的,作为人的理智的产物而出现。从哲学的意义上可以推定,所有人都是热爱自由的,但并不是所有人都掌握了托克维尔所说的“享有自由的技艺”(art of being free),更不可能每个人都有能力对于自由秩序的内在逻辑进行探究进而自发地、误打误撞地设计出确保自由之制度。因此,知识,具体地说,关于现代国家之构造的知识,关于宪政制度之具体安排的知识,在立国、立宪的过程中均居于十分重要的位置。在立宪过程中,唯有借助这种知识,热爱自由的国民的意志,才能够凝聚、客观化,成为合理的制度。这种知识超越每个人的短期视野,为未来的幸福提供一种保证。

---

〔1〕 The Federalist Papers, No. 1, p. 33.

可以说,知识乃是自由成为自由秩序的关键。如此一来,如何获得这种建立和享有自由的知识,就至关重要了。因为,立国者通过怎样的理智获得关于现代国家、宪制的知识,决定了他所得到的这些知识本身是否合理,是否足以作为构建合理人间秩序之理据——所谓合理性不仅是可被逻辑证明的,也可被未来的历史所证明。张君劢在获得这类知识方面进行了很多富有成效的努力,从他的这些努力中,我们可以辨析出一种获得立国之学的可取进路。

理智不光对于立国者、对于制度设计者至关重要,对于普通民众来说同样十分重要。尽管对于自由政制的建立和维系来说,民众所需要的智识的程度,也许不如建国者、立宪者、精英那样高。因为,比如说,当一部宪法草案被制宪会议制定出来之后,国民需要判断这部宪法文本的好坏,需要作出选择。如果人们普遍地不具有这样的理智,则很可能会同意一部不公正的、不合理的宪法,而最终让自己的权利和利益遭到制度性侵害。

当然,在立国的政治中,理智最重要的载体还是那些发挥着领导作用的人士。毕竟,理智在不同群体的分布就不可能平均。而不同人在建国事业中承担的不同角色,也决定着其所应具备的知识的程度。具体地说,对于张君劢这样具有实践意识的政治家来说,理智就是至关重要的。而张君劢在这方面也确实进行了很多思考。

二、“哲学”作为整体社会秩序之学

张君劢特别强调理智、理性在构建现代国家过程中的作用,因而也就特别强调“哲学”的重要性。综观张君劢的终生著述,我们可以发现,张君劢似乎是“哲学”这门学科的宣道人,对哲学的重要的强调,有时到了夸张的地步。然则,他所说的“哲学”究竟是指什么?与一般所说的作为一个学科的“哲学”有什么区别?他之强调“哲学”的用意究竟何在?他所理解的“哲学”与他的建国事业之间有何关系?

在科学与玄学大论战中，张君劢被讽刺性地讥为“玄学鬼”，[1]原因在于，在知识界普遍信奉唯科学主义的时代，他却再三地强调“玄学”才是至关重要的。从表面上看起来，张君劢于1923年年初在清华大学发表的《人生观》演讲，实有感于当时唯科学主义在思想界。乃至一般舆论界的盛行而发。如张君劢后来所说：“盖二三十年来，吾国学界之中心思想，则曰‘科学万能’”。[2] 后来，张君劢也再三强调了这一针对性。与之相反，张君劢为玄学、尤其是西方自19世纪后期兴起、在第一次世界大战时引起国人广泛关注的“新玄学”张目。

所谓“玄学”又是什么呢？按张君劢的说法，“玄学之名，本作为超物理界超官觉界解释。惟其有此解释，于是凡属觉官以上者，概以归之于玄学。”因此，张君劢所说的玄学大约指西方哲学传统中的“形而上学”（metaphysics）。根据张君劢的观察，自19世纪末期以来，玄学运动在欧洲“勃兴”。不过，他所关注、讨论的“玄学”，其实就是西人一般所称的“哲学”。

张君劢之所谓“哲学”，究竟是指什么？关于这一点，我们不妨依据1955年所写的《我从社会科学跳到哲学之经过》一文为主，予以辨析。

根据这篇文章的记述，张君劢的学术兴趣曾经发生过一次重大转移。张君劢本人最初在东京留学，专业是国际法，所以张君劢是具有法律人的心智（lawyer's mind）的。张君劢论及中国现代立国之古典时期的学风说：“由清末到民国初年，吾国知识界对于学问有一种风气，求学

---

〔1〕“玄学鬼”在当时社会上的负面形象于徐复观的自述中可见一斑：“又忆余年少时在沪购一书曰《人生观之论战》，于京沪车中急读一遍，内容多不甚了了。唯知有一派人士，斥君劢东荪先生为‘玄学鬼’；玄学鬼即反科学，反民主，罪不在赦。自此，‘玄学鬼’三字，深入脑际。有人提及二张之姓名者，辄生不快之感。”接下来，徐复观先生说：“二十年后，偶读张东荪氏著作，犯言民主、科学、哲学、中国文化等，其成就即无一不在当年反玄学鬼者之上，此当为有常识者所共许。而一部民主宪法，不促成于打倒孔家店之勇夫，竟出自热爱中国文化之另一玄学鬼；此一皎然明白之事实，尚不足以引起中国知识分子之深思熟考耶”，徐复观，“中国知识分子精神之回向——寿张君劢先生”，收入《张君劢先生七十寿庆纪念论文集》，文海出版社1956年版，第49页。

〔2〕《张君劢卷》，第606页。

问是为改良风俗，是为救国，所以求学问不是以学问为终身之业，乃是所以达救国之目的。”根据他的观察，当时，“求学问不过在政治中以求帮助自己智识之一种手段”，张君劢自己在日本及德国留学，“都逃不出这种风气”。[1]

按张君劢的语气，对于此种实用主义的求知态度略有不满。其实，这种对待知识、学问的态度，正是中国古人的传统态度。张君劢也确实多次批评中国文化传统中缺乏为知识而知识的精神。十分有趣的是，张君劢大概没有意识到，自己就从来不是为知识而知识的。他自己就没有潜心地把国际法当做一门独立的知识追求，相反却走上了一条哲学之路，这条路在一定程度上正是为了超越为知识而知识的现代学术进路。同时，张君劢对待哲学的态度，同样不是为了知识而知识，而是部分地回归了传统中国对待学术的态度，乃是为了更深层的考虑：即为了进行立国事业。张君劢的哲学布道当从这个角度理解。

促使张君劢走上哲学之路的因素，按照张君劢的说法有二。其一是事实上的刺激。事实方面又有二，一是民国成立以后的国内政治，也即宪政制度建立之初的运转失灵，导致张君劢对现实的政治失望，转而关注政治的基础——“民族基础”，他重复他的第一篇重要文章《穆勒约翰议院政治论》中的论点：

> 一国以内，先要人民的知识力、道德力充实，然后才有好政治，如果不然，天天空口希望好政治，是无用的。我因为怀疑于民元以后的政治，所以时常心上要求一种最基本的方法，对民族之智力、道德与风俗升降之研究，时常感觉必要。[2]

二是中国在巴黎和会上遭遇的不公平待遇，西方列强的这种做法

---

〔1〕《中西印哲学文集》，上，第65页。
〔2〕《中西印哲学文集》，上，第67页。

令张君劢对“国际公理”的希望破灭，于是决意抛弃自己原来的专业国际法，“决心探求一民族所以立国之最基本的力量，或者是道德力，或者是智识力，或者是经济力，专在这方面尽我的心力”。[1]

应当说，张君劢所描述的上述两个事实方面的刺激，为当时敏感的知识分子普遍感受到，五四运动、新文化运动正是因此而起的。张君劢对此作出的反应与新文化运动有一些相似之处。事实上，梁启超与围绕在他周围的知识人——我们用“梁启超派士人群”来称呼之——也进行过自己的新文化运动，这个计划形成于考察欧洲之前，在回国之后即开始进行。[2] 张君劢当然是此亦运动的积极参与者。张君劢相信，建立现代国家的基础在国民之道德力、智识力或经济力。这其中他尤其重视的是前两者。不过，梁启超派士人群，具体地说是张君劢，并未与胡适等人走上同一条启蒙运动之路。其中关键的区别在于，张君劢所从事的启蒙事业不是自居为导师启他人之蒙，而是儒家式自我修养，反求诸己。

导致张君劢走向哲学的另一个因素是理论的刺激，它首先表现为张君劢对于现代学术专业化分科体制的不满。“科学之分科性”乃是现代学术的基本特征，它也是为知识而知识的一项前提。根据张君劢自述，最初，他以为，“读了政治，就可以照书本解决政治”，但科学的分科性导致这样的政治学“只能说到一方面，而忽略其他方面”，所以即便读了现代西方的政治学，同样不能有效地解决政治问题。[3] 原因在于：

> 从社会科学之性质上说，政治、经济、教育各门，各自独立，自成一种学问；但是从生活方面看来，一国的政治好坏，离不了国民富力与国民的教育程度，所以教育、经济、政治在学

---

〔1〕《中西印哲学文集》，上，第68页。
〔2〕可参考《梁启超年谱长编》，第九册。
〔3〕《中西印哲学文集》，上，第69页。

术上可以独立,在生活方面是相互关联的。[1]

由这段话可以看出,张君劢对分科性的不满,实缘于他所关注的问题不是知识之专业性求索,而是现实的政治问题,更具体地说是现代国家之建构这样的宏大问题之解决。他之求学并非为了知识而知识,他并不欲以专家身份研究政治学或其他学问,包括哲学。相反,他是面向实践的,他准备解决“国家政治之好坏”这样的现实问题。更进一步,联系到事实方面的刺激,可以说,他进入“学问国”的目的是“探求一民族所以立国之最基本的力量”将如何养成,研究基本国家秩序——它当然以良好的政治为基础——如何形成,并且要通过自己与国民的实践来建立这样一个具有良好治理的现代国家。他是从立国的实践的视角来看待知识的,这样,分科的知识就无法满足他的需要。

第二个理论方面的刺激由上一点引申而来,此即现代社会科学普遍采用一种“抽象”的进路来处理狭窄的研究对象,如经济学上采用“经济人”假设,政治学和社会学则以个人与社会、个人与国家相对待。张君劢说,这样的抽象对于学术本身的发展、积累来说是必要的,但它们“完全出于抽象,而与实际生活不相应”,[2]因而也不足以作为实践的依据。此处的刺激仍然源于张君劢本人关注点在社会现实问题之解决而非知识本身。

综合分析张君劢所说的事实与理论两方面的刺激,可以发现张君劢从社会科学转向哲学的根本原因在于立国实践的需要与现代专业化知识之间的严重错位。张君劢意识到,中国所面临的问题,或者说他给自己施加的任务是探究民族道德力、智识力等发育的机理,及借助这些力量形成现代国家秩序的机制,此即所谓立国。但他所看到的理论、知识是现代西方高度专业化分工的科学,包括社会科学也是分科的,这种

〔1〕《中西印哲学文集》,上,第68页。
〔2〕《中西印哲学文集》,上,第69页。

性质的现代学术，不论其为政治学、经济学、国际法，甚至包括专业化的哲学，都不能满足面对立国任务的中国人之需要。

当然，张君劢只是直觉到了这种错位，而未能从历史的角度对此种错位进行深入分析。张君劢所看到的科学的分科性、学术的专业化，乃是现代的新现象。人们也把这种专业化视为现代学术的基本特征，且视为现代学术发展的制度前提。[1] 这种专业化自有其内在逻辑，但从立国的角度看，此种专业化乃是现代国家秩序建立之后才出现的。从某种程度上看，它本身也是现代文化体制的一项重要制度，属于"立教"的范畴。这一点，从英国、美国等先发国家，德国、日本、中国等后发国家的历史均可看出，以专业分工为特征的大学和学术研究机构之出现，从逻辑上是出现于现代国家的框架之内的。

而在立国时期，这样的知识可能是无效的。当然，此时学术也依然有其自身的逻辑。就学术的整体而言，不可能完全排除种种专业化的知识。但从事立国事业的人则需要这种专业化知识之外、之上的另外一种知识。这种知识是综合性的，而非专业化的；获得这种知识的过程也当然就是非专业化的。我们看到，处于现代形成过程中，带有明确立国意识的各国知识人，都具有"通才"的特征，其思想体系也都是综合性的。例如，英国之霍布斯、洛克，德国的康德、黑格尔。美国制宪者主要是实践者，但他们的宪政科学也融合了现代的政治学、法学、历史学等学科之知识。

立国之需要此种综合性知识，乃是由立国这一工作的性质所决定的。所谓立国，就是建立一种社会治理秩序，建立及维系现代国家秩序。据此我们可以断言：凡是关注社会秩序问题，并在这方面做出了具有启发性之思考甚至实践的知识人，其知识都必然具有非专业化的综

---

〔1〕 比如韦伯在其名篇《学术作为一种志业》中说："学问已进入一个空前专业化的时代，并且这种情形将永远持续下去。从表象与实质两方面来说，我们都必须认清，个人唯有通过严格的专业化，才能在学术研究的世界里，获得那种确实达成某种完美成果的意识"（[德]马克斯·韦伯《学术与政治》，钱永祥等译，广西师范大学出版社 2004 年版，第 161 页）。

合的特征,否则,他就无法获得对于国家秩序、对于立国事业的完整理解。这其中最著名者是苏格兰道德哲学传统中的人物,其中著名者如休谟、亚当·斯密。他们都同时是经济学家、政治学家、法学家、历史学家,美学家,甚至还是天文学家。斯密在爱丁堡大学作为道德哲学教授,几乎无所不教。[1] 尤可注意者,斯密在《国富论》第四卷《政治经济学之诸体系》的引言中提出,“政治经济学被视为政治家或立法者之学(the science of a statesman or legislator)的一个分支”[2]——此处之政治家和立法者在很大程度上可被认为就是立国者。斯密尽管没有完整地论述这个“科学”的内涵,但他确实指出了,这一政治家或立法者的任务乃是建立“那确定而简单的自然自由体制”(the obvious and simple system of natural liberty),或者更确切地说,使这种体制“自动地自我建立起来”。[3] 同样,休谟的《论文集》讨论了现代经济学、政治学、历史学、美学、社会学等领域的问题,他也提出了一个“完美国家的理念”[4],休谟说,提出这样的构想是要重新提出“思考(speculation)的这个议题”,它是以休谟的全部哲学思考为前提的。

在现代学术史上,哈耶克也是非常特殊的一个综合性思想人物。哈耶克的研究横跨经济学、法学、政治学、思想史,甚至脑与认知科学,原因在于,他关注的问题正是“自由秩序”如何维系的问题。哈耶克的最重要的著作都与“秩序”有关:如探讨理论心理学的《感觉的秩序》,探讨不同类型的经济秩序的《个人主义与经济秩序》,讨论法治秩序的《自

---

〔1〕 关于斯密的这种“超越学科限制”的学术进路,罗卫东指出:“在斯密那里,他几乎没有对经济学作脱离于道德科学的专门化处理,这正是一个值得深入研究的做法。斯密从来都是把经济理论作为其道德哲学的一部分,与法学一样,只是哲学、伦理学的应用性领域。他为那个时代的经济思想所创设的伦理学基础,应该引起我们的高度重视”(罗卫东:《情感、秩序、美德——亚当·斯密的伦理学世界》,中国人民大学出版社2006年版,前言,第4页)。

〔2〕 Smith, Adam, An inquiry into the nature and causes of the wealth of nations, vol. I; Indianapolis: Liberty Classics, 1979, p. 138.

〔3〕 An inquiry into the nature and causes of the wealth of nations, vol. I, p. 687.

〔4〕 Idea of a Perfect Commonwealth, in Hume, Political Essays, edited by Knud Haakonssen,影印本,中国政法大学出版社。

由宪章》。最后一本书《法、立法与自由》的副标题是“自由主义的正义与政治经济学原理新诠”,第三卷的标题《自由人民的政治秩序》。在这本书中,他着力讨论市场秩序、法律之治的秩序、宪政秩序如何运转、又如何共同维系文明的秩序。

正是因为具有这样的学术取向,因而,哈耶克专门有一篇演讲《专业化的困境》。在这篇演讲中,他对专业化提出严厉批评,其中有些论述与张君劢如出一辙。[1] 而哈耶克晚年的思考也是从社会科学,走向了哲学,他所构造之思想体系称为“社会哲学”——或者“社会秩序理论”可能更为恰当。也正因为这一原因,哈耶克才在苏联东欧转型之后,成为在那些国家具有重大影响力的思想家,足以作为立国的知识依据。

从这一较为宽泛的立国的角度来理解,我们可以说,张君劢之所以在欧洲期间,转向哲学,实在是因为,张君劢所见到的第一次世界大战前后的欧洲,西方文明秩序陷入整体危机,而不少国家,包括德国、俄罗斯、波兰等,则确实进入国家秩序构建或再建时期。19、20 世纪之交的西方思想人物也正是在这样的事实刺激下,对于国家秩序、文明秩序进行整体性的重新思考。他们同样感受到了专业化的知识之困境,而有了张君劢所说的“新玄学”的兴起:“近三百年之欧洲,以信理智信物质之过度,极于欧战,乃有今日之大反动。”[2] 由此新玄学及 19 世纪后期出现之种种新哲学,而形成了 20 世纪上半期欧洲各国的重建国家秩序的潮流,即法西斯主义、共产主义国家秩序之出现。张君劢躬逢其盛,

---

〔1〕 比如,关于专业化知识不足以理解现实,哈耶克这样说:“具体的现实并手能根据相应的不同学科划分成一些独立的题目,此乃一项常识,然而也正是这种常识,严重限制着我们自称在某件具体事情上具有科学家的资格。对于任何个别的社会现象或事件,姑不论那些有关具体事实的必要知识,假如我们不具备若干学科的大量知识,几乎不可能适当地加以研究”(“专业化的困境”,收入[英]弗里德里希·冯·哈耶克:《经济、科学与政治:哈耶克思想精粹》,冯克利译,江苏人民出版社 2000 年版,第 449 ~ 450 页)。哈耶克也谈到了“综合的需要,努力从整体上把握我们的文明或任何其他文明的需要”,以及“文明的比较研究这一更具雄心的设想”(第 453 页)。

〔2〕 《张君劢卷》,第 643 页。

感受到了哲学的魅力,这与他自己的问题意识产生共鸣,从而他也转向了综合地思考国家秩序的“哲学”。

由上述历史经验与张君劢的个人经验来看,在国家秩序处于构造或重建时期,专业化的学术不可能满足需要,理由如下:

第一,专业化分工体系的知识生产过程不是面向实践的,而是面向学术共同体的。立宪、立法、立教等建造国家秩序的事业,不是知识的问题,而是实践的问题。但这种实践又需要知识的支持,毕竟,设计一个优良的宪法乃是一项理性的事业,如果将其完全交给暴力与运气,就不可能得到优良的宪法。但是,这种知识必须是可实践的。

但现代专业性知识恰恰不具有可实践型。其中一个重要原因是去价值化(value - free)。为了获得所谓的科学性,在很多时候,学者们刻意地使自己的研究与现实保持距离,并维持价值的中立。韦伯关于价值与事实分离的命题,最清楚地揭示了现代学术的这一特征:“事实的确定、数学或逻辑上的关系的确定或文化理想之内在结构的确定,是一回事;回答有关文化的价值及其内容,以及人在文化共同体与政治团体中应如何行动的问题,是另一回事。这两种问题,是完全不同性质的问题”。[1] 政治不属于课堂,当然也应当被从整个“科学的”学术场域中驱逐出去。所以,政治,包括建立现代国家这样最伟大的政治,当然也不应当是学术所要讨论的问题。这样的“科学的”知识是与政治无关的,即便现代学术体系中存在科学的政治学、社会学等学科。当然,这些知识也就不能成为实践的依据。

问题的关键似乎在于,没有价值的伦理与政治知识是不具有可实践性的。归根到底,实践乃是关乎价值的问题,价值驱动实践,同时又对实践构成约束。没有价值的知识,实际上取消了自我实现的动力因素。因为,不是知识本身,而是理想、美好、正义等价值判断推动着人们

---

〔1〕 “学术作为一种志业”,收入[德]马克斯·韦伯:《学术与政治》,钱永祥等译,广西师范大学出版社 2004 年版,第 177 页。

把知识变成制度。

不过，在现代中国历史上，也出现过一种把这种价值中立的知识付诸实践的现象。而这样的立国实践则当然存在巨大偏差。无价值的理论会导致实践者错误地以为，整个世界就是无价值的，即便有价值也是虚幻的。正当被取消了，只有与人分隔、在人之外、之上的冷酷的历史逻辑。据此，实践者完全缺乏道德、正义等价值考量，他们把纯粹"学问国"中的假设和推导当成了伦理与政治上的真理。这正是现代形形色色的激进主义导致巨大社会政治经济灾难的知识根源：他们把某种无价值的经济学、社会学理论，如剩余价值理论、社会达尔文理论、种族理论，直接运用于政治实践。这样的实践其实不具有政治性。所谓价值中立的知识，因为其非道德性，因而也就是非政治的，甚至是反政治的。这些无价值的理论在现实中导致的是直接践踏人的基本价值的实践，而这样的实践当然不可能是政治的。

第二，分割的学术界限及其也许深刻但也必然偏颇的抽象假设——如经济学的"经济人"，也必然使得学者无法全面而准确地理解人之为人的完整性质，进而也就无法确定人与人之间的关系的根本性质，无法准确地理解规则、制度如何形成，也就无法理解一个秩序最终如何形成与维系。

举一个最简单的例子：在现实中，行政体系、法律、道德、经济体系之间有复杂的关联，且唯有在其间建立其正确的关系，一个现代国家秩序才能够形成并正常运转。这也就是一个古老的哲学命题所说：整体是大于部分之和的。因而，不光现代专业化知识体系中的专家无法理解现代国家秩序，即便把全部专家加在一起，他们的专业化的知识的总和，也同样无法理解现代国家秩序，更不要说为现代国家的建构提供知识与价值支援。

现代国家秩序的建构，所涉及者，既有政府、法律体制，也有社会生活，乃至精神秩序，并且要在这些制度之间建立起有机的联系。它是合理人间秩序的重构。整全的秩序重构，当然需要一个整全的知识体系。

立国者要有效地承担起立国的任务，就必须寻求一种超越于专业化学科之上的一种普遍的、综合性知识。张君劢就用“哲学”这样的一个术语来称呼这种立国之学。张君劢终生都在强调“哲学”的重要性。需要注意的是，张君劢所说的哲学有多种含义。有的时候，它是指现代专业化分工体系中的哲学，例如，张君劢会说，哲学包括认识论、逻辑学（论理学）和形而上学等部门。有的时候，张君劢又以“哲学”指古典意义上的作为一种综合性知识体系的哲学，如张君劢自己所说：

> 哲学自古代以来称为一切知识总和之融会贯通……其有形而可见者，故为哲学之所讨论，其形虽不可捉摸，而其恒常之态为人所见者如生命如心理，如数目如团体等，亦为哲学思索之所及，宇宙之整体如何，人生之目的如何，是否价值之标准如何，本体之性质如何，亦为古今哲人所苦心追求，不敢以为是非好尚之不易决而遽放弃之者也。[1]

张君劢通常就是从这个角度界定哲学的。不过，需要强调的是，张君劢之探究哲学，并非如希腊人那样仅仅因为“爱智慧”，相反，作为一个具有强烈立国意识的现代中国政治家，他所关注者乃是中国的现代国家秩序之构建。因而，在很多时候，张君劢所说的哲学，乃由上述纯知识之融会贯通而更进一步，接近于以各门社会科学为材料而又超乎各门思想学说之上的“社会秩序之学”，或者说“立国者之学”。因为，如我们已经讨论过的，现代国家之构建乃是一项整全的事业，不仅涉及政治、法律，也涉及社会风气之变革，公德之发育，乃至分科性现代科学之发达。总之，立国是构造或重新构造一个共同体的全盘秩序。这样的任务，是任何分科性社会科学所无法应对的，唯有作为一切知识之总和之融会贯通的知识体系，差可满足这方面的要求。

---

〔1〕《辩证唯物主义驳论》，第185页。

对于这一知识的任务，张君劢有清楚的自觉。张君劢区分了“秩序安定期”与“不安定期”，这两个时期就是现代国家秩序已经建立起来之后的常规时期与建设此一秩序的立国时期：

> 在世界上秩序安定期中，理论的安定与事实的安定期中，各人做各科学的工作，可以少管哲学。若在理论的不安定（由奈端[1]到爱因斯坦）与政治的安定期中，各问题时常须返求诸本，所以不能不管哲学。因为从根本上看自然界与社会界，比分科范围之内看得清楚得多了。[2]

当然，张君劢相信，他自己所处的时代就属于“秩序不安定期”，即旧秩序逐渐松动、崩溃而新秩序构建时期，这一时代特征与15～18世纪的欧洲有类似之处：“我们所处的时代，和15世纪以降的欧洲，完全相同。我们在学术上、政治上、社会上需要一种改良，需要一种思想改造，也与欧洲相同”。当然，张君劢也承认，“这样一个文化改造时期中，哲学自然居一重要地位，但决不能说哲学是支配一切社会现象的因素”。尽管如此，“哲学处在这大改造的时代中，自然能将当时的精神运动完全表现出来。”[3]我们已经讨论过张君劢的唯心主义社会哲学，在他看来，“精神运动”在历史变迁中居于决定性作用，而哲学正是一个时代的精神运动之驱动因素。

张君劢认为，每个时代背后似乎都有一种整体的精神，哲学似乎就是在描述它。欧洲在文艺复兴以来的基本精神取向就是理性主义、理智主义。如他所说，19世纪末期以来，欧洲的政治学、经济学均发生重大变化，“可知政治学上、经济学上，其思想背后有一个总潮流，这种潮

---

〔1〕 今译牛顿，引者注。

〔2〕《中西印哲学文集》，上，第73页。

〔3〕《民族复兴之学术基础》，第51页。

流,不能求之于社会科学,而应求之于哲学”。[1] 按照张君劢的这种说法,“哲学”描述了人们对于秩序的整体想象。通过哲学,可以对不同历史时代、不同国家秩序的特征给予概括,比如,张君劢将17、18世纪英、美、法等国立国的基本精神概括为“理性时代”,而将19世纪末以来的欧洲概括为“非理性主义”时代。此即张君劢所说,“我们从哲学上观察,能在各种社会思潮背后,寻得其总根据……也可以说从哲学方面来看,容易达于社会科学与自然科学之第一原则”。[2] 这个“总潮流”、这个“第一原则”,实际上就是一个共同体在某个时间点上的基本精神取向,在秩序构造时期就是构造新秩序的精神取向,这个时代的整体社会秩序就是这个精神取向的客观化。而唯有通过综合性的“哲学”才能够把握这种整体的精神取向。

更为重要的是,在张君劢看来,“哲学”不只是体现这种精神取向,更能塑造这种精神取向:

> 一国的哲学,诚然离不了当时政治和经济的环境,然社会政治之紊乱,并不能阻碍有先见的思想家,以一种哲学指导社会。19世纪初期,德国尚分裂为三百余小邦之国家,至俾士麦登台而后德意志民族乃统一。此时代中,德国内忧外患,可谓达于极点,然而德意志之政治哲学,由黑格尔、菲希德所造成的,何尝不成于十九世纪之初期?英国之真正议会政治,虽成于1832年选举改革之后,然1690年陆克氏所出版之《政府论》,何尝不为法国革命之先驱?可知哲学家之理想,固不能脱离事实,然自有为事实先驱之可能。[3]

[1] 《中西印哲学文集》,上,第70页。
[2] 《中西印哲学文集》,上,第72页。
[3] 《民族复兴之学术基础》,第58页。

反过来，则理解一个社会的整体秩序，就需要通过哲学来理解。

由此可以看出，张君劢始终把哲学与立国联系在一起。张君劢具有非常明确而强烈的现代立国意识，他的全部著述中随处谈到"立国"、"建国"这样的词汇。同时，哲学在他的著述中出现的频率也是非常之高，或者可以说，对于"哲学"的重要性之强调，张君劢超过现代中国思想史上任何人。我们可以确信，这两者之间是存在密切关系的。

张君劢曾说，他之从社会科学转向哲学，其目的是"对世界若干大问题，另有一个正确的看法"。[1] 我们前面已经指出，张君劢在科学与玄学论战中所主张之人生观，其实在很大程度上是指现代国家观，他之反对唯科学主义，为玄学进行辩护，其实也正是基于他自己隐约具有但未明确意识到的命题：现代专业性知识不足以作为思考现代国家整全秩序的依据，只有"玄学"能够承担这一任务。张君劢相信，具有先见之明的思想家的哲学的思考，事实上就是在对本共同体之秩序进行全面的思考，由此可以洞悉新秩序的基本取向及建立新秩序的基本进路。可以说，新哲学是新秩序之先机。因为他心目中的哲学，就是一种关于人、自然、社会的综合性知识，是社会秩序之学。只有这种特别的哲学能够洞察心灵、社会、政治、文化等诸秩序之隐微，且将其联结成一个整体。而任何其他现代社会科学，包括现代哲学，都没有这种能力。

从这个角度也可以说，张君劢所说的哲学其实是特定的立国者之哲学，而非作为一门专业知识的哲学。张君劢也明确地讨论过这样的区别。例如，在《新儒家政治哲学》一文中，他讨论道德之内在或外铄两说之争论时这样说：

> 我则以为此问题种既分两派，一为固有说，一位外铄说，在哲学家好自成一家言者，可以听其自择，若就政治范围言之，则内外二者不可[不]同时兼顾，良以一国人民幸福之种

〔1〕 "我的学生时代"，《中西印哲学文集》，上，第165页。

类，曰衣食情欲，此有赖于外者也。然苟无德性以立其本，则安知真幸福之所在乎？[1]

专业的哲学作为一种纯粹的知识，当然有其价值。但是，立国者却不必也不应是专业哲学家。立国者从社会秩序构建角度对其他各种问题进行的思考、抉择，都应当有别于专业哲学家从纯粹知识角度进行的思考、论述。立国者的思考是综合性的，是超越于专业藩篱的。

张君劢关于哲学的这些看法，让我们联想到施特劳斯对于“政治哲学”重要性的再三强调。在西方古典时代，哲学是知识的总和，政治哲学与政治科学是一回事。到现代，人们把哲学与科学之间的区别运用于研究人类事务的学科上，而有了政治科学与政治哲学间的区别，由于实证主义的“价值”与“事实”区分的迷信，政治哲学在政治科学家们的嘲笑声中走向衰亡，其研究对象分化为专业化的经济学、社会学和社会心理学等。关于政治的思考，只有社会科学的研究，再无哲学的思考。在施特劳斯看来，这是西方危机——张君劢亲眼见到的19世纪中期以来的危机——的根源所在。[2] 因为，古典时代对政治的哲学思考系以寻根究源、广泛而系统的方式探究政治事务的性质及公正的或好的制度之性质，从根本上说是探究判断政治中之好与坏、善与恶、正义与不正义的标准。因此，它的取向先确立正当或者善，进而寻求实现这种正当或善的制度。因此，关于制度全部思考，是与对正当或善的追求始终融合无间的。因此，政治哲学就是政治科学。一旦抛弃了政治哲学，所谓的政治科学家就会放弃对人的本性之理性思考，遗忘甚至否认善恶、正义不正义之别，从而走向虚无主义。20世纪的种种政治极端主义就是这一精神——或者说非精神——状态的产物。因此，哲学可以拯救政治。

---

〔1〕《中西印哲学文集》，上，第377~378页。方括号内字疑原文脱漏，据上下文补。
〔2〕参考[美]列奥·施特劳斯：《自然权利与历史》，彭刚译，三联书店2003年版。

就此一点而言,张君劢的思想与施特劳斯的想法有暗合之处。他们都相信,标榜价值中立的分科性的社会科学不可能把握到政治或者国家秩序的本性,当然更无助于设计优良的政制或国家秩序;这样的重任,唯有哲学能够承担,因为哲学寻求的是关于整体的知识,哲学思考的不是个别,而是整体,不是其要素的行为模式,而是制度体系或者说由此所形成的秩序。当然,他们所说的哲学,不是现代的专业哲学,施特劳斯所说的古典"政治哲学",十分类似于张君劢的秩序之学。

当然,置身于作为后发国家的现代中国,张君劢面临着一个特殊的困难,即学术的"后发劣势"。如张君劢所指出者,在现代国家秩序建立之后的常规时期,学术自然地会趋向于专业化,学者进行专业化之研究,也是十分必要的。但是,中国尚未完成现代国家建构,就通过引进的方式而有了相当发达的专业化学术事业。当然,张君劢对这一现象倒是持欢迎态度。事实上,关于为知识而知识之专业化学术的重要性,张君劢也再三强调过[1]。即便在科学与玄学论战中,张君劢也从来不反对自然科学研究[2]。他甚至断言,中国之将来在科学研究[3]。但是,现代中国有不少知识分子却依据这类专业化体制生产出来的知识来设计现代国家体制。可以说,现代中国所发生的种种思想争论,各方所持之理据大体都属于西方之现代社会科学范畴,这种社会科学所研究的对象大都不是基本国家秩序问题,而是在基本制度框架建立之后出现的具体的政策问题。现代自由主义者和各个激进主义者都属于这种情形。也因为此,他们会把西方学者面对特定问题而作出的政策性反应,错当成现代国家的基本问题,而遗忘了立国之本。

这个立国之本,唯有通过哲学性思考才能够予以理解。这也正是

---

〔1〕 例如,在《立国之道》中张君劢列举中国学术之缺点后又提出四项补救方法,其中第4项为"以学问为终身事业"(《政制与法制》,第174页)。

〔2〕 如他在三十年代中期指出:"吾国两千年来忽略自然界之知识,因而不知有科学。此为吾国之缺陷,而应有以补救之"(《民族复兴之学术基础》,第15页)。

〔3〕 "中国的将来——在科学研究",《中西印哲学文集》,上,第367页及以后。

张君劢强调哲学的初衷所在。张君劢指出，处于立国时期，仅有专业化之科学、社会科学是不够的，甚至是误导性的。因为，当此之际，“各问题时常须返求诸本”。此处所谓的“本”，就是指现代国家的基本秩序。甚至不至于此。“哲学所以有益于人者，在其能使人类对于生存，对于世界，对于大有（sein）有所自觉。”[1]哲学家给自己设定的使命在于“知天尽性”，而国家正是介乎天、人之间的一种既为人为而同时也体现着自然的制度安排。司马迁所谓“通古今之变，穷天人之际”，正是立法者所不能具有的把握西方历史变迁之“总潮流”，寻找制度背后的“总根据”。这样的立国之“本”，即涵盖精神、社会、政治、经济、文化的整全的秩序，只有通过“哲学”性思考才能够把握。社会科学是常规时代的学问，立国的时代则是哲学的时代。当然，除了哲学的立国者之外，中国还有过诗一样的立国者，另有散文一样的立国者，这可能也是立国失败的根源。

因此，真正的立国者不必是专业的哲学家——尤其不能是现代的专业化学术分工体系中的哲学家，但他必须具有哲学的心智。而张君劢恰恰做到了这一点：

> 我在1920年后……我虽专心哲学，但对于欧洲之政治思潮与经济思潮亦时常注意。这种政治问题与经济问题，不像以前单就政治论政治，单就经济论经济，而是拿了这种材料后，加以一种哲学的思考。所以这时代中并不完全抛弃社会科学，只是令他做哲学家之材料。[2]

这段话中有两点值得注意：第一，张君劢说明，自己不是学科专业化分工体系中的哲学专家——不论是哲学家还是哲学史家。相反，他

[1] “耶司丕论哲学家之伟大”，《中西印哲学文集》，上，第139页。

[2] 《中西印哲学文集》，上，第68页。

的目光一直投向广阔的知识世界。事实上，如他所说，他进行“哲学思考”的材料主要是欧洲之政治思潮与经济思潮。这一点，与牟宗三、冯友兰等人大不相同，后者所关注的主要是专业哲学思潮。第二，反过来，对于欧洲的政治思潮、经济思潮，以及基于这种思潮或体现这种思潮的制度安排，张君劢又不是以政治学、经济学专家的身份、角度予以关注，不是在专业传统内进行研究，而是以其为材料，“加以一种哲学的思考”。当然，这哲学思考也不是专业化哲学思考。

当然，所谓哲学的视角之具体表现之一即综合地思考。由此我们可以更为准确地理解，“会通”在张君劢著述中几乎每一篇都出现的缘由及深刻含义。[1] 因而，立国者思考问题的典型特征就是“会通”。会通被张君劢当做处理几乎所有问题的基本原则和方法：他在设计制度时寻求会通，在处理哲学问题时寻求会通，在面对中西文化时同样寻求会通。凡此种种会通，都是由立国者之独特视野所决定的。处于建国过程中的现代中国所面临的知识、价值、制度选项是极为繁杂的：最有冲击力的是现代西方，其中也有复杂的分野，如哲学上之分歧，价值上之分歧，制度上之分歧；另有古典的西方，也有张君劢特别强调而被现代西方遮蔽了的文艺复兴以来处于建国时代的西方；有现实的中国，有传统的中国；还有印度。这样，古、今、中、外各个元素蜂拥而来，在这种时候，唯有具有一种“综合的”视野、“会通的”方法，才能够把握住立国之“本”，才不至于在古、今、中、外的复杂性、多样性所湮没，而误把枝节当做本，误把常规时代的政策当成立国时代的原则。单就知识而论，现代的专业化学术、哲学追求的是分，立国者却必须追求合。立国者的目标是建立一个整全的合理人间秩序，为此，他必须对人间秩序的各个方面进行综合的思考。同时，一个宪政主义的立国者信奉一种人人平等的政治价值，他必须承认各种主张、权利、利益的正当性——只要他们

---

〔1〕 例如，参见1968年发表之“老当益壮之自白”一文，《中西印哲学文集》，上，第161页。

不是显著地不合理。因此，对于不同的诉求、主张，他所能采取的唯一正当态度就是多元并蓄，进而在这多样性中寻找“共识”，寻找共同的底线，所谓会而通之。而这就需要超出单一逻辑、超出专业学术的宽广、综合的视野。因此，张君劢要会通中学西学，会通孟子与柏拉图，会通康德与宋明儒学，会通朱学与王学，会通欧洲的民主社会主义与儒家，会通法治与德治，等等。我们可以把张君劢的这种心智概括为“会通主义”，这种会通主义正是从立国者的综合性心智衍生出来的。这种综合性的会通进路就是张君劢所说的立国者的哲学的基本方法。

简单地总结一下：现代中国的古典时期，人们对于知识依然信守中国古典的态度，即以知识作为政治的工具，即学习西方之学，以在中国建立优良治理秩序。到新文化运动时期，现代学术制度——分科的大学、专业化的研究所——初步建立，知识分子开始成为专业人员。张君劢虽然赞成具有这种为知识而知识的心智，但他也意识到了，这种分科性的科学将导致人们忽视立国之本，因而他反复强调“哲学”的重要性。他之所谓哲学，其实更多地是指立国者应当具有的一种综合的视野、会通的方法。在他看来，唯有通过超越学科界限、面向“大有”之综合性思考，立国者才有可能理解制度之机理并洞察各个领域诸制度之间的关系，从而有可能构建一个完整的现代国家秩序。对于哲学的这种强调，也让张君劢以一种悲壮的姿态进入现代中国思想舞台。最后我们引用张君劢和他的同道们所说的一段话，再次展示他所理解的哲学之功用，这段话见于国家社会党成立之时《再生》杂志上发表的《我们所要说的话》，当讨论到怎样使中华民族复兴这个宏大话题时，他们说：

> 必须集合无数人的智慧而形成一个极大的智慧。其中有固定的原则，有全盘的计划；有统一的配置；有分层的步骤；且有修改的余地。尤其要包括几方面：例如政治制度，经济政策，教育方针等。这个大智慧必须是在理论上可称为比较上最圆满的学理。在实际上可称为比较上最合需要的方法。换

言之，即不仅是创立一种新体制，想出一种新计划，而且必须有一个新哲学。[1]

三、政体科学之性质与方法

我们前面已经论述过张君劢的立国思考中“哲学”之所指，张君劢所说的哲学接近于以各门社会科学为材料而又超乎各门思想学说之上的“社会秩序之学”，或者说“立国者之学”。除了这个综合地思考国家秩序及其构建问题的哲学之外，张君劢分派给立国者的理智的另外一项重要工作是，对现代国家之各个方面的具体制度、安排进行思考、设计。很显然，所谓现代国家就是由一组相互关联的规则、制度所构成的。因而，制度设计之合理与否，直接决定着现代国家构建事业之成败。尤其是作为立国之核心的宪政制度，乃是一套相互支持而又相互制约的复杂的制度体系。在立国的各种领域中，恰恰是这一领域对理智的依赖程度最高。那么，在这个领域如何运用理智？进行制度设计和构建又需要什么样的理性？

为讨论这个问题，我们先看看张君劢的制度设计活动之最早演练，见其1916年发表之《联邦十不可论》，此文相当全面地呈现了后来张君劢进行宪法设计的基本思考特征。

当张君劢在写作此文时，“国中政客学子愤中央政府之暴戾，转而求政治基础于地方，乃盛创联邦之说”，张君劢指出：

其说非不甚辩，然而事未若如是易也，世界列国于一制度之更张，经数十年而后定，吾国以时会所迫，往往能收功于年月之间，于是，论政之士，每视改制为无足轻重，常好为奇论以耸人听……[2]

---

〔1〕《中国民主社会党》，第45页。
〔2〕《开国前后言论集》，第156页。

从张君劢的全文论述中,似乎可以辨析出一种牟宗三所说的"政治学教授"的立国进路,这些教授过分相信理论,他们盲目照搬关于西方政制的理论——这里需要指出的是,中国学习西方是通过关于西方之理论,即"西学"进行的,因而,被教授们盲目照搬的就是西方之理论。张君劢以章行严、张东荪、丁佛言之联邦论为此类"论政之士"的例子,并说,"三君者,盖至爱国而至爱地方者也。然窃以为三君立言之方,于吾国国情,均有所未审"[1]。

张君劢自己则认为,立国者、宪法设计者在进行制度设计的时候面临着多重约束,主要是制度传统的约束,这种传统又在很大程度上塑造着国民的心智、政治能力乃至政治习惯,立国者在设计新制度的时候,不能不注意到这一历史、习惯的约束。张君劢把这些约束称为"国本",甚至"国体":

> 且世界凡称国者,必有其国之本。斯本也不可易且不许易者也,不可云者,国情有所不能也;不许云者,法律命令悬为厉禁也。盖一国国体,既有历史之昭垂,民心之向往,其不可之数,亦既大明,犹以为未足,则于触犯国体之论,必禁之使不行,凡以为国本计而已……国本之为物不可常动,一动而后必至东扶西倒,数十年而不立……[2]

制度设计必须考虑民情的约束,这也是国民主义立国政治的原则所决定的。因为,如果一项制度设计根本不能为国民所理解,他们也没有意向和能力参与,则这个制度即便被强制设计、构建出来,也无法正常运转:"凡行一制,必先有行此制之积极条件,此积极条件而不备,非

[1] 《开国前后言论集》,第168页。
[2] 《开国前后言论集》,第165页。

特其制不行，而他弊乘之。”[1]从这样的议论显然直接承续了他十年前译述的《穆勒约翰议院政治论》中之核心观点：国民的政治能力乃是制度设计活动之主要约束条件。中国没有自治的传统，省也从未享有过主权地位，国民的知识、能力也不足，这就决定了中国不能凭空建立联邦制。但是，张君劢绝不反对对现有的政府架构进行彻底改革。他明白地提出了一个重构中央、地方关系的方案，其主要内容是：

> 省长虽属诸省吏系统，省议会得而弹劾，而任命之权，不可不操自中央。一、省长虽属省吏，而中央得以国家行政相为人。二、省议会与省长冲突时，其解决之法听之中央。三、省参议会得审查省长提出议案，且中央得任命三人为参议员。四、中央政府于应统一之行政可以指导省议会（第二十二条）。五、省税种以可为地方税者为限，而省债之制限极严。[2]

该方案是否合理，当然值得讨论——且今天也依然值得从正面予以讨论。今天，对于中国是否应当建立联邦制，学术界也同样存在争论。更为重要的是，张君劢在进行这一设计中，清醒地坚持一项宪政设计的基本原则：“凡此各端，于图自由发展之中，隐寓限制之意，过渡之日，势不得不尔。若夫缘此而召立法不纯理论不贯之讥，则吾固逆知之矣。”[3]主张联邦论者确实更多地关注着理论的彻底性与宪法、法律逻辑的一贯性。这正是“政治学教授”讨论政制及设计政制的基本特征。但是，张君劢在思考这个问题的时候，则具有牟宗三所说的实践的“政治家的意识和风格”。他一直在积极地从事政治实践，而作为政治家，在提出制度设想的时候必须考虑理论的可实践性。当他进行制度设计

---

〔1〕《开国前后言论集》，第169页。
〔2〕《开国前后言论集》，第172页。
〔3〕《开国前后言论集》，第172页。

的时候,他必须考虑该制度能否被立法者所采纳,能否被国民所接受,以及最重要的,在构建出来之后能否在现实中正常地运转。基于这种考虑,张君劢不得不迫使自己面对现实,因为,实践、制度就是在现实中展开的。因此,张君劢引用了古人已有深入阐发的关于制度设计的“因”的哲学:

> 抑吾闻之太史公曰:“上者因之,其次利导之,最下者与之争。”岂惟生计,政治亦若是耳。政制之为物,其能合于国俗民情者,斯其行也易,反是者虽奋勉图功而行之也常甚苦。卑士麦改造德意志为联邦者因所固有也;美之由十三州而为联邦者,亦因所固有也……如是知世界之善为政者,类无不知因之可贵,而创始之不易。[1]

张君劢当然不是守旧主义者,而是宪政主义者,他绝不反对对原有的不合理的制度进行彻底改革。但他反对全盘重新设计政制,因为这是不可能的。政制设计是有其历史的限度的,如果不顾这种历史的限度而重新构造,则在政治上必然是不可行的,因为这个纯粹基于逻辑的制度在现实中无法找到合适的支持力量。任何政制都必须得到人、得到国民的支持,才有成功运转的可能。

他的这种设计思路与其关于自己所组政党的革命理念——“进化式革命”——完全吻合:目标是革命性的,但手段却是渐进的。然而这种“进化式革命”又如何可能?假如眼下的措施是比较温和的,照顾到现实,部分地迁就现实的政治安排、传统、国民的知识程度、政治能力,那立国者又如何实现自己实现政体变革的革命性目标?张君劢提出了政制设计的一个重要原则,这一原则似乎可以部分地解开这一冲突。他指出,当时:

---

〔1〕《开国前后言论集》,第172页。

中央地方政弊所积，一言以蔽之，则凌乱而已矣。中央不自知其权限所存或有权而莫举，各省不自知其权限所存，或有权而莫举，今诚取权之不明者明之，不举者举之，则系统自完，国本自立，而权之或分或集，姑俟国家之进化，因时损益可焉。[1]

此前他也说：自己既反对联邦制，也反对废省而由中央直接治理地方之说，自己的方案则是："仆乃本执两用中之义，求其去今制不远，而日后可以徐图改进者"。[2]

这是一个非常重要的宪法设计原则。制度设计、宪法设计、政体设计当然必须考虑现实的约束。但是，宪法设计本身就其性质而言又必得超越现实，否则立宪就毫无意义。立宪的本质就是改制，就是更化，就是构建一种新秩序。因而，立宪当然需要道德与政治的理想主义，也需要关于合理的宪法制度的种种知识。但是，通往这种理想的道路应当是审慎。而真正的审慎必须由理智和智慧支持。所谓智慧就在于，尽管新设计出来的宪法并不是全新的，甚至与现实有相当的妥协性，保留了人们熟悉的种种术语，但这个看似温和的新制度内嵌了一种自我扩展或者容许扩展的机制。

这个可扩展性是优良制度的关键所在。从某种意义上，现代宪政区别于前现代之种种宪制的根本特征，或许就在于现代宪政框架之可扩展性。任何制度都不可能是完美的，即便是一种看似完美的制度也很快就会因为时间迁延，因为它所覆盖之秩序内的因素的变化，而陷入困局。因此，判断一种制度、尤其是像宪制这样的制度框架之好坏，不是看它在当下是否完美，以及对于短期内解决问题是否有效。真正重

---

〔1〕《开国前后言论集》，第172页。
〔2〕《开国前后言论集》，第169页。

要的标准是,这个制度框架是否具有自生能力,是否能够从其内部生长出新的规则、制度,及时、恰当而有效地应对随时出现的各种问题。良好的制度是一种可扩展的制度,劣质的制度则十分僵化。它在短期内解决问题的能力可能很强,但随着时间推移,其解决问题的能力不断下降,最终被它的设计者没有预料到的问题冲垮。为此,理智而智慧的制度设计者必须具有时间意识,必须从动态的角度来思考制度设计方案,必须在制度框架中嵌入新制度自我良性生长的机制。

这正是张君劢设计的省制方案所追求之目标。他没有试图一揽子解决所有问题,而是致力于在自己的方案中埋下一粒通往自由的政制的种子。最终它看起来并不那么新奇,不那么令人兴奋,但随着时间推移,它会自我成长。这里的关键在于,他设计了一些机构,最初它的权力是比较有限的。但是,在这样的机构中,省民可以训练自治的技艺。同时,任何一个机构,一经设立,就有自我生长的趋势。随着时间推移,逐渐地积累了政治能力的省民可能通过省议会而追求一种更加平衡、能够更好保障自由秩序的中央—省际关系。循着这样的方向,甚至不排除未来发展出联邦制。相反,一开始在条件不具备的情况下就贸然设计联邦制,则反而可能导致极大的混乱,使联邦制的可能性完全消失。

由此,张君劢对于既有的种种制度,哪怕其来自西方,且在西方某些国家运转良好,也始终保持一种反思的态度。立宪者一方面固然需要理想,但同时也必须关注中国的现实。由是,西方现成的制度,就只是进行制度设计时的一种参考资料,而不是必须严格模仿的范本。张君劢提出了设计中国的政府间关系之知识论原则:

吾中国之于联邦近乎?于一统近乎?得失利害,不待识者而后知,因旧有一统之基础,徐图各省之自由发展,集权之度,不必如俄法,分权之方,大异夫德美,参酌世界之成规,建立吾国之新制，此则方今要务也。[1]

这里所运用的方法，可以用张君劢后来著作中经常出现一个词来概括："会通"。这是张君劢思考文化问题的基本方法，这里只是简单地引用张君劢的一段话："第一曰不随声附和，第二曰参互比较以求正反两面之是非，第三曰敢于对外人议论为之折中至当"[2]。张君劢虽然到中年以后才明确地提出这种方法论，但在早年的制度设计实践中，就已经在运用它。张君劢所谓的"会"，就是考察、比较某一项制度在各国运转的具体情况，所谓"通"，就是通过对这些具体情形的综合性思考，发现制度背后的逻辑或者基本原理。然后，运用这种基本原理于中国现实，从而让理想在现实的中国传统与国民心智基础上又可能生长、扩展，成为一个有效的新制度。

从张君劢关于联邦制的这一思考中可以看出，张君劢思考制度设计的一些基本取向。在他看来，制度设计是高度复杂的事业，绝不是照本宣科那样简单。制度设计者固然要面向理想，又须立足现实，而在于现实妥协之时又考虑制度的可扩展性。正是这样的方法让张君劢的宪法设计，不仅到今天仍然具有重要的宪法实体理论上的重大意义，也具有重要的宪法设计方法论上的价值。

张君劢的宪法设计主要体现于三部重要著作中。首先是于抗战初期撰写的《立国之道》，它融合了宪政主义的基本理念与宪政科学的具体知识。张君劢也运用这类理念与知识，参与了十分重要的立宪政治活动：两度起草宪法草案，1922 年的《国是会议宪草案》与 1946 年的《中华民国宪法草案》。围绕这两部宪法草案，张君劢撰写了两部现代中国历史上最重要的宪政理论著作，《国宪议》和《中华民国民主宪

〔1〕《开国前后言论集》，第 172 页。

〔2〕"我之哲学思想"，《中西印哲学文集》，上，第 62 页。

法十讲》[1]。张君劢明确地指出，自己进行后一个演讲，目的乃是“造成建国时代的新政治哲学”[2]。这两本书体现了大大不同于现代中国自由主义者的知识结构，也不同于一般政治学、宪法学教授所出版之宪法解释著作。通过这两本著作，结合他的立宪实践，张君劢构造了一个宪政科学，或者说政体科学理论体系。这种宪政科学或政体科学体系具有下面几个独特的属性。

第一，它们具有明确的价值指向，具体而言，即同时追求自由与秩序两个目标。张君劢对于自由的价值始终保持忠诚的。这一价值忠诚将他与现代中国历史上之独裁者区分开来，也与革命者区分开来。不过，张君劢之政体科学同时也把秩序置于同等重要的位置。这一点，将它与现代中国自由主义者——更不用说无政府主义——区别开来。从这个意义上说，他是一位宪政主义者，而不是自由主义者。因为，他所关注的始终是秩序，他不是就自由论自由，而始终从秩序的视野中看待自由，始终致力于建立一种自由的秩序。

关于这一点，《立国之道》在讨论“修正的民主政治”原则时，有民主的语境中进行了较为全面的论述。在此，张君劢将秩序化简为“权力”，即政府的权力问题。张君劢指出了一个很有趣的现象：相对于自由之重要性，国人对于政府权力之重要性认知不足：“至于政府应该有权力，人民应该服从此权力之行使等等，我们近几十年来，很少有人注意到这方面。”张君劢则断言：“民主政治并非群龙无首的政治。凡政治之进行不能一日离开权力。”处于抗战时期的中国，正是如此。其实，任何时候，一个具有必要执行能力的政府对于国家之繁荣、对于个人自由之享

---

〔1〕 两部草案文本可见夏新华等整理：《近代中国宪政历程：史料荟萃》，中国政法大学出版社2004年版；两部著作则收入张君劢著，宪政之道，这部著作还收入了张君劢的其他讨论宪政科学的论文。有论者这样评价《国宪议》：“以之作宪法比较读，可；以之作政治学读，可；以之作民国初年政治思想史读，可；以之作公民课本读，可。就中国近数十年之政治或宪法著作言之，虽谓为第一稀有之著作可焉”（程文熙：“张君劢先生与中国宪政”，转引自郑大华：《张君劢传》，第115页）。

〔2〕《宪政之道》，第136页。

有，都是必不可少的。张君劢亦清楚意识到这一点："此权力之行使，到了对外战争时，才认为必要，实则又何待战时，平时又何尝不如此。"[1]

因此，立国之道，在乎求权力与自由之"安排妥当"，即在"自由与权力之间，应求到一个平衡……中国民主政治之一线光明，即在自由与权利平衡之中"[2]。后面张君劢提出更具体地指出立国过程中处理权力与自由之关系的基本原则，此一原则贯穿于他所起草的宪法草案中：

> 一、国家行政贵乎统一与敏捷，尤须有继续性，故权力为不可缺之要素；二、一国之健全与否，视其各分子之能否自由发展，而自由发展中最精密部分，则为思想与创造之能力。所以，自由发展亦为立国不可缺之要素。[3]

同时落实这两项原则，其要害即在于，既授予政府足够权力，但同时又对这些权力予以约束："权力固为国家不可少之要素，若政府滥用权力，则人民主痛苦将无底止"[4]，由是，制度的重要性凸显出来。因为，唯有通过设计出合理的、有效的宪法、宪政制度，政府的权力才能够得到约束且仅服务于人民之利益，人民之政治权利才能够得到保障。在1946年演讲宪法时更清楚地论述了这一点：

> 没有国家是一件很可怕的事情，因为没有国家，就对外言之，就是没有国家来保护人民，就是亡国之民，如今日之德国便在此状态中；就对内言之，就是国内没有秩序，就是陷于混乱。但是有了国家，亦是件极危险的事……国家权力既如此之大，所以宪法上每件事就是要防止国家的专擅，就是防止国

〔1〕《政制与法制》，第56~57页。
〔2〕《政制与法制》，第58页。
〔3〕《政制与法制》，第86页。
〔4〕《政制与法制》，第84页。

家滥用权力。[1]

张君劢的这种立场，让我们立刻可以联想到联邦党人的相关论述，如麦迪逊之名言：“在构造一个人管理人的政府时，最大的难题即在于：你必须先得让那个政府控制治于人者，然后又必须让它自我控制。”而自我控制之道，即“必须制造出野心来抗衡野心”[2]，及其他种种宪政的制度安排。这就是宪政制度设计的意图所在。因此，张君劢是宪政主义者，他具有制度主义取向。正是这种取向，促使他致力于对宪政的制度问题进行全面但同时又是细致的思考。

第二，宪政科学是系统的，即对国家的整体制度框架提出系统而连贯的构想。这一点，我们在论述张君劢所说的“哲学”之含义时，已经有所论述。宪政科学之所以是系统的，道理十分简单：宪法所涉及者，几为治理活动之全部，须设立足以应付社会之需的种种政府权力，举其大者如中央地方关系，中央政府之立法、行政、司法权力，以及选民、政党、自治等。另外又须避免这些权力被滥用，更进一步，尚需借助这些权力对人民的自由与权利予以充分保障。因而，诸种权力之间如何分割、又如何制约与平衡，需要通盘考虑，否则就有可能顾此失彼，畸轻畸重。同时，张君劢所起草之现代宪法，又涉及教育、经济等制度之设计。因此，宪法起草者，仅是在构造政府，同时也是在部分地构造社会。其事业以如古典罗马哲学所想象之“建城者”[3]，或中国古代贤哲所想象之商汤、周公。立国之头绪繁多，立国者必须把各个部件妥为安排，它们共同构成的制度才能够形成合理的人间秩序。

为此，张君劢提出，“凡宪法必有一贯之精神，或隐或显，散见于各

---

〔1〕《宪政之道》，第141页。

〔2〕 The Federalist Papers, No. 51, p. 322.

〔3〕比如，西塞罗所讨论之罗马建城者“罗慕卢斯”，参考西塞罗：《论共和国》，王涣生译，上海人民出版社2006年版，第131页及以下。

条之中。"[1]当然,对于宪政的宪法而言,这种精神只能求之于人民中间,所谓宪法,不过是国民意思的一种集体表示:"典章制度,皆国民精神之所积聚也",因而,对于立宪者来说,最重要的就是体察、探究国民的这种精神:"无论何种制度,当以心诚求之为第一"[2],以之作为起草宪法之基本原则,贯穿于宪法各个部分、条款之中。

对于立宪者来说,这一技艺是至关重要的。若果立宪者有此技艺,则各个看似相互冲突之诉求,及为应因此种诉求而设计之看似矛盾的制度,亦可熔为一炉,张君劢曾经这样赞美德国:

> 同一宪法也,内阁制也,总统制也,议会立法也,国民投票也,分权也,集权也,一一兼容并包,而有以神其用。资本家也,劳动家也,苏维埃也,非苏维埃也,私人企业也,社会所有也,尊宗教也,排宗教也,各得分愿,而限之以相当之范围。呜呼!立法家之技能至此,吾唯有叹观止矣!譬之操舟者,出入峡滩,所触即死,故左右轻重,量而后动,夫而后在此险阻之中,乃能求生还之路。[3]

换言之,贯穿于宪法之"一贯之精神",其实并不意味着,社会上有一致之精神。相反,宪法所面对的现实社会,必然是分立而多元的,不同群体之民众、政党有不同诉求,欲制成宪法,一方面需要国民、尤其是国民中之精英,及其所组成之政党,有"交让之精神,和衷共济之精神"[4],也即能够形成基本政治共识,并具有妥协的精神。然后,立宪者寻求各方之交集,使各方能够共同接受一种宪法秩序,通过宪法之

---

[1] 《宪政之道》,第11页。

[2] 《宪政之道》,第109页。

[3] 《宪政之道》,第284页。

[4] 关于这一点,萧公权先生在"制宪与行宪"一文中有所论述,收入萧公权:《宪政与民主》,清华大学出版社2006年版。

下的活动寻求冲突之解决。对于立宪者来说,重要的是确保宪法各项规定之间的协调、呼应,不至于留下明显漏洞或内在冲突。当然,按照这个标准衡量,魏玛宪法实际上存在很大问题,张君劢自己也有指出。

这一点似乎也显示了,立宪者的理智之限度。归根到底,宪法是国民意思之集体表示,宪法欲有“一贯之精神”,有赖于社会内部有较高程度之共识,共识越多,宪法越有连贯性,各种制度之设计也越是可以相互衔接、构成一相互配合之有机体。如果社会本身陷入严重分裂之中,则立宪者被不同的诉求所拉扯,难免左支右绌,捉襟见肘,导致制度之间自相矛盾。或者制宪者即便有能力起草一部连贯的宪法,但因社会各方分歧太大,不愿妥协,也不愿认同这一宪法,则立宪同样无法成功。这似乎也正是张君劢的命运。张君劢尽管自负有立宪之才,但其所起草之宪法却不能得到当时部分大党之认同,自己也陷入政争困局之中,暂时失败。但是,张君劢的宪政科学,以及更广泛的,他的立国的科学,却显示了一种宏大的气魄,足以成为宪法设计之典范。

第三,宪政科学也必须是具体的,有助于立宪者就个别制度进行合理的细节设计,且这些设计应当具有现实的可操作性。

宪政是一种相互勾连的宏大制度体系,但其有效运转却依赖各种具体的、细节性制度之有效运转,及与其相关的具体制度顺畅配合。也就是说,不论是立法部门、行政部门或司法部门,以及政党制度、选举制度,都由很多细节性规则、制度构成。所有这些也都需要审慎设计,方能使整个制度运转起来。因此,立宪者必须对每种权力的性质及彼此间的关系进行认真研究,同时也要深入到每一种权力的内部,对其性质、内在机理予以研究。对具有实践意向的宪政主义者来说,仅掌握普遍的理念和知识是不够的,因为这些不足以支持立宪政治的实践:实践,包括制度设计的实践,必然是具体的。

张君劢清楚地意识到宪政科学领域之知识的具体性问题:“就知识

言知识，则知识为空泛的。就行为言知识，则知识为具体的。”[1]也因此，他在进行各项制度设计的时候，都用力于探究制度的细节，设想不同的细节性制度在现实的运转中所可能导致的结果。

宪政科学知识的上述三项特征决定了，宪政科学之研究需要同时依靠理论、历史与经验。对于中国人来说——事实上对于任何国家的立宪者来说，立宪不仅是一项政治的大挑战，同时也是一项知识的大挑战。立宪事业当然不是只起草一部宪法，但宪法之起草过程确实至为关键的一个环节。而这种起草工作，如上所述，对于知识之要求是极高的。立宪者必须综合中外理论、中外历史及本国成败经验，形成关于宪法，乃至关于国家的完整而具体之构想。依据张君劢的政体科学努力，我们对他的政体科学的方法论略作如下阐发。

首先，张君劢对当时世界上比较重要的政治、宪政理论均有深入研究。哲学研究故不须说，就法政理论而言，张君劢研究过马克思主义、列宁的理论[2]；也研究过社会民主党理论、德国宪法理论；张君劢研究过拉斯基的理论，译介其《政治典范》（1930 年）一书，著有《赖斯基学说概要》；张君劢显然也研究过《联邦党人文集》及美国立国时期的其他文献。就国内而言，他研究过孙中山的政治与宪法理论。当然，德国宪法学家柏吕斯[3]及联邦党人对张君劢的影响似乎最大。

当然，现代中国所有精英，只要其从事于立国之事业，就不可避免地学习西方之理论。可以说，20 世纪最初 30 年，世界上几乎政治、哲学、法律等理论，在中国都有介绍、传播。相比较而言，张君劢所关注的通常不是纯理论，而是实践性的政治、法律理论。他对于西方世界、苏联当时发生的重要政制及其背后的理论与制度变化极为敏感，总是在第一时间去介绍和讨论其宪法与宪法理论。

---

〔1〕《中西印哲学文集》，上，第 310 页。

〔2〕晚年著有辩证唯物主义驳论（1958 年），收入《张君劢先生九秩诞辰纪念册》。

〔3〕今译普罗伊斯，作者注。

不过,张君劢的这种观察和讨论,又是纯粹中国立场的。他始终是以一个实践的政治家的意识和风格,在西方世界寻求理论资源。能够引起他关注的知识,乃是关于制度的具体知识,乃是直接与制度设计相关的理论、哲学。因此,他也总是在各个国家的立国时期寻求知识的资源,比如,美国制宪者、费边社、德国社会民主党,苏联宪法及其背后的哲学与经济学。这样的关注取向似乎与当时一般知识分子相当不同。他对倭伊铿、柏格森及后来对费希特、康德的哲学的兴趣,同样具有强烈的立国政治的实践指向。

其次,张君劢深入地研究过宪制历史,尤其是各现代国家立宪之历史。张君劢提出:"凡真为建国计者,须择他国业已试验,且行之有效之方法,如英国议会政治,如法国自由、平等、同胞之原则,或可采用,以自厕于近代国家之林。"[1]张君劢本人也十分重视从他国历史中寻找关于立宪之有益知识。由于有在德国留学之亲身经历,且身经德国立国、立宪过程,所以在张君劢的宪政思考中,德国魏玛宪法制定过程似为最为重要的参考对象。张君劢从多个角度深入探讨了魏玛宪法的得失。他尽管对此宪法试图融合不同制度于一体的努力十分推崇,但也以宪法学家的敏锐,明确而清楚地指出此宪法的内在缺陷,尤其是对议会与总统关系之规定,提出了六条质疑[2],并从理论上明确其不可行之处:

> 总统之可以反对议会,议会之可以反对总统,皆由于两机关同发源于民选之所致。惟其同发源于民选,故各以民意为口实,而可以成此两不相下之局。其为良欤,不良欤?非验之实际,殆无由判断矣。故吾以为德新宪法中最使吾怀疑者,莫此为甚。语有之曰:"物莫能两大。"故一国之负责者,当然只有一机关。内阁负责,则总统不负责;总统负责,则内阁不负

〔1〕"老当益壮之自由",《中西印哲学文集》,第153页。
〔2〕"德国新共和宪法评",收入《宪政之道》,第264~265页。

责。今欲使内阁与总统同时负责，而各以发挥其所长，吾恐利未呈而害先见。柏吕斯氏云，兼法美两制之长而去其短，然耶否耶？吾殆未之敢信也。[1]

事实证明，魏玛宪法最终确实被其自身的矛盾之处所葬送。张君劢后来在设计宪法时，即尽可能地避免他从德国宪法中所发现的这些问题。

张君劢对苏联现代国家的构造也有一定研究，并做出了自己独特的取舍。他在30年代《立国之道》中对苏联之计划制度表示过赞赏[2]，但即使在这个时候，也坚定拒绝苏俄式政治体制安排：

独裁政治虽有其一时的赫赫之功，但与行之百年相安无事的民主政治相比，不免瞠乎后矣。我之所以谆谆劝告国人实行民主政治而反对独裁政治者，系为国家长久治安计，而非为一时的赫赫之功计。[3]

从这一点可以清楚看出，张君劢对于任何国家的制度，都不做整体看待，而是进行仔细的辨析，而依据中国建国之需，进行审慎抉择。张君劢的宪政主义理念是非常坚定的，因而它不能接受苏俄及30年代德国的政制安排，但它接受社会主义、计划经济，认为这样的制度可以解决中国的经济社会问题，这两者在他那里主要是政策层面上的设计。

对于英美经验，张君劢也有深入研究，在《国宪议》及《中华民国民主宪法十讲》中，不断论及美国之总统制、议会制度，与英国的内阁制。在人民自由、权利方面，张君劢基本接受美国宪法之原则与规定。不

---

〔1〕《宪政之道》，第265页。

〔2〕如他说："苏俄计划经济，对于世界经济，实有至大之贡献"，(《政制与法制》，第122页)。

〔3〕《政制与法制》，第79页。

过，在政府机构设计方面，张君劢并未盲目移植英制或美制。这一点尤其明显地表现于关于行政部门的设计上，他明确提出，不论是英国的内阁制还是美国的总统制均不合于中国现实，相反，中国应当“寻求第三条路”，即一种修正式内阁制：

> 此种内阁制，绝非完全英法式之内阁制，而是一种修正式内阁制。易词言之，我们采取美国总统制下行政部稳固的长处，而不忘掉民主国中应有之责任政府精神。我们了解欧美民主制度，已有数是年之久，但我们这次不甘心于小孩式的亦步亦趋，而愿意拿出多少创造的精神来。[1]

这种“创造的精神”，系从其关于立国乃一理性选择事业的哲学思考而来。世界存在种种宪政模式，这一事实对于中国立宪者乃是一件幸事。各国的历史可以证明各种制度之优劣，便于中国之立宪者进行制度选择。不过，由于各国自身历史所证明的制度，也终究不是绝对的、普遍的，在英国、美国证明为可行的制度，未必适合中国。可以说，“世界上之制度，没有绝对好的”。如果考虑到宪法乃是国民意思之集体表示，则所谓好的宪法，只能“由自己创造，不必事事步人后尘”[2]。当然，外国宪政历史确实可以为立宪者之思考、选择提供很多材料（data），历史对于立宪者之意思也仅止于此。立国乃是新秩序之开端，则立宪终究是一件创造性事业。

最后，张君劢十分注意对中国立宪成败——通常是失败——的经验，在制定新宪法过程中，着重考虑如何矫正此前宪制运转过程中所出现之问题。自民国建立以来宪政制度之运转不灵，固然有民情的原因，也有政治家缺乏公共精神的原因，但也与宪法性文件之设计存在缺陷

〔1〕《宪政之道》，第197页。
〔2〕《宪政之道》，第184页。

有关。在《国宪议》、《中华民国民主宪法十讲》,及其他政论文章中,张君劢分析了自民国以来立法、行政、司法、选举诸制的设计缺陷。而他之从事宪法设计,就是要解决这些问题。在《国宪议·发端》篇中,张君劢指出,国是会议宪法草案之种种制度设计,

> 此皆鉴于国家既往之失,人民习俗之弊,思以法律之力从而矫正之也。十年以来,国民性质,自由表曝,政治经验,积蓄日多,所长安在,所短安在,正宜借鉴前失,以救将来。若选举买卖之风,议会围逼之例,军人干政之举,尤当毅然更张,与天下更始。[1]

张君劢曾注意到,“美于南北战后,则规定废奴之制”。实际上,更好的例证是张君劢也十分熟悉的美国联邦建国,考察制宪会议记录及《联邦党人文集》,美国制宪者所努力的方向,正是鉴于邦联既往之失,思以新宪法之力矫正之也。

就事物的性质而言,宪法起草、宪政设计可以有两种思路:一种是基于理想进行制度设计,另一种是为矫正既有宪制之弊端进行制度设计。前者有可能主要依据理论进行,立宪者更关注于各种制度的连贯性,而有可能忽视现实本身的复杂性,进而忽视制度的可行性。矫正弊端的制度设计则必然与现实保持着直接联系,立宪者必须面对现实,提出可以解决公认问题之可行方案。当然,这样的宪法可能比较琐碎,而存在自相矛盾之处。

因此,立宪者欲有效地承担立宪的任务,就必须在理论、历史与经验之间保持平衡,往复于其间,探求既合理又可行之宪制设计方案。张君劢是有这种自觉的。在立法、司法、行政等部门的设计中,他都综合地运用了西方宪政理论、欧美宪政历史与中国经验。比如,基于理论和

---

〔1〕《宪政之道》,第12页。

外国历史,他承认,宪政国家之国会必的设立两院,但是基于中国的现实经验,他所提出的两个宪法设计方案,都采用了一院制。就现实而言,中国的国民精神有种种缺陷,但依据理论,张君劢仍在宪法中毫不犹豫地赋予国民以广泛的自由、权利,因为,唯有通过行使自由、权利,国民方可训练政治能力,成为合格公民。

因此,宪政科学所依托者,不是纯粹的理论理性,而是“技艺理性”(artificial reason)。既然立宪的事业是理性的,那当需要政治、宪政的理论,甚至需要伦理学、经济学理论。但是,立宪活动终究不是理性活动,而是实践活动。立宪者所制定之宪法,目的乃是在现实中运用。因而,立宪者必须考虑宪法所规定之各种制度的现实可行性,而这一点,仅靠逻辑逻辑推理未必十分清楚。一项制度之可行性必须验之于该制度在历史上实施的结果。更有进者,即便该制度在外国行之有效,也未必使用于中国。而立宪者之现实目标乃是解决中国宪制运转的明显问题,因而,立宪者必须同时考察中国之经验。既为经验,则身历其中者,自然知之最深。就这一点而言,现实的政治家是有优势的。

综合言之,立宪者须得同时为理论家、历史学家、政治家。理论、历史、经验的维度相加,即形成一种“技艺理性”。立宪的事业是指向现实的,但又须尽可能地摆脱现实给立宪者带来的利益之束缚。如张君劢所指出者:“夫立国之道,是否纯由于理性,而绝不容有一毫人欲之私,犹非我所敢知。然使一无真性情,而纯以诈伪相尚,谓如此而可以立国者,则吾未之前闻,且敢断其必无焉。”[1]立宪者必须让理性支配自己的心智。但同时,立宪者又必须让理性面向现实,并且必须以德性来规制理智。

由此不难理解,中外历史上,伟大的立宪者是不多见的,能够融合理论、历史、经验的宪政科学体系也是非常罕见的。在现代中国历史上,有两位人物,创造、发展了中国的宪政科学、政体科学,一位是吴经熊,另一位是张君劢。相对来说,张君劢的立宪科学更为完整。这不仅

---

〔1〕《宪政之道》,第110页。

是因为，张君劢撰有两部宪法释义，更兼有他本人就是宪政主义的政治家，他是以政治家身份，而非仅以宪法专家身份参与立宪，这使他的宪政科学更加具有逻辑的一贯性，而同时又具有较强的可实践性。在理论、现实与历史之间循环往复，这将有可能为宪政科学的知识之合理性提供一定保证。任何偏颇，都可能损害此类知识的合理性。张君劢基本上做到了理论、现实与历史之间的平衡，而现代中国历史上诸多立国者都没有做到这一点。

下面我们从政治与学问的关系的角度，从实践与知识的关系之角度，对张君劢获得宪政科学知识的范式进行一番讨论。

四、在"政治国"与"学问国"之间

考察张君劢生平，最引人注目的历史事实是他纵横于"政治国"与"学问国"之间[1]，他本人于1924年有"不因哲学忘政治，不因政治忘哲学"之诗句[2]，如果我们注意到前面张君劢关于现代健全之立宪、立国乃是一理性事业，同时又是一种政治行动的论述，则张君劢这种在政治与哲学之间循环往复的生存方式，实在乃是立国者之所必需。

在现代中国历史上，政治与学问之间的冲突，撕扯着几乎所有知识人的心灵。很多知识人，其中尤其引人注目的是现代中国自由主义知识分子，通常对政治具有一种深深的过敏症甚至是恐惧症，其典型表现就是"政党恐惧症"。比如，胡适终生都奉行不结党的宗旨[3]。

---

〔1〕 有论者这样概括张君劢的一生："他一生徘徊于政治和学问之间。从出生到光绪卅三年，即廿二岁以前是深入学问国之中。廿二岁到卅三岁二度欧游止是初入政治国时期，卅三岁至四十七岁组织国家社会党是再入学问国时期，四十七岁至六十四岁止是二度探访政治国时期，此后又归隐于学问国"（肖丰橼，"秀异分子与国民参与——张君劢的政治观"，载《近代中国思想人物论——社会主义》，时报文化出版事业公司）。

〔2〕 "张君劢先生年谱初稿"，第二四页，收入《张君劢先生九秩诞辰纪念册》，中国民主社会党中央总部印赠，1976年1月25日。

〔3〕 关于胡适等现代中国自由主义知识分子对政治、政党的态度之分子，可参看章清：《"胡适派学人群"与现代中国自由主义》，第二章，政治理念：秩序与意义的探求，上海古籍出版社2004年版。

这种恐惧症与“君子不党”的前现代政治伦理有关。不论中西，前现代社会的精英们曾经普遍认为，政党、党争是政治堕落的产物，到民国初年，当政党在中国大量涌现之时，反对政党这一事物本身者，也大有人在[1]。不过，自由主义知识分子之政治过敏症，主要病因在于其自身的现代性与中国立国之古典性间的错位。这些自由主义知识分子的生存状态和心智是现代的：他们基本上是专业机构里的教授、学者，或者是生存于现代媒体中的文人。现代知识人的专业化角色意识要求他们保持相对于社会结构的独立性。按照现代学术共同体的基本伦理，真正的学者必须有意识地与现实，尤其是政治保持距离，有些人甚至更进一步要求保持“价值中立”。学术研究不应当追求实践的可能性，学者也不一定需要具有美德。按照现代的学术伦理，唯有如此，学术的进步才是可能的。

现代中国知识分子清楚地意识到了这一现代学术的内在要求。张君劢本人就曾经反复论证这种学术独立——包括独立于政治——对于学术、思想发展之重要性。1966 年，张君劢著《文化核心问题——学问之独立王国论》一文，明确指出，就学术、科学而言，“西方之成就似乎远在东方之上”，其根源即在于“学问为独立王国之义入于人心之深浅”[2]，而所谓独立，既是指学术不以致用为目的，当然也指独立于政治之外。学术伦理要求学者保持在价值中立、不以实用为目的的纯粹学问世界。

但是，不论是张君劢，还是现代自由主义知识分子，其实也都意识到，中国之现代立国事业尚未完成，而自己作为社会的精英群体，必须承担起历史赋予自己的政治与社会责任。于是，在胡适所代表之自由主义知识分子身上，甚至在张君劢这样热衷政治，但同样带有知识分子身份的人物身上，可以看到知识分子的专业角色意识与政治主体之角

〔1〕 可参见张玉法：《民国初年的政党》，岳麓书社 2004 年版，第一章，民初对政党移植问题的争论。

〔2〕《义理学十讲纲要》，第 123 页。

色意识之间的激烈冲突。按照学术的专业伦理,他们本当拒绝政治,但基于国民的责任伦理,他们又不能不介入政治、从事政治。在这种两种诉求的拉扯之下,现代中国历史上具有自由追求的精英人物,普遍地在“政治国”与“学问国”之间徘徊不定。

面对学术独立与立国政治之拉扯,现代自由主义知识分子与梁启超、张君劢这样的保守—宪政主义者作出了不同的选择。大体说来,在学问国与政治国之间,胡适等知识分子更倾向于学问国,但他们又无法排遣自己的政治情怀。于是,现代中国的自由主义知识分子为自己设计了一种介入政治的变通方式:“议政”。现代中国自由主义者普遍采取这种参与政治的方式,并且将其视为站在自由主义立场上唯一可取的方式。现代中国自由主义者也似乎相信,唯有议政才能够保持自己的独立性,也才能保持自由理念的纯洁性。胡适曾经产生过参与政治的念头,甚至有过组党的念头,旁人也一直认为他可成为某个政党之领袖。但他却始终没有组织政党,也拒绝参与政党的活动。

也许我们不得不说,现代中国自由主义知识分子的政党恐惧症似乎源于其对现代立宪政治的历史、经验的无知。现代各国的立宪政治通常伴随着政党的形成,且立宪者多以政党的力量影响、支配制度变革。比如,在英国立宪过程中,形成了保王党与议会党,随后又形成托利党与辉格党的对立。在美国制宪会议与宪法批准过程中,即隐然形成了联邦党与反联邦党,随后这两者演变成为相对正式的政党:联邦党与共和党,并出现了相当激烈的党争[1]。

---

〔1〕 关于这些争论,托克维尔有最简单的概述,见 Democracy in America, Vol. 1, Chapter X, Parties in the United States。托克维尔本人就厌恶政党,他断言“政党是自由的治理的必要之恶”(第174页)。最有趣的是,托克维尔区分了“伟大的政党”与“渺小的政党”(great parties and minor parties),前者“重视原则而非其后果;关注一般而非个别情形;忠实于理念而非人”,后者则“缺乏健全的政治信念”。伟大的政党活动于国家结构剧烈变动,即立宪政治时期,渺小的政党则活动于常规政治时代。或许可以说,现代中国的自由主义者所厌恶的正是托克维尔所说的“渺小的政党”。美国最初两大政党争论双方的具体意见,可以参见 Liberty and Order: The First American Party Struggle, ed. by Lance Banning ;Indianapolis: Liberty Fund, 2004。

不同于自由主义知识分子，张君劢、张东荪等曾经与梁启超与密切关系的人士，则选择了更为积极地直接参与政治。其实，这个绅士群体同样有教授、文人的身份，因而，他们也同样感受到了政治国与学问国之间的紧张与冲突。这一点，在梁启超身上已经清楚地表现出来。查阅梁启超年谱，从早年开始，梁启超就在启蒙的知识活动与实际的政治活动之间挣扎。到民国初年宪政制度运转显示出失灵的迹象时，这种紧张越发趋于强烈。他常欲退出政治，转而从事文人的专业——启蒙工作[1]。但是，最终，梁启超还是拿出极大精力从事政治活动，乃至直接组织政党，参加内阁，运动讨袁。事实上，这是梁启超派士人群的经典生命形态：张东荪、张君劢、曾琦等人也都积极地参与政治，组织政党，丁文江、蒋百里则曾经进入政府担任行政或军事工作。

关于梁启超之出处困境，陈寅恪先生曾经提及，“论者每惜其[指梁任公]与中国五十年腐恶之政治不能绝缘，以为先生之不幸”。对此，陈先生曾予以辩护：

> 尝读元明旧史，见刘藏春姚逃虚皆以世外闲身而与人家国事。况先生少为儒家之学，本董生国身通一之旨，慕伊尹天民先觉之任，其不能与当时腐恶之政治绝缘，势不得不然。忆洪宪称帝之日，余适旅居旧都，其时颂美袁氏功德者，极丑怪之奇观。深感廉耻道尽，至为痛心。至如国体之为君主抑或民主，则尚为其次者。迨先生《异哉所谓国体问题者》一文出，摧陷廓清，如拨云雾而睹青天。然则先生不能与近世政治绝缘者，实有不获已之故。此则中国之不幸，非独先生之不幸

[1] 比如，1916年，他曾说：“国中大多数人民政治智识之缺乏，政治能力之薄弱，实毋庸为讳，非亟从社会教育上痛下工夫，则宪政基础终无由确立”（《饮冰室合集》，专集之三十三，第132页）。

也。又何病焉?[1]

在这段话中,陈寅恪先生极为深刻地揭示了梁启超及其周围的士人积极而直接参与政治——当然属于立国的政治——的文化与历史动因。梁启超士人群与现代知识分子相比,具有一定的文化保守性、古典性,也就是说,他们对中国传统,主要是儒家,保持着同情、亲和,甚至本身就是儒家士人。梁启超虽然是广泛传播西方现代思想,但终究是一位儒家士人,他在晚年高度肯定儒家思想之现代价值。张君劢则是现代新儒家之代表人物,张东荪也深受儒家思想影响。因而,儒家绅士心智支配着他们,他们也就很自然地如董仲舒那样具有强烈的治国、治平下之政治取向,从而积极地进入政治国的世界。

当然,这个士人群体也具有知识人身份,因而与自由主义学人一样,他们也从事知识分子所从事的活动,比如,在大学教书,介绍和研究哲学,组织西方学者来华讲学,出版报纸刊物,甚至办学。但在所有这些活动中,都渗透了明显的政治性[2]。他们似乎相信,学问必须有助于世道人心,学问必须具有可实践性。而且,真正的学问必须由自己去实践。张君劢的兄弟曾经这样解释张君劢之从事政治的动机:

> 在我们朋友乃至于我们弟兄之间,都认为君劢这个人是研究学问的,可以成一个哲学家。可是,他认为政治理想不是凭空可以实现的。所以他总不忘怀于实际政治,国家一有事情发生,他就会情不自已地去参加政治。他们还希望他成为一个单纯的政治哲学家,可是他偏要组织与他性情并不相合

〔1〕 陈寅恪:"读吴其昌撰梁启超传书后",收入《寒柳堂集》,上海古籍出版社1980年版,第148页。

〔2〕 关于这一点,薛化元也有论述:"张君劢虽然常常自称徘徊在政治与学术之间,但是只要有可为之机,他的行为倾向都出以政治为主,学术为辅,而且其学术生涯不只是求知、治学,终极关怀仍在于政治实践"(《民主宪政与民族主义的辩证发展——张君劢思想研究》,第29页)。

> 的政党,因此有的人有时竟说他用其所短……还有,最基本的原因,是由于他自身的兴趣与外在的国家环境相矛盾。他尽管对于学术有兴趣,但觉得人生的一切一切是要贡献于国家,所以国家不兴,只有参加政治。[1]

张君劢如此热心于组织政党,参与政党政治,当然引来很多自由主义知识分子的怀疑。当代的研究者对此就不乏批评[2]。然而,张君劢却不顾这些怀疑,冒着风险投入现实的政党政治中。

反过来,张君劢对启蒙知识分子的政治过敏感则提出质疑和批评。1921 年冬,正在德国读书、似乎正在学问国中的张君劢,撰写了《国民政治品格之提高》与《悬拟之社会改造同志会意见书》二文,系统地表达了其对民主政治即为政党政治的认识。

> 国人鉴于十年来政治之混乱,于是相戒不言行为,抑知此乃少数人把持团体不谋群众之过,非行为之过焉。夫国民精神上之希望,非提出要求,何能表示?欲表示之有力,非以群众为后盾,何能有为?同人不敏,诚不敢轻以行为之说导国人。然以改革方针,公表于国中,以为运动之阶梯,此方今之急务,不容少患者也。[3]

这里所阐述的就是我们将会讨论的张君劢主张的国民主义的政治的基本进路。他认为,中国必须启动这样的政治进程,才能够结束政治

---

〔1〕“张公权”:《传记文学》,第十四卷第四期,第 73 页。

〔2〕比如,许纪霖这样评价张君劢:“从某种意义上说,张君劢旧式过分迷恋介入,从而失却了与超然的平衡……他尽管不乏理想的体验、人格的崇高和对个人精神自由的向往,他也在超然与介入的选择面前一度徘徊、游荡,但他过于追求成功,为了历史目的的‘合理性’,不惜降低理想、违拗信念去顺应现实……张君劢从骨子里而言却是个急于用世、艳羡功名的俗儒……”(《无穷的困惑》,第 281 页)。

〔3〕“悬拟之社会改造同志会意见书”,《中西印哲学文集》,上,第 311 页。

上的混乱。为此，知识人就必须参与、领导实际的行动。这样的行动是必要的，因而也是高尚的。他明确地对新文化运动活跃人物所持之躲避政治，甚至反对政治的启蒙主义的社会变革立场提出了批评：

> 今之持改造说者，常以知识(或文化)运动为高洁，而以其他活动为卑污，此谬说也。诚有志于改造者，不能外行为而他求。[1]

在这里，自由主义知识分子与保守—宪政主义者之间的分歧已经清楚地呈现出来。张君劢所说的“行为”，或者说实践，就是政治活动。张君劢虽然也曾经在学问国与政治国之间几度进出，但总体上看，他在20世纪前半期，最主要的事业依然是政治。张君劢的政治活动除了上文已经讨论过的宪政科学之外，还有政治性思想、学术的介绍与传播活动，组织社会组织和政党，参与政治博弈及立宪活动。所有这些活动，构成了张君劢的立国的政治性事业。张君劢毕生所从事者，尤其是在20世纪前半期所从事者正是立国的政治。在20世纪前半期，张君劢心目中最为重要的事业一直是政治。

这种政治意向极大地影响了张君劢在学问国内的行为模式。张君劢的所有学术、思想活动都带有强烈的立国指向，具有明显的政治色彩。钱穆先生更是这样评论张君劢：“平生于宗教，无所信，亦无所排。其于哲学，特所爱好。然而行顾言，言顾行，其为慥慥一君子，尤胜于其为一纯思辨之哲学家。”[2]张君劢曾自述其从社会科学——政治、法学——的研究转向哲学的动机时称，“我决心探究一民族所以立国之最基本的力量，或者是道德力，或者是智识力，或者是经济力，专在这方面

---

[1] “悬拟之社会改造同志会意见书”，《中西印哲学文集》，上，第309页。
[2] “辩证唯物主义驳论”，钱穆先生序，收入《张君劢先生九秩诞辰纪念册》。

尽我的心力”。[1] 张君劢关于政治、宪法的学术研究，自不必说，按照他的说法，他的哲学研究反而是为了从更深层次寻求立国之道。也因此，即便转向哲学之后，“对于欧洲之政治思潮与经济思潮亦时常注意”[2]，因为这是政治实践所必需者。

因此，张君劢不论是对柏格森、倭伊铿等人思想的介绍、研究，还是对康德、黑格尔等人思想之研究，似乎都是旨在阐发其与德国建立现代国家的事业之间的关系，并努力寻绎起对中国立国事业之启示。从立国视角出发，张君劢特别重视黑格尔的国家哲学、历史哲学，并特意抉发黑格尔关于国家的四点看法[3]。《黑格尔之哲学系统及其国家哲学历史哲学》长文，更是阐发了黑格尔的国家主义思想，并强烈呼吁国人接受之。大约正是这种基于立国政治之思考，导致他与专业的黑格尔哲学专家张真如之间发生了一场争论。在争论中他说明了自己介绍、研究西方哲学之基本宗旨：

(一)心之所爱好者，不以社会之厌而置之。

(二)阐发各家之学说，以十二分之热诚盾乎其后，如父母于子女，烈士之于名誉然。

(三)各家学说先以明白条畅之文，叙其大纲，俾国人易于明晓。

以此三者之故，劢以为今日欲求黑氏学说之昌明，当就其大本大源处立论，若何谓精神哲学？何以“思”“有”同一，何谓对演法，先不必拘拘于原文之如何，而以其大意写出之……[4]

这其实是张君劢介绍、研究外国哲学及政治学、宪法学的基本方

[1] “我从社会科学到哲学之经过”，《中西印哲学文集》，上，第68页。
[2] “我从社会科学到哲学之经过”，《中西印哲学文集》，上，第68页。
[3] “黑格尔之哲学系统与国家观”，收入《民族复兴之学术基础》，第143页。
[4] “关于黑格尔哲学答张真如先生”，《民族复兴之学术基础》，第176页。

法，而不仅限于黑格尔。从某种程度上说，张君劢是在从事某种启蒙工作，向国人介绍西方思想。但是，就其所介绍的学说之取向而言，他是在启立国者之蒙，为立国之实践活动寻找理论依据。通过哲学研究，他最终形成了“唯心主义的社会哲学”，此系社会改造的哲学体系。通过政治学与宪法学研究，他构造了宪政科学体系，其中蕴涵了一个现代国家的详尽规划，这个规划同时包容了民主主义、国家主义和社会主义等倾向。同时，张君劢的思想学术活动，也是一种动员政治支持的工具，他的哲学思想特别强调个人的自觉创造性，个体意识的自觉将会推动社会制度变革。这种积极的人生态度，乃是对支持者的一种鼓励。张君劢本人也秉持这样的人生态度，从事于具有社会性的政治活动。

也正是这种始终如一的、明确的实践意向，赋予张君劢的宪政科学以重大价值。在很多情况下，现代中国的宪政主义者也是专业化知识分子，张君劢就曾经充任过大学教授。因而，与现代自由主义者一样，张君劢同样具有实现自由宪政之理念，也具有关于这种制度的一般性知识。但是，他比自由主义者更进一步，要直接采取立宪政治行动，比如组建政党，推进宪法之制定与自由宪政制度及其他社会制度之建立。这种实践意向极大地影响了张君劢宪政主义理念与知识的性质。立宪政治的实践预期促使张君劢这样的宪政主义者努力掌握联邦党人所说的“政体科学”或宪政科学的知识，这种知识的特征，如牟宗三先生所说，“决不囿于政治学教授之立场……实为一实践的谋国以忠的民主政体建国之政治家的立场”[1]。

反过来，张君劢又积极地谋求将这些知识运用于实践之中。他的政治活动不是随性的，基于激情的，相反，是理性的，是以理智、知识为理据的。他所设计的宪制结构，基于他对欧美各国宪法的考察及自己的思考所形成之宪法知识。他试图以这种知识立足于现实而同时又超越于现实。如张君劢的胞弟张嘉璈所说：

---

〔1〕《张君劢先生七十寿庆纪念论文集》，第30页。

> 依我所知道的，他在政治上所发表的主张，都是他在书本上经过深刻研究后所得的结论，他总是对现实的政治比别人看得前一步……换言之，他是在想领导国家向前进，因此一班人总不容易了解他，而觉得他不切实际，不宜参加政治……[1]

张君劢是借助于立国的知识、宪政科学的知识从事政治活动的。这让他的政治活动确实显得“不切实际”。然而，也正是这种不切实际，让他的政治呈现为真正的政治，也即它具有一定的理想性，它试图超越现实，解决现实中存在的严重制度问题。这样的政治是艰难的，但这也正是立国政治的本质所在。

总之，张君劢的思想学术活动具有明显的政治性。他的哲学思考或社会科学研究，是服务于立国之政治实践的。这种实践意向决定了，他的哲学、学术不是仅仅关注学术内在理路的学院式专业研究，也不是现代自由主义者的只说不做的启蒙性传播。同时，尽管他本人也曾经参与发表《为中国文化敬告世界人士宣言》，但他的儒家哲学研究专业水平确实不能达到牟宗三等人的高度，因为牟宗三等人是专业哲学家，张君劢却不是。但这个宣言的发起者似乎主要是张君劢[2]，这一历史事实似乎显示了，张君劢关于学术的政治敏感：他总是从立国角度思考学术问题的。

张君劢首先是一位政治家，他是围绕立国的政治实践思考哲学、研究学术的。应当说，站在现代专业化学术的角度看，这一点对他的学术思想之思考、研究确实构成了一种限制，让他的思想体系不够系统，似

〔1〕“张公权”：《传记文学》，第十四卷第四期，第73页。

〔2〕据唐君毅先生回忆，他访美与张君劢论及美国人对中国文化之误读，“君劢先生说，我们应该约几个人共写一篇文章来讨论中国学术文化的性质与应如何研究的问题。他旋即写信与当时在台湾的牟宗三和徐复观两先生征询意见”（唐君毅，“从科学与玄学论战谈张君劢先生的思想”，《传记文学》，第28卷，第3期，第19页）。“张君劢致牟徐两先生信”见《中西印哲学文集》，下，第1436页。

乎也不够深入，缺乏纯粹知识的那种知性诱惑。但另一方面，张君劢也因此开掘出了关于立国的哲学与宪政科学[1]，在看似平实的论说中，气势蕴含着一种更难企及的理性。

这就是包容理论理性而又超越理论理性的技艺理性。张君劢在学问与政治之间往复的结果，是形成了一种"技艺理性"，据此理性，他发展了一门立宪科学，或者说政体科学，甚至可以说，发展了一门立国的科学。这种技艺理性融合了理论与经验，而为立国者所必需。亚里士多德早就谈论过一个政治或立法的悖论：

> 在政治学方面，声称教授政治学的智者们从来不实践。从事实践是政治家们，但他们所依赖的是经验而不是理智。因为，我们看不到他们写或者讲政治学的问题（尽管这种活动比写法庭辩词和公民大会演说词更高尚[高贵]）……所以，想懂政治学的人还要具备政治的经验。[2]

经验与理智的这种分立，在常规政治时代，或许不会带来什么问题。但在立国时期，此种分立则会造成极大问题。现代中国立国历史上的一个重大问题就是因为这种分立导致的。在现代中国的立国事业场域中，我们可以看到三类活跃的人物：

第一类，最为令人瞩目的是那些政治人物，尤其是革命程度不等的革命者。他们基于自己的理想致力于构造现代国家，包括立宪。但是，他们的思想的革命性也极大地影响了他们的宪法设计，比如孙中山先

---

〔1〕 有论者曾这样评论张君劢的政治学理论："先生的政治言行，可说都不是属于理想而属于现实并切近于国人所需要所向往的。先生研读哲学和政治学，也是有其政治理想的。但如何适应国情，国情发生变化给予了刺激，又当如何反应，则更是先生一生所迫切追求与所疑虑的。换言之，如是毋宁说先生是一位实用的政治家，而不是空中楼阁的幻想者"（程文熙，"张君劢先生的政治十大译著"，载《张君劢传记资料》，天一出版社 1979 年版，第 188 页）。

〔2〕 [古希腊]亚里士多德：《尼各马克伦理学》，廖申白译注，商务印书馆 2003 年版，第 316 页。

生的宪法设计，就具有过于强烈的意识形态色彩，而忽视了宪法制度内在的理性。换言之，他们罔顾现实，又未能充分地利用理智对西方新兴的理论、制度进行批判性思考，而贸然地把一种后现代的理想强加于整个社会。

第二类人物则是宪法专家。在20世纪前半期，中国确实涌现出了一些杰出的宪法专家，这其中最著名的如吴经熊、钱端升、王世杰等。但是，基本上，他们是一学者身份从事宪法设计的。他们可以相当充分地比较不同国家，或者中国不同历史时期的宪制之优劣得失。应当说，这些宪法学遗产始终没有得到重视。不过，他们通常接受西方现代宪法理论影响较大，把西方立国之现代时期的种种宪法制度，视为理所当然，而缺乏对于立国时刻的政治与宪制安排的特殊性的反思。

第三类人物，则是自由主义知识分子。他们显然具有明确的宪政主义政治态度，希望通过立宪确立法治、宪政，以保障人的自由与权利。但是，他们多数是学者，而且，多数是人文学者，比如“胡适文人群”。他们缺乏宪法学、政治学的训练。于是，他们在立宪问题上的主要表现，就是呼吁和议论。他们依据现代自由主义的常识论证自由的重要性，呼吁通过立宪保护人权。正是借助这些政治议论，整个社会、起码是精英群体内部形成了一波又一波宪政主义舆论。这种舆论对于立宪事业之进展，当然发挥了十分重要的作用。但是，这些知识分子群体本身没有能力提出宪法的具体制度设计方案。

当然，除此之外，还有另外一类人物，一般的政治家/政客。通常情况下，他们被现实控制，只能在原有政制的逻辑内机械地活动，而无力完成立宪、立国的任务，甚至根本就没有这种意识。

与上述三类人物相比较，我们立刻可以看出，张君劢的地位和价值几乎是独一无二的。一方面，他是宪法学专家，他曾经对于西方重要国家的宪法作过十分深入的现场观察与学理上的比较性研究。另一方面，他又是直接组织领导政党、从事立宪的政治实践的宪政主义政治家。因此，他不仅构思了宪法，也通过立宪政治活动实现自己的构思。

如我们已经指出,他具有一种立国者所独具的“技艺理性”。从这个意义上说,他是真正的立宪者。在现代中国的立宪史上,唯有张君劢与美国的制宪者最为接近,类似于古典意义上的 lawgiver,而大大地超越了前述三种类型的人物。

张君劢——及他所代表的一个士人群体——的价值就在于,他们把理智与经验,还有历史,融合为一体,由此而具备了一种“技艺理性”。而这,恰恰是治国者,尤其是立国者所需要之理性。在美国制宪者身上,最清楚地表现了这样的理性。在现代中国历史上,似乎唯有张君劢和他的同道们具有立国者的技艺理性。他们充分地运用理性;但同时,他们又让理性面向现实,让理性接受道德的约束。在学问国与政治国之间的出入,乃是养成这种理性的生活基础。尽管他们曾经觉得这种拉扯是一种痛苦,而缺乏一种自觉,但事实证明,这恰是他们相对于其他立国者的优势之所在。

张君劢的立国规划之所以具有合理性,根源亦正在于此。在传统的绅士身上,我们可以看到那种知行合一的技艺理性。这种绅士心智在现代中国成立时期,于张君劢身上就表现为实践的立宪者的技艺理性心智:具有民主政治实践指向的理智,形成了张君劢的立国哲学与宪政科学。在此种哲学和科学指引下的政治实践,则表现为民主的立宪政治活动。

CHAPTER 05 >> 第五章

立国的政治哲学:蓝图与主体

张君劢毕生游走于“政治国”与“学问国”之间,致力于探寻立国之道,并使之付诸实施。从清末立宪到民国初年立宪,再到抗战期间及之后立宪,张君劢始终都是最为活跃的宪政思考者和立宪政治家。他深度卷入现代中国之立国政治实践中,发现了现代中国立国进程的重大问题,因而,思考、发展了一套关于立国政治之哲学。

在此思考过程中,张君劢借用了西方、中国的思想资源,特别是柏格森、倭伊铿、康德等人及宋明理学的思想,但是,张君劢不是一位学院派哲学家,这一点,是他与现代新儒家的其他人物的重大区别所在。如牟宗三所说,张君劢“实具有政治家之意识与风格,故其论民主政治绝不囿于政治学教授之立场,而能通着历史文化以及哲学上之理想主义。此实为一实践的谋国以忠的民主政体建国之政治家的立场”[1]。这一结论不仅适用于张君劢的政治学,也适用于张君劢的哲学。如上一章我们所论述的,张君劢始终是以政治家、以立国者的心态来斟酌、取舍中西哲学的,他

---

〔1〕“中国数十年来的政治意识——寿张君劢先生七十大庆”,收入《张君劢七十寿庆纪念论文集》,第30页。

的哲学思考也始终围绕立国事业而展开,哪怕是那些貌似纯粹的哲学论述,比如《新儒家思想史》或关于孟子与柏拉图的对比研究。从根本上说,张君劢毕生关注的问题是现代国家之建立。围绕这个立国问题进行的思考和论述,有的时候直接采用宪政科学的语言,有的时候采用文化学的语言,有的时候则采用哲学的语言。尽管话语体系不同,议题却是始终一致的,"立国"的关怀、"立国"的视角、"立国"的思考贯穿于张君劢的全部论述中。

一、张君劢的现代国家想象

张君劢毕生都具有强烈的建立现代国家的担当意识。在他一生论述中,随处可见"立国"、"建国"之类的字眼。所谓的立国,就是指建立"现代国家"。现代国家由一套复杂的、相互关联的规则、制度构成,它至少包括宪制、法律、精神、商业等面相。张君劢也不是从一开始就具有完整的现代国家构想。从现有文献可以看出,张君劢对现代国家的构成的认知,经历过一次比较重大的变化。

在留学日本、追随梁启超先生时期,张君劢的思考似乎主要集中于建立宪政主义的宪制问题。这也是当时开明士大夫群体关注的主要问题。尽管康有为、张之洞在戊戌变法前后就明确提出了"保教"问题,但事实上,除了康有为以一种怪异的方式致力于建立孔教之外,几乎很少有人认真考虑现代之教,即现代国民精神秩序之型塑问题。一个重要原因是,这个时候,传统中国以儒家为基底的精神秩序并没有崩溃:儒家传统没有陷入危机,佛教甚至有一种强劲的振兴迹象。因而连梁启超也反对康有为的保教努力,并明确提出,"自今以往所当努力者,唯保国而已"[1]。关注现代国家建立的士大夫群体所关注的重点是建立现代国家的财政、行政、法律制度,简而言之是立宪。这是现代中国立国

〔1〕 梁启超:"保教费所以尊孔论",《饮冰室合集》(第1册),饮冰室文集之九,第50页。任公在本文最后论及"孔教无可亡之理",这是不必保教的重要理由。

之古典时期的基本特征。

在这一时期,张君劢本人主要投身于立宪的政治活动,包括 20 世纪初几年在东京与革命党人论战,协助梁启超先生组织政闻社,民国成立之后组织进步党等。他的思考与写作也基本上围绕着立宪的政治问题展开。这一点,可从收录他当时著述的《开国前后言论集》中看得出来[1]。这里收录了他毕生第一篇比较重要的译述《穆勒约翰议院政治论》,在其"小引"中,张君劢已明确地把自己从事的事业形容为"四千载古国再造之大业"[2]——这里的"再造"一词与 30 年代后出版的国家社会党刊物《再生》(national renaissance)一词之间有着明显的连续性。不过,该篇及该书所讨论的问题完全是议会制度、政党制度、联邦制等宪政问题,唯一具有精神指向的是关于国民的政治能力的讨论,但此项讨论也仍然没有触及道德层面。在此期间,从 1913 年到 1916 年,张君劢曾经到德国留学,但看不出德国唯心主义与社会主义思想对他有多大影响。

第二次游学德国则极大地改变了张君劢的思想,改变了他的现代国家想象。1919 年年初,张君劢陪同梁任公以私人身份赴巴黎参加和会。这次行程期间,他的心灵受到种种强烈刺激,而有了两项重要的转变:第一项是"从社会科学跳到哲学"之重大转折[3],他对哲学产生了十分强烈的兴趣。关于这一转折的详尽内容及含义,上一章已有分析。这里要指出的是,他的哲学兴趣集中于所谓"唯心主义",对哲学的兴趣实际上意味着张君劢关于现代国家构建的思考,从客观的制度的层面扩展进入主观的人的精神层面。也就是说,精神秩序的型塑即立教的问题进入了张君劢的立国规划范围。当然,他也仍然是从建立宪政制度的视野来考虑人的精神问题,如他后来回忆自己当时的想法:

---

〔1〕 张君劢:《开国前后言论集》,台湾正中书局 1972 年印行。

〔2〕 《开国前后言论集》,第 1 页。

〔3〕 这个过程在 1955 年的一篇回忆性文章"我从社会科学跳到哲学之经过"中有详尽论述,收入《中西印哲学文集》,上,第 63 页以后。

我曾经目击民元的国会选举，初选复选，都以贿成，选民如此，这个民国能否维持，大家已发生疑问。如其现在选民，现在议员不能维持下去，是否应当开发教育，开发实业或另有其他方法，以提高人民程度，以巩固民族基础。一国以内，先要人民的知识力、道德力充实，然后才有好政治，如果不然，天天空口希望好政治，是无用的。我因为怀疑于民元以后的政治，所以时常心上要求一种最基本的方法，对民族之智力、道德与风俗升降之研究，时常感觉必要。[1]

因为这种考虑，张君劢与倭伊铿、柏格森的思想发生了极大共鸣，而他——还有后来与他共同创建国家社会党的张东荪——之服膺倭、柏二氏，乃是基于二氏对于人的自由行为能力的信赖。备受民国初年立宪失败之挫折的张君劢，急需要这种信念来支持自己继续立宪事业的努力：

吾辈当日所以提倡此派学说，初非如柏氏、倭氏、詹氏之反对黑氏，乃由此派学说侧重人生，尤好言人生之特点，为自由，为行为，为变化，正合于当时坐言不如起行，唯有努力奋斗自能开出新局面之心理中来也。[2]

可以说，转向"内在"、转向人的精神，乃是当时知识人的普遍倾向，新青年、少年中国学会等掀起的新文化运动此时已经轰轰烈烈矣。很快，张君劢身在其中的、以任公为首的知识人群体，也积极地从事自己的启蒙运动。张君劢为此也做了很多工作，包括陪同杜里舒到中国演

〔1〕《中西印哲学文集》，上，第67页。

〔2〕"张东荪著《思想与社会》序"，《中西印哲学文集》，上，第118页。

讲。但是,张君劢在这方面的努力终究没有发展成为《新青年》式启蒙运动,原因在于他关于心、关于道德与理智、理智与行动的关系等问题的思考,与胡适等人采取了不同的进路。

最大的不同就在于我们前面已略有论述的一点:借助倭伊铿、柏格森强调人的自由意志的理论,张君劢重新发现了中国传统,主要是宋明理学对于构建现代国家的内在价值。两者的结合点就在于两者都强调心、精神在改变风气,进而变革制度的过程中所具有的决定性作用。这种结合可能基于对倭伊铿、柏格森哲学的误解,但确实让寻找立国之道的张君劢在清华《人生观》演讲中发出了“新宋学之复活”的呼声。张君劢也十分清楚地说明自己取法宋明儒学,实基于立国政治之考虑:

> 在君知之乎!当此人欲横流之际,号为服国民之公职者,不复知有主义,不复知有廉耻,不复知有出处进退之准则。其以事务为生者,相率于放弃责任;其以政治为生者,朝秦暮楚,苟图饱暖,甚且为一己之私,牺牲国家之命脉而不惜。若此人心风俗,又岂碎义难逃之汉学家所得而矫正之乎?诚欲求发聋振聩之乐,唯在新宋学之复活,所谓实际上之必要者此也。[1]

这样,张君劢实现了现代中国思想史上的一个重大突破:建立现代国家的事业就与中国最重要的传统之间建立起了正面的关系。这样的关系与启蒙主义的现代自由主义者眼里的两者间关系,大不相同。致力于建立现代国家、包括宪政制度的张君劢,由此就向着“现代新”儒家的方向发展。康有为在真正的汉学也即公羊学与现代宪政主义、现代国家之间建立起正面的关系;张君劢则把宋明理学与宪政主义勾连起来。更重要的是,康乃是在儒家作为主流、获得士人群体情感认同的时

〔1〕《张君劢卷》,第660页。

刻，确认这种关系的，张君劢却是在进入现代之后、儒家价值已经遭到整体怀疑的时候，建立这种关系的，因而这是一次重新发现、重新建构。也因此，张君劢的主张才立刻就引起了争论。

张君劢的这一突破在现代中国思想史上十分重大的意义，它打开了现代新儒家的发展之门。牟宗三所代表的现代新儒家的基本理念结构就是宋明理学与宪政主义的融合，而张君劢正是这样的理念架构的第一个锻造者。诚如一位论者所指出的：

> 现代新儒家的代表人物中，前辈有张君劢、熊十力、梁漱溟，主力人物有唐君毅、徐复观、牟宗三。因此，张君劢事实上是唯一跨越两个世代的新儒家。再就理论而言，新儒家基本上是中国文化传统对西学东渐的文化回应，被视为新儒家理论代表人物的唐君毅、牟宗三，基本上他们的学问是植基在德国唯心论传统上，并且主要是以康德、黑格尔的哲学作为复兴儒学的理论架构；而在中国文化上，他们则主要是继承了宋明理学，认为孔孟程朱陆王是中国思想的根本精神；并且希望在中国开展出近代的民主与科学。最早从这三个理论的不同面向入手，而且都卓然有成的，并非熊十力、梁漱溟，而是张君劢。换句话说，直到张君劢，新儒家思想的发展方向，才算确立，新儒家的面貌才浮现出来。[1]

这里需要指的是，最早引导张君劢回望宋明理学的不是康德、黑格尔，而是倭伊铿、柏格森。至于后期，张君劢则主要会通康德和宋明理学。由此可以看出，张君劢用于沟通中西的西方思想资源也经历过一个变化。

第二次游学德国期间张君劢思想的另一大变化是成为社会主义

---

〔1〕《民主宪政与民族主义的辩证发展》，第3～4页。

者。张君劢晚年曾回忆说:“可以说自1919年起,我即相信社会主义。”[1]在此之前,张君劢已经受到社会主义的影响,因为任公至晚在1903年游美时就已接触到社会主义[2]。张君劢留学日本、德国期间,社会主义思想在这两国均相当流行。1913年,张君劢在德国留学期间,就曾经与德国的社会主义者接触过[3]。

但直到战后再次留学,社会主义才进入张君劢的思想架构,变成他的一项基本立国主张。这可能与战后德国、欧洲的政治形势有关,当时的社会民主党是德国最为强大的政治力量,整个社会民主党似乎也是全欧洲最为强大的政治力量。事实上,张君劢在本次赴欧途中就经过莫斯科,停留几个月,并翻译了苏维埃宪法,苏联的政治社会变革试验也引起了他强烈的兴趣,甚至可以说对他产生了极大冲击。政府的权力竟然可以以那种方式深度介入社会经济生活过程中,站在此前西方的现代国家理论和前现代的儒家理论的立场上,这都是不可想象的。同时,他也现场观察了德国社会民主党如何将自己的社会主义理想变成现实的法律、政策的全过程。这种过程给他以极大冲击。

从基本理论和政策主张上看,社会主义具有强烈的经济面相:它的纲领要求进行生产资料的国有化,由政府组织生产活动,对全社会的财富进行再分配。这样,欧洲战后广泛的社会主义试验就让财富与经济生产秩序问题进入了张君劢的视野。

不过,社会主义之获得张君劢的认可,与其对中国儒家传统的信仰之明确之间,存在直接关系。这一点,张君劢在刚回国后撰写的《国宪议》中即有明确论述,他把西方的社会主义与儒家的大同思想相提并论,在引用了《礼记·礼运篇》的大同理想后说:

---

〔1〕 张君劢,“社会主义思想运动概观”,《张君劢传记资料》,1979年版,第262页。
〔2〕 《梁启超年谱长编》,第322页。
〔3〕 张君劢,“社会主义思想运动概观”,《张君劢传记资料》,1979年版,第261页。

> “货恶其弃于地”而“不必藏与己”，非工商虽兴，而不必存私有财产之制乎？“力恶其不出于身”，非劳动神圣之谓乎？“老有所终”，非养老年金之谓乎？“矜寡、孤独、废疾者，皆有所养”，非盲哑学校与死伤保险之意乎？“天下为公”，非共和之制乎？“是谓大同”，非今之所谓国际主义乎？则西方社会党之要求，与我先圣之言，契合若此。此为传会耶？其为心同理同耶？稍有识者，必能辨之矣。[1]

社会主义的政策纲领与儒家大同理想中的主张如此相契，以至于张君劢说，“孔子已先今日之社会党”而道出了欧洲社会主义者的种种主张[2]。到晚年，他依然坚持这样一种从儒家理解社会主义的视角：“民主社会主义，却与儒家哲学，完全相通”。[3] 可以说，他在欧洲所看到的哲学新趋势和社会主义，与中国传统的儒家理念和价值体系之间，形成了一种相互支持的关系。在他看来，在战争的废墟上正在浮现的新欧洲，包括其精神和社会秩序安排，与儒家的理想之间存在极大的相似性。于是，儒家理想让他觉得中国人完全可以接受社会主义，社会主义则坚定了他对儒家理想之伟大性的信仰；欧洲新兴哲学也支持了传统的儒家思想，并且也为儒家思想的扩展和深化提供了资源。

总之，到第一次世界大战结束，有两大因素，一为欧洲唯心论哲学支持之儒家思想，一为社会主义，已经进入了张君劢的运思范围。不过，与当时大多数人不同，张君劢并未因此而减少对宪政问题的兴趣，上述两个因素不过是叠加于他原来的宪政主义事业之上。就在此期间，张君劢对刚刚成立的苏联的宪法安排给予极大关注，他更为关注的是德国的立宪过程及新制定的宪法的结构、内容。或许可以说，他对社

---

〔1〕《宪政之道》，第 87 页。

〔2〕《宪政之道》，第 86 页。

〔3〕张君劢，“社会主义思想运动概观”，《张君劢传记资料》，1979 年版，第 262 页。

会主义的兴趣在很大程度上就是由社会民主党主导的新宪法中的相关条款所引起的。因此,张君劢对社会主义的兴趣从一开始就与宪制结合在一起。他始终坚持通过宪法来安排社会主义,把社会主义安排在宪政的框架之内。张君劢从来没有把经济视为历史、社会的决定性力量,没有让经济结构来决定宪法安排。这样,社会主义就始终被限制在合理的范围内,而没有变成他的思想中的支配性力量。

这样,大约到1920年,宪政主义,得到欧洲唯心论哲学传统支持的新儒家思想,社会主义这三大构件,就拼合称为一个完整的理念结构。由此,张君劢从一个相对单纯的立宪者,发展成为一个对现代国家具有完整想象的立国者。这三个价值和理念构件相互套嵌,构成一个相互支持又相互制约的体系。关于这种相互支持关系,张君劢在40年代曾经从儒家的立场说过一句十分简练的话语:"所谓儒家精神,同于民主政治,同于社会主义"[1]。宪政结构让儒家思想和社会主义得以实现,儒家思想和社会主义反过来又为宪政结构提供了实体性的精神、原则及某些政策内容。因而,他所努力的宪政就不是抽象的权力结构、程序与民权,而具有实体性内容。张君劢不再只是在建立抽象的宪政制度,而是在建立一个以宪政制度作为其基础性制度框架,且具有实体性价值和政策内容的现代国家。关于这三者之间的制约关系,可以确定一点:张君劢社会主义的经济社会理想始终受到宪政主义的基本政治原则的制约,因而他始终拒绝那种借助暴力改变既有经济社会结构的事业。张君劢与梁启超、张东荪等人一样,虽然是社会主义者,但对苏联式社会主义的批判却是最为严厉的。同样,在张君劢的运思过程中,儒家思想始终服从于建立宪政的目标,因而,下面我们将会分析到,他始终强调中国新文化之构造问题。他虽然是儒家,但却坚定地主张国民

---

〔1〕 "张东荪著《思想与社会》序",《中西印哲学文集》,上,第123页。张君劢接着解释说:"去儒家学说之尘垢,见其精义之蕴藏,则知二者,自出于人心之同然,而非偶然。何也,二者同以理性为出发点故也"。

的精神自由，这是一种宪政主义的基本价值，儒家同样被安置在宪政框架内活动。

由此我们似乎可以得出这样一个结论：在张君劢的现代国家规划中，儒家理念构成了现代国家的精神，它被解释成为善，按照亚里士多德的“四因说”，构成了国家的“目的因”；宪政主义的复杂治理安排，则是这个国家的“形式因”。社会主义的经济社会政策既以儒家理念为基础，又是在宪政框架内被发现、制定和实施的，因而它终究停留于政策的层面。因此，在张君劢的三大现代国家构件中，宪政主义始终居于核心位置。因为，儒家理念更多的是一个在传统中的再发现与借助西方资源予以深化发展的问题，而社会主义更多的是政策问题，唯有宪政制度，在中国语境中乃是需要从头构造的。当然，立宪本来也是政治所能用力的最恰当的地方。更进一步说，假如能够成功地建立起宪政制度，则人民基于民主的统一程序就可以轻易地实行社会主义政策——选民们也完全可以实行其他政策。至于儒家理念，在张君劢看来，在宪政制度中将能得到最优发展——学术思想自由乃是张君劢所反复强调的核心价值。

通过这样一套关于现代国家的价值和理念结构，张君劢把很多人认为相互冲突，乃至于无法调和的古今中西融为一体，并且，古今中西的诸多复杂、丰富因素之间是一种相互支持的关系，而非油水不融。张君劢所想象的现代中国，既是全新的，又与历史保持了连续性。这种连续性就体现在儒家与社会主义的对接，儒家思想对宪政秩序之构建和维系具有积极作用；这个现代国家既是中国的，又从根本上容纳了西方：社会主义既是中国的，也是西方的；新国家的国民的道德、知识既是儒家的，也是西方的。

自形成这样一个现代国家观之后，张君劢的整体思想结构再无较大变化，尽管其思考之侧重点与具体的政策性主张在不同时期仍难免调整[1]。由于已经形成了这样一个完整的现代国家观,张君劢甫一回国,即初露头角。1922年,他被当时的精英群体当做宪政主义的宪法专家,被公推起草国是会议宪法草案。但张君劢显然不仅仅是一位技术性的宪法专家,他是带着自己的现代国家理念起草这一宪法草案。这里不必讨论这部宪法草案关于政府宪制的设计细节,最可注意的是,这部宪法草案可能是在中国历史第一次加入了关于社会经济秩序的条款。此即其第十章《国民之教育与生计》[2]中关于社会主义的规定。张君劢特别解释说:

> 敢告国人,《礼运》大同之论,《论语》不患寡而患不均之言,乃吾国文明之精粹,建国之根本也。欧美之人私其富,国私其富,内成阶级之争,外酿国际之战,不足取法者也。吾国人而诚欲脱欧美以创造新文明乎,当自货不弃地,财不私有始。今而后其以亦步亦趋为尽立国之能事乎?抑自觉立国之责任,别求所以自效于人类着欤?吾将于吾国社会生计之组织卜之而已。[3]

张君劢不仅在宪法草案中引入了社会主义,引入了关于经济社会秩序的宪法规定,上面的论述值得注意的地方在于,通过这一宪法规定,张君劢还把儒家理念、精神隐然灌注于宪政主义的宪法之中。于是,张君劢所起草的宪法就不仅仅是在立宪,而是在构造一个整全的现

---

〔1〕 江勇振指出:"我们回顾君劢一生的思想,最为显著的特征之一,是他一生思想高度的一致性。在他的思想里,我们很少发现某些明显的修正或放弃——如果还有这种现象存在的话。构成他思想基调的几个概念,多是形成于早年,圆融于成年之后,而一直信守至晚年"见《中国历代思想家:熊十力·张君劢·蒋中正》,第173页,薛化元:《民主宪政与民族主义的辩证发展——张君劢思想研究》,稻乡出版社1993年版,系统地梳理了张君劢思想的变迁过程,但也正是他揭示了张君劢思想由民主宪政、新儒家、社会主义构成这一事实。其时间则在张君劢第二次游欧时期(1918年年底到1922年年初)。

〔2〕 《宪政之道》,第123~124页。

〔3〕 《宪政之道》,第92页。

代国家秩序。

由此可以说,现代中国立国的现代时期当自此一宪法草案开始,虽然它并没有能够变成有效的宪法。对此,我们需要略作辨正。试图把社会主义变成国家制度,这一点,孙中山先生早就提出了。但是,他始终没有机会主导民国宪法的制定。因此,一直到1923年北京政府通过的《中华民国宪法》,依然是古典意义上的宪法。此处之所谓"古典"当然是指现代国家之古典时期。在此时期,整个社会对于立国具有一定共识,即致力于建立作为公共事务之处理结构和程序的宪政制度。因此,宪法的内容就限定于宪政原则、权利法案与政府构成三个部分,而不涉及社会经济文化内容。美国1787年通过之联邦宪法就是古典型宪法的典型。

第一次世界大战后陆续通过的苏联、德国新宪法,则极大地改变了现代国家宪法的架构。张君劢在德国新宪法颁布之初就已经敏锐地注意到,"德之新宪法"与1787年之美国宪法、法国第一革命之宪法鼎足而立,构成了宪法演进史的三大典型,而它所代表的是"二十世纪社会革命之潮流"[1]。确实,此后,各国通过的宪法普遍地写入社会经济内容。中国的例子就最为典型。紧在张君劢起草的国是会议宪法草案之后,或者在同时,1922年夏,叶夏声奉中山先生之命起草《五权宪法草案》[2],其中有国计民生的规定。此后,国民党主导出台的几乎所有宪法文本,都有此一具有社会主义倾向的经济社会条款。

当然,社会经济秩序变成国家构建的实体性内容,其历史后果十分严重。随后的广州、武汉国民政府所发动之国民革命,就以强大的暴力为支持,发动社会经济革命,梁启超对此极为担心[3]。笔者在其他地方

---

〔1〕"德国新共和宪法评",《宪政之道》,第254页。

〔2〕原文可见,夏新华等整理:《近代中国宪政历程:史料荟萃》,中国政法大学出版社2004年版,第590~596页。

〔3〕梁启超的这种担心甚至抨击,见于他1926年、1927年写给孩子的信件中,可见梁启超年谱长编相关年份。另外,上引笔者论文"新文化运动与立国进程之转向——以胡适为中心"对此也有分析。

业已论述过,这一革命的兴起,对于中国的现代国家建设造成极大冲击:宪政主义的目标本身被放弃,至少被推迟了,即以进行社会经济革命的名义在宪政之前插进了军政、训政两个阶段。只不过,笔者此前的论述主要指出了这种社会经济革命出现的理念源头,即由启蒙主义所转生的历史唯物主义。[1] 但由张君劢——及梁启超、孙中山等人——的案例可以看出,另外一个非常重要的因素,同样导致了这一社会经济革命的兴起。这就是社会主义思想本身的影响,及其与儒家思想的相似性。不过,梁启超派保守—宪政主义传统的社会主义者,却普遍具有一种较为克制的特征。以张君劢为例,他始终坚持把社会主义置于宪政主义的控制之下。

也因为这一点明智,张君劢成为中国立国之现代时期的古典主义者。这似乎是一个很有趣的历史喜剧:张君劢自己率先把社会主义融入立国规划中,而率先进入了立国的现代时期,并且成为社会主义最重要的鼓吹者之一。另外,张君劢又在众人皆忘怀了宪政理想的时期保守了立国之古典时期的宪政主义,并将此视为立国之根本。用牟宗三先生的话说,张君劢始终如一地坚持"民主政体建国之政治意识"。也就是说,张君劢没有被现代的耀眼、时髦所遮蔽,没有让现代的内容,即经济社会秩序的宪法安排,冲击以致取消宪政主义,从而在 20 世纪之前的现代国家形态与 20 世纪的新形态之间保持了一种明智的平衡。张君劢思想在现代中国历史上的伟大价值,也正在于此,因为大多数其他思想和政治力量都未能恰当地保持这种平衡。

接下来,张君劢通过清华的《人生观》演讲及随后的辩论,把自己关于现代国家的完整构想,以哲学的话语表达出来。他之关于人生观问题的讨论,实在是为了在西方文明已经表现出危机及新的发展方向的时候,选择一种既继受欧美而又有别于欧美的中国的现代立国之道。这场争论对于张君劢的意义在于,通过这样一番哲学的思考,通过倭伊

〔1〕 参考"新文化运动与立国进程之转向——以胡适为中心"。

铿、柏格森的中介，宋明理学被融入了立国的整体架构中，成为一个有机组成部分。在回答丁文江文章的最后，他初步地揭示了宋明理学在立国过程中的功能。这样，宪政主义也就获得了一种精神的基础。尤其是，通过对宋明理学的思考，张君劢开始初步地为立宪、乃至立国事业寻找一种可以让人乐观的制度变迁理论——这种理论我们后面将会详尽地讨论。于是，在留德出国之前本来因为对政治失望而处于悲观之中的张君劢，此后又积极地从事于立国政治的活动中。

这种乐观、这种从事立国政治之热情、这种知其不可为而为之的献身精神，既来自于倭伊铿、柏格森的生命哲学，但也深受儒家思想影响。其年谱中有这样的记载：

> [民国十二年癸亥]九月十五日，与知友胡善恒徐六几郭梦良瞿世英四先生同情于为唯心史观，因而结为团体。标四点盟约于北京西山灵光寺，自谓得一新生命，赴新责任。又谓家室及著作与办学盛业，均不足累，而以身许国之念自矢。[1]

这是一种典型的儒家精神修养仪式。支持他们进行这种精神修养的乃是真正具有儒家精神的士人的道德责任意识，以天下为己任的“天职(calling)”观念。有趣的是，他们进行这种身心修养的目的，却完全是现代的：为了建立宪政制度，为了实现社会主义。由张君劢的实践可以看出，儒家思想与现代中国之间并无断裂，相反，张君劢用自己的个人实践证明着他晚年所说、实际上在20年代之后即始终信仰的一个命题：“在中国人心目中根深蒂固的儒家思想足可为导致中国现代化的基

[1] 《张君劢先生年谱初稿》，第22页。当然，张君劢在游学德国之前就具有这种强烈的理想主义倾向，他曾经希望为纪念蔡松坡而设立、以任公为首的“松社”，成为一种“精神结合，非日日以精神相磨砺，万无益处”他提议松社的活动内容之一为“标修数事，为身心之修养”。他相信，“今日提倡风气舍吾党外，更有何人?”，载《梁启超年谱长编》，第559~560页。

本方法”[1]。

恐怕正是这种道德责任意识推动张君劢积极地投身于讲学、政治活动中,20 年代,他举办了诸多学社、学校、杂志,虽然屡次遭到当局的镇压,但如同曾国藩那样,屡败屡战。1946 年,他回顾个人经历:

> 一九二五年——国立政治大学停办。
>
> 一九二七年——《新路》被禁刊。
>
> 一九二九年——在上海被绑票。
>
> 一九三一年——国家社会党成立。
>
> 一九三一年、一九三三年——燕京大学教书,因演讲“一二八”淞沪之战而去职。
>
> 一九三三年、一九三四年——国立中山大学讲学中途废约。
>
> 一九三五年——与张东荪氏在粤创办学海书院,因粤变而书院被封。
>
> 一九四一年——在云南大理办的民族文化书院,奉令停办。
>
> 在这二十年当中,我们所感觉痛苦者,即人民权利毫无保障,故出版办学之自由均被剥夺。[2]

这其中最为重要的事件是,1932 年,他与他的朋友们,尤其是在科学玄学论战中的战友张东荪,发起组织了国家社会党。他关于现代国家的完整构想在当时发表于《再生》创刊号上的《我们所要说的话》中得

---

〔1〕 张君劢讲,王禹九译:《中国现代化与儒家思想复兴》,中西印哲学文集,上,第 579 页。

〔2〕 《中国民主社会党》,第 91 页。

到比较细致的、政策化表述[1]。由此可以看出，张君劢的思想已经完全成熟，成立政党就是为了构造出一个实现自己的国家理想的政治力量。

抗日战争爆发后，张君劢的政治活动空间有所扩大。基于抗战的历史背景，张君劢对于自己的现代国家观念进行了再思考，这些思考体现于1938年出版的《立国之道》中。本书对《我们所要说的话》中提出的政策性主张给出了一个学理上的论证，尤其是对实现这些政策纲领的进路进行了深入探讨，从而构成了一个相对完整的"立国之道"。在抗战特殊背景下提出的关于民主政治的思考，倒是阴差阳错地对一个国家处于立宪、立国之非常规时期的政治形态进行了探讨，这些探讨的意义我们后面将会予以揭示。

到抗战后期及战后最初岁月，现代中国历史上出现了又一次建立宪政制度的良好机会。张君劢抓住这个机会，充分施展自己的政治才能，推动宪政主义的宪法之制定与通过。这一阶段是张君劢人生最为辉煌的阶段。有论者如此评价张君劢此一阶段的表现：

> 以张氏个人(乃至国社党)所拥有的微少政治力量，能够掌握政治的流向，迫使当时主控制宪大业的中国国民党，在宪政体制的设计上，作出基本原则的让步，而完成中华民国的制宪，实属不易。这也是民主成立以来，在野的小党在没有武力、以和平的方式，所能取得的空前政治成果。[2]

然而，由于种种历史原因，"抗战建国"的事业终归失败。政治最终完全让位于大规模的暴力冲突。在这种情况下，政治也被迫退出舞台。作为政治立国的信奉者、实践者的张君劢不得不告别政治，回归学术，

〔1〕 该文署名记者，但郑大华说，"实由张君劢、张东荪和胡石青三人共同写成，其主要观点则是张君劢的"，《张君劢传》，第223页。

〔2〕 薛元化："张君劢与中华民国宪法体制的形成"，收入《近代中国历史人物论文集》，中央研究院近代史研究所编辑1993年出版，第266页。

致力于梳理儒家思想传统,并借助西方资源对其予以再解释和发展。然而,在从事这一事业的时候,张君劢也从来没有忘记建国。在大陆期间,他的主要努力都集中于领导政党从事立宪政治的事业。对于文化则基本上是表达一些基本原则,而未对儒家内在的思想、价值进行具体研究。这一环节在流亡海外之后得以补充。这样,在宪政主义的思考与实践之外,张君劢思想体系中儒家思想这个构件也丰满起来。

张君劢之所以毕生念兹在兹者为立国,根本原因在于,在张君劢看来,中国的现代国家始终没有建立起来,其中最为关键的是,宪政主义的政体框架始终没有构建成功。也因此,现代国家的其他要素,也就缺乏正常发育的基础。张君劢经历了两次最有可能构建成功的时期,即清末民初与抗战建国时期,这两次都失败了。张君劢在晚年著文《老当益壮之自白》,详尽分析毕生所见"国家所以不安定而至于沦陷之大因",而总结说:

> 语曰十年树木,百年树人。一木一人之培植,须历十年百年之久,建国大业所需之时间与努力,更十百倍于树木树人,可知矣。而五十余年来吾国所为,不特茹宋人之揠苗助长,且换种子,移土地,或者停止水利或风雨交作,如此而望其植物之生存不可得矣。再譬之建屋,图样改换不止一次二次及幸而造成,乃又有建议拆而造,造而又拆者,谓之筑室道谋可矣,以云奠定国家,则断断乎其不可能也。良以建国之业,须有一定计划,且经各方之协和合作,与前后任之萧规曹随,而后积时既久,乃有巍然之大业见于目而存于心矣。[1]

张君劢的这一总结是相当沉痛的。立国现代时期区别于古典时期的一个重大特征是,社会主要是精英群体关于现代国家的共识破裂,所

---

〔1〕"老当益壮之自白",《中西印哲学文集》,上,第160页。

谓“道术为天下裂”。不同政治群体关于现代国家的构想大不相同,事实上,这些构想处于严重冲突状态中,尤其是那些试图进行社会经济革命的激进主义者,通常因为其能够动员底层社会而居于主导地位。这样的立国过程自然充满了混乱、大规模暴力冲突和历史的断裂,呈现为一幅“大”革命的图景。中国自20年代之后就进入这样的时期。令人敬佩的是,就在这样的混乱与动荡的非理性的时期,张君劢及以他为首的精英群体却理性地保守了立国的古典性,坚守着一套比较稳定而合理的现代国家规划。

更为重要的是,以张君劢为首的这个精英群体是以一种“政治的”进路谋求此一现代国家理想之实现的。这一点从根本上有别于当时其他两支立国的力量,激进的革命党和启蒙的知识分子。但是,他们是如何走上这一政治之路的,这一政治活动的主体又是些什么人?这将是本章下面要讨论的问题。

二、立国的主体:从人民到绅士

如果构建现代国家乃是“思考与选择”之事,那么,在张君劢的理论框架中,在立国进程中进行“思考和选择”的主体是什么人?是人民,还是知识分子,或者是别的什么人?应当说,在张君劢的论述中,这个现代国家之思考和选择的主体存在于多个层次上。

终其一生,张君劢未尝丝毫放弃对于自由的信念,没有放弃过民主的基本理念。即便是在抗战艰难时期,民族危亡、国家统一问题迫在眉睫之际,张君劢也始终坚持人民主权原则下的民主建国之路。他曾经断言:“人民是国家的主人翁”[1]。张君劢曾经指出:建立现代国家,不能仅靠民族主义:“须知民族主义,不过建国之一方面,其余有待于政治组织之改善”。他举欧洲各国立国的例证说:

---

〔1〕“宪政之道”,《我与宪法》,第8页。

当时欧洲人以为政治组织之改善,在乎各个人之自由平等地位,集合各个自由平等者,以成为国家之总汇,此即国民主权之所在。简单地说:以民主运动当做政治改善之基础。所谓宪法、议会政治、地方自治、立法权之规定等等,就是从民主运动中产生出来的。[1]

此处之所谓"民主运动",在很大程度上是指按照现代的"人民主权"原则而展开之建立现代国家架构的政治性运动。

不过,在张君劢的理论架构中,作为整体的"人民"仅仅是一种政治概念,而不是一个现实的行动主体。在现实的政治语境中,张君劢谈论的是现代国家结构内的"国民"、与政治家相对之"民众"。这个政治上的主人在现实生活中却是政府的对象:"多数国民,在全体言之,为行使主权之人;自行政上言之,为统治之对象;在财政上为租税之对象;在警政上为警察之对象;在教育行政上,为教育之对象等等"。[2]

主权者"人民"之作为政治行动主体被张君劢提及,似乎仅有一种情形。在《中华民国民主宪法十讲》自序中,张君劢按照宪法制定者之不同,区分了英美与德日两种不同类型的宪法:

第一曰以人民为基本之宪法,如英国数百年来逐渐演进之宪法,如美国独立后人民自动制成之宪法,即属此类;第二曰圣君贤相之宪法,如德国于1870年俾士麦制成之宪法,日本自明治维新后伊藤博文制成之日本帝国宪法,则属此第二类。[3]

---

〔1〕《政制与法制》,第20~21页。
〔2〕《政制与法制》,第202页。
〔3〕《中华民国民主宪法十讲》自序,《宪政之道》,第131页。

按照他的分类,英国宪法是自发生成的宪法,找不出具体明确的制定者,美国宪法则是“人民自动制成”的。而德国、日本宪法可以找到具体制定者,他们是掌握大权的威权主义者,这些宪法带有强烈的个人印记。为什么会有这种宪法形成路径的区别,张君劢未予深究。但他相信,历史已经证明,这两种宪法是存在重大优劣之分的:

> 自两次大战之结果观之,其为圣君贤相之宪法,经不起外战之经验,为狂风暴雨吹打以去矣。其以人民为基本之宪法,则政府人民镕成一片,遇敌国外患,人民不特无怨言,反而爱国之心尤加坚强,其政府关于和战大计因受人民监督,亦不至于犯绝大错误。独裁国家决难与之比拟。[1]

作者此处似乎从宪法本身的性质着眼,区分了两类不同的宪制:民主共和的宪制与独裁的宪制。不过,我们也可从宪法形成路径的视角来解释两种不同宪法的结局:“人民自动制成”的宪法,通常是以“人民为基本”之宪法,它自然也会获得人民的支持;而“圣君贤相”制成的宪法,通常容易偏向独裁专制,也就难以获得人民的广泛支持。也就是说,制宪的程序在很大程度上决定宪法的性质,进而决定宪法的效果与结局。

国难当头的中国,显然难以重复英国宪法“逐渐演进”之路,当然也不能走已经被历史证明为失败的模式:由“圣君贤相”替代人民制定宪法。唯一可取的立宪之道,是美国式“人民自动制成”。于是,理解张君劢立宪哲学的核心问题就是:所谓“人民自动制成”的人民又是指谁?

张君劢所使用的“国民”概念同样不能免于这样的疑问。1922 年,张君劢于自己起草第一部宪法草案的时候,对于民国成立 10 年而未立宪法痛心疾首,而对于当时的议会,他已然失望:

〔1〕《中华民国民主宪法十讲》自序,《立国之道》,第 131 页。

> 诸君切勿以为宪法一事,可以委诸国会。他日宪法不成,必有国民起而自负其责任之一日。适太炎先生云,国民主权之义中,含有制宪权一项。或者本届国会尚不能制定一种完美之宪法,则国民应起而举制宪之业,故诸君不可不早早准备焉。[1]

张君劢的推理是这样的:正常情况下,制定宪法乃是国民会议、制宪会议,或者特别组织之国会的责任,总之是国民通过某种方式选举之代表的责任。但是,假如未能召开这类会议,或者已经召集的制宪会议不能尽到自己的政治责任,那么,国民就应当"自负其责任","起而举制宪之业"。国民之所以有其责任、且有此权利,因为章太炎所说之"国民主权",这种主权当然也包括制宪之权。

但是很显然,规模达数亿的"国民"与抽象的"人民"一样,不可能直接聚集、起草制定宪法。因此,张君劢虽然从原则上承认人民是国家的主权者,但就政治的操作层面而言,张君劢从来没有产生过"人民"自己立宪、"人民"自行创制政制的念头。作为主权者的抽象的人民,或者"国民",是没有现实的政治行动能力的。

前面所论述的张君劢关于立国乃是"思考和选择"之事、立宪需借助理智的观点,也强化了这种不可能性。唯有个体是有思考和选择之理性能力的,而抽象的整体却不可能具有。但是,很显然,人民、国民共同体中,不可能每个人的理智处于同等程度。那么,即便从原则上承认每个人有参与立国、立宪之道德权利,但究竟什么样的具体的人能够现

---

[1] "国宪草案之要点",收入《立宪之道》,第322页。章太炎的论述:"欲述天坛宪草之不适国情,当先述临时约法,盖国会制宪之权系约法所赋予。约法第二条谓中华民国之主权,属于国民全体。第五十四条:谓中华民国之宪法,由国会制定。夫所谓主权者,孰有过于制宪之权,既云主权属于国民全体,何以制宪之权独赋予国会,自相矛盾,断难并存"(章炳麟:"章太炎之国宪意见",收入胡春惠编:《民国宪政运动》,第468页)。

实地具备立国、立宪之理智呢？

张君劢在其他地方明确而反复地论述了在具体的现实生活中作为国民，尤其是中国国民，具有很多无法克服的缺陷。张君劢自述，在起草完《国宪草案》即对宪法失去兴趣，转而研究哲学，其根本就是在于他认识到，宪法之有效性依赖于诸多“前提”，没有这些前提，宪法就会“失败”〔1〕，或者不过就是一张纸。〔2〕 宪法之前提，不外两点，一是政府，但更重要的是人民，这是前提之前提的中心问题，“因为人民是国家的主人翁。欧美政治之好，不在政党领袖，而在国民的本身好。”而中国人的普遍现象是，第一，愚蠢；第二，默然无动、消极、胆怯，即缺乏公的精神，即公共精神；第三，猎官运动。张君劢在其他场合也再三、再四地指出中国国民凡此种种精神缺陷，他并且得出结论：因为这种民族性格，因而中国即便制定出宪法，也未必能够建立起有效运转的宪政制度。

具体到宪政的基本程序——民主选举，张君劢也有很多感慨。如他回忆自己从社会科学转向哲学，其中一个重要因素就是对政治，具体说就是对国民政治能力、民主政治意识的失望：“我曾经目击民元的国会选举，初选复选，都以贿成，选民如此，议员如此，这个民国能否维持，大家已发生疑问”。〔3〕 这个疑问是普遍的。不仅仅是这个时期，从中国人开始具有现代立国已是，一直到今天，所谓“人民程度不够”，人民政治能力不足，似乎是现代中国具有现代立国意识的人士共同认识到的一个基本社会事实。

在这里，中国之现代立国又遇到了另一个无法回避的“后发劣势”。现代国家的基本原则是人民主权与国民一律平等，不论是美国的《独立宣言》还是法国的《人与公民宣言》都宣告了这一点。而民主制度乃是

〔1〕 “我与宪法”，《宪政之道》，第7页。

〔2〕 张君劢在1946年提到过，宪法如无国民的警觉就不过是“一张纸片的文字”，见《宪政之道》，第142页。

〔3〕 “我从社会科学跳到哲学之经过”，《中西印哲学文集》，上，第67页。

被人们用以来实现这一原则的具体制度安排。不过,在相当长历史时期内,平等原则似乎更多的是一项道德信条,当美国独立宣言签署者宣告“人人生而平等”是一项不证自明的真理时,他们实际上是说:这是一种关于合理的人间秩序的应然状态,人类应当朝着这个方向努力[1]。另外,处于立国之古典时期的这些立国者,乃至当时的大多数政治哲学家也都相信,政治乃是需要理智、需要专门的技艺的。选举同样是一种政治活动,需要理智,甚至需要公共精神,方能做出明智的选择。因此,我们从《联邦党人文集》中看到,普布利乌斯虽然真诚地赞成人民主权原则,但对于构成这个人民之整体的具体国民、民众的心智,则保持相当的怀疑。因此,汉密尔顿高度赞美“选举人”制度:

> 直接选举应当由那些最具有分析这一职位所需要之品质的能力,并能在最有利于深思熟虑、有利于把足以支配他们的选择的所有的理性和诱因恰当地结合起来的环境下行动的人来承担。由他们的同胞从大众中挑选出来的少数人,最有可能拥有进行如此复杂之调查所需要之信息和辨别力。[2]

既然行使选举权需要如此苛刻的理性与德性,那选举权当然就应当被限制于具有这种能力的人之范围内。事实上,就历史而言,在相当长时间内,在西方现代国家,享有选举权的人的比例是不高的。在英国、美国,选举权最常见的资格限制是财产要求。但至少在当时,这一事实并不被认为是不道德的。换言之,在英美这样最早建立的现代国家,乃至于在法国、德国这样在19世纪建立的现代国家,其现代性呈现出某种自然增长的态势。其中最引人注目的一点是,作为现代政治之

---

〔1〕 关于这一点的讨论,可参见[美]罗伯特·达尔:《论民主》,李柏光、林猛译,商务印书馆1999年版,第69~75页。

〔2〕 The Federalist Papers, p. 412.

核心的“民主”呈现为一种渐进扩展的过程，而非一个爆炸性过程。

当然，我们已经论述过，现代政制的根本特征是其可扩展性。民主理论内在地具有扩展趋势。既然从道德上肯定了人人平等，则这种平等迟早要扩展及于所有领域，当然首先是政治领域。因此，在这些现代国家建立之后，国民的民主权利，主要是选举权，就不断扩展。19 世纪 30 年代，托克维尔就写道：“我已经观察到，普选权（universal suffrage）在联邦各州都已被采纳”。[1] 1918 年，英国也实现了普选权。

随之，西方世界的政治哲学对于现代国家的认知发生了变化。美国立国者——至少普布利乌斯——不厌其烦地宣称，自己的目标是建立一个“共和国”（repubilc），但当布赖斯在 1920 年出版他的讨论现代民主政体的巨著时，就把这些国家称为民主政府（democracy）了[2]。这样，人们对于现代国家的合理政体的认知就发生了变化，从共和主义政体或宪政政府，变为民主政体、民主政府。而普选权就成为现代政体的一个基本特征，这成为一项关于现代国家规划的政治哲学常识。任何国家要建立现代国家，建立现代政体，首先就要建立一种全体国民普遍享有选举权的制度。

中国人开始建立形成建立现代国家的意识，正是这种现代政治哲学常识已经形成、并且正在变成政治现实之时。因而，对于经历了一个快速的转换。清末立宪，沿用西方古典的选举制度。对于选举人、被选举人都规定了比较严格的条件，包括财产与文化和政治身份资格。民国成立初期，同样有这样的资格要求[3]。换言之，在中国现代立国之古典时期，在宪法上一直实行有限制的选举权制度。但就在此时期内，欧

---

〔1〕 Democracy in America, Vol. one , p. 199.

〔2〕 布赖斯专门给他所说的民治政体下了一个定义：“指一种以合格公民之多数的意见为统治之政体，其合格公民必须占住民之大部分，最少四分之三，然后人民的实力约能与他们投票的权力相当。”[英]詹姆斯·布赖斯：《现代民治政体》，张慰慈等译，吉林人民出版社 2001 年版，第 22 页。

〔3〕 关于此一时期有限制的选举权的具体情况，可参见王世杰、钱端升：《比较宪法》，商务印书馆 2002 年版，第 161 ~ 163 页。

美民主政体经历了重大变化,这种变化当然为积极学习西方的中国学者与政治家注意到,于是,普选权可以进入理论讨论,随后便成为法律。张君劢曾经注意到,湖南省宪法即开始在全省实行省议会的普选制度,时为1922年年初。该法律已取消对选举权的财产与性别限制,仅部分地保留教育资格限制。国民革命后,国民党实行“训政”,选举制度本身遭到压制,但至少从理论上,官方意识形态已经承认了普选权。

然而,即便是在实行有限制的选举权之时,人们也已经看到了选民政治能力低下的严重后果。而面对这一基本事实提出的不同处理模式,决定了其不同立国进路的基本取向和方案。清末朝野立宪者意识到了这个问题,因而主张先行筹备立宪,待9年之后——端方等人当时提出的筹备时间更长——再正式立宪。现代中国的自由主义知识分子在观察了民国初年的政治运作失灵之后,同样清楚地意识到了这一点,因而走向了思想文化的“启蒙”。他们期望通过启蒙,改变国民的心智,使之“开明”,从而能够成为现代公共生活的合格主体。

张君劢对这一点的认知同样是明确的。重视国民政治能力对于民主政治、现代国家正常运转的决定性意义,这一点已经隐含于张君劢译述之《穆勒约翰议院政治论》一文中。如论者所称,该文“奠定了张君劢一生政治思想的一个里程碑”[1],而这篇文章集中讨论乃是国民的政治能力问题。穆勒开篇即讨论了两种关于制度理论:一是器械派,一是有机派。穆勒虽然对两种理论均有所批评,但他似乎秉持一种“唯心主义”理论,因此,穆勒下面的论述似乎已经预示了张君劢后来的“唯实的唯心主义”体系:

> 我们首先要记住,政治制度(不管这个命题是怎样有时被忽视)是人的劳作;它们的根源和全部存在均有赖于人的意志。人们并不曾在一个夏天的清晨醒来发现它们已经长成

〔1〕 江勇振,《熊十力·张君劢·蒋中正》,第99页。

了。它们也不像树木那样，一旦种下去就“永远成长”，而人们却在“睡大觉”。在它们存在的每一阶段，它们的存在都是人的意志力作用的结果。所以，它们像一切由人做成的东西那样，或者做得好，或者做得不好。在它们的制作过程中，可能运用了判断和技能，也可能情况相反……

另一方面，还须记住政治机器并不自行运转。正如它最初是由人制成的，同样还须由人，甚至由普通的人去操作。它需要的不是人们单纯的默从，而是人们积极地参加；并须使之适应现有人们的能力和特点。〔1〕

据此，穆勒提出了建立及维持某种制度，包括一个特定的政府形式的三个条件：

（一）政体必与其国民之性情行谊，毋相凿枘。

（二）此政体之永续，必其民之行动力足以维持之。

（三）凡消极积极之行为，政府之所需于民，赖此而后能善其事者，必其民之所乐为，而力能任之。〔2〕

穆勒对国民政治能力之论述，恐怕给张君劢留下了极其深刻的印

〔1〕［英］J. S. 密尔：《代议制政府》，商务印书馆 2007 年版，第 7 页。中间省略的一段是：“又，如果一国人民出于疏忽而未能，或者由于外来压力而无权，通过试验性方法——即当邪恶发生时，或当受害者有力量反抗时，对每一种邪恶进行矫正的方法——为他们自己发展出一种政体，这种政治进步方面的阻滞对他们来说无疑是巨大的不利，但不因此证明对别国人民是好的东西对他们就不会也是好的，以及当他们认为适于采用时仍然不是好的。”在这里，穆勒论证了，一个共同体学习另一个共同体发明出来的政府形式的正当性，这一点，恐怕也为张君劢之向西方学习宪政制度提供了理论依据。

〔2〕《开国前后言论集》，第四页。现代译文为：“为人民而设的政府形式必须为人民所乐意接受，或至少不是不乐意到对其建立设置不可逾越的障碍；他们必须愿意并能够做为使它持续下去所必要的事情，以及他们必须愿意并能够做为使它能实现其目的而需要他们做的事情”（《代议制政府》，第 7 ~ 8 页）。

象,因为张君劢及中国现代立国者所困惑者也正是国民政治意愿与能力之低下。当然,穆勒的这种论述,与传统儒家关于社会治理的立场相当接近。《大学》阐述了社会治理的完整纲领,从个人的致知、正心、诚意,修身,到治家,然后通往治国平天下。儒家政治哲学中也有治人与治法谁更重要的争论,不管结论如何,各方都承认,人是居于非常重要位置的,所以,从古代及清末的历次变法,儒家政治家提出的改制方案的第一条必然是再造、启用“人才”。人才被作为变法的第一个步骤。正是因为具有这种政治思考传统,所以,中国人刚一产生现代国家理念,立刻就触及到国民政治能力问题。梁启超在《新民说》就是以关于国民“政治能力”的讨论而终篇。

穆勒列举了立宪国民之能力的 3 个面相:智力、德力与活动力。这成为未来张君劢思考国民政治能力的基本范畴。值得注意的是,穆勒是在讨论“好的政府形式的标准”的语境中提及这三点的,他认为,“好政府的第一要素既然是组成社会的人们的美德和智慧,所以任何政府行使所具有的最重要的优点就是促进人民本身的美德和智慧”[1],能否促成这些,就是政府好坏的标准。当然,穆勒的立论是双向的:政府之好坏取决于国民的智力、德力和活动力,而一种政府形式的好坏,也就由其增进国民这三种能力的程度所决定。张君劢译述的《穆勒约翰议院政治论》则明显偏重于强调前者。从原著与译述的这种错位可以看出张君劢内心深处的“国民能力焦虑感”——这种焦虑感在现代中国是相当普遍的。

此后,张君劢见证了民国初年民主政治的实际运作之后,与大多数理想主义者一样相当失望。这种现实让国民政治能力问题始终徘徊于他的脑际。在 1921 年发表于《改造》杂志第三卷第六号上的文章《政治活动果足以救中国耶》一文中,表达了对于国民政治能力的最为深切的怀疑。在这里,他首先历数民国以来政党的种种腐败、无能情形,而后

[1] 《代议制政府》,第 28 页。

提出这样一条他所认为的政治定理：

> 世界之良政治，未有不以国民为基础者也。盖判断得失，决多少数，其最终之一步，不能舍国民而他求。欲求有此种能力之国民，方法甚多，而根本上不外教育普及，人人自觉，人人有知识，夫而后可以语夫政治，语夫选举。[1]

中国目前的教育尚未达到这种程度，他提出，干脆放弃政治活动，从事于国民教育：

> 政治活动既放弃，则今后将以何道报国？曰一心併力于政治社会的教育而期收效于十年百年之后。世故有号为共和，而其政治之泯棼，如入泥穴之中，愈陷愈深如墨西哥其国者，无他故焉，其国中之仁人义士，不能自拔，为国民政治智识政治品格上下一根本救治之工耳。呜呼吾国之仁人义士，其终不能自拔耶？其终不肯下此根本救治之工耶？[2]

这样的观点与启蒙主义者的救国、建国方案，已经没有多大区别了。事实上，这种立场一直隐伏于张君劢的思想深处，当其对政治比较失望的时候，就会浮现出来。梁启超先生本身的启蒙情怀就是比较明显的，也许可以说，任何置身于中国建国过程的人，都难免有产生这种启蒙的冲动。

张君劢在为1922年召开的上海国是会议设计宪法草案时，再次对国民政治能力问题进行了思考。现在他直截了当地提出：

---

〔1〕“政治活动果足以救中国耶?”，载《改造杂志》，第三卷第六号，第5页。
〔2〕《改造杂志》，第三卷第六号，第6页。

> 今中国之议会问题,非一院与两院之孰得孰失,乃共和政治之下,应以何种方法求得正确之选民,而行议会议员之选举是也。盖议会所以代表民意也,内阁人物,外交政策,财政方针,皆视议会而决。故议会而良焉,则政府良而民蒙其福,议会而不良焉,则政府不良而民受其害。而议会之所以良与不良,亦曰视选民如何耳。选民而又独立之判断,斯议会良而良政府因以立焉,选民而无独立之判断,斯议会不良而不良政府因以出现焉。故各国于人民之选举权,所以限之以识字,限之以纳税额者,凡以达此目的耳。[1]

在张君劢看来,选举是否具有真正的民主意义,现代民主政治能否有效运转,取决于社会中是否存在有能力的选民,而政治设计能否让这些合格的选民被识别出来,发挥政治作用。他举了湖南省议会选举中的种种混乱现象之后断言说:"以今日之国民,无论何种之民选制,借不过少数人之操纵,而与民意无涉焉。"因而不应当实行普选制。相反,他建议参议院由社会团体充当选举单位。[2]

对于国民的政治能力,张君劢一直保持怀疑,不过,前后期的话语有所变化。在前期,张君劢通常直接表达自己的失望。甚至于在致梁启超的一封信中,他直接称普通国民为"愚民":"吾国今日政治之基础:万不能置之国民身上,以大多数之愚民,虽日日哭诉于其旁,犹之无益,故欲藉舆论以反抗政府,真梦想也。"[3]

到了后期,似乎是在接受了社会主义之后,张君劢则更多的是从政府对国民的责任的角度来谈论这个问题的。在《立国之道》中,他固然承认作为整体的"人民"是国家的主人,是主权者,但当其呈现为具体的

[1] 《立宪之道》,第 41 ~ 42 页。
[2] 《立宪之道》,第 43 页。
[3] 《开国前后言论集》,第 72 页。

民众的时候，反而是有待于爱、养、教的对象："养成民众为主人之资格，应从三个字下手：爱、养、教"[1]。"民国主权既属于人民，无论如何，要教育人民，使他有健全的智识，能判断政治上之是非得失，然后他方能成为民国之真正主人翁。"[2]

关于人民程度不够、因而需要政府提供某些基本手段使之开明的看法，后来似乎始终没有改变。到演讲《中华民国民主宪法十讲》时，张君劢也同意"人民程度不够"这个判断，但他表示，"人民程度够与不够完全看人民有无衣食有无智识"，同时，"现代国家人民有参与政治之权利，须辨别哪个人应当选，哪个人不应当选。所以他得有参与政治的热心，或行使人民权利的能力。"[3]这个主张既有传统儒家的根底，也具有西方公民共和主义的倾向。

基于对国民政治能力的这种判断，在很多时候，张君劢是赞成现代自由主义者提出的启蒙理念的，他曾明确指出："我认为今后要改造中国政治经济，其下手处应先从人生态度着手，或者人生观应彻底改造。由此生活态度之改造中，乃生我们所要之新文化。有此新文化，不怕无新政治制度与新经济建设。"当然，张君劢立刻补充说明了他与现代启蒙的自由主义的区别："尽管采取新文化，旧文化不妨让其存在"。[4]

如果国民本身是启蒙的对象，则按照现代中国自由主义者的逻辑，合乎资格的立国者就只能是具有启蒙之能力和权力的知识分子，及受到他们启蒙的青年。这些人中的激进者就成为现代中国的革命者。按照启蒙的逻辑，他们是建立现代国家之合格主体，而除此之外的国民，从心智上说是需要被启蒙的对象，从政治上说，他们所依附之一切制度均成为革命的对象。由此，启蒙知识分子及由其中生成的革命者把立

---

[1] 《政制与法制》，第 207 页。
[2] 《政制与法制》，第 209 页。
[3] 《宪政之道》，第 150 ~ 151 页。
[4] 《政制与法制》，第 157 页。

国演变成一场涉及政治、文化、社会、经济等领域的全部结构、制度的颠覆性大革命。

现在我们要回答的问题是,同样具有启蒙之意向的张君劢,何以没有走向激进的启蒙? 回到张君劢的《人生观》演讲,似乎就可以部分地找到答案。张君劢在人生观演讲中所反对的就是唯科学主义,而唯科学主义正是启蒙的主要论据。如张君劢所说,他的对手普遍地信奉17、18世纪流行于欧洲的自然主义或机械主义的人性观[1],对人持有一种机械论与命定论的立场。张君劢深受他所说的西方"新玄学"的影响,始终坚持人的"非决定论"性质。张氏所在时代西方哲学究竟在讨论什么并不重要,重要的是在张氏眼里,它呈现出这样一些明显趋势:"新玄学之特点,曰人生之自由自在,不受机械律之支配,曰自由意志说之阐发,曰人类行为可以参加宇宙实在。"[2]概括地说,人具有直觉和自由意志,人具有创造性:"故曰人生者,变也,活动也,自由也,创造也。"[3]这也就是说,人的行为具有某种不可预测性,没有自然科学意义上的"公例"可循。张君劢强调了,人生观是主观的——不论是严格意义上的个人生活价值观还是关于更广泛意义上的制度安排的国家观、政治观、经济观,都是主观的。因而,"是非各执,绝不能施以一种试验,以证甲之是与乙之非。"[4]也即,对于各种人生观,无法找到一个客观标准来评断其是非高下。基于这样的论断,张君劢当然无法成为坚定的启蒙主义者。既然人生观是主观的,是个体自我意志的表现,则人与人之间就是平等的,如果有启蒙的话,那也应当是个体的自我觉醒,而非自外而内的教育。当然,教育是可以由外部进行的,但是,道德却只能是个体良知良能之自我发动,张君劢所宗之陆王心学恰恰证成了这一点。

哪怕是政治技艺,也需要民众通过参与获得。故张君劢设想了人

---

〔1〕 参见《民族复兴之学术基础》,第83~86页。

〔2〕《张君劢卷》,第642页。

〔3〕《张君劢卷》,第623页。

〔4〕《张君劢卷》,第600页。

民成为合格公民的三项培养渠道:"第一,要使人民有丰富的政治智识,将各国内政上外交上成为政争之问题,特别聚集起,时与国人演讲,使他们政治智识加速的增进;第二,在地方自治中联系起来,理论之辨别与执行之难易,可以得到实地经验;第三,外交知识之灌输,应平心静气……"[1]此处有两项固然涉及知识之传播,但其所传播者不是抽象的理念,而是关于具体政治问题之解决方案,旨在使人民练习政治的思考;也因此,可以设想,张君劢所设想的传播此类知识者,当不是文人,而是政治人物,是绅士。更重要的是,张君劢也提出,国民通过直接参与地方自治,验证理论,获得知识和技艺。10年后,张君劢更明确提出,提高人民行使权力的能力的办法是,政府允许人民直接参与政治——当然是其中"热心政治的人"[2]。

不过,归根到底,张君劢对于教育、训练普通国民的效果,始终持有怀疑态度。基于此,张君劢尽管始终坚信人民主权原则,但他通常不把政治、包括立国的政治、立宪的政治的希望,寄托于普通国民身上,而是寄托于"绅士"身上。

三、民主的古典理解与绅士的关键作用

张君劢意识到,普通民众可能永远不能达到施行民主所要求的素质,因而他不可能相信,立宪政治,乃至维系民主政治正常运转的现实的出路是启蒙,相反,他把目光转向了绅士。实际上,梁启超就最早明确表达了这一点:

> 今日谈救国者,宜莫如养成国民能力之为急矣。虽然,国民者其所养之客体也,而必更有其能养之主体。苟不尔者,漫言曰养之养之,其道无由。主体何在?不在强有力之当道,不

〔1〕《政制与法制》,第209~210页。

〔2〕《宪政之道》,第151页。

在大多数之小民,而在既有思想之中等社会,此举国所同认,无待词费也,国民所以无能力,则由中等社会之无能力,实有以致之。故本论所研究之范围,不曰吾辈当从何途始可推能力以度诸人也,曰吾辈当从何途始可积能力以有诸己而已。非有所歆于能力以自私,实则吾辈苟有能力者,则国民有能力;国民苟有能力者,则国家有能力。[1]

此处所谓"中等社会",就是梁启超自己所在的绅士群体[2]。张君劢发表于光绪三十三年年底之《新民丛报》上的文章《论今后民党之进行》,表达了几乎完全相同的意思,只不过,他是在反驳开国会以教育普及为前提之论的语境中表达这一古典的绅士宪政主义立场的:

国民根本思想之改良,非旦夕可期。且此事于近日原不必望之于全国国民一也……且一国政治,无论其改革前改革后,无不赖之少数先觉之士,主持而提倡之,故其为政治之运动者数人耳,为议院之质问者数人耳。如彼主持教育普及者之说,谓将以制造代议士耶,则吾见此代议士之非彼所能制造也,谓将以改良国民之根性耶,微论其非一时之所可期,即西方代议制度最发达之国,吾见其大数人民之暗愚如故也。故其说谓将以开发全国过敏,图永久之社会改良则是,谓议院之开,必俟教育普及,而教育普及能与议院以甚深且大之效果,此甚不然者也。[3]

在这一段话中,张君劢对后来即将出现的启蒙主义立国政治哲学

〔1〕《饮冰室合集》,第6册,饮冰室专集之四,第156页。

〔2〕关于梁启超这一思想之研究,参见[韩]吴炳守,《民初梁启超中坚政治论与研究系知识分子的形成》,载《史林》2008年第3期。

〔3〕《开国前后言论集》,第37~38页。

预先做出了批评。在他看来，启蒙的工作对于现代国家之构建来说当然是必要的，因为现代国家就意味着国民之心智的普遍的开明。但是，这种启蒙与政治制度之建立和正常运作之间并无直接关系，国民，也即普通民众，是否具有穆勒所说的理智、德性和活力，对于宪政制度的运转来说不是决定性因素——张君劢在此对穆勒的说法明确提出质疑，他说，国民的那三种能力，"在彼先进之立宪国，犹且谦让未遑"[1]。事实上，任何一个国家永远也做不到其国民普遍具有这三种能力。张君劢在这篇文章中也举了一个很有趣的例子：天津某地为进行自治，先进行了启蒙工作，但真到了人民投票之时，民众依然拒绝行使这种珍贵的权利。

尽管如此，张君劢的宪政主义信念却是坚定的：国民能力不足并不能从根本上构成对立宪政治的否定。因为，在梁启超、张君劢看来，宪政主义治理的关键因素是绅士，人们所期望之政治能力，只有绅士群体基本上可以具备；而只要绅士们具备这种政治能力，宪政就可以建立并且正常地运转起来。张君劢在那篇早期文章中的结论就是："今日最便捷之方针，舍藉少数人之力以鼓吹以运动，稍养其政治的习惯与政府抗外，此又岂有他道哉。"[2]这不仅是当时"最便捷的方针"，也是张君劢毕生信奉的政治方针。

应当说，这种思考政治的进路乃是典型的儒家式的[3]。众所周知，

---

〔1〕《开国前后言论集》，第38页。

〔2〕《开国前后言论集》，第40页。接下来张君劢列举了他观察到的五项政治事实："(一)今日国民犹未能以沉着之思想，研究政治问题。(二)内阁于议会之冲突频频，致内阁时时更迭。(三)政党之未发达未统一，必常为政府所利用。(四)不患多数人之程度不足，只患少数人之不能团结以监督政府。(五)不患少数人之智识不足以议事，只患少数人未惯于多数政治。"

〔3〕江勇振评论张君劢的"论今后民党之进行"一文时指出："在这种他一生服膺不辍的传统儒家秀异统治主义(Confucian elitism)的观点之下，他已开始——虽然未成体系——建构一种秀异分子鞠躬尽瘁于上，自由解放的国民如众星拱月一般勤奋不懈于下，以致上下和谐的政治哲学"，《熊十力·张君劢·蒋中正》，第103～104页。郑大华也指出，张君劢此文表明，"他具有一种强烈的精英政治的思想，这种思想对他一生的政治活动曾产生过重大影响"《张君劢传》，第22页。

儒家治理理想具有强烈精英主义取向,此精英即为接受儒家训练的“士”。自周孔以来,“士”呈现为不同的面貌[1],但似乎具有一种明显的趋势:即经历一段时间的败坏之后,再度回归“绅士”之理想。

在《新儒家思想史》中,张君劢曾经指出,中国哲学具有四点“独一无二的特性”,依次为:第一,“中国人在哲学方面的兴趣集中在道德价值方面……对中国人来说,道德价值比逻辑、知识论或任何纯粹抽象知识具有更重要的作用。”第二,中国人的“形而上学永远是理性主义的,不带超自然主义色彩”。第三,“中国人在哲学上最大的兴趣是对心灵的控制。”第四,中国人“重视自己所学的身体力行,甚至为了道可以牺牲性命。”[2]这里所说的,其实就是儒家的基本理念。换言之,是儒者的基本人生模式。儒家士人融“道问学,尊德性”于一体,且尤其注重伦理、政治等社会治理实践。因而,张君劢在讨论了新儒家的哲学思想后,又讨论了《理学所确立之政治及文化制度》,如他所说:

> 新儒学涉及的问题很多,举凡宇宙论、形而上学、知识论、伦理学、心理学都包括在内。这些学问构成新儒学的理论方面。但是,新儒学还有实践的一面,藉其实践的一面,新儒学奠定了中国自宋代至与西方接触这一时期的生活方式。这方式的内容如何呢?可以归纳为下列五点:(1)道统;(2)反映佛教菩萨观念影响的圣学;(3)经典;(4)到处存在的新书院制度;(5)一种新的为政和行政设施。[3]

根据张君劢的刻画,儒家士人具有完整的理性主义精神,有强烈的求知之爱,但此知,不是西方意义上的知,更多的是指伦理之知。而且,

---

〔1〕 比如,余英时指出,士在先秦是游士,秦汉以后则是士大夫,此一士大夫同样经历几度变迁,见余英时:《士与中国文化》,上海人民出版社 1987 年版,自序,第 9 ~ 10 页。

〔2〕 《张君劢卷》,第 27 ~ 29 页。

〔3〕 《张君劢卷》,第 43 页。

这种知识是要付诸实践的，在私即为个人之道德修养，进而以个人之表率负起管理社会生活（如宗族）之责，进而进入政府，从事公共治理。换言之，儒家士人需同时具有知识、道德与治理能力。《大学》所提出的“格物、致知、正心、诚意、修身、齐家、治国、平天下”八条目，即程颐所说“儒者之学”的基本法度。

基于这一点，我们将儒家士人称为“绅士”[1]。使用此一概念，就是为了强调一点，他们不是现代意义上的知识分子（文人），也不同于古希腊之哲学家，更不同于中世纪欧洲之基督教教士。他们可能更类似于英、美两国于现代立国时期所形成之“绅士”，尽管我们立刻需要补充指出：中国儒家绅士的资格更多地与功名联系在一起。但其共同之处则在于，知识、德性与实践的合一。正好，这就与穆勒所提出、而张君劢一直信奉的国民政治能力之三个面相相吻合。古代中国的绅士融知识之获得、道德伦理之修养、社会与国家之治理于一体，由此所形成的看待知识、道德、治理的特殊心态与思考方式，我们或可称为“绅士心智”。值得注意的是，历史上的士人并非总是具有较为明确的绅士心智，此种绅士心智乃是其伦理自觉的产物[2]。

应当说，春秋时代的贵族是此种绅士的原型，周代贵族之训练同时兼顾知识获得、道德养成与治理技能训练，此种教育从“大人之学”的传说中可得其仿佛[3]。但到春秋末年，尤其是战国，诸侯间的战争导致

---

〔1〕 关于绅士的研究，权威的著作当然依然是张仲礼：《中国绅士——关于其在19世纪中国社会中作用的研究》，李荣昌译，上海社会科学院出版社1991年版。

〔2〕 徐复观先生曾论及中国古代士人存在三种传统：叔孙通、公孙弘之传统，及《后汉书》所区分之文苑传统与儒林传统。“由文苑传统而回向儒林传统者，常表示个人生命之向上，社会亦常因而得一转机。以文苑传统而嘲弄儒林传统，污蔑儒林传统者，则乃表示个人生命之纵侈，社会亦因而愈趋堕落”，“中国知识分子精神之回向——寿张君劢先生”，收入王云五等：《张君劢先生七十寿庆纪念论文集》，文海出版社1956年版，第51页。

〔3〕 朱子曾在《大学章句序》中这样说：“三代之隆，其法寖备，然后王宫、国都以及闾巷，莫不有学。人生八岁，则自王公以下，至于庶人之子弟，而教之以洒扫、应对、进退之节，礼乐、射御、书数之文。及其十有五年，则自天子之元子、众子，以至公、卿、大夫、元士之適子，与凡民之俊秀，皆入大学，而教之以穷理、正心、修己、治人之道”，［宋］朱熹：《四书章句集注》，上海古籍出版社、安徽教育出版社2001年版，第1页。

"礼崩乐坏",其政治社会结果是君主集权、贵族瓦解。这样,在底层贵族和平民中兴起了单靠知识追求个人名利的群体,如专业军事家、苏秦张仪之类的说客。

当此之际,孔子和孟子大声疾呼,而推动了绅士的第一次道德自觉。孔子理想社会治理模式就是君子主导社会治理,而这种君子的根本特征是"志于道",其基本特征是"笃信善学,死守善道"[1]。至于孟子之"穷则独善其身,达则兼济天下",更成为后来儒家绅士之基本价值追求。

孔孟的此番伦理自觉虽为后世树立了绅士心智之典范,但当时并未收到实际效果,相反,战国之乱,直接导致秦的"以吏为师"。一直到董仲舒时代,才有了第二次绅士的伦理自觉。以独尊儒术为国策,以察举取士,儒家士人借助其知识、德行、名节,而进入政府,形成钱穆先生所说"文人政府"[2]。在社会上,则形成了东汉末年中原丧乱,地方士族兴起,在五胡乱华的混乱环境中,保存了华夏传统,并向华、夷开国者提供了其不可或缺之制度设计知识。魏晋南北朝以至隋、唐初的士族,都具有明确而强烈的绅士心智。

但是,武则天为颠覆李唐政权,而特重以文词取士[3],自玄宗以后逐渐形成一个由进士组成的社会新贵群体,并逐渐替代以前的山东士族。新兴进士与传统士族之心智有巨大区别,前者尚文词之优美,多放浪浮薄之行,后者则标榜德业儒素,通经术,谨守礼法。陈寅恪先生对此论之甚详[4]。士族之权威并不完全依赖在政府中所享有的权力,事

---

[1] 《论语·泰伯篇》。

[2] 钱穆著:《国史大纲》(修订本),商务印书馆1996年版,上,第148页。

[3] 陈寅恪先生关于士族之变迁,有精辟论述:"夫士族之特点既在其门风之优美,不同于凡庶,而优美之门风实基于学业之因袭。故士族相传之学业乃与当时之政治社会有极重要之影响……但东汉学术之重心在京师之太学,学术与政治之关锁则为经学,盖以通经义、励名行为仕宦之途径,而致身通显也。自东汉末年中原丧乱以后,学术重心自京师之太学移转于地方之豪族,学术本身虽亦有变迁,然其与政治之关锁仍循其东汉以来通经义、励名行以致从政之一贯轨辙"(《隋唐制度渊源略论稿·唐代政治史述论稿》,第260~261页)。

[4] 参考陈寅恪:《唐代政治史述论稿》之中篇"政治革命及党派分野"。

实上，从很多历史事实可以看出，“帝王之大权不及”士族们所集聚的“社会之潜力”[1]。因而，他们之参与政府治理，对于皇权尚能保持一定距离，而他们通过经术训练，也具有较多政治技艺。相反，进士缺乏政治技艺训练，通常以翰林学士承旨，变成了皇帝的文字顾问。唐代中后期政治之混乱、衰败，与士族衰落、进士崛起不无关系。

由此而有了宋儒的伦理与政治自觉。张君劢再三表彰宋代儒家之复兴，比之为中国的“文艺复兴”[2]，而其基础则是绅士心智之重造。格物、致知、正心、诚意、修身、齐家、治国、平天下的“大人之学”八条目，同时包含了知识、道德与治理能力之获得与训练。此所谓“大人之学”，实即“君子之学”，绅士之学。其中，格物、致知同时兼有洞悉物之性与人之性的用意，正心、诚意、修身乃是私人道德之修养，齐家则需要治理社会的技艺，治国、平天下则需要政治技艺。宋儒“以天下为己任”，重新将道德、治理能力引入士人，并积极从事社会治理实践和政治活动，并有了“与天子共治天下”之实践[3]。通过重造绅士心智，宋代绅士创造了中国文化与政治之新气象。

清末士人同样有过一次绅士意识之自觉。清代学术之主流是考据之学，梁启超、胡适等都以其所使用之“科学方法”而称为中国的“文艺复兴”。张君劢对此大不为然，并专门予以反驳[4]。与此同时，又有讲究文辞之“文章之学”。到18世纪，士人即开始对汉学的反动，后来又经世致用之学的兴起。但一直到曾国藩，面对内乱外患之严重秩序危机，倡导“士大夫之学”[5]，才真正地有了一次绅士伦理自觉。在晚清语境中，这一士大夫之学是针对此前之考据、文章、义理之分割局面，将

---

[1] 《隋唐制度渊源略论稿·唐代政治史述论稿》，第268页。

[2] 《儒家哲学之复兴》，第32页。

[3] 关于这一点，余英时先生有深入梳理，参见余英时：《朱熹的历史世界》，三联书店2004年版，上册，第210页及以后。

[4] 如“评梁任公先生《清代学术概论》中关于欧洲文艺复兴、宋明理学、戴东原哲学三点”，收入《义理学十讲纲要》。

[5] 余英时：《曾国藩与“士大夫之学”》，收入《历史人物考辩》。

其重新融合为一的努力。其本质不出儒家传统绅士的个人训练纲目:治理实践导向的知识与道德融合。张君劢评价说:曾国藩"个人的确为国家创造了一个新的纪元"[1],这其中包括清末立宪。

对于中国儒家士人道德与政治自觉周期,及最后一轮自觉与现代国家构建之间的关系,我们将在未来进行更为系统、详尽的研究。此处所要指出的是,不论在古代、现代,绅士心智乃是儒家绅士取得文化、社会、政府领导地位的依据。儒家绅士之权威、权力不完全在于他们拥有专业知识,而在于他们具有德行与公共治理技艺。因而,可以说,士大夫所具有者乃是某种"技艺理性"。这种技艺理性之获得、增进,确实离不开知识的启蒙和思考力的训练,但除此之外,更需要借助于参与治理的实践。私人道德是他们从事这种实践的基础,在此实践中逐渐形成的绅士们公共伦理自觉,则是其享有公共权威、行使强制性权力的根基。由此所形成者,乃是"绅士心智"。借助于知识、道德与治理技艺,儒家绅士成为传统社会的治理主体,他们横跨于社会与政府之间。士大夫既是社会领袖,又是政府官员。他们是社会中两种最重要的权力之一,这两种权力即费孝通先生所分辨的"皇权与绅权"[2]。正是这个群体,在和平时期维护着社会秩序,在动乱时代依然保持着社会秩序,新王朝立宪也是由他们一手完成。因而,他们可以一次一次地在暴力过后重建秩序。张君劢先生再三表彰宋儒重建社会与国家的努力[3],陈寅恪先生在50年代特殊的政治文化气氛中,也特意向学界、公众揭示了韩愈对于保存与复兴华夏文化的巨大贡献[4]。

不管用哪个标准来衡量,梁启超、张君劢等人都属于绅士,他们周围的朋友也主要是绅士。他们所看到的景象也是,从事立国活动的立

---

〔1〕《张君劢卷》,第557页。张君劢还说:"如果大家都如曾国藩那样了解新儒家和西方世界观,则两者之间并无矛盾冲突之处",第560页。

〔2〕费孝通:"皇权与绅权",收入《乡土中国》,上海世纪出版集团2007年版。

〔3〕张君劢:"宋代儒学复兴之先例",收入张君劢《儒家哲学之复兴》,中国人民大学出版社2006年版。

〔4〕陈寅恪:"论韩愈",收入陈寅恪:《金明馆丛稿初编》,三联书店2001年版。

宪派人士，差不多都是绅士——革命派中的很多成员则不能算绅士。这种切身经验，当然会影响理论。不过，张君劢对于绅士在现代国家构件过程中的决定性作用之强调，主要还是来自于理论思考与对更为广泛的现实的观察、反思。

比如，张君劢从德国立宪、建国过程中，也看出了绅士的重要作用。他曾经对德国宪法学家、《魏玛宪法》起草者柏吕斯(Hugo Preuss)的思想进行过深入研究。柏氏的基本主张是，“所谓国家者，乃社会之自己组织”，战后之德国，“种种社会力，可以自己之奋起以组成国家”。但此时，社会本身处于严重分裂与对立之中，不同党派的主张都相当极端，名曰社会组织，实为党派操纵[1]。在这种情况下，“自由主义之中产阶级”试图建立一个“法治国”，以之作为“各种冲突之社会力之平衡”。他们相信：

> 社会中各相反之利益或团体自有保持平衡之法，以各方因客观性之表现及智识之普及自有归于公道之一日也。民主政治下之法治国，由党派掌握政权，非有各方之中立的力为之维持，则其国决难生存。思维中立的力者，谓不受党派之拘束，而其理智为全国所尊敬者，乃能成为理智的中坚；彼不应有所组织于偏狭之地，以自由的、公开的、客观的精神力，号召全国而为之枢纽，则无形之舆论也。[2]

此种以其中立之理智参与政治的“自由主义之中产阶级”，实际就是绅士。对于上段西人之思想，张君劢自己解释说，此中立者，乃是“主张事实的公道的解决之人，而不偏于一党一派者也”，他相信，“一国中

---

〔1〕“德国新宪起草者柏吕斯之国家观念及其在德国政治学说史上之地位”，《宪政之道》，第351页。

〔2〕《宪政之道》，第352页。

无此中立的理智,则法治国决不能长保。为达此目的,应提高资产阶级之教育,应确信不拘于一方所谓之国民精神,彼等居党派之外而能以独立言论与勇气与国民相见者也。”此即“独立的政治理智”。[1] 秉持此种政治理智者,不能仅充当旁观者,而应当发挥其政治作用,以实现其他分歧、对立、冲突之社会力的平衡。因此,宪政秩序的基础,其实是这个中立、理智、具有公共精神的绅士群体。对处于国家结构破碎、冲突强烈的社会而言,更是如此。

由此不难理解,张君劢在1922年为国是会议起草的宪法草案,体现了明显的绅士宪政主义倾向。此宪法引人注目之处是,议会没有采用各宪政国家普遍采用之两院制,仅设立一院,而此院乃是全由绅士投票选举的。张君劢对此专门进行了解释,其立论之出发点是,优良的议会及政府,有赖于“正确的选择”:“选民而有独立之判断,斯议会良而良政府因而以立焉,选民而无独立之判断,斯议会不良而不良政府因以出现焉。”所以,他赞成各国对选民资格的限制。[2] 但当时的中国,国民程度不足,户口未调查、选民册未编成,因而,由国民直接选择之众议院,无由成立,“故以西方学者两院相钳之说,施之吾国,实与今日国情不相应者也”。[3] 在这种情况下,张君劢建议,

> 采一院制之参议院,而以省议会全省之教育农工商会为选举机关可耳。以此五会行选择权,其利有四:会议人数可稽考一也;入会者有姓名有资格,故不至于冒名顶替二也;此五种会议,为有智识有职业阶级,当知选择权之宝贵三也;以有智识有职业者负选举之责,较之无知愚民,将选择任意出卖者,其所选代表,必较为得当四也。[4]

---

〔1〕《宪政之道》,第352~353页。
〔2〕《宪政之道》,第41~42页。
〔3〕《宪政之道》,第45页。
〔4〕《宪政之道》,第43页。

也就是说，张君劢的意图是将选举权局限于绅士群体中，当然，其所选举出之议员也是绅士。张君劢对于民主的信念是真诚的，但是，他始终相信，民主是需要人民——选民——具有基本的知识、判断力和公共精神，同时也需要其他辅助性制度。那么，推进宪政制度之可行方案，就是首先让具备这种素质的人行使民主权利，然后逐渐推展覆盖及全体国民。因而，张君劢的这份宪法方案所设计之议会仅为参议院，由全体国民选举之众议院是有宪法空间的。

既然宪政秩序的基础是绅士，而绅士是不用考虑个人生计问题的，张君劢也就可以相当坚定地拒绝贫困问题的诱惑和困扰。早在 1923 年，他就明确地主张一种"政治上的唯心主义"。这种唯心主义，巧妙地避开了法国大革命以来各个国家建立现代国家的陷阱，这个陷阱就是，经由贫困问题而通往经济革命，进而是全盘摧毁旧制度的暴力革命。

张君劢也承认，"政治以物质为依归，政治上最大的问题，就是解决衣食住问题。因为有许多整千整万的人，同时在我们面前存在，而存在必恃衣食。既要吃穿，但同时饭衣又没有那么许多，所以政治上就要解决这个问题。"[1]贫困者当然是"人民"的多数，那么，政治要面向多数，就不能不面向贫困问题。法国大革命期间及其后发生的诸多革命，就是按照这样的逻辑走上了激进地解决贫困问题之道——中国的激进思想和依此成立的政党就是这样进行政治推理的。

但在张君劢看来，贫困现象的存在并不意味着，立国者就必须直接解决这个问题。张君劢相信，此一问题的解决不是立国者的责任，相反，相关解决方案要由全社会共同提出，其解决的途径则是制定"法律"。因此，张君劢转而讨论法律问题，他指出，"凡所谓法律，至少含有两个条件：(一)法者，全社会共同生活之条规。(二)社会尤进步，则自由发表意思者亦尤众。故法律之是非，即以是否合于自由意志之人之

---

〔1〕《宪政之道》，第 337 页。

团体为标准。”[1]法律必须体现公众之共同意志。此一共同意志又是如何达成的？这当然不是任何人可以单独宣布的,不论其为社会结构内部的活动主体,还是社会结构之外的启蒙者或革命者,而应当由社会通过意见之自由表达、辩论来发现。

张君劢举了一个例子:“例如缝工或印刷工不满意于他的地位,自由地发表他的意志,冀改良他们的地位。”也即,穷人要求改善他们的物质处境,革命者经常以此作为其发动革命之理由的。张君劢却提出了另一个问题:“但必有人问:这样正当不正当呢?”他的回答是:“此语很难讲,必要根据时势之变迁观察去。”[2]也就是说,必须由整个社会就此表达共同意见,认可或否认这种要求之正当性。这个形成共同意见的过程必须是政治的,主要是选举投票制度,通过代表不同政见的政党之执政地位的得失,来体现社会解决各种社会问题的共同意见。

换言之,张君劢相信,贫困问题的解决必须在宪政的框架内进行。当然,中国目前尚没有这样的制度框架,那么,要解决贫困问题,就首先应当建立宪政框架。唯有在此宪政框架下,贫困问题才可以获得正当的解决。这样,张君劢就对于贫困问题之解决开出了一个迂回的政治的解决方案:首先是立宪,政治在宪政框架内得以进行,通过政治过程解决贫困问题:

> 明显的说一句话罢,人总有衣食住的要求,换言之,人总逃不了物质的束缚。此政治上之衣食住,靠争衣争食争住来解决它呢,还是大家放松一步,先将上台下台规条解决一下,而全国衣食自在其中呢？犹之就麻雀言麻雀,决无办法;舍麻雀而先定打牌规则,则麻雀自打得成。总之,将争执问题,暂

---

〔1〕《宪政之道》,第337~338页。
〔2〕《宪政之道》,第339页。

> 且搁下，而先定今后互相信守之法，此则政治上之唯一办法。[1]

面对贫困问题的困扰，现代中国多数立国者走上了直接解决贫困问题——通常是借助阶级暴力——的方向，张君劢则坚守了立国的古典型，把立宪视为优先的工作。

不过，此种迂回办法之实施，却要求立宪政治之主体自身不在贫困之中，同时也不受经济决定论之类的哲学的影响，总之，它需要立宪政治之主体超越激情和利益，而具有远见；同时，迂回的解决办法本身是抽象的，[2]并不是每个人都能够理解这种办法的效力，也需要立宪政治的主体具有一定程度的理智。过分关注于物质利益的人，不大可能成为这样的主体，如张君劢所说：

> 此种办法，决不能望之于争鸡虫得失之人，而断赖乎特立独行之人。换言之，将一身衣食住打算者，决不能与言新政治。何也？说到衣食住，就要打算盘，而政治决不是打算盘的人所担任的。所以我主张政法上的问题，要超脱衣食住以上去解决它，这就是我的政法上的唯心主义。[3]

---

〔1〕《宪政之道》，第339～340页。

〔2〕 此处所说之“迂回”概念，受奥地利学派经济学之启发。该派创始人门格尔对财货进行了分级：直接满足个体之欲望的财货为第一级财货，用以生产这些的财货为第二级，依此类推。门格尔相信，人类福利增进或文明发展的根本原因，就是通过储蓄等手段，逐渐地将越来越多的资源用于高级财货生产而这当然取决于“人类对于物与人类福利的因果关系之掌握的进步，和对于这些有关福利的较为间接的条件之掌握的进步”，[奥]卡尔·门格尔：《国民经济学原理》，刘洁傲译，上海人民出版社2001年版，第25页。后来的奥地利学派学者将此称为生产的“迂回性”（roundaboutness），参见[奥]庞巴维克：《资本实证论》，陈端译，商务印书馆1997年版，第53页及以后；也可参见维基百科Roundaboutness条（http://en.wikipedia.org/wiki/Roundaboutness）。

〔3〕《宪政之道》，第340页。

合乎上述资格的立宪政治之活动主体,只能是绅士。绅士不会受贫困问题的困扰,也具有一定的理智,同时也具有一定的德性。

张君劢所说的政法上的唯心主义乃是与唯物主义相对而言,其根本含义即在于,必须从心、从精神的视角来观察、对待、处理政治,处理国家的制度与政策问题。唯有如此,才有可能找到正确的政体方案,而在此政体方案下,具体的社会问题,包括贫困问题,反而可以得到较为正确的解决。

张君劢所说的唯心主义,当然还可从另一个角度理解。也即,政治、国家有其自身的独立价值,而不是社会的物质条件及阶级格局之投射。国家不是阶级压迫的工具,“国家之所以要有权力,决不限于财产问题。纵令财产有废除之一日,但人与人之间之争论不能因此而消灭,此吾人所敢断言。”[1]换言之,国家或者说政府之存在,乃是为着解决意见之分歧,财产上的争执仅仅一意见分歧之一种特殊表现方式而已。正因为此,国家本质上是政治的,政治本质上是主观的、唯心的。因此,国家解决种种问题,必须依据意见,尤其是对宪政政府来说是如此。

总结一下上面的论述:张君劢一直都坚信,国家——包括政府与社会种种制度安排——存在的唯一目的是作为一个整体的人民的幸福。但是,能够作为政治行动主体的,不能是这个抽象的“人民”,而是具体的国民。但具体的国民,从自身知识、德性与社会经济条件等各个角度看是有欠缺的。但这并不意味着,这些有欠缺的国民就应当成为启蒙与革命的对象。因为,在国民中间存在一个群体,即绅士。他们是国民中之具有“思想力”者,因而他们具有参与政治的知识资格。而且,这种思想力不由外铄,而是他们内在地、自然地具有的。他们是不需要文人启蒙的。同时,他们也能够超脱个人衣食住之考量,因而能够主要通过表达意见、与他人进行理性辩论的方式参与政治,以一种中立的、独立的政治理智的力量,平衡各种相互冲突之诉求。因为有了他们,革命就

〔1〕《政制与法制》,第36页。

是不必要的。这样，张君劢既避免了文人启蒙的陷阱，也避免了激进革命的陷阱，而是走向了绅士立国、立宪。这种立国进路乃是古典的，张君劢的政治思考与实践的奇异之处——也正是其特别具有价值之处——就在于，在立国的现代时期，也依然坚持古典时期的核心理念，也因此才没有偏离宪政主义的正确方向。

当然，张君劢对于他生活时代的精英群体，也有很多批评。尤其是到三四十年代，这种批评似乎突然强烈起来。作为中国国家社会党成立宣言的《我们所要说的话》，把中国构建现代国家的失败归咎于“士大夫”群体：

> 我们以为中国所以糟到今天完全是由于士大夫阶级的道德破产……无论何人，当其初动念想救国的时候，未尝不由清明之气，但这个清明之气经过了许多的磨折，便只剩下了实际利害与个人私欲。所以中国直接间接与政治有关系的，降至今日，都免不了下面的毛病：(一)取巧；(二)嫉妒；(三)伪善；(四)营私；(五)玩手段；(六)虚骄；(七)工趋巧；(八)不负责任等等……因此我们以为民族的返老还童是不能专属望于士大夫这一班人的。[1]

> 老实说，士大夫一类的人亦有其长处。不过西风东渐以后，把士大夫讲气节讲理学的优点完全丧失了，这真是一件最可痛心的事。[2]

最后一句话尤其值得重视。伴随着科举废除，传统教育体系瓦解，知识阶层，乃至整个精英阶层的教育趋向于实用性、专业化，而忽略了

---

〔1〕《中国社会民主党》，第42页。
〔2〕《中国社会民主党》，第42页。

德性之熏陶。在政治场域内,传统的绅士逐渐退场,新兴的党人崛起,[1]政治精英的现代知识或许增加了,但其德性却可能退化,也未必历练出政治的"技艺"。其结果,便是政治的劣质化,立国进程之无法顺利完成。张君劢本人曾经特别比较过中国的士大夫与英国的绅士:

> 政治之行也,必有毅然自任而甘为之牺牲者也。吾彷徨四顾,体察吾国民性,而不觉尽伤心矣。"士大夫"者,号为四民之首也,二千余年之任务游谈耳、食客耳、参预密勿耳、从龙之彦耳,自表面观之,固以"论道经邦利安元元"为心,然其所以参赞之者,大抵以旁观者之态度,乘时而后动,有待于傅说之梦卜,刘备之三顾,及献策而行,则飘然远行,此犹所谓豪杰之士焉。若其大多数,则"孔甲之为陈涉博士",依附权势,以取功名耳。[2]

与此形成鲜明对照的是西方各国之公民,尤其是英格兰的绅士。[3]他提出,中华民族之存亡,决于今后有无负荷国家重任之新分子。他提问说:"吾国之士大夫,其能幡然改图乎?抑终不能自救乎?"[4]

至于幡然改图之道,张君劢其实早就指出了。张君劢在人生观论战中之倡导"新宋学之复活","宋明理学之倡明",用意正在于绅士精神之重振。张君劢一生的思想努力,正在于发展"新宋学",这也是整个现代新儒家传统的基本运思方向[5]。而这种努力的实践意图,就是塑造

〔1〕 张朋园先生以翔实的数据证明这一点,参看张朋园:《中国民主政治的困境,1909－1949——晚清以来历届议会选举述论》,联经2007年版。

〔2〕 张君劢:"国家民主政治与国家社会主义(节录)",收入《中国社会民主党》,第25页。

〔3〕 《中国社会民主党》,第25~26页。

〔4〕 《中国社会民主党》,第27页。

〔5〕 《为中国文化敬告世界人士宣言》第六节特别论述了由宋明儒昌明之"心性之学"的独特而伟大意义,《中西印哲学文集》,下,第866页及以后。

一个同事具备穆勒所说之“智力、德力、活动力”的绅士群体。在知识泛滥，且趋向专业化的时代，尤其需要通过传统重振，道德复兴，以塑造立国的合格主体。心性之学在立国过程中的价值，也正在于此：

> 义理学之目的，第一，识理义，或曰是非善恶之辨；第二，修身养心；第三，定教育与政治之正鹄……治此学者，修之于一身，则一身有心安理得之乐。施之于一方，则一方之学者受其熏陶而社会风尚为之丕变；及夫国运凌替，则必有忠义奋发之士，或奔走国事，或隐居高蹈，以存士可杀不可辱之精神。[1]

对于绅士来说，决定性的因素是道德自觉，由道德自觉才有可能产生政治自觉。张君劢译述穆勒的话同样强调了道德对于整治行动力的决定作用：

> 有国民焉，嚣嚣然知慕权利争自由矣，然一考其实际之道德，则怠忽也，怯弱也，公德心之缺乏也。其对外焉，无勇往果敢之精神，其对政府焉，非特不能举监督之实，反常为其权术之所愚，且或以国政之一时之恐慌，颓然丧气，或生崇拜个人之痴心，竟以国民贵重之自由，投之一二豪杰之足下，因使之颠倒一国之政制而唯我一人之刚，若此者，则其国民之能力欲以维持一公治之制于不弊，不亦远乎！[2]

关于现代绅士之标准与养成渠道，张君劢进行过论述，见《民族文化书院缘起》一文。张君劢手拟《民族文化书院组织大纲》首先标明：“民族文化书院，以培育德智交修，诚明并进之学风，共同研讨学术文

〔1〕《民族复兴之学术基础》，第31~32页。
〔2〕《开国前后言论集》，第4~5页。

化,致力身心存养,以期担负文化复兴之大任为宗旨。"[1] 换言之,张君劢希望民族文化书院培养具有立国技艺的人士,现代的绅士。而他之所以采用传统中国书院的方式,就是因为他认为,仅以传授专业化知识为宗旨的现代大学无力承担培养具备参加立国事业的绅士的能力,关键在于,"今西方大学之所事,在发达理智,在增进智识",欠缺道德养成之一环。而这对于面对立国重任的人来说,乃是一个极大的缺陷:"治社会科学之人,苟平日留意于一己之器局度量,惩忿窒欲,与乎正人正己之要道,小之一身,大之天下,必有能受其益者矣。"而传统中国书院的特点正在于"德智并重,实则侧重于德"。[2] 透过这样的教育,将能够培育出一批具有立国的志向、同时也具有理智与德性的人士,他们就是现代的绅士。

四、政治家与立国者

当然,对于立国、立宪之思考、选择而言,绅士群体也仍然是一个太大的群体,因而,张君劢继续缩小聚焦范围,将目光投向了这个绅士群体中孕育之政治家,而在张君劢笔下,这个政治家通常肩负着立国之任务,是立国者、立宪者。

我们再次回到清华《人生观》演讲。在这篇演讲中,张君劢旨在说明,建立一个什么样的现代国家,乃是这个国家的人们理性地思考和选择的结果。我们曾从历史的角度对此进行过分析,但事实上,在这一点上,张君劢很可能受到穆勒《代议制政府》的影响,该书第一章的标题就是"政府的形式在多大程度上是个选择的问题"。穆勒把重点放在国民能力上,而穆勒自己也清楚地说:这个结论"有利于而不是不利于试图对现存社会条件下一切可行的政府形式进行合理地选择"。[3] 政治、政

---

〔1〕《中西印哲学文集》,下,第 1432 页。
〔2〕《中西印哲学文集》,下,第 1424 页。
〔3〕《代议制政府》,第 16 页。

府、政体终究是人造之物,因为人是可以进行选择的,尽管人在进行选择的时候要受到诸多条件之限制。

在上一节,我们则分析指出,张君劢从政治的基本原理的角度始终认为,理性地进行政体、政治思考和选择的主体当然是“人民”。但是,从政治科学上说,理性地思考和选择立国之道的主体,只能是具有参与政治之知识、道德,甚至有经济社会条件、同时又具有参与之意向的绅士。尤其是其中的政治家——而在张君劢的论说体系中,政治家在很多时候就是指立国者。

这一点,已经隐含在张君劢《人生观》演讲。在那里他指出:人生观出自人的自由意志,各种人生观“初无理学之公例以限制之,无所谓定义,无所谓方法,皆其自身良心之所命起而主张之,以为天下后世之表率”。“皆出于良心之自动,而绝非有使之然者也。”[1]张氏关于人生观五大特点的讨论,有四点都可以归结于此。由此可以推论:那些具有较强创造性的心灵,就具有创新人生观的优势。张氏演讲及后来论辩文章中所列举的“人生观”,主要是哲学观点、政治观点、宗教信条、人生哲学等。在张君劢的论述中,世间各种经济学、政治学、法学、伦理学、哲学等理论所论述的,就是不同时代、不同文明、不同作者的人生观。如最初的演讲所说:“所谓古今大思想家,即对于此人生观问题,有所贡献者。”[2]在张君劢看来,对于这些“人生观”,我们无从分析其所由来。相反,它们是中国人所说的“先觉”、“豪杰”或西方人所说的“创造”、“天才”的伟大心灵独出机杼的神秘产物。[3]

张君劢在这里强调指出,人的生命是主观的、直觉的自由意志的,则意味着相对于客观的社会现象,相对于既有的制度,人是可以形成超越性想象的,这种想象本身就构成了制度变迁的基本动力之一。张君

〔1〕《张君劢卷》,第600~601页。

〔2〕《张君劢卷》,第603页。

〔3〕《张君劢卷》,第600~602页。

劢在论及人生观时,再三强调,人生观的生产、变化及传播,是不受客观的规则之支配的,它们是“先觉”、“豪杰”或西方人所说的“创造”、“天才”的伟大心灵独出机杼的神秘产物。张君劢的这些带有强烈英雄主义色彩的看法,为立国事业提供了哲学的论证。在立国进程中,具有这种主动创造性的角色就是“立国者”。

在张君劢的论述中,他经常提及“政治家”一词。这个词,有时是指常规政治时代的政治家。但大多数时候是指立宪时代、立国时代的立宪者、立国者。即便是在宪政制度已经建立的常规时期,他所说的政治家通常也超越于一般所说的“政客”层次。

关于这个意义上的政治家、立国者对于之系统讨论,见于《立国之道》一书。这本书的篇幅尽管不是很大,但结构十分严谨而宏大。其第一编《国家民族本位》,在抗日战争的背景下提出了建立现代国家的政治任务,接下来三编分别论述立国之三项具体制度安排:修正的民主政治,国家社会主义下之计划经济,与自由创造而又新旧并包的文化政策。最后一编名为《结论》,内容却是讨论建国主体与国家生成哲学,也即回答了具有上述制度安排的现代国家秩序何以生成的问题。

在这里,张君劢把政治共同体内的成员划分为两大群体,政治家与民众:“政治家之责任在领导,其与之相对者则为多数国民”。[1] 如前所述,张君劢当然从政治哲学的层面上承认人民是国家之主权者。但是,人民正是由政治家与民众两个群体构成的,政治家同样是人民。

在张君劢看来,一国政治之好坏,在很大程度上取决于政治家,因为,“一国政府所为,处处影响到民众身上的利害,此是不容否认的;政府所为,应处处为人民打算,亦是大家公认的。但是民众有民众的地位,希望他们与政府当局一样能窥见政治上的曲折利害,是不可能的事。”[2] 原因在于,人民忙于生计,没有时间;人民缺乏必要的知识;有些

〔1〕《政制与法制》,第202页。
〔2〕《政制与法制》,第203页。

政治活动也必须秘密进行[1]。由于这些原因,“一国政治上的运用,有时是靠少数人,而不能件件请教于议会或多数。少数人之责任,如此重大,所以一国以内,要有多少人时刻把一国政治问题精心思索,权衡利害,仿佛剥竹笋一样,要剥到最后一层而后已。这种事唯有靠以政治为专门职业的人来做,然后方有正当的解决。”[2]

特别是,“国家到了最紧要关键时,关于政策之决定,只有靠少数负责的政治家来运用。”所谓立国、立宪,当然属于这样一类事情。何以故?原因在于,政治的改良,包括通过立宪来变革政体,不仅仅取决于一般意见,更须依赖高度的理性。而这种理性的意见,必然首先发之于少数政治家的“识见”:“建国大业的要点,更是要靠远大的识见。”这种识见有三项:第一,洞见时代潮流;第二,洞见立国之本源;第三,各项行政相互关系之先见之明。[3] 凡此种种识见,源于理性与德性。

张君劢分析领袖人物之条件有三,体力、智力、德力[4],体力置之不论。智力和德力共同构成了理性。张君劢所说的智力,包括先见、博大、定识、深谋、知人[5]。这些均取决于领袖人物的理智。比如张君劢谈到一点:

> 我常有一比喻,中国仿佛是一幢旧式房子,因为墙基不巩固,以致倒坍,屋中陈设,有夏鼎商彝唐画宋词,现在的工作是应把房屋整理一下;于是先讨论新屋之图样,甲说应采中国宫殿式,乙主欧式,但欧式中尚有罗马式、希腊式、中世纪式、近代式、与未来派的种种主张……一国之内,各种文化虽然并存,并非是一件危险事。不过为政治领袖者,应该明白各种制

---

〔1〕《详尽论述见政制与法制》,第203~204页。

〔2〕《政制与法制》,第205页。

〔3〕《政制与法制》,第53页。

〔4〕《政制与法制》,第187页。

〔5〕《政制与法制》,第189页。

> 度的,能融会而贯通之,至少使其各方能协作、能调和,然后内部始不起冲突……把"古今中外"融会贯通,然后始可指出一个方向,率领全国不同的派别向同一目的进行;能具备此种条件的政治家,才是我国今后所需要的。[1]

这里的政治领袖,显然不是常规时代的政客,而是指在构建现代国家基本制度的立国者。归根到底,立国、立宪乃是一项理性活动,这种理性只有在接受过训练、具备政治知识与政治技艺的人士方可具有。至于不具有这些知识与技艺之民众,倒也并非置身事外,相反,他们以赞成或反对,来表达其集体,以决定政治家之去留。他们享有主权,但具体的治理、包括立宪,则委之于政治家。

基于这一点,张君劢对于"民众运动"之效果持一种怀疑态度,不认为它可以成为"救国"的方法。问题在于,在民众运动中,没有人有能力,也有意愿发现解决问题的有效方案:"须知以民众的力量来示威,固可促进政治一时的觉悟,然亦只限于某一问题而已"。这是由民众无法避免的知识与技艺缺陷造成的,所以,"至于一国政治之改良,是赖乎政治家与公务人员之公忠精神与一般民众智识之发达,仅仅靠民众运动与民众之感情用事,谓能致中国于自由平等之地位,以我所见,实未必然。"[2]

乍看起来,这样的观点是反民主的,但其实,它正是现代"代议"民主的精髓所在,也是立宪政治、立国政治的必要程序。直接民主制其实是没有政制的,因而它是不需要立宪程序的;同时,在日常政治中,它的法律也只是人民意志之直接表达,因而,不需要借助理性。但代议民主制必须设计有效的宪制,借以授予政府其为维持秩序、增进公益所需要的权力,而同时又使该政府不至于侵害人民的权益。这就需要制度设

---

〔1〕《政制与法制》,第202页。
〔2〕《政制与法制》,第206~207页。

计之理性，即立宪的理性。

美国制宪成功的历史即充分地体现了这种理性对于优良宪制之决定性意义。而此种立宪理性当然只能求之于少数杰出政治人物，即具有立宪理性之立宪者。因此，普布利乌斯断然地提出一个命题："下面的事实不应当不引起人们的注目：在古代历史所记述的通过深思和同意而建立政府的每一事例，架构这个政府的人物都不是委托给一大群人，而由一些具有杰出智慧与公认美德的若干公民来承担。"[1]美国制宪会议正是由这样的极少数人士组成的，他们构成美国的立国者（古典意义上的 lawgiver）。正是他们，以立宪的理性，借助于新政治科学，设计出了一个古老而又新颖的政体。针对当时对于制宪会议越权的抱怨，普布利乌斯终于用下面的话道出了实行现代代议民主制的核心理由："人民不可能自发地、共同地协调一致地向着他们的目标前进；因此，下面的做法是至关重要的：这样的变革[指宪制变革]由一些非正式的、未经授权的提议启动，他们由一些爱国的、令人尊敬的公民或一定数量的公民提出。"[2]当然，这些制宪者"所拥有的权力仅仅是建议性和推荐性的"，[3]因而，这些立国者也仍然是在民主框架内行动的，其立宪活动并不违背人民主权的原则。

由此我们可以看出，张君劢关于立国过程中政治家与民众的关系之论述，与联邦党人若符合节。当然，张君劢的思想本身也保持了足够的均衡，他曾经明确指出："仅有上层而无下层，建国大业亦不易成功；只有下层而无上层，仿佛衣无领，网无纲，自无头绪；仅有上层而无中间层，则其意思亦不易贯彻。"[4]上层、下层我们容易理解，分别指政治家、领袖人物与民众，张君劢没有解释"中间层"是谁，我们或许可以推测，他所设想的中间层是社会内部具有知识、道德和行动热情的人物——

[1] The Federalist Papers, No. 38，第 231 页。

[2] The Federalist Papers, No. 40，第 253 页。

[3] The Federalist Papers, No. 40，第 252 页。

[4] 《政制与法制》，第 53 页。

绅士群体。

不过,张君劢基于自己的哲学思考依然相信立国政治家之重要性。1923 年,他说,“今后新政治之基础必有新人物如华盛顿、占花臣[杰弗逊]辈者,而后乃能有一种新局面。”[1] 1938 年又写道:“一个国家如有眼光远大、识见卓越、且能洞见本源的政治家,实为国家之至宝,也就是立国之最大要件。”[2]

正是基于这种哲学信念,张君劢具有儒家所说的“当仁不让”的精神,他本人始终具有十分明确的立国、立宪之自觉意识与主体意识,而经常自觉地扮演立国者的角色。张君劢所生活的现代中国,其最基本的政治使命正是“建国”、“立国”,从清末一直到抗战胜利之后,张君劢都一直在谈论建国问题。既然如此,此一过程中的政治家所承担的任务就是立国,因此,张君劢本人具有非常强烈的立国者的角色自我期许。正是基于这一意识,张君劢积极投入于立宪活动中,积极探索立宪政治之现代形态。

张君劢曾自述称:“我侪幼时闻俾士麦、伊藤博文之名,与梁任公著《意大利建国三杰传》中玛志尼与加富洱之为人,从而慕之,诚以此数人均为安邦定国之人物也。”因而,张氏自述“我自青年时代即有志于制宪事业”。[3] 具体来说,日俄战争之前,他在日本读书,即已阅读《联邦党人文集》,“使我感觉到几个少数人,能左右一国的大法,我们远东的青年,为什么不应该努力呢? 总之,宪法起草者的工作,这时候都深镌在我的脑中。”[4] 据此可以发现,张氏在青年时代即已立下了为作为一个现代民族国家起草宪法的大志。

在《中华民国民主宪法十讲》再版之时,张氏又提到了美国制宪者:“美国宪法成于费城会议,当时各州未即批准。汉密尔顿与麦迭生等著

---

〔1〕“国宪草案之要点”,《宪政之道》,第 320 页。

〔2〕《政制与法制》,第 54 页。

〔3〕《宪政之道》,第 130 页。

〔4〕“我与宪法”,《宪政之道》,第 5 页。

为文章，劝告各州赞同。吾之所以发起此项讲稿，为国民解释宪法之要义，亦望全国人民了然于宪法之不易，群策群力于此次宪法之共同承认与其有效施行，庶几三十余年来国人翘首以待之制宪大业，终于确定矣乎。"[1]在这里，张君劢隐然以《联邦党人文集》自我期许《中华民国民主宪法十讲》。

然而，在这里，张君劢不得不面对一个严重问题：政治家、立国者的责任当然应当是建立一种旨在保障人民利益的体制，那如何保证这享有广泛权力的政治家、立国者向这个方向努力，而不是仅着眼于扩张自己的权力？事实上，中国的经验已经让张君劢看到了政治家、立国者是多么容易腐败。而这种腐败的结果则是立国事业遭受挫折，对此张君劢痛心疾首。

那么，如何解决这一问题？既然政治家、立国者在立国过程中的作用极其重大，那就首先得从政治家、立国者之德性入手。早在1923年，张君劢即指出，中国立国失败的原因，在"徒讲外的政治而不讲内的政治"，也即，只关注于建立制度，但这些制度只是"纸面文章，而非民意的结晶。所谓政治机关或团体者，盖多是失魂的躯壳，而非有机的体系"，除了因为观念原因之外，至关重要的是"无不求酬报而为公众服务之政治家。不求酬报而为公众服务，似为矫极过激之论。然按诸实际，则欲为真正之政治家，要非有此种自动的精神不可。我国社会，往往认政治事业为权利事业，而不知其实为义务事业。其故盖由我们现时，未尝有此种模范的政治家，而置身于政治界中者，又绝少光明纯洁之人物。"[2]这样的政治人物是不足以赢得人民的信任，因而也就无力承担其建国之大任。

在《立国之道》中，张君劢详尽地讨论了政治家、尤其是立国政治家的德性问题，即所谓"德力"。张君劢以欧洲经验为例，再度说明了1923

---

〔1〕《中华民国民主宪法十讲》第二序，《宪政之道》，第133页。
〔2〕"内的政治与外的政治"，收入《宪政之道》，第316～318页。

年关于政治家不求酬报的主张:"欧美人大低在其生活问题解决而后从政的,除少数例外,很少有假公济私的人"[1]。

张君劢没有说明的一点是:欧美这种优良政治的社会基础是,存在一个绅士群体,政治家出自此一群体。现代的绅士如同古代希腊、罗马城邦共和国的贵族、公民,已经通过各种途径——比如拥有地产,或者从事专业工作,解决了生计问题,而完全基于其公共精神,或者处于对荣誉的追求,进入政治领域。他们即便退出政治领域,也完全可以很好地解决生计问题,依然维持着体面与荣誉。这样的社会基础乃是政治家具有政治职业伦理的社会基础,这是一种超越生计考虑的"荣誉的政治"。

与此相对应的政治形态则是"谋生的政治"。在这种社会,政治人物出身于较为底层的群体,他们进入政治领域主要是为了谋生。事实上,就像古代中国的科举制,他们通常是首先进入行政部门从事一般官僚事务,通过行政途径爬升到政治位置上,在这种体制中,事实上没有政治,即便是处于政治位置上的人物,其心态也依然是官僚心态。这些政治人物的心灵始终受到生计问题的压迫、扭曲,而无法升华。政治家所需要的比较纯粹的公共精神,在这类政治人物身上无从健全发育。

很不幸,现代中国自20年代之后,大多数重要政治人物正是出自社会底层。掌握实际权力、暴力的人物固然如此,国会议员同样如此,有研究表明,1913年制宪会议议员,官员群体占到总数的一半,但中低级官员却是其中的主题,最令人震惊的是,学生群体竟然占到总数的三分之一。[2] 社会背景如此低下的政治人物,如果没有权力,往往难以过上体面的生活,甚至不能解决自己的生计。因而,他们可能更多地把从

---

〔1〕《政制与法制》,第194页。

〔2〕参见严泉:《失败的遗产:中华首届国会制宪(1913-1923)》,广西师范大学出版社2007年版,第28~49页。

事政治、掌握权力，看成解决个人生计问题的手段，而不是追求荣誉和不朽的途径。而事实上，现代中国的历史就是绅士逐渐消亡的历史，由于政治的激进化，从事政治的人物的社会阶层不断下滑，从而导致政治生态不断恶化，政治领域的道德气氛日益淡薄，乃至于形成反道德的政治氛围。

张君劢又具体讨论了政治家德性的纲目：仁爱，真诚，公忠，度量，壮烈。[1] 看得出来，张君劢对于现代中国的政治家之道德状况相当不满，但也相当地无奈。他所提出的道德模范几乎全部出自古代与欧美、日本，而他同时代的政治家都在批评之列。张君劢并且相信，他所经历的现代中国立国之失败，正与政治家的德性匮乏直接相关，比如："我们政治上之人物反复无常，充满了私心，所以国体永在变动中，而不能确立"。[2]

在这些讨论中，张君劢还提出了一个令人感到困扰的问题，即政治家的德性、智力与权术之间的关系：

> 长于德性者，能忠厚待人，而短于智谋；反过来说，长于智谋者，喜玩手段，而失之于忠厚……长于学术者，往往有食古不化之病；通晓社会情形者又都是不学无术之人。我们近年来奔走革命者，喜欢联络土匪与亡命之徒，其目的固在破坏，所以往往有不择手段的行为……总括来说，不外两类人：长于玩手段者，往往忘目的之本身；顾到目的，往往不善用手段。欲德力智力双方兼备者实不可多得。[3]

---

〔1〕《政制与法制》，第 194 页。

〔2〕《政制与法制》，第 201 页。

〔3〕《政制与法制》，第 200～201 页。

这样的冲突,在古代中国,往往以一种十分尖锐的方式呈现出来。[1] 但是,很显然,建立现代国家乃是人间最为艰难、也最为伟大的使命,既超过历史上之改朝换代,也不是书斋里的单纯思辨。立国的事业涉及制度的建构,它的成功,需要立国者兼备德力、智力,甚至包括张君劢所说的体力;立国者必须既通学术,又通晓社会;既具有理念,又具备实际政治操作能力。立国者需要既明白目的,又能够采取合乎道义的手段追求目的。因此,立国者固然不是一般政客,甚至也超越于一般政治家。立国者同时需要是德行楷模、思想者与实践者,而且是最高尚的德行、最杰出的思想与最伟大的实践。

在现代中国立国进程中居于支配地位的文人、革命者、政客,总是有这样那样的欠缺。张君劢本人倒是基本上做到了"德力智力兼备",只是,这样的人太少了。这也许正是现代中国立国频频遭遇失败的根本原因所在。张君劢之所以能够做到这一点,乃是因为,他的心智较为均衡:张君劢之深入儒家传统,发展"义理学",在很大程度上正是为了解决立国者之"德力"问题;他对"哲学"的反复强调,则似乎是为了解决立国者之"智力"问题。

综合上面两节的论述,有论者提出,张君劢先生关于立国主体的思考,经历了一次转变:"早年的君劢先生,一心向往于对秀异分子领导的追求,在他的心目中,几个秀异分子的领导,就足以使国家步上富强之道"。中年以后,"君劢先生即致力于国民知识的提高,而根本之道是从教育着手,培养国民自动自发之思考能力及养成国民对民主政治之基本训练。"[2] 另一位论者由此论断:张君劢"建构出那种有道德、有知识

---

〔1〕 如曹操的求才三令特别强调唯"才"是举,并公开怀疑"有行之士,未必能进取"。陈寅恪先生解读说,曹氏此令,旨在破除士大夫阶级之精神堡垒,原因在于,曹氏代表东汉统治阶级中之阉宦群体,与之相对立者则为宗奉儒家经义之士大夫。曹氏欲掌握权力,就只能弃德而重才。参见"书世说新语文学类钟会撰四本论始毕条后",收入陈寅恪:《金明馆丛稿初编》,三联书店2001年版。

〔2〕 萧丰椽:"秀异分子与全民参与",收入《近代中国思想人物论——社会主义》,《中国时报》1980年版,第490~491页。

的秀异分子鞠躬尽瘁于上，而自由解放的国民如星拱月般勤奋不懈于下，上下和谐不已的政治哲学”。[1]

张君劢的思想确实发生过某种转变，但这种转变并不很明显，张君劢最初并非单方面地信赖精英而忽视国民。而张君劢所设想的立国动力机制，似乎也不只是秀异分子与国民的双层结构，而是一个三层结构，即政治家、绅士和普通国民。这一看法始终未变，只不过在讨论立宪科学时更强调思想家的作用，在建立制度的时候更强调政治家的作用，在涉及政党政治、议会政治的时候则突出绅士地位，而在讨论民主一般原则时，则强调人民之为国家的主人翁。这样一个三层结构的立国主体模型，张君劢终其一生都没有改变。同时，张君劢一生也都坚持主张，这三个主体应当通过政治的过程构建现代国家——当然，这也是此一三层结构的内在逻辑使然。

---

〔1〕 江勇振:《张君劢思想述评》结论部分，收入《张君劢传记资料》，天一出版社 1981 年版，第 85 页。

CHAPTER 06 >>

第六章

政治地立国的典范

前面我们对张君劢关于立国，尤其是立宪的主体、方式、途径、知识等方面的哲学性思考进行了梳理与讨论。基于这样的立国哲学，在张君劢那里，立国的唯一进路就是政治地立国。事实也正是如此。牟宗三先生在纪念张君劢先生七十寿庆的文章中指出：

> 数十年来中国之主要课题仍当是民主政体建国之政治问题，此为一中心之所在。故政治意识离乎此者为歧出，相应乎此者为正宗。乃以正宗之政治意识，于数是年来之发展中，竟不得势，湮没不彰，则固中国之悲剧，亦天运之未复也。[1]

在牟宗三眼里，在现代中国历史上，唯有张君劢先生始终一贯地坚持了在中国政治地建立现代国家的路线：

> 对于民主政体建国的政治意识，一生信守而不渝，梁任公而外，惟张君劢先生能之……

---

〔1〕《张君劢七十寿庆纪念论文集》，第30页。

> 他实具有政治家之意识与风格，故其论民主政治决不囿于政治学教授之立场，而能通着历史文化以及哲学上之理想主义。此实为一实践的谋国以忠的民主政体建国之政治家的立场。[1]

牟宗三先生特别强调了“政治”在张君劢的生命中的重要性。在牟宗三先生看来，在现代中国历史上，张君劢是真正的政治家，或者可以说是最合乎政治家之定义的政治家。这样的评价可能不合乎正统的或新兴的历史叙事。但是，牟宗三先生的断言是可以站得住脚的。

我们首先需要追问，什么是政治？政治最少有两个意思：一个意思是从社会事务的结构角度来看待的，也即社会事务的一个领域，与经济、文化等相对而言，涉及权力、权利之分配与再分配的领域。另一个意思则是从处理权力与权利之分配与再分配的过程来看的，这个意义上的政治是与暴力相对应的。

现代国家之构建涉及几乎所有人间秩序之重新安排，因而，当属于政治领域的事务。“立教”所涉及者乃是精神秩序之型塑。此一型塑，固然涉及宗教或准宗教的信仰之转换、调整，这当然是社会的事业，有赖于宗教、教育、文化精英之自发自动的努力。但是，就立国事业而言，仅此社会层面之努力是不够的，立教的关键还在于，按照宗教宽容、信仰自由、学术自由等原则在国家结构中重新安顿宗教及准宗教信仰。“立法”首先意味着设计、构造立法与司法的基本架构，由此，合理而适用的法律规则才能够被有效地生产出来并被执行。基于人人平等的政治原则而建立开放的竞争性商业秩序，仍然是政治的事情，因为，这种商业秩序乃是以正当德法律乃至宪法来支撑的。至于“立宪”直接构造处理公共事务之权力结构与程序。由此可以看出，立国虽然涉及社会生活之方方面面之制度的重构，涉及权力的合力安排与布置。这样的

[1] 《张君劢七十寿庆纪念论文集》，第30页。

事务在日常语言中被归入“政治”范畴。

但是，在中国历史上，包括现代历史上，政治范畴内的诸种事务的安排，经常并非采取政治的手段，而是采取暴力的手段，比如前现代与现代的“打天下”。由此也能够建立起某种制度，但是，这些制度通常只是那拥有最强大力量的武装团伙的意志之直接呈现而已，而没有经过政治的过程。这里所看到的是以非政治的方式处理属于政治领域的制度构建问题。

我们之所以这样说，是因为，作为解决公共问题、尤其是权利、权力的分配与再分配之过程的“政治”是有特定含义的。如一本权威的辞典所说：“政治可以被简要地定义为一群在观点或利益方面本来很不一致的人们作出集体决策的过程，这些决策一般被认为对这个群体具有约束力，并作为公共政策加以实施。”十分重要的一点是，“政治活动具有内在的集体性”[1]。政治活动的主体是国家内部的各种团体，比如中央政府、地方当局、工会、工商界、教会等政府的与非政府的组织、机构。至于政治活动的方式则多种多样，如生产信念、制造舆论，对民众、对政府产生影响；组织团体，并团体之力，影响民众心理与政府的立法和决策，以实现本团体之诉求和利益。

可以说，政治的过程是合理的、可持续的现代国家构建的唯一方式。在现代国家建构过程中，旨在建立现代国家各种规则、制度之政治性活动，就是“立国政治”(nation - state building politics)。立国政治涵盖现代国家构建之方方面面，立国政治的核心目标就是建立起足以支持现代国家各个领域之秩序的生成、维系和扩展的规则与制度，简而言之即国家体制。

立国的政治与一般政治一样，当然也是以集体的方式进行的。因而它也需要政治的各种操作技艺。当然，立国的政治与民主制度下的

---

〔1〕 [英]戴维·米勒、韦农·波格丹诺编：《布莱克维尔政治学百科全书》，中国问题研究所等组织翻译，中国政法大学出版社1992年版，“政治”辞条，第584页。

常规政治之间存在着重大区别。但不管怎样,唯有通过这样的立国的政治的过程,合理的、可行的、可持续的现代国家体制才有可能被有效地建立起来。“有效”的含义是,这样的国家体制是内在地合理的,合乎现代国家之理;因而是可行的,不仅在短期内,也在长期的;也即这个国家体制具有可持续性、可扩展性。

本章我们将对通过张君劢关于政治之论述及其具体政治实践,探讨其政治地立国的基本范式。张君劢相信,唯有通过理性思考、德性约束的政治性实践活动,中国才有可能被构建为一个现代国家。如牟宗三所说,张君劢对政治方式的坚持,在现代中国历史中是比较罕见的,因而他关于立国的政治的性质、形态的讨论,也就特别值得予以深入发掘。

一、共和地立国:张君劢的国民主义

张君劢的全部思想与政治努力皆在于中国之建立现代国家,即《立国之道》书名所示之“立国”,而此处之国,乃是具有特定意义的“现代国家”。这个现代国家既不同古代的“天下”,也不全同于欧洲式“民族国家”。

与大多数现代建国者一样,张君劢认为,与西方深度接触之前的中国传统政治思想与实践中,只有“天下”观念,而无现代国家观念,梁启超在《新民说》即系统阐述过这种看法。这种天下观念的核心是“仅以文化为标准,只须异族承受我之文化,即可把他当做自家人看”[1]。在这种文化与政治环境下,中国人没有国家观念,因而也就只有族民(家族之民)、乡民、省民的意识,而没有“国民”意识——至少可以说,这种意识不是很强烈。晚清民初精英普遍抱怨的所谓“一盘散沙”,就反映

[1] 《政制与法制》,第 10 页。关于天下观念及欧洲现代国家之形成,张君劢在另一篇文章中有较集中之论述:1934 年在广州的演讲《中华新民族性之养成》,收入《民族复兴之学术基础》,第 203 页及以后。

了精英对国民意识薄弱的认知。

不过，张君劢也指出，这种观念并非中国所独有。欧洲在前现代时期也有天下的观念甚至现实，现实即罗马帝国与基督教世界，观念则见于斯多葛学派及近代的康德等人之思想中[1]。但17世纪之后，欧洲开始出现现代国家。张君劢将其称为“民族国家”——这也是迄今通用的说法。张君劢将建立此类国家之努力，称为“民族建国”，他同时用此形容欧洲各国之建国与中国的建国——尤其是在抗日战争时期。然而，所谓“民族”究竟是什么含义？是否指人种甚或文化意义上的种族？

关于这一点，张君劢本人有过专门解释。1932年，他于同道发起成立中国国家社会党。这个党名似乎与“纳粹”极为相似，纳粹（Nazi）的原意即民族（或国家）社会主义（英文为National Socialism，德文为Nationalsozialismu）。张君劢为此专门在《立国之道》新版序中做过解释：

> 此书初出版之时，又名曰《国家社会主义》。友人中有疑我鼓吹纳粹主义者。不知德纳粹党之理论，以血统为出发点，以反犹太运动助其张目。吾国急需者为国家民族之生存，为国内之团结合作，为内治方面和平与秩序之保持。故吾人立论之重心：抑阶级，扬国家，反对一党专政，提倡民主。[2]

在这一段话中，张君劢否定了20世纪流行的至少两种建立现代国家的思路，即阶级立国与党治立国，肯定了国家立国与民主立国的进路。通过这一简单说明，他呈现了非政治的与政治的立国进路之间的一个根本区别。这种区别就在于，非政治的立国进路会人为地切割作为一个整体的国民，会在共同体内部制造分离、分裂、敌对，因而它在事实上取消了“人民”，政治哲学中作为终极的立国者的“人民”不复存在

〔1〕《民族复兴之学术基础》，第205～206页。
〔2〕《政制与法制》，新版序，第5～6页。

了，因为人民的整体性被破坏了，人民被分割成两个或多个互相对立的群体，尽管其分割的标准是多样的。张君劢在诸多论述中，主要阐述了两种反政治的国民切割术，张君劢对其均予以驳斥。

首先，张君劢断言，种族革命与单纯的民族主义不能让中国建立现代国家。毫无疑问，张君劢具有强烈的族群危机意识。尤其是在30年代日本开始蚕食中国之后，“民族复兴”就成为张君劢讨论的一个基本论题，他那个时期最重要的著作也正是《民族复兴之学术基础》。

不过，作为思想人物，首先，张君劢不是狂热的民族主义者。论者普遍指出，指出张君劢的思想具有民族主义倾向〔1〕，但这个词的所指过于含糊。值得注意的是，张君劢并不否认，未来人类可能走向大同，“万国林立，是不是人类之最终现象，吾们不必肯定，亦不必否定。黑格尔谓国家是人类精神的表现，国家是人类进化最后的阶段。此说亦有不易苟同之处”。只是，处于抗日战争的特殊情境下，“在狭义的国家主义与世界大同两主张中，应该以民族国家为基础。自己先立定脚跟，然后再谋实现世界大同的境界”。张君劢宣称，“这是人类进化当然的顺序”。〔2〕

对于这一结论，张君劢并无仔细地论述，它更多的是基于现实考虑而得出的。现代中国之立国事业是由弱肉强食的国际秩序激发出来的一种被动反应，对他——及致力于建立现代国家的其他立国者——来说，立国的初始动机是“救亡”，维系中国这个历史地形成的共同体之生存。因此，张君劢所说之“民族建国”一词所针对的，主要是弱肉强食的“国争之世”里的其他民族国家。既然其他族群是以国家的形态组织起

---

〔1〕 比如，陈先初在其著作《精神自由与民族复兴——张君劢思想综论》，湖南教育出版社1999年版中认为，“张君劢是在民族主义的框架内思考国家问题的，这决定了它之所谓‘国家’必然只能是‘民族国家’，或‘民族的国家’”（第61页）。这位作者也指出，“张君劢德民族主义，具有浓厚的国家主义色彩”（第66页）。不过，这位作者也注意到此处将讨论的一点：张君劢所讨论的“这个作为全国人民的公共组织体这一共有性，总是居于最核心的地位”（第61页），而张君劢提出此论的目的“就是要将‘阶级’从‘国家’中清除出去”（第62页）。

〔2〕 《政制与法制》，第11页。

来并强大起来的,进而产生了可以威胁中国、灭亡中国的能力,那中国人也只能模仿他们,作为一个"民族"建立一个足够强大的国家,来抗衡外国,维持自我生存。在这里,民族国家确实具有通常所说的"民族的含义",它是把一个共同体置于一个充满危险的开放环境中,所激起的一种自然反应。从这个角度看,张君劢确实是一般意义上的"民族"主义者。

然而,仅仅依靠这样的"民族"主义激情,就足以建立"民族"国家吗?张君劢并不这样认为。为了说明这一点,张君劢对民族、国家两词进行了澄清,尽管这两个词在英文中是同一个词 nation。在张君劢看来,民族与国家"纯然是两事"。民族成立的要件是共同的语言、风俗与历史,这些是特定范围内的人们在长期历史过程中形成的。它是现代国家的自然基础,但"民族本身的种种条件虽然具备,然不一定便能构成国家组织。"[1]仅有民族这一自然基础是不够的,现代国家必须依赖有效的政治安排方能成立:"须知民族主义,不过建国之一方面,其余有待于政治组织之完善"[2]。从这个角度说,简单地断言张君劢是民族主义者,又是极不确切的。

事实上,张君劢所说的现代"国家",由两大部分组成,尽管两个部分是交织在一起的:"所谓国家,是含有人民、领土、政治、社会以及语言、风俗、文字等等要素。"[3]他所说的后面几个因素是历史地形成的文化、种群意义上的民族的要件,前面几个因素却是人为地构造的制度、宪制。唯有通过人为构成的合理安排的宪制,自然地、历史地形成的民族,才有可能建立起现代国家结构,以现代国家的形态立于国际秩序之中。可以说,文化意义上的民族是现代国家的质料因,现代国家的一整套制度则是它的形式因,没有这样的形式因,中国的现代国家是无从建

[1] 《政制与法制》,第18页。
[2] 《政制与法制》,第20页。
[3] 《政制与法制》,第34页。

成的。

张君劢之所以特别强调政治安排在中国立国进程中的重要性，部分地基于中国特有的一个基本历史事实，如张君劢所说，“中华民族在民族之要件上，如风俗、语言、文字等，早经具备。”[1] 19 世纪之前的中国与建立现代国家之前的欧洲，是有很大区别的。彼时的中国已非封建制，相反，秦王朝就已建立起“郡县制”，这是一种“准现代的”国家结构，透过皇权集中委派的官僚在整个疆域内统一地执行法律，实现了政治上的整合，进而实现了风俗、语言、文字之相同。这也就是上文所说，对中国的现代立国者来说，欧洲在 15、16 世纪才开始出现的“民族”，早就已是一个自然的存在，而不需要在这方面继续用力。欧洲的立国者首先是在构造一个脱离普遍基督教世界的“民族”，同时构造这个民族赖以组织共同体生活的制度。中国现代立国的主要挑战却只在于“国家组织之不健全”。尽管中国的民众也如梁启超在《新民说》及孙中山先生所说的那样，处于“一盘散沙”状态，缺乏国家观念，但这不是因为中国为凝聚成为一个民族，而是因为政治安排存在重大缺陷，民众无从参与公共生活。因此，中国现代立国者，“应该把重点放在‘国’字上”[2]，也即，着力于政治组织之改进，具体而言，即建立宪政制度。

事实上，张君劢更进一步论述了，现代意义上的民族绝不等于种族，现代国家的基本构成性要素不是种族。相反，从张君劢的论述中可以看出，现代国家的主体是生活于国家范围内的“国民”：“所谓国家是多数人民集合而成之国体”[3]。这个国民是超血统的，不是由血缘、肤色等决定的。张君劢虽然指出，现代国家之建立，系因为“欧洲人提倡以血统为立国之基础，以血统分别各民族，爱护同一血统中之人，排斥异血统而同文化之人”[4]，但当他论及中国之现代立国时，却并未接受

[1] 《政制与法制》，第 20 页。
[2] 《政制与法制》，第 20 页。
[3] 《政制与法制》，第 21 页。
[4] 《政制与法制》，第 9 页。

这种法西斯主义观念——即便是那些接受法西斯思想的中国政治与思想人物,所感兴趣的也不是其种族思想,而是其集中权力建设强大政府行动能力的理念和制度。

至于张君劢,他所设想的现代国家更不是为特定种族之生存而建,而是为国家之生存和新秩序而建。也正因为此,对传统中国的"天下"观念,张君劢并未完全否定。他虽然认为,中国人的天下观念,即以文化定正统的观念,存有某些弊端[1],因而,他也主张中国建立"民族国家"。但他只是希望修正天下观念:"我们应该自居于中华文化之主人翁,把我们祖先的文化至上主义加以修正,以种族的觉悟,参入其中。"此一立场的关键在于,"加强中华民族为东方文化主人翁之自觉"[2]。这种自觉,主要是针对给中国带来巨大生存压力的外部世界的,旨在强调于族群危亡之际的"自信力"[3]。而在思考内部问题的时候,张君劢根本不考虑血统问题,而是通过政治组织之改进,让汉族与其他血统上不同之民族"一体"自由发展。

因此,张君劢虽然形容中国人的任务是"民族"建国,但他意图中的建国的目标,不是建立一个狭隘的种族性共同体,而是由生活于这块土地上的国民共同建立一个由特定的文化价值和政治安排凝聚而成的政治共同体。也就是说,旨在应对外部世界之威胁的建国努力,最终指向了国内秩序的构造:"可见我们国内的外交问题,如蒙古问题、租界、领事裁判问题等,是我们不恪尽其责的结果,而不是外人对我们公道不公道的问题。须知能自治其国者,他人自不敢以不公道待我们。"[4]这样思考问题的方式是儒家的,同时也是现代的。

由此可以看出,能够表达张君劢心目中之 Nationalism 之含义的最恰当词汇,恐怕是"国民主义"——如果我们记得英文中 nation 一词同

---

〔1〕 参考《政制与法制》,第 10 页。

〔2〕 《政制与法制》,第 17 页。

〔3〕 张君劢说:"自信力是民族立国最不可少的元素",载《政制与法制》,第 14 页。

〔4〕 《政制与法制》,第 32 页。

时具有“民族”与“国民”这两个含义的话,则这一点就更容易理解[1]。张君劢再三论述,平等而无畛域之“国民”是立国之主体,也是他所要建立的现代国家的主人。实际上,“国民”这个词在晚清到民国的日常语言、政治讨论中使用的极为普遍。据此,张君劢所说的“民族国家”(nation - state)毋宁说是“国民国家”。

经过这样一番论述,张君劢讨论的重点就完全转向了内部秩序之构造,即什么样的建国之路可以通往“内治方面和平与秩序之保持”,简单地说,就是构建一种确保国民普遍的自由、和平与幸福的秩序。张君劢由此反驳了两种立国之道。张君劢反复论证,现代国家的主体——国民——是超越于阶级之上的,过分强调阶级分立、对立,是不能建立现代国家的。也因此,不能以阶级间的暴力或以种族、党派革命等就作为立国的途径,政治,真正的政治,具体地说是全民可以参与的、平等的、理性的政治,成为张君劢所能接受的唯一立国之道。为证成这种政治地立国之道,张君劢主要反驳了两种革命地立国的进路:阶级革命立国和党治革命立国。

20 年代以来,阶级斗争学说的影响越来越大,苏联也依据这种学说建立了一种全新的政体。张君劢曾经对这种理论进行过研究,撰有《辩证唯物主义驳论》[2]。张君劢也曾翻译过苏联的宪法性文件,到苏联进行过实地考察,1927 年专门出版过《苏俄评论》,1933 年又撰写《史太林治下的苏联》。应当说,他对阶级斗争立国的理论和实践有深入研究。

---

〔1〕 李璜同样坚持这一点:“国家主义者所主张的统一,乃是民意的统一;所主张的联治,乃是民意的联治,而最反对武力的统一,与多数军阀的联治。更明白些说便是,国家主义者主张全民政治,而反对独夫或一阶级的专制。”他又说:“国家主义者不但在此日驱除国内外暴力的时候,要主张各阶级合力同心,去从事于革命运动,并且来日全民革命之后,也要一样主张各阶级合力同心,去从事于建设工夫。因为国家主义者既以国为唯一的对象,则国家者全国人之国家,不是几个人或一阶级的人所能私有的。既不应私有,则国家的利益即是全国人的利益,不但当与全国人谋之,且当听全国人谋之。因此,国家主义者的立国政体,必须是全民共和而不是独夫或一阶级专政的”(“释国家主义”,《国家主义论文集》,第 21 ~ 22 页)。

〔2〕 张君劢:《辩证唯物主义驳论》,香港友联出版社 1958 年版。后收入《中国民主社会党中央总部印赠之张君劢先生九秩诞辰纪念册》,1976 年版。

这种立国学说通常把一个社会按照经济地位划分为不同阶级，并认为，不同阶级的经济利益对立、冲突将引发政治、观念上的对立与冲突，乃至于大规模武装冲突。因此，这种学说的重点是斗争。张君劢指责这种学说，“但知有斗争与对立，而不知有和谐与相容……人处于社会中，分工合作，各尽所能，各相依存，其在国家之中，有治安之维持对外之共同作战”[1]。张君劢承认，社会自来存在阶层、阶级，但是，“吾们明明见到一国、一社会中，有许多共同联系超出阶级之上者，如语言与思想之相通，如共同遵守之道德原则（如以不说谎为例）。如近代义务教育之普及，如为民族生存之对外战争等，此种种无一不是超阶级的共同联系。”[2]这种“共同联系”，就使每个具有个别身份的人超越其特定的身份，而成为活动于公共生活场域的“国民”。

张君劢相信，国民是现代国家的主体。现代国家，或者更准确地说，现代国家结构中的政府之主要功能，就在于承担各个阶层、群体所共同需要之责任，为全国国民提供“公共品”。唯有如此，现代国家才能形成，并正常运转。如果政府给自己设定的职能是仅仅服务于“统治阶级”的权力和利益，并为此而不受制约地利用国家机器压迫、剥削被统治阶级，那被统治阶级就不是与统治阶级平等的国民，而是奴隶。奠基于这样的主—奴关系上的国家不是现代国家，按照亚里士多德的辨析，它根本就不是一个“政治体”（城邦），不是国家[3]。

与阶级斗争学说紧密相关，现代中国历史上，还有一种建构现代国家的进路，即“党治”立国。阶级之间的大规模斗争通常是以革命政党作为核心展开的。广州国民政府时期，国民党开始依据孙中山的建国大纲，建立一党专政的军政与训政体制。其实质是国民党控制军队、控制政府。党治的前提即是一党通过暴力革命方式获得统治权，再按照

〔1〕《辩证唯物主义驳论》，第188页。

〔2〕《政制与法制》，第34页。

〔3〕亚里士多德说：“主人的权威异于政治家的权威……政治家所治理的人是自由人”见［古希腊］亚里士多德：《政治学》，吴寿彭译，商务印书馆1996年版，第19页。

自己的蓝图建立现代国家。

张君劢相信,这同样不能建成现代国家。张君劢曾经秘密潜入国民党左派占据之政治中心武汉进行考察,并撰写《武汉见闻》一文,对国民党的党治体制及其非政治、反政治的性质进行剖析。张君劢立刻洞察到国民党所领导的革命军及由这两者支持的革命政府的三大特征:“主义之昭示”,即支持阶级斗争的意识形态,“军队之政化”(实即党化),由意识形态动员起来的、公开宣称阶级性政治倾向的军队,“民众之合作”,也即通过政党动员底层民众参与革命。

张君劢清楚地看到了具有如此强烈的党派性的国民革命所隐藏的危险:它的基础是按照主义、党义划分敌我,它的根本特征是在共同体内部进行绝对的区隔。从政治上说,这是一种全新的区隔方式,一个共同体被切割为革命—反革命、进步—反动、正确—错误等截然对立的群体。这种区隔乃是绝对的,不仅是政治上的,也是道德地和历史上的:禁止所有人发表与本党不同的言论,也不容许其从事政治活动,这些人将被划为反动派、反革命。一旦完成了这样的划分,革命者、革命军和革命政府就有权利,甚至也有责任将其从肉体上无情消灭。

张君劢相信,基于这样的切割与对立原则所展开的革命,实际上就消灭了“国民”这个共同体,当然,严格意义上的“政治”也就不存在了:尽管这个革命政府特别强调政治,但以从肉体消灭对手为手段的活动不可能是政治:

> 国民之与国民,党派虽偶有异同,其为人类一也,其为同国之民一也。惟其然也,就党派言之,虽有政见之异,就其为国民之资格言之,自有其互同者在,故谈政治者,必先承认此互同,然后政治乃有坚强基础。[1]

---

〔1〕 张君劢:《武汉见闻》,国立政治大学1926年版,第16页。

这段话非常重要,尤其是置于现代中国政治史的背景中来看。它道出了张君劢反对以血统、更反对以阶级、党派区分国民——比如将其划分为“革命者”、“反动派”——的深层理念依据。这种按照阶级、党派、意识形态进行绝对地切割得做法在历史上是全新的,其社会政治乃至文化后果也是可怕的。王国维于北伐军兵锋甚盛之中自杀于颐和园,当时身处北京的梁启超对南方革命充满忧虑。这些事实说明,作为保守—宪政主义者,他们都敏锐地意识到了国民革命彻底颠覆了此前中国建立现代国家的进路,而由此所开辟之中国的立国前路将充满不确定性。

张君劢在这篇政治观察文章地最后说:“吾爱善政,吾尤爱以人民自由为基础之善政”[1]。事实上,在张君劢看来,唯一可能的善政就是人民自由为基础的政制,除此之外,不存在善政。因为,假如善政的“目的既在自由平等,故不可不从尊重人群之自由平等下手。其要义安在?曰:容许个人之意志自由而已”[2]。善政的前提是承认共同体内每个人在道德上、政治上是平等的,都有表达自己意见和利益诉求的自由与权利。因此,解决共同体内问题的唯一办法,就是理性地协商,谈判。换言之,就是政治。而政治的前提是共同体所有人都被承认为平等的,由此自然可以得出一个推论:假如人们之间存在不同意思或利益的分歧乃至冲突,也必须通过理性的、和平的方式解决,谁也没有资格宣告他人在道德上、政治上、法律上低人一等的。这一古典政治——不论是历史意义的古典还是现代立国之古典时期——的基本原理,到了现代立国时期却被普遍地遗忘,因而,政治也就不复存在了,立国的政治同样不复存在了。

唯有坚持全民平等参与的保守—宪政主义者,坚守着政治,其中就包括张君劢。张君劢之所以坚持政治性,就是因为他清楚地意识到,如

[1] 《武汉见闻》,第 24 页。
[2] 《武汉见闻》,第 14 页。

果不走政治之路，而走革命之路，则就将陷入不断革命的恶性循环中：

> 横一党专政之念，若他党他说之存在足为我之大害者，是不知革命之目的，成于强力，成于一党之专制者，则强力与专制之局，永不解除，名为革命，实则去旧式之专制而代之以新式之专制，复何民众解放之有哉！[1]

抗战结束之后，张君劢仍然大声疾呼，呼吁人们坚持立国的政治性，而反对切割国民的种种意识形态：

> 我们说以民众为立场，乃是注重民众心坎中的真正要求。所以我们既无须排斥任何阶级，亦须联络任何阶级。以凡阶级为立场的必是以争斗为目的。以流行的时髦话来说，这是以“恨的哲学”为出发点。我们虽不必高揭“爱的哲学”为标语。然而却以全力排斥这个恨得哲学。须知以恨为出发点，想排斥他人，想打倒他人，其结果必更引起他人的排斥；于是恨乃更甚。好像火上加油一样，决不能以油来灭火。所以由恨为立场，其结果绝得不着和谐与平安。[2]
>
> 中国数十年来因为政治不良，主张革命。其结果革命以后又继以革命，乃演成所谓循环革命与连续革命。而国家元气，民族精神却都于此耗尽了。我们以为非打破这个循环的连续的革命之趋势则中国永无希望。[3]

在国民共同体内部划分敌我、制造对抗的意识形态，乃是一种恨的

---

〔1〕《武汉见闻》，第16页。

〔2〕“中国国家社会党宣言”（即《我们要说的话》），载《中国民主社会党》，第43～44页。

〔3〕“中国国家社会党宣言”（即《我们要说的话》），载《中国民主社会党》，第71页。

哲学,这种哲学将会消解政治。既然没有政治,则现代国家也就不可能建立起来。因为,现代国家就是“国民”国家(nation - state),现代国家建立的根本宗旨就是通过建立一套新的人间秩序,将所有人平等地安顿在一个文化—法律—政治共同体内。而通过划分敌我式动员机制所建立的表面上的秩序,必然具有一种自我毁灭的倾向:

> 吾国之急进派急切图功,务以速成为事,尤乐闻苏联革命之后之打倒资本阶级,与一党专政之制,以为大权在握可以为所欲为。然不知打倒资本家,则一部分人之人权剥夺矣,一党专政,则反对派批评之路断矣。权力之基础,缩之愈小……阶级斗争学说,仅为工人争取地位之一法,若奉之为人类相处之道,则士农工商可以相循于争执,而无一时一刻之安宁。[1]

张君劢之所以反对阶级斗争,乃是因为,阶级斗争是一种“恨的哲学”,这种恨的哲学具有自我繁衍的倾向:

> 因恨而发动的政治运动,一旦政治运动结束后,恨继续下去,每与政治运动的目的相违背。为了实行社会主义,工农必须组织起来,使其成为一种力量,在组织的时候,高呼打倒资本家大地主,自然较为强有力,然而一旦成功后,这种仇恨继续下去,就和社会的目的相违背,因为社会主义的目的在于使大家康乐,大家各得其所,而并不是在于排斥那一部分人。[2]

张君劢还援引曾经两度出任英国首相的工党领袖麦克唐纳的话说:

---

〔1〕“老当益壮之自白”,《中西印哲学文集》,第153~154页。

〔2〕张君劢:“民主社会党的任务(节录)”,收入《中国民主社会党》,第223页。

> 社会主义为求贯彻起见，不能以阶级偏见为出发点，换句话说，应该离开阶级的情调；因为如果以穷人为出发点，就要失去富人方面，社会上就充满了仇恨；改造社会应以各得其所为出发点，不应偏于一方面。[1]

张君劢在引用了威尔斯的含义相同的话之后评论说：

> 改造社会时，认为只有由穷人担当，不相信资产阶级会听话，这在阶级意识不深的国家，是未必尽然的。譬如我国，工业不发达，阶级斗争不尖锐，有人提出替工农谋福利，是很少人不表赞同的，换句话说，资产阶级不一定会对社会改造有所妨害。[2]

在张君劢看来，至少在中国，无产阶级与资产阶级之间并不存在截然的对抗。事实上，现代新儒家通常都认为，中国传统社会不存在阶级分立和对立，比如梁漱溟先生[3]——当然，此处之阶级通常是指封建的等级。张君劢是一个社会主义者，因而当然承认，现代社会存在资产阶级与无产阶级之分，现代中国社会也存在这种阶级分化。但他不认为，这两个阶级之间的关系就只有斗争。相反，两者同样为人，则必有其共同、共通之处。如是，则理性的政治就是可能的。更进一步言，理性的政治也是必要的。由此，双方就可以通过理性的政治过程，求得"国家基本事项的一致"[4]——这一说法他毕生都在坚持，其具体形态就是制

---

〔1〕 张君劢："民主社会党的任务（节录）"，收入《中国民主社会党》，第223页。

〔2〕 张君劢："民主社会党的任务（节录）"，收入《中国民主社会党》，第224页。

〔3〕 参考梁漱溟：《中国文化要义（1949年）》，上海世纪出版集团2005年版，第八章"阶级对立与职业分途"。

〔4〕 比如，中国民主社会党组织委员会宣言（1946年8月31日），《中国民主社会党》，第171页；《宪政之道》，第243页。

定宪法，确定相关政治结构与程序。在此宪政框架中，人们可以进行权利、财富之再调整、再分配。

事实上，张君劢也指出，唯有在建立了这样的宪政框架后，对权利、财富之再分配才有可能合理地进行。唯一可行的社会主义变革就是在宪政框架下变革。当然，张君劢并不反对革命本身。清末有所谓“种族革命”与“政治革命”之分歧：“所谓种族革命者，欲以激烈手段推翻满清君主也。所谓政治革命者，欲以和平手段运动政府实行宪政也。”[1]后者的代表是梁启超等立宪党人，而张君劢正是此中人物。他所追求的立宪当然是一场涉及范围巨大的根本性革命。宪政相对于君主专制、民主宪法相对于国民党一党专政之威权主义政制，当然是真正的革命。他所反对的革命，是指广泛的暴力性革命，尤其是基于社会经济理由而进行的大规模暴力革命。基于阶级划分而发动之大规模暴力革命所建立起来的现代国家，暴力通常难以受到有效约束，因而不能成为宪政国家。他主张，唯一合理的革命目的是建立宪政制度，而其他社会经济目标自应在这一框架下和平地追求。到 50 年代，即便其已流亡海外，也仍然明确指责辩证唯物主义“但知有革命而不知秩序维持之可保”：

> 人之思想中有彼此，是非，此规则秩序之所在也。一家之中有夫妇父子兄弟，规则之所在也，一国之中有法律制度权利义务，亦秩序规则之所在也。此规则秩序之遵守，为一部历史千年百年中之常事，至其不守而改革之者为各国中之极端时期……国人试一思之，世界上国家中之英国，传统上专以改良为事，换言之，于守规则秩序之中以求进步，何尝见英国人受君主、贵族与资本家之压迫而不享自由平等之福乎。此视其

〔1〕 徐佛苏：“创办政闻社之主义及其源流”，转引自丁文江、赵丰田编，《梁启超年谱长编》，上海人民出版社 1983 年版，第 416 页。

所以遇事之改进如何，而不在专以革命为能事。[1]

综上所述，张君劢依次排除了血统的自然纽带，排除了阶级的分割，排除了一党专政，那这样，建国的主体就不可能是种族、某个特定的阶级，而只能是共同体内的全体人民，即“国民”。共同体内之所有人，不论其居于何种经济、社会地位、信奉何种价值、信念，具有什么样的社会理想图景，都是具有平等参与立国进程的国民，也都有权利在未来国家中享有思想、行动的平等自由与权利。对于大陆五六十年代的阶级斗争，张君劢曾给予批评，并为现代国家之运转提出一项重要的政治原则：

> 就政治社会言之，曰治者与被治者，曰道德与权力，曰自由与法律，曰个人与团体，曰生产者与消费者，曰资产者与劳工，此皆对待之两方，必须同时兼顾，然后可得其平衡而达乎公道。[2]

现代国家的基本特征是所有人平等，而不论其为何身份，每个人均不应遭到基于任何理由的歧视，更不要说迫害、杀戮。此不仅为现代国家的法律原则，更是建立现代国家之政治原则。现代国家必然是一个共和国（commonwealth or republic），这个共和国属于人民，是全体国民共同的财富。重要的是，这样的共和国的建立，至少从理论上说，也应当是共和的，或者必须是共和的。也即从理论上说，任何人都不应当被刻意地、依据某种神学或政治学或人类学标准，被排斥在建立现代国家的过程之外。任何人都有权利表达自己对于正在建立的现代国家的理

---

〔1〕《辩证唯物主义驳论》，第188～189页。在“新儒家政治哲学”一文中表达过类似看法，参见《儒家哲学之复兴》，第142～143页。

〔2〕“国民心理之转移”，载《中西印哲学文集》，上，第348页。

想、意见、诉求,所有人将通过理性的辩论,寻求、达成某种共识,宪法就是对这种共识的一种成文化和制度化。这就是就是建国的政治性之基本含义,所谓政治的立国,就是共和的立国,就是全体国民共同地、普遍地参与的立国。由此建立起来的国家,当然必然是一个宪政国家。唯有这种宪政制度,能够平等地对待每个人,才而合乎政治的建国的逻辑。在张君劢看来,现代国家只能是宪政国家,与建国的政治性相应,这个国家的首要特征是内部秩序之非暴力性。

张君劢之所以反对以暴力方式建立现代国家,一方面是因为我们上面所梳理的暴力的自我循环性质。另一方面也与张君劢的国家观有关。张君劢的国家观,一言以蔽之就是,唯一可能的、也是可欲的、并且是可行的现代国家是宪政国家。张君劢认为,政府所拥有之暴力从来就不是对内可以使用的统治工具,相反,它是一种旨在服务全体国民的公共品,如果要使用,也只能对外部的敌国使用。

张君劢的这一立场是在反对阶级对立学说的过程中展开的。按照阶级学说,包括国家暴力内在的政府是统治阶级进行统治的工具。张君劢反对阶级学说,自然也难以接受这样的政府角色定位。国家的本质特征不是暴力,而是提供公共品。但是,一个显而易见的事实是,任何国家似乎都拥有暴力工具。针对这一事实,张君劢特别强调了政府建立的暴力之专属的对外性质。中国人之接受现代国家观念乃是被迫的。建立现代国家之初衷也正是为了救亡。这一点,从康有为、张之洞尽管有激进、保守之分却共同提出“保国、保教、保种”口号一事中,即可看出。张君劢身处日本大举入侵的危局,《立国之道》开篇第一句话即是:“中华民族到了现在,已处于存亡绝续之交。”[1] 因而,中国立国者关于现代国家之思考,是以外部的现代国家——不论是欧美国家,还是东亚率先建立起现代国家的日本——的军事侵略、贸易掠夺等为背景的。这一现实让他们很容易接受了关于国际秩序的社会达尔文主义解

---

〔1〕《政制与法制》,第2页。

释。张君劢对于国际秩序也正是如此理解的[1]。

然而,在宪政主义的头脑中,这样一种国家观念反而通往了强调政府强力对内之中立性的民主治理之观念。正如张君劢所说:“国际间要是没有彼此侵犯之行为,那就不必要有武力,也不必有集中民众、集中政权、集中财产等之组织。国家之权力,即由于各种之集中而来的。其所以集中,在求对外作战运用敏捷之故。”或者更简单地说,“所谓国家之强力,所谓国家之压迫,与其说用以对内,毋宁说用以对外”。[2] 军队更是如此:“国家所以要有军队,所以用大量的金钱整军备,完全是用以对外为民族保障的。”[3]由此,张君劢始终坚持一个主张:军队国家化,由政府全面控制军队,保证其仅用于对外,维持国家相对于外部世界的和平环境[4]。至于国内秩序,则需要法律与道德来维持,国内的政策、福利,则按照民主的规则、通过理性的辩论进行。因此,国家虽然不可避免地拥有暴力机器,但是国内的秩序却依然可以是和平的、理性的。在张君劢看来,现代国家的根本特征就是在内部不再使用暴力,全体国民以理性精神、平等地参与公共事务。

至此,我们可以看出,“国民”这个概念在张君劢的政治思考中居于核心位置。据此,我们对张君劢自己所说的“国家主义”及研究者给他所贴的“民族主义”标签,当可有一更为准确的认识。可以确定一点:以民族主义来描述张君劢的思想倾向显然并不准确,如果我们坚持民族主义的一般概念的话。

---

〔1〕 张君劢曾这样描述现代国际政局中之真相:“第一,国家应靠自己,不可常存靠人之念;第二,国家各种力量之中,以武力为第一重要,富力次之;第三,自己有了武力,方可以找到友邦,自己无力量,到处求人,人家不会来怜惜你的。”(《政制与法制》,第30页)。

〔2〕 《政制与法制》,第36~37页。

〔3〕 《政制与法制》,第35页。

〔4〕 参考《政制与法制》,第44页之论述。

另一方面,民族主义在张君劢本人那里,经常被表述为"国家主义"[1]。所谓国家社会主义就同时包含国家主义和社会主义两个纲领。但同样需要指出的是,张君劢之"扬国家",其实不是在主张通常理解的那个旨在为强大的政府权力论证的"国家主义"。

对于弄清一个概念的含义,明白它旨在反对什么,与明白它正面地在说什么同样重要。张君劢之"扬国家",基于两点:第一,他主要是针对当时盛行之阶级主义、党派主义而意图以国家主义唤醒人们的国家意识,打破国民之间的政治与阶级分割,如他所说,"抑阶级、反对一党专政"。在张君劢看来,唯此方能建立现代国家。张君劢已经敏锐地注意到,现代中国立国政治走上了反政治的歧路,即取消了国民的立国主体资格,代之以被按照意识形态切割的阶级、党派。张君劢则要恢复全体国民——不论其具有何种价值、信念,属于何种阶级、党派——作为立国者的主体资格。正是在此基础上,民主政治才是可能的。第二,张君劢之主张国家主义,同样针对原子式个人主义。在此显示出某种集体主义的倾向,但这种集体主义毋宁是意图唤醒人民的公共意识、公民精神,使之超越家庭、家族等范围,关注于地方和国家的政治生活。

这样,张君劢虽然经常使用民族主义、国家主义的词汇,但是,他的这个民族主义、国家主义并不是日常——尤其是当代——用法中的含义。事实上,张君劢追求宪政制度就表明他不可能是今人所说意义上的国家主义者。因此,张君劢思考国家构建问题的基本进路,如果用一个主义来概括,那就是国民主义。在英文中 nationalism 可以同时包含这三个含义,还好,在汉语中,这三个概念却具有相当不同的意思。不管是张君劢的民族主义或国家主义,还是梁启超、李璜等人鼓吹的国家主义,其实都是指国民主义。

---

〔1〕 与张君劢同时代、并与张君劢有密切关系之中国青年党创始人及理论家——李璜,曾经专门撰文指出,将 Nationalisme 翻译为民族主义是不确切的,应当译为国家主义,"国家主义正名",收入《国家主义论文集》,第一辑,少年中国学会编 1925 年版;《近代中国史料丛刊》第九十一辑,文海出版社 1983 年版,第 25 页及以后。

二、立国的政治性：政党政治

如果说,现代国家就是“国民国家”,现代国家之构建目的就是通过各个方面的制度安排,使生活于特定疆域中的人成为道德上、法律上、政治上一律平等的国民,那么,这样的国家的构建也就必须采取全体国民参与的进路。即便这在事实上、在技术上做不到,因为,总是有些民众没有这种意识,或者有这种意识而因为缺乏道德用其而不能形成行动的意向,或者因为知识的欠缺而缺乏行动的能力。但是,一种与现代国家之“自然”保持逻辑、道德与政治之连贯性的立国进路,必须至少从理论上、从道德上、从政治纲领上承认,所有人,不论其在整个社会的精神、政治、经济、文化等面相之结构中居于何种地位,不论其现状如何,也不论其对现代国家的想象为何,都有资格和权利参与这个国家的构建,作为主体,而不是作为任何人、任何团体的对象。

简而言之,如果说现代国家是一个共和国,那么这个共和国唯有通过共和的方式才能够被合理地构建出来。如果说现代国家的根本精神是平等,那么,每个人就都有平等地参与构建这个国家的道德与政治权利。如果说现代国家的政治体制必然是民主的,那么,这样的体制也只能通过民主的方式被构建出来。如果说现代国家的合理经济体制就是由平等的人们的自由交易所构成之市场制度,那么这个市场制度就应当是人们自由地交易、协商、谈判的产物。

张君劢就是根据这些考虑拒绝了对国民内部进行切割、制造分立、对立,甚至冲突的所有立国进路。而一旦做到了这一点,那么,唯一可能的、合理的并且也是合乎道德原则的立国之路,就是不拒绝任何人的“国民主义”的政治的进路。

当然,国民如果要参与政治,当然包括立宪、立国的政治,就必须组织起来。唯有如此,才能够具有现实的影响力。国民政治必然是一种有组织的政治,是一种社团的政治,这种社团比较高级的形态就是政党。

关于这一点,张君劢之前的先贤,远如汉、宋儒,近如康有为、梁启超、孙中山,都已有清醒的认识。宋明儒之讲学、结党——比如董仲舒之讲学,宋代的元佑党人、庆熙党人,明代的东林党人,就是培植人才,扩大政治影响力的一种文化的、同时又是政治的策略。所以,康有为主张变法,也从在广州开万木草堂讲学开始,他的学生也都成为后来支持他的政治活动之骨干;到北京参与政治,则立刻组织"会",包括强学会,保国会、粤学会等。如他在自编年谱中所说:

> 中国风气,向来散漫,士夫戒于明世社会之禁,不敢相聚讲求,故转移极难。思开风气,开知识,非合大群不可,且必合大群而后力厚也。合群非开会不可……〔1〕

张君劢当然早就认识到这一点。这种认知源于其对立宪政治的性质之认识。在光绪三十三年(1907 年)发表于《新民丛报》的一篇文章中他这样说:

> 近世列国立宪之原动力,无不出于国民之要求,非政府之所畀与,故国民之能力增一度,则政府之压制缩一度。〔2〕

国民乃是立宪政体形成的原动力。因此,立宪政治的基本内容就是国民有效地表达自己对于尊严、自由、权利的"要求"。要求就是政治的基本形态。不仅是国民相互之间表达,当然更是对现有的治国者表达。然则,国民之"要求"欲产生实际的政治影响力,就必须"合群",要

〔1〕 康有为:《我史》(康南海自编年谱),收入《中国现代学术经典·康有为卷》,朱维铮编校,河北教育出版社 1996 年版,第 841 页。

〔2〕 "论今后民党之进行",载《开国前后言论集》,第 30 页。

合群就必须“开会”。

关于这一点,1907 年发表的《政闻社宣言》有详尽论述。该宣言是否为张君劢起草并不重要,因为张君劢肯定会完全同意这一宣言的内容。该宣言根据各国的立国经验提出了这样一条政治科学的公理:“未闻无国民的运动,而国民的政府能成立者,亦未闻有国民的运动,而国民的政府终不能成立者。”[1]此一立宪政治的政治学公理中值得注意的有两点:第一,它断言,现代国家是国民国家,现代政府乃是国民政府,不论其为共和国还是君主立宪国。第二,它断言,国民的政府之建立不是由政府自己建立自己,而必须通过国民的“运动”来建立。如果国民是建国的主体,那么,政府当然就是必须由国民来建立。而国民要建立政府,广而言之,建立国家,就必须进行政治的、文化的、社会的运动。诸如此类的运动当然必须也只能以组织化的方式进行。报馆、社团,乃至政党就是国民的组织,它们就是国民运动的载体。

接下来关于国民的政治能力增加一份,则政府的压制缩减一份的论述也相当重要,它表明,这种国民主义的立宪政治运动并不以民主政治框架之建立为前提。这一论述之所以重要,是因为,不少当代的论者都颠倒了立宪政治与宪政框架之间的因果关系,比如下面的论述:

> 张君劢所建立的是一个“有理想、有政纲”、“以主义为结合”的西方式近代民主政党。从纯理论角度而言,它理应依循近代民主政治的规则进行其实践活动。这就意味着一个民主的政党首先有赖于民主制度的保护。然而在国民党一党专政之下的中国所匮乏的恰恰就是这层民主的屏障。这样,现实的抉择就演变成一个残酷的公式:或者为了理想的纯洁、政党的党格,所有的活动都只求耕耘,不求收获;或者一切以成功

〔1〕《开国前后言论集》,第 61 页。

为运动轴心，即使偏离了民主的轨道也在所不惜。[1]

这样的评论对张君劢本人的政治努力而言有欠公允，作者也没有正确地给出立宪政治的性质：这种政治旨在以建立宪政制度为目标，则它当然是发生于专制政治环境中的。但这样评论相当常见，它带着现代自由主义知识分子缺乏历史意识的天真：他们错误地以民主的常态政治的规范来讨论立宪政治之复杂过程。

然而，历史的基本事实是：康有为、梁启超、孙中山，及张君劢本人之组织各种国民运动的社团，乃是在创造立宪政治的工具，他们自己具有这种意识，他们希望通过自己的努力让立宪政治具有现实性，评论家们却完全忽视了他们的这种意识，当然也就无法理解他们的努力的价值，及他们所采取的措施的合理性。

但是，那种天真评论在实际的历史进程中倒也并不陌生。鼓吹种族革命、推翻满清的革命派就对立宪派提出了一个质疑：专制政府怎么可能因为国民的要求而有所改变？这种要求不过是民意而已。

为回答这一问题，《政闻社宣言》提出了另外一条政治科学公理："虽专制之国，其政府亦从民意以为政也。"[2]这一公理非常重要，因为它为在专制整体框架内政治地立国的进路提供了一个学理上的论证。值得一提的是，这样一条公理，早有西方贤哲予以发明，此即休谟：

> 对那些以哲学眼光考察人类事物的人士来说，最让人惊讶的事情莫过于多数那么轻易地被少数所统治。人们竟会那么顺服地把自己的情感和激情托付给少数人。若我们探究这

〔1〕《无穷的困惑》，第108页。作者接下来还说："他在设计国家社会党的行动时，不得不再次屈从于现实利益，为追起更所左右……如此一来，国家社会党的近代民主色彩就大大打了折扣，那种习于寄生的依附性格不知不觉渗透入党的传统，以至于渐渐地演化为自然，终于不能自拔——国家社会党从它降生的时刻起就注定了它未来自我否定的命运。"

〔2〕《开国前后言论集》，第62页。

一奇怪景象时怎么样形成的，我们将会发现，尽管强力总在治于人者手里，治人者却没有只靠意见来支持自己。因而，政府是完全以意见为基础的。这一公理除了适用最自由、最民主的政府外，也可涵盖最专制与最军事化的政府。[1]

休谟把这一点称“政府的第一原理”。不知道梁任公在起草《政闻社宣言》时，是否看到过休谟的论著。任公的讨论更为具体，就是在一个专制政府下，国民的运动是否具有政治效果：

闻者其将疑吾言焉，曰：天下宁有乐专制之国民？夫以常理论，则天下决无乐专制之国民，此固吾之所能信也。虽然，既已不乐之，则当以种种方式，表示其不乐之意思，苟无意思之表示，则在法谓之默认矣。凡专制政治之所以得行，必其借国民默认之力以为后援者也。苟其国民，对于专制政治，有一部分焉为反对之意思表示者，则专制之基必动摇；有大多数焉为反对之意思表示者，则专制之迹必永绝。此征诸欧、美、日本历史，历历而不爽者也。[2]

任公的这一看法与休谟公理完全一致。据此，即便在绝对专制的政府统治之下，只有国民勇于表达自己的意见，那个统治体制也仍然难以为继。任公接下来论述说，在他致力于立宪政治的时期，国民已经具有了宪政理念，这种理念也影响到政府，因此，政府已不再是绝对专制的政府了：

前此我中国国民，于专制政体之外，曾不知复有他种政

〔1〕 Hume ，Political Essays（影印本），中国政法大学出版社 2003 年版，第 16 页。
〔2〕《开国前后言论集》，第 62 页。

体,则其反对之意思无自而生,不足为异也。比年以来,立宪之论,洋洋盈耳矣,预备立宪之一名词,且见诸诏书矣,稍有世界知识者,宜无不知专制政体不适于今日国家之生存。顾在君主方面,犹且有欲立宪的之意思表示,虽其诚伪未敢言,然固已现于正式公文矣。还观夫国民方面,其反对专制的之意思表示,则阒乎未之或闻,是何异默认专制政体为犹适用于今日之中国也。国民既默认之,则政府借此默认之后援以维持之,亦何足怪![1]

在任公看来,立宪的舆论具有改变政府统治理念,进而改变专制政府的性质的作用。现实的权力架构尽管仍然是专制的,但统治者如果已经认可了宪政的价值,认可了宪政在道德上的优越性,那么,他们维持专制统治的信念、信心就已经在流逝。由他们所组成的政府的性质就已经发生了某种变化,它就已经不再是绝对专制的政府了。它已经开始把宪政作为自己变革的方向,因而它已经是一个向着宪政的半专制的政府了。假如宪政已经成为包括统治者在内的全体国民的共识,那么,这种共识是具有自我实现的趋势。换言之,这个政府已经在自己的结构中嵌入了一种毁灭自己、向着宪政转轨的机制。问题仅仅在于,这个共识有多强烈、普遍,宪政主义的力量是否足够大,让这种转轨机制正常地运转起来。

事实上,在20世纪的大部分时间,尤其是在张君劢从事政治活动的时期,中国社会的舆论、统治者的意识都处于这种状态。也就是说,宪政已被社会中大多数人视为一种美好的理想、价值,甚至连统治者也不否认这一点。晚清王朝固然如此,国民党在国民革命之后建立的一党专政的政府,即便实行军政、训政,也从来都不否认宪政主义的长远目标,它没有、也无力从道德上否定宪政作为一种社会治理理想的善。

〔1〕《开国前后言论集》,第62页。

正是这种向着宪政之善的“意见”环境，让张君劢和他的同道的立宪政治活动始终具有一定空间。确实在作为一种理想型的专制体制下，任何异议性意见都是无法表达的，当然也就没有任何政治的可能性。不过，通常情况下，专制不可能如此经典。在很多时候，专制的统治是存在诸多缝隙的，专制的统治也很难具有道德上的自信，因而通常会而从名义上承认宪政、民主。这就为意见的政治留出一定空间。反过来说，这样的政治性活动，也是宪政的价值、国民的政府的理想变成现实的唯一途径。

政治的关键是组织。政治活动需要理念，但更需要组织。唯有通过理念，才能够发现、动员支持者；唯有通过组织，才能够把支持者凝聚成为具有现实力量的群体，在政治场域中发挥作用。梁启超派士人群对于这一点，有明确的意识。

所以，张君劢一生都在从事组织活动，除组织政党之外，也组织了大量社会性组织。大约可分为两类：第一类是教育机构。这似乎是儒家以“讲学”介入政治的传统在现代环境下的延续。张君劢前后创办过设立于上海的自治学院（1923 年 9 月），后改为政治大学（1925 年 10 月），与张东荪共同创办为时短暂的广州学海书院（1934 年），抗战期间在云南兴办中国民族文化书院（1939 年）等。值得注意的是，张君劢在举办这些教育机构时，有意结合中国书院传统与西式大学，尤其是后者，明确标示了“德智交修、诚明并进”的教育宗旨[1]。马一浮之复性书院、梁漱溟的勉仁书院几乎创办于同时，这三者构成新儒家崛起的标志性事件[2]。但张君劢的书院更具有包容性，包容了更多现代因素，也具有更为强烈的立国意识，也即超出了简单的文化考量，而具有政治考量：其培养目的，除立己、达人外，更有爱国一项，具体而言，包括爱护本

〔1〕 参见“民族文化书院缘起”，载《中西印哲学文集》，下，第 1420 页及以后。

〔2〕 《张君劢传》，第 324 页。

国历史、养成法治精神、履行国民责任[1]，这种国民主义的培养目标是其他两家书院所无的。

张君劢创办的第二类社会组织是报刊。张君劢自进入公共事务领域，即与媒体结下不解之缘。最早为梁任公编辑之《新民丛报》撰稿，曾担任上海《时事新报》总编辑（1916 年 11 月），后又为任公支持之《解放与改造》（后改名《改造》）杂志撰稿。自个人心智趋于成熟之后，曾试图创办《理想》杂志社（1923 年），后来先后成功创办《新路》杂志（1928 年），《再生》杂志（1932 年 5 月），后者为国家社会党之刊物，曾经长期出版；1934 年在香港创办《宇宙周刊》，《国家社会报》（1939 年），仅维持较短时间。1965 年又在香港创办《自由钟》杂志。他所创办的这类报刊均带有同人性质，发表自己及同道关于立国政治之论述，因而这类刊物均与政治有密切关系，或者就是政党之机关刊物。这些刊物，大概正是由于其政治性，相比于自由主义创办之《每周评论》、《新月》、《观察》，影响面似乎较小，但它们却系统地向社会传播了一种中道的政治纲领，发挥了政党动员社会之功能。

当然，张君劢组织国民的最重要的努力是组织现代政党。在现代社会，至关重要，甚至最为重要的政治活动主体是政党，或者类似于政党、内部关系较为紧密的政治团体。政党通过其纲领，表达社会某些群体的诉求，通过其组织动员资源，发起、参与各种类型的政治活动，包括参与政治决策过程，从而使其诉求最终能够被吸纳入法律或政策中，以保障、增进自己所代表之社会群体的自由、权利或利益。

立国就其性质而言，当然不仅仅局限于政治领域，但其最为重要的组成部分当属立宪。其他领域的立国事业也多涉及制度之有意识构建，唯有通过真实的政治过程方有可能有效地展开，或者唯有在宪政框架或者指向宪政的非宪政框架下展开。立宪政治的活动主体当然只能是具有宪政理念但同时又具有现实之政治力量的社会团体。如果没有

---

〔1〕“民族文化书院缘起”，载《中西印哲学文集》，下，第 1435 页。

力量，则理念就未必能够融入宪法、变成现实的制度。至于这类团体，最重要的当然是政党。

现代中国的宪政主义群体自始即意识到，政党乃是立宪政治过程的主角，而展开政治活动不能不借助政党。这一认识的形成当然直接源于西方的理论和经验。确实，我们后面在讨论张君劢德“修正的民主政治”之理念时会讨论到这一点，英美等国在立国过程中未必形成清晰的现代政党形态。不过，到 19 世纪初期，政党在欧美各国就已经成型，到 19 世纪中后期，随着普选权制度建立，政党更是成为最为引人注目的政治活动工具和政治现象。而中国人对现代政治的认识、理解，正好发生于政党在西方已经完全成熟之后。因此，中国人从其立国之始就把政党当成现代政治的根本特征来对待，尽管国人对于政党的理解，在立国的古典时期，似乎带有强烈的中国儒家士人结党的独特文化色彩。

早在光绪三十二年(1906 年)十月，梁启超就阐述了成立政党之必要：“来示谓国民复无促其再度改革之能力云云，此诚可痛，然弟以为炼成此能力，正我辈之责也。我辈在国民中宜多负责任者，今不自为之，何以望人。窃以为此能力之练成，必赖有一机关，若进者能合热诚而同主义之人，以组织一机关乎，虽少数，而有机的发达，可计日而待也。”[1]梁启超正是为了练成政治能力，为了寻求社会变革，而不断试图发起成立各种组织，最终组织现代政党。张君劢则是任公组织政党的得力助手。

终其一生，尤其是在大陆可以参与实际政治的时期，张君劢一直钟情于政党政治。尽管张君劢三度出入于“政治国”与“学问国”，但他对政治的参与基本上保持着连贯性。他曾参与梁启超领导的政党——宪友会、国闻社及进步党，早自 1923 年，即有自行组织政党之意愿，1932 年方与张东荪等人共同创办中国国家社会党。该党与青年党一起，成为共产党、国民党之外最重要的政党。后张君劢领导中国国家社会党

〔1〕《梁启超年谱长编》，第 368 ~ 369 页。

参与创建“统一建国会”，后转型为曾经在抗战建国过程中发挥重要作用的“中国民主政团同盟”。

当然，组党过程是十分艰难的。在1928年之前，中国尚有组党自由，1928年国民政府建立之后，作为革命党的国民党建立“党治”秩序，完全取消政治，禁止其他政党之成立与活动。因而在相当长时间内，国家社会党只能以秘密方式活动。一直到1938年4月，国家社会党才获得国民党之认可，得以公开活动。张君劢曾于此后感慨地说：“组党不是儿戏事，是一件赌性命的事。”[1]

当然，身为文人，从事政治活动，尤其是直接组织政党，总是引来无数怀疑、质疑。发出最强烈质疑的，是自由主义知识分子。于是，张君劢在追随梁启超及自己独立从事政治活动期间，不断地为政党政治进行辩护。比如，《国民政治品格之提高》，为政党政治进行辩护：

> 号为国家，不能无政治，政治之良者，舍民主外，尚有何种。而民主之中，不论为苏维埃与资产阶级，皆不能无政党，故今后国家之生死存亡，独视政治可焉。[2]

在西方近代历史上，与中国一样，整个社会对于“朋党”是持批评态度的。一直到了柏克，才第一个明确地对政党进行道德与政治辩护的[3]。张君劢显然知道这一政治观念史事实，在《中华民国民主宪法十讲》中，张君劢即专门引用了柏克阐述这一思想的《论当前之不满情绪的根源》一文中的核心论点：

> 政党者，乃一群人士以若干相互同意之原则为出发点，共

---

〔1〕《张君劢先生年谱初稿》，第44页。

〔2〕“国民政治品格之提高”，《改造》第4卷第2期。

〔3〕关于这一点，可参见[意]G. 萨托利：《政党与政党体制》，王明进译，商务印书馆2006年版，第25页。

同努力，以促进国家之利益之谓也，自我观之，任何人自信其政治见解为合理者，谁不愿意将其所认为合理之见解见诸施行。政治哲学家之任务在确定国家之政党目的何在，政治家之任务——政治家即行动中之哲学家——在乎发见正当方法将其所认为正当之目的见诸实行。[1]

柏克区分了政治哲学家与政治家在政治过程中的不同作用，尤其值得注意的是，柏克认定，政治家乃是"行动中之哲学家"。这是一个非常古典的政治家的定义，《大学》八纲显示，儒家传统就是如此理解政治家的。相信这一定义必会引起张君劢的共鸣，张君劢就一直在从事政治，而他也一直在研究哲学，或者说从哲学的层次上思考立国问题。因此，他不是一般政客，不是官僚，但也不是知识分子，不是专业哲学家，不是专门议政的文人，而是具有政治理想和理论而又能够直接展开政治行动的政治家。当然，张君劢对于政党的社会与政治功能的看法也与柏克类似：

国家是由人民组成的，如果有一千个人或一万个人结合起来，组织一个团体，说出他们的主张，就可以影响国家的政治。所谓政党就是这种团体，而政党的用处，就是社会上的士农工商各阶层，为了保护他们的利益，大家结合起来，把主张说出来，以影响或改良国家的政治。

民主国家承认人民为主人，所以民主国家的政治，是以民的公意为依据，但人民的意见，必须组织起来才能有力量，才能发挥影响，这就是政党。何以民主政治离开不了政党，也就

[1] 《宪政之道》，第224～245页。这一段话的现代译文，可参见[英]埃德蒙·柏克：《美洲三书》，缪哲选译，商务印书馆2003年版，第297页。

是这个道理。[1]

张君劢在这里反复地说,民主国家承认人民为主人,似乎把政党仅限于民主制度已经建立的国家。但实际上,国家社会党在组建的时候,显然中国并没有建成一个民主制度,当时的法律、政策也是禁止成立政党的。我们必须把张君劢的这一论述予以转译。也就是说,张君劢其实讨论了两种不同的情形:一种情形是,民主制度已经建立,进入所谓宪政的常规时期,此时,政党当然就是人民集体表达政治意见的渠道。另一种情形则是,宪政民主制度没有建立,社会尚处于立宪政治过程中。这个时候,政党就是立宪的力量。试图建立宪政制度的民众、绅士,同样必须通过政党的方式从事政治活动,在各个国家立国的现代时期,政党政治都是立宪政治的主要表现形态。

当然,即便是在现代中国,政党也有多种类型。张君劢所组织之政党的性质是比较特殊的,与今天人们熟悉的政党大为不同。西方政党经历过复杂的演变,早期政党成员只限政治精英,主要活动于立法机构中,属于"精英型政党"。19 世纪中期,随着选举权之普及,出现了"群众性政党"。此类政党有明确的党章和党纲,有完善的中央机构和广泛的基层组织,目标主要是动员选民、组织竞选、获得执政权。上述两类政党都在既有宪政框架内活动。此后出现了以改造既有国家体制,尤其以颠覆经济体制为目标的"超议会政党",如 19 世纪末以来之欧洲社会民主党。这类政党的极端则出现于 20 世纪,表现为各种形式的革命性政党,其目标是全盘推翻既有体制,如俄国、德国之共产党,西方之法西斯主义政党。至于中国,则有早期之同盟会,改组后之国民党、共产党等,其所采取之策略均为以暴力推翻现有政府,甚至于打碎整个社会的经济社会秩序。但社会民主党本身却实现了一次回向体制的转型,并且通过选举而长期执政。

---

〔1〕"张君劢:民主社会党的任务(节录)(1948 年)",载《中国民主社会党》,第 191 页。

张君劢本人对于这种局面是有所认识的。在讨论改造社会之方法，他列举欧洲有三种：其一曰传统的议会政治，其二曰革命，这里主要是指大罢工等激烈手段，其三则曰武装暴动[1]。他认为，这三者“虽分而实合”：

> 同人既主张知识之解放，且以为一切运动，以群众之信从为本，故目前所重者厥在文字鼓吹。及乎他日团体既成，或采政治行动，或采工业行动，此视团体成员之心理，非今日所得而预言。要之方法贵乎渐进，而行事贵乎彻底。[2]

由此可以看出，张君劢所设想的政党就既是革命的，又是反革命的。一方面，他确实要从根本上改变各方面的制度，即“行事贵乎彻底”。张君劢始终记得自己的政党所欲从事者，不是常规政治，而是立宪政治，重新塑造国家的基本制度，其要害已具体叙述于《立国之道》中，国家社会党的纲领也不外乎此。另一方面，张君劢所组织的政党又是比较温和的精英型政党。客观的原因在于，当时的政府施党禁，建立广泛的基层组织的可能性是比较小的；事实上，由于根本没有机会参与选举，也没有必要建立这种基层组织，因而它不是欧洲的大众性政党。从认知上讲，张君劢十分了解欧洲19世纪中期开始的社会民主党之运作情况，但由他的唯心主义社会哲学决定，他始终未走向与工人或农民结合之路，因而，尽管中国国家社会党的纲领与欧洲社会民主党十分接近，但却没有采取社会民主党的运作模式。最后，张君劢深具民主理念，相信民主制度只能通过民主的方式建立起来，因而始终将自己政党的活动局限于和平的政治活动范畴中，即“方法贵乎渐进”而反对暴力

〔1〕《中西印哲学文集》，上，第318页。
〔2〕《中西印哲学文集》，上，第319页。

手段。这样,国家社会党也就不可能成为革命性政党[1]。

于是,张君劢所组织的政党只有一种模式可走:英国费边社模式。他在1922年即已说明这一点:

> 今后吾国应有着手改造运动之团体,尽人所同认矣。改造之大本大源,曰去人的结合,而代以主义的结合。曰去政客之播弄,而代以群众运动。曰去人的起伏,而代以制度的变更。诚本此三点为信仰中心,结合团体,如英之菲宾会(Fabian Society)以下所谓浸灌工夫(Permeation)。不独解目前纠纷已焉。坦坦荡荡一条大路,于是乎在。[2]

费边社的组织和行动模式是极具特色的。它由精英组成,却与早期活动于政府内之精英政党不同,它活动于体制之外。有趣的是,费边社式政治参与模式与中国传统社会之士人结党存在类似之处,尽管其目标更为宏大。所以,张君劢、梁漱溟等具有儒家情怀者也是现代政党的组织者,就并不奇怪。而他们所组织之政党,党员以社会精英为主,尤多高中层知识分子,而与基层社会没有多大联系。不过,这些知识分子与自由主义知识分子又有不同,他们虽亦活动于思想、学术、舆论等领域,但属于体制外的政治精英。他们始终对政治极有兴趣,且与政治活动有这样那样的渊源,他们的所有活动始终是政治导向的。

基于这些特征,国家社会党及当时社会精英所组成的其他政党,包括后来的民盟,或可称为"体制外精英型政党"。它们具有系统而完整

〔1〕 关于这一点,张君劢在晚年仍予坚持:"真治之国,民间不平之鸣,或涉及自由,或关乎生活平等,或关于财产权,其应有改革之日,应由法治之途,德由人民提案以变通之,以修正之,或治者之设施失当,可以质问,可以调查其得失,可以使之退职。此所谓循法律之道以求其变而通者也。反是者,革命党人自号于众曰,吾能起兵,吾能讨逆,吾能起而代之……倘一国之民,常以此等等为夸耀之事,如是而望其国家之国力经济文化蒸蒸日上,吾未之敢信。""新儒家政治哲学",载《中西印哲学文集》,上,第388页。

〔2〕 "悬拟之社会改造同志会意见书",载《中西印哲学文集》,第306页。

的政治纲领，但其活动不是在基层，也不是在政府内部之立法或其他政治审议机构，而是在广泛的社会层面上展开，尤其是在学术知识界、在舆论中、在社会精英圈内具有较大政治影响力。政府也知道这种影响力，因而才会予以限制、查禁。

但即便遭到专制政府的压制，这样的政党也同样坚持在体制内活动的路线，而拒绝激进的暴力革命路线。为什么会采取这种策略，在东京与革命党人辩论的时候，梁启超的立宪党人就已经予以辩明。比如，张君劢就曾经这样论述：

> 吾侪之所以持立宪而不主革命者，非曰视政府之好恶，非曰计一身之苦乐，诚以一方之行动，长此以往，终无积极的效果之一日，是原非吾辈救国之初志。[1]

在张君劢看来，大规模的暴力革命无法达成宪政的目标，因而追求宪政的政党也就应当始终坚持政治的进路。

张君劢之所以相信这一点，实在是与他对于宪政成立的决定性因素之认知有关。归根到底，宪政是经由国民的理念、行为所建立并且依靠国民维护自己自由、权利的习惯来维系、扩展的，年轻的张君劢就已牢固地树立了这样的理念："国民实际所享受之权利，不视乎宪法之条文，而视其运用之能"[2]。国民的政治能力、国民对于宪政的热爱、为维护自己和其他人的自由、权利而积极行动，这是宪政的基础。因此，政治终究是"意见"的问题，政党的作用就是汇集意见，并让个别的意见成为多数的意见，而影响于政治决策。张君劢给政党下过这样一个定义："政党是一个有主义，有宗旨，有目的，有共同信仰，有纪律的政治团

---

〔1〕"论今后民党之进行"，载《开国前后言论集》，第30页。

〔2〕同上。

体"[1]。政党通过整合意见,以组织化的方式表达意见,就能够逐渐地推动政治变革。即便是在政治最为专制的时候,张君劢等人坚信这种可能性。基于这种信念,暴力革命就是不必要的。而暴力革命恰恰取消了一部分,甚至是大多数人表达意见的机会,则宪政当然就无法由此出现。

1948年,张君劢阐述民主社会党的路线,清楚地勾勒出了一个他自己所理解的政治地从事立宪活动的政党的模型:

> 第一,勉为和平的政党,反对政治武装;
>
> 第二,确立两党以上的政党政治,反对一党专政;
>
> 第三,采用合法手段,贯彻主张,反对"有己无人"式的主张与宣传;
>
> 第四,采用渐进方式,实现本党主义,然非以零星改良为满意,自有其以社会主义改造国家的基本信仰,故其目标为进化式的革命(Evolutionary Revolution)。[2]

"进化式的革命"一词可以准确地概括张君劢毕生的政治活动之性质。他的政治活动目标是革命的,但他所采取的手段是非革命的。张君劢明确表示,他所领导的政党的根本政治目标不是局部的改良,而是再造一种国家秩序。他这里提及了自己的政治目标是建立社会主义的经济秩序,但联系到他的上下文及其他论述,也应当包括政治制度的再造。总之,他的努力目标是构建现代国家秩序。但是,完成这一庞大、艰巨任务的手段却是和平的、渐进的,最终需要诉诸人民的同意,绅士的支持,当局的认可。这种信心的最终理据当时他的社会哲学:制度终究是由观念造成的,人是可以被理性说服的。

---

〔1〕"张君劢:民主社会党的任务(节录)(1948年)",载《中国民主社会党》,第197页。

〔2〕"张君劢:民主社会党的任务(节录)(1948年)",载《中国民主社会党》,第198页。

正是基于这种革命观、政党观，张君劢也强调，政党不仅具有组织力量功能，也具有教育公民、训练政治技艺的功能。关于这一点，张君劢在《国民政治品格之提高》一文中有所论述。如果说，政党政治的根基是国民，政党的功能就是组织国民有组织地表达意见，那么，政党的表现当然也就取决于国民的品格：

> 夫国民政治知识之发展，尤为政党唯一根本，国民而无知识，则政党如无根之树，不终朝而枯槁以死耳。[1]

> 政党之最后根据安在乎？曰国民而已。有有知识之国民，知所反对或赞成。其赞成焉，则政党所得凭借，以展其怀抱。其反对焉，则少数者自安缄默，以待异日之卷土重来。申言之，国民愈有知识，则议会之多少数愈有价值。反是者，多少之数以金钱买卖而来，则虽多数而犹是一文不值，政权之争夺永无已时。

这样的论述与启蒙主义者相当接近。启蒙主义者也主张，中国新建的宪政制度运转之失灵，缘于国民之无知与对政治的冷漠。为使此一制度能够再度建立并有效运转，应当以现代的知识教育民众，改造"国民性"。张君劢也部分地同意这一点，不过，他始终对启蒙本身的效果持怀疑态度。相反，他似乎更相信，政治实践本身就可以训练国民的政治品格。在他看来，政党就可以成为教育国民之政治品格和技艺的机构：

> 所谓政党者，皆辅知识教育之不足，而视之为政治教育机关而已。以团体以演说以养成国民之政治习惯，积之日久，则

---

〔1〕 "国民政治品格之提高"，载《改造》第四卷第二号，第7~8页。

民智日高,团体日坚。始行之于一方,继推之于全国,则吾理想政党之普及全国必矣。[1]

因此,在张君劢看来,国民与政党间的理想关系是:“以政党举国民政治教育之也,因国民政治教育以巩固政党。”国民与政党之间呈现出一种相互支持、同步成长的关系:政党为国民提供了参与政治的切近的、可行的渠道,训练了政治技艺的国民则可以比较有效地支持宪政主义政党和理性政治。当然,这样的“国民”,最终恐怕还是有一定文化与教育资格的:他们通常是绅士。不过在中国,绅士并不是一个固定的、世袭的阶级,而是一个开放的社会群体。一个人是否绅士,取决于他的理性与德性,换言之,在中国,绅士乃是柏克所说的“自然贵族”。这样的绅士,乃是梁启超、张君劢、张东荪等人所组织的体制外精英型政党的主体。在张君劢看来,绅士特有的精神气质,可以保证政治的理性。由这样的绅士所组成的政党,是立宪政治得以理性地而又有效地进行的前提。因为,这样的绅士追求的是一种秩序的合理化,而不是颠覆全部秩序。因此,他们是革命者,但他们钟情的是“进化式的革命”。

三、作为过程的宪政与立宪政治的共识

如果立宪事业是政治地进行的,那么,立宪当然就不是一个一次性事件,而是一个过程。在反宪政的政制与完美的宪政之间,存在着诸多政制形态。立宪政治的本质就是推动政制沿着这样的过程“进化”。甚至可以说,由于完美的宪政本身在人间是不可期待的,因而,宪政制度本身也呈现为一个持续不断的过程——宪政制度最大的优势也许就在于它本身为这个过程提供了一个基本架构。理解了这一点,才能够理解政治地立宪的过程的性质和价值。但理解这一点,又是很困难的。

---

〔1〕“国民政治品格之提高”,载《改造》第四卷第二号,第10页。

学界对张君劢政治生涯一个选择的苛刻评价，就说明了这一点。

1946年，张君劢领导的中国民主社会党不惜冒着被民盟开除的风险，决定参加旨在通过《中国民国宪法》的制宪国民大会。这一决定在当时引起广泛震动，张君劢及民主社会党遭到舆论的广泛批评。迄今，此事也是研究者争论不休的一桩历史公案。尤其是大陆学者，对于张君劢做出的这一重要选择，多持一种尖刻的批评态度。[1]

应该说，对于张君劢本人来说，这也是一个十分艰难的决定。因为此事，中国民主社会党内部发生了激烈的争执，并很快陷入分裂之中。分裂得最为重要原因就是，与他一起参与创建国家社会党的张东荪[2]、领导海外的民主宪政党，刚与国家社会党合并的伍宪子，都极力反对参与制宪国大。因为这一分裂，张君劢本人的政治生涯也就很快结束了。所以，从张君劢本人来说，这一决定的政治代价也是很高的。

不过，如果我们理解了张君劢关于政治地立宪的一贯立场、理念，那就不难理解张君劢的这一抉择的内在合理性。对于决定参加制宪国大的决策，张君劢及当时的民主社会党相关部门曾经提出过辩解。也许下面两段话是张君劢的真实想法：

> 我们认为今日中国所亟需者，是为民主，是为和平……
>
> 和平与民主，两者能够同时兼而得之，当然是上上之策，但和平既因目前国共两党的利害关系，不能立刻获得，而对民

---

〔1〕 比如，郑大华就解释说，张君劢作出这一决定的前两个原因是国民党对他的压力、民社党内部某些人希望谋取一官半职的压力，第三点才是改良主义思想。参见《张君劢传》，第482～487页。不过，郑大华在新作中主张"重评1946年的《中华民国宪法》"，认为"这部宪法还多多少少具有一些民主色彩和性质"，而张君劢对此发挥了巨大作用，参阅郑大华：《民国思想史论》，社会科学文献出版社2006年版，第443～455页。丁子青持有更加尖刻的批评口吻，直指张君劢的政治处于人格分裂与异化状态，参见《张君劢解读：中国史境下的自由主义话语》，第281～302页。相对来说，薛化元对于张君劢当时的抉择作出了更具有同情性的理解，参见《民主宪政与民族主义的辩证发展》，第47～51页。

〔2〕 关于这种冲突的详细过程，可参见戴晴：《在如来佛掌中：张东荪和他的时代》，香港中文大学出版社2009年版，第349～353页。

> 主的跨前一步，我们亦取拒绝的态度，在以和平手段争取民主政治的实现的政党看来，实不可通。更何况和平的不能立刻获得，其症结在于驻军地点与地方政权。我们就是这样的一个政党，我们对于政权，并无必得之而后快之心，我们但愿民主在中国有些规模，使全国人民呼吸道一些自由的空气。所以对于走近民主的任何步骤，我们都愿表示赞助……
>
> 我们也何尝不知道，在炮火连天之下，求得的任何民主基础，是不会巩固的。但求总比不求好，得总比不得好……[1]

从这些话可以看出，在张君劢思想深处有这样一个理念：政治是一个过程，立宪的政治同样是一个过程。这一点，对于张君劢说，是一个亲身经历的历史事实。他年轻时追随梁任公参与清末立宪活动，眼见得民国建立，又积极投入立宪，乃至护国活动中。这一次，宪政制度虽然建立起了一个最粗略的框架，但因为缺乏诸多具体制度的支持，宪政制度的运转长期陷入失灵状态。于是，激起了新文化运动及其后的国民革命。在这之后，国民党的党治体制建立，张君劢与他的同道们的政治活动空间反而更为逼仄了，立宪事业之开展反而更为艰难了。张君劢亲眼看到，正是因为政治长期不能上轨道，现代国家迟迟不能建立，日本侵略者才长驱直入，中华民族陷于危亡之中。到了这样的危急时刻，国民党不得不寻求全民团结。而其所团结之首要对象，即为始终未予承认而实际存在的各个政党。张君劢等人抓住机会，得以公开活动，进入正式政治场域。通过国民参政会及后来的政治协商会议形式，参与政治决策、立法乃至立宪活动。张君劢终于又可以从事公开的政治活动，这是一次实现立宪的重要机会。

可以看出，张君劢将个人生命最重要的岁月都投入到立宪事业中，到1946年，张君劢已过花甲。而当时，中国的建国事业、立宪事业又处

---

〔1〕“子敬：民社党为什么参加国大”，载《中国民主社会党》，第340～341页。

于另一次历史分岔口:究竟是实现民主建国,还是陷入内战、分裂?张君劢当然希望是前者,哪怕只是一线希望,如他自己所说:“自己虽然知道是一件劳而无功的事情,又不能不作姑存一线希望之想”[1]。

见证了这一次又一次立宪的挫折之后,张君劢已经深知,立宪乃是一个漫长的过程。因此,他始终抱定“求总比不求好,得总比不得好”的心态,因而,对于其他党派“走近民主的任何步骤”,也都表示支持。事实上,张君劢也知道,即便已经通过民主宪法,这个处于大病中的国家,要恢复健康,仍然需要耗费漫长时间:“本党须二十年三十年的长期奋斗,看护这‘病人’,使她服药,饮牛奶,饮果汁,慢慢地恢复健康,要有水滴石穿的精神来挽回危局,不仅仅是参加国大立委而已。”[2]也正是这种水滴石穿的精神驱动着张君劢,虽然历经挫折,但一直积极奔走于中国之立宪政治。

事实上,立宪——以及现代立国——的长期性不只是中国所特有的,而是一个普遍的历史事实。美国宪法学家阿克曼有“立宪时刻”(constitutional moment,有人译为宪法时刻,似乎不确)之说,所谓“立宪时刻”,就是宪法典范移转之关键历史时刻,他认为,美国立宪史上有三个重要的“立宪时刻”,分别是 18 世纪末的建国(founding)时期,19 世纪中期的重建(Reconstruction)时期和 20 世纪 30 年代的新政(New Deal)时期[3]。这样的立宪时刻,准确说法应当是“立宪时期”。这个时期延续得相当长。阿克曼所举的三次立宪时期,都持续了十年甚至更长时间。

阿克曼对美国宪政历史的解读同时也说明了另外一个经常被人忽视的政治现象:宪政本身也是一个过程,因为宪政主义制度框架即便建立起来,也仍然需要不断地进行调整、充实、丰富,甚至进行十分重大的

---

〔1〕《宪政之道》,第 243 页。

〔2〕“张君劢:民意机关代表之任务”,载《中国民主社会党》,第 348 页。

〔3〕[美]布鲁斯·阿克曼:《我们人民:宪法的根基》,孙力、张朝霞译,法律出版社 2004 年版,第 29 页。

制度调整。作为美国宪政制度之标志性特征的司法审查制度、政党制度,就是在宪法已经制定了二十多年后才出现的。

革命的立国模式或许可以一蹴而就,但政治的立宪过程却通常无法做到如此迅捷。相反,它可能呈现为一个漫长的过程。以英国为例,可以说,至少从17世纪20年代开始,即詹姆斯一世在位后期,宪政主义革命就已经开始了,这体现为议会与国王间的斗争,其成就是《权利请愿书》的通过。这种斗争一直持续,最终导致内战爆发。但内战爆发后,激进的、温和的、守旧的等各种政治力量反复博弈,出现过长期国会的专权,出现过护国体制,出现了两次复辟,一直到1688年才实现"光荣革命"。换言之,英国宪政革命持续了半个世纪。至于法国现代国家建立之曲折、挫折,就更为显著。从这个角度来观察现代中国历史,中国立宪、立国过程的挫折、曲折,乃是事物的自然。

立宪政治的这种长期性,对于那些具有宪政主义信念的政治家构成了一个挑战。他们必须持续地努力,而又时刻保持警觉,抓住任何一个可能出现的机会。在历史进程中,这种机会是会反复出现的,但稍纵即逝。而立宪政治家要利用这种机会,就必须知道怎样与现实妥协。因为,如果盲目地追求理想,当然就不可能注意到现实中可能出现的微茫但可贵的机会。机会永远是不完美的,政治永远是一种面向未来的冒险事业,立宪政治家的判断力之高下,也就体现于能否在这个混沌时刻作出明智的决断。

张君劢决定抓住战后出现的这个立宪机会。从清末立宪开始,中国曾至少有两次进入立宪时期。时间到了抗战之后的1946年,张君劢意识到,立宪的时间窗口已经打开,毕竟,《中华民国宪法》是他起草的,也是政协会议各党派认可的,基本上是民主的,甚至可以说,这部宪法"比起现代民主各大国的宪法并无逊色"[1]。那么,通过参加国民大会,促使这部宪法通过,在张君劢看来,完全可以推进中国之立宪事业

---

〔1〕《〈再生〉杂志社言:反对本届过大修改宪法》。

的进展。

张君劢长期生活于国民党一党专政的高压体制下，所以，对于政治一点也不天真。他清楚地知道，国民党政权当然不会轻易地放弃其对权力的垄断。所以，在决定参加制宪国大之前，他特意与国民党总裁蒋中正交换信件，要求蒋中正保证国大之后严格执行政协会议做出的决议，结束一党专政[1]。即便交换了函件，张君劢对于国民党的承诺也依然并不放心。他知道，国民党当局完全可能背弃刚刚通过的宪法。但是，预期到这一切的张君劢，依然决定支持国民大会审议通过宪法。

根本的原因就在于，张君劢意识到立宪的漫长性，意识到立宪乃是一个过程，因而，宪政的任何一个可能的进展，他都愿意推动。更何况，这一次，将会通过一部民主的宪法，建立一种宪政的架构，这在张君劢看来，乃是立宪政治进程中十分关键的一步，因而他坚决予以支持。这一步的关键作用在于，终于将形成一个宪政的基本架构，而这对于后续的立宪政治创造一个重要的前提。

萨托利区分了保障性的宪法（真正的宪法）、名义性的宪法和装饰性的宪法（或冒牌宪法），所谓名义性宪法，就是“坦率地描述无限的、不受节制的权利的体制”。它不是一纸空文。它只是与宪政主义的目的无关。简言之，这种宪法就是统治者的意志之直接呈现而已。而所谓装饰性宪法则冒充真正宪法，“它之所以不真乃是它被置之不理，至少在其基本的保障性的特质方面是如此”[2]。依照这一定义，张君劢所处的时代之宪法，尤其是在国民党一党专政时期的宪法，即便完整的宪法文本，同时兼有名义性宪法和装饰性宪法的性质：国民党直率地宣告处于训政时期，以党权代替政权，实行党治，这样的宪法是名义性宪法；但同时，又有一些宪法条款承认，国民党将致力于建设宪政，人民的某些

---

〔1〕 张君劢关于参加国大问题与蒋介石的往来函件，见《张君劢先生年谱初稿》，第63～67页。

〔2〕 [意]G.萨托利：“‘宪政’疏议”，收入《市场逻辑与国家观念》，三联书店1995年版，第114～115页。

自由和权利也是受到保障的，尽管这些宪法承诺在现实中大打折扣。这些属于装饰性宪法。

名义性宪法全然堵塞立宪政治的可能性，萨托利虽然不承认装饰性具有教育功能，但他也承认，“一部宪法可能包括关于‘希冀’的陈述，并据此而提供‘诱因’，甚至提供教育性的诱因”[1]。从某种意义上说，宪政不是绝对的有或绝对的无的问题，而是一个程度的问题。当然，宪政与专制之间是存在性质上的差异的，但这并不意味着，在一个专制的政体框架内，就不存在任何宪政的因素，尤其重要的是宪政的趋向，宪政的共识以及宪政的力量。否则就无法解释宪政制度又是从何而来的。从逻辑上说，立宪政治必然是在专制的、准专制的制度框架内活动。

反过来说，这种立宪政治的正常展开是需要一定前提的，简略地说有二：一为制度前提，一为精神前提。按照张君劢的论述，通过制定宪法，哪怕从宪政主义宪法的角度看属于“装饰性宪法”，也首先可以为理性的民主的政治之开展，提供一个正常的轨道，或者说，为政党政治的展开提供一个政治舞台：

> 先把国民党的一党训政结束，不见得不是一个解决的方法，先把民主宪政的基础打好，使全国有一个共循的轨道，不见得不是一个解决的方法。[2]

根据张君劢的理解，所谓立宪，不论是起草宪法文本，还是设计、建立政体的各种制度，其实就是构造一个政治活动的共同轨道。张君劢眼里唯一可欲的改造社会、安排共同体生活的途径是民主的政治，而这种政治之展开是需要最低限度的某些制度安排的：

---

〔1〕《市场逻辑与国家观念》，第115页。
〔2〕“子敬：民社党为什么参加国大”，载《中国民主社会党》，第341页。

> 要知道种种意见不同、利害不同的人共同存在，乃是一件无法逃避的事；这种种意见不同、利害不同的人之上有一条共同的轨道，大家都肯在这轨道内走，这个国家自然能统一，自然能和平，这就是我所说基本事项的一致同意（agreement on the fundamentals）。[1]

政治总是以某种最低限度的政治性与伦理性规则之存在为前提的。虽然立宪是一个过程，甚至于宪政也呈现为一个过程，但是，不论是初始的立宪活动，还是像美国内战后的重建新政那样的宪法调整活动，都需要某种基础性制度平台，这就是张君劢所说的"基本事项的一致同意"。没有这种一致，政治根本就不可能。

按照张君劢的论述，这种"基本事项的一致"可以表现为宪法对于人们参与政治的自由与权利之正规保障，比如结社权，结党权，言论自由等。依据这些宪法保障，人们可以自由发表意见，也可以结成团体，政党可以公开而自由地活动。

现代宪法的实体性条款可以划分为两大部分：第一部分是权利法案，罗列公民之实体性权利；第二部分则为公共生活的规则与制度，它主要表现为权力的结构与程序的条款[2]。不过，这两部分也存在交叉，比如，结社自由、言论自由，就既是实体性权利，但也是一种公共生活的制度。假如宪政是一个过程，那么宪法最重要的部分其实是第二部分，它让民主的政治——即便其受到很大限制——有可能展开，从而国民就可以参与政治，有组织地表达自己的"要求"。如此，国民的实体性自由和权利就可以被国民创造出来，从而呈现出一个不断生长、扩展的过

〔1〕《宪政之道》，第243页。

〔2〕关于这一点，可参见拙作"探讨一部优良宪法的文本形式"，收入秋风：《立宪的技艺》，北京大学出版社2005年版。

程。也正因为此,美国制宪者最初并没有制定权利法案,这个法案乃是以修正案的方式在后来被指定出来的。因为,美国制宪者相信,只要有了宪政框架,权利就可以被日常性地生产出来,并获得有效保障。

在张君劢看来,1946 年的制宪国民大会通过的《中华民国宪法》即在一定程度上提供了这样的一个民主政治的平台:

> 这次国大制定的这部宪法,无论如何,包含了许多民主原则,而这许多原则是值得全国人民共同宝贵的,参加国大的党派固然应该为了这些民主原则而进一步促使其实施,但未参加国大的党派何尝不可以利用这些民主原则而奋斗。譬如说,这部宪法中所规定的言论自由与结社自由,未参加国大的党派何尝因没有参加国大而不受其保障?〔1〕

张君劢于 1946 年 11 月 20 日关于参加国大问题致蒋中正之信中所表达者,也正是这样的结构性、制度性要求:他要求国民党政权坚守"以政治方式解决政治纠纷"之承诺,保障"人民身体言论结社讲学之自由","结束党治","改组政府、各党合作"〔2〕,这些都属于宪法的基础性框架的内涵。在他看来,循着这样的轨道,各党可以理性地进行博弈,由此,民主的具体的制度将可不断生成,人民的自由与权利将逐渐被落实且不断扩展,而现代工商经济也逐渐建立。至关重要的是国家走上这样的"轨道"。如果脱离这样的轨道,政治被压制、取消,则国家构建的可能性就不复存在。

上引张君劢的话,还有另外一层含义:一部宪法,哪怕只是装饰性宪法,掌握权力的统治性政党并未真心实现它,但它之成为宪法,也对统治者本身构成了一种道德上的限制。这种限制可能是无力的,但对

〔1〕"习之:关于参加改组政府问题我见",载《中国民主社会党》,第 345 ~ 346 页。

〔2〕转引自"张君劢先生年谱初稿",载《张君劢先生九秩诞辰纪念册》,第 64 ~ 65 页。

于立宪事业来说，也依然优于公然的专制，从历史上看，萨托利所说的“装饰性宪法”无论如何也是好于“名义性宪法”的。最重要的是，这种装饰性宪法的条款也可以为那些追求自由、民主的政治性力量提供一种便利的话语体系。这种话语体系给予追求自由民主的政治力量的活动以一定的道德、政治与舆论正当性。同时，这种装饰性宪法也为社会的变革规定了一个理想、一个方向。各种体制外的政治力量都可能把目标集中于宪法的落实上。这样，宪政本身就可以逐渐地在旧制度框架内部扩展。从某种意义上说，装饰性宪法似乎具有自我实现的内在趋势，装饰物是有变成实在物的内在趋势的。包括台湾在内的很多共同体实现宪政转型的经验似乎证明了这一点。

这种“基本事项的一致同意”，也可能表现为伦理性的政治共识。考察张君劢的著述，他主要关注的几种共识，都可见之于他于 1921 年发表于《改造杂志》上的《国民政治品格之提高》一文中所列举的政治伦理规范：

第一，政党当断绝与军人之勾结，专向国民身上下功夫。

第二，政党之武器，在以口舌以笔墨造成舆论，绝对断绝武力关系。

第三，政党经费应由本身筹划，不应向政府讨一文钱。

第四，政党每年应开大会，讨论政策及经过情形，且记载发表之。

第五，政党应刊布小册子，以宣传其主义政策。

第六，政党应时时开演说大会，随时随地供给以国民应需之政治知识。

第七，政党党员以守纪律、守主义为唯一信条。

第八，政党与政党间，应有交让精神，对于敌党政府，又应有两三年之忍耐，以待其从容展布，不可存朝上台夕推翻之心理。

第九，政党当相戒，勿以金钱赎买选民及议员，以腐败其政治道德。

第十，政党之于内争，不得利用外国金钱或军械，以压倒反对党。[1]

这里值得重视是这样几个共识：

共识之一：不使用武力。当初梁启超等立宪党人反对以推翻满清统治为直接诉求的革命运动的主要理由是，随着王朝的文化、政治、社会秩序被推翻，各种非理性的力量将被释放出来，其中最可怕就是在晚清特殊历史条件下形成的私人军队。这一担心最后变成了现实。而一旦武力进入政治场域，当然也就没有政治可言，因为政治的本质特征就是理性，而掌握武力者必然是非理性的。

因此，自形成北洋军阀控制权力的格局之后二三十年中，张君劢关于政治的所有议论，第一条都是取消一切私人军队与后来新兴的党化军队，让军事力量退出国内政治领域，在政治上保持中立，把政治事务完全交给理性的政治过程。为此，他也就希望各种政治力量能够首先形成一个最基本的共识："政党当断绝与军人之勾结，专向国民身上下功夫"。唯有如此，政党、政治人物才有可能确实是在政治领域内活动。如果不同政治诉求、政治意见、政治主张之间诉诸武力，这个共同体内所展开的建国实践就不是政治，起码不是立国的政治。关于这一点，张君劢也诉诸外国经验，他曾经在对比法国以军人开国与美国以文人开国的不同历史经验后说："以轻举妄动之军人建国，则败亡之祸如法，以小心翼翼地文人开基，则磐石之安如美，然则吾国今后何去而何从耶？"[2]

1948年，当国共两党及其军事力量进行大规模内战之时，张君劢引

[1] "国民政治品格之提高"，见《改造》第四卷第二号，第8~9页。

[2] "国宪议"，载《宪政之道》，第57页。

用当年柏克反对向美洲殖民地动用武力的著名演讲[1]来论证中国政治上之出路。他为和平地、政治地解决冲突提出了下面的理由:应知现在是人民世代,而不是英雄时代;现在是理智时代,不是意气情感时代;应知现在是法治时代,不是特权时代;现在国家是要有秩序的,不是靠抢夺的。[2] 归根结底,他认为,现代国家有其特殊的规定性、本性,即人民的、理智的、法治的、有秩序的。这种本性就对建立这个国家的手段、方式施加了严格的限制:欲使最终所建立之现代国家具有那些性质,建立的过程也就必须是人民的、理智的、法治的与有秩序的。事物实现的方式与事物内在的本性是同一的,becoming 决定着 being。以英雄的、激情的、特权的、抢夺的方式,是不可能建立起人民的、理智的、法治的、有秩序的现代国家的。

共识之二:个中政治力量都在宪法之内活动,这主要针对于现代的意识形态性革命而言。在现代中国立国之古典时期,军阀可能滥用武力,但通常还承认宪法的效力。北洋军阀都在利用宪法,也都曾经致力于制定宪法,这表明,他们至少在表面上是承认宪法之至高无上的,也愿意活动于宪法之下。这也是立国之古典时期的一个特征。基于现代的各种意识形态的政治力量,却经常以颠覆宪法为己任。关于这一点,张君劢曾以欧洲社会党、共产党的历史予以说明。如前所述,19 世纪中期形成的社会主义政党最初均属于以改造既有国家体制、尤其以颠覆经济体制为目标的“超议会政党”,一定程度上是在宪法之外活动的。不过,从 19 世纪后期开始,欧洲各国政府与这些政党都进行了调整、妥协。结果,“共产党、社会党参加政府之机会,也就增加了。他们承认加入政府,就是宪法以内的行为,而不是宪法以外的革命行动了”[3],超议会政党逐渐转型为议会主义政党。

---

〔1〕 该演讲可见《美洲三书》,第 68 页以后。

〔2〕 “张君劢:中国政治上之出路”,载《中国民主社会党》,第 318 ~ 324 页。

〔3〕 《宪政之道》,第 244 页。

尽管如此,西方也仍然存在另外一个传统。法国大革命、苏俄革命带来的意识形态革命观念,在现代中国的立国史上所带来的变化也是革命性的:中国人建立现代国家的努力从一开始就具有强烈的意识形态革命倾向,梁启超在三十一岁以前也积极鼓吹、策动超越宪法、以武力推翻现政权的革命[1]。但自三十一岁以后,梁启超即转而反对革命,这种立场也为张君劢所坚守。张君劢一生主张在宪法之内活动,即便宪法本身并不合理或者并不完全合理。

当然,这也是寻求变革的政治力量在宪法之内活动的前提。所幸,至少在现代中国历史上,并不存在根本不合理、完全取消了政治的宪法。即便是满清皇权制度,也为立宪活动留有广阔的空间,否则,我们无法解释清末立宪时期短短一两年时间,各地就建立了地方议会与自治制度。同样,国民党一党专政的控制体系虽然比满清更为全面、严厉,但因为它承认宪政作为一个终极目标,因而宪政主义者仍然有一定活动空间。既然如此,张君劢等宪政主义者就认为,旨在建立更为完善的宪政制度及理想国家的政治力量,就应当在这个尚不完善的宪法框架内活动,从内部通过政治活动迫使掌握权力的力量落实宪法上所规定的自由、权利,进一步从内部通过政治活动扩展这些自由、权利。如果所有政治力量,包括政党,都承认这样的共识,并都在此宪法框架内活动,那么,宪政主义的宪法将呈现为一个自我生长的过程,自由的社会秩序将以政治的方式自然扩展。这就是张君劢所理解的宪政建立方式。对于张君劢来说,重要的是真正的宪法秩序的建立,是自由与权利获得保障,而不在于谁掌握权力。

共识之三:政党之间不应相互视为敌人。这一共识其实是上一点的推论。在现代立国的古典时期,各党通常都会承认其他政党存在之正当性。不过,进入立国之现代时期后,随着现代激进意识形态主导政

---

〔1〕 关于梁启超与革命的关系之演变过程,可参见张朋园:《梁启超与清季革命》,吉林出版集团有限责任公司 2007 年版。

治,革命性政党通过其历史理论、经济社会、社会理论对社会各个阶级区隔、划分,并对"反动的"、"落后的"、"反革命的"阶级、群体,大规模使用群体性惩罚与报复性暴力。随之,在政治上出现了一党专政体制。某些自认为获得历史必然性认可的政党把其他政党视为敌人,且必欲以武力消灭之。张君劢的政党就曾经长期处于这种暴力压迫下。对此,张君劢始终以理性态度相对待。他并没有因此而走上以暴易暴的革命之路,而是继续诉诸理性的政治,呼吁各党之间不应视同敌人。

在张君劢看来,真正的敌人乃是不合理的制度,而非某个政党,尤其不是组成这些政党的人。按照国民主义的政治进路,所有人,不论其主张什么,都有参与构建现代国家的道德、政治与法律权利,任何人都没有道德、政治与法律上的权力剥夺其他人的权利。如果否认这一点,那就等于否认了政治,也等于放弃了现代国家这个目标,而走上不断革命的立国歧路。

共识之四:掌握权力者和不掌握权力者相互之间不是敌人。在中国立国之古典时期,朝野之间不存在明显的分界线,掌握权力者与不掌握权力者之间,存在着种种正式的、非正式的沟通渠道与合作形态。事实上,张君劢在协助、推动梁启超先生组织政党、从事政治活动的时候,似乎就特别青睐宪政转型的上层路线。这从他写给梁启超先生的几封信中可以清楚看出,在其中一封信中他曾同意一位朋友的话,并请任公以之作为政党活动的基本方向:"有血性者多辱官场,广占势力"[1]。张君劢也曾经建议任公联合袁世凯,"藉其势力以发展支部于各省",他又说,"北方官僚中表同情于吾辈者,颇不乏人"[2]。

但进入现代时期,革命性政府相信自己享有一种绝对性权力,它通过历史理论赋予自己的权力以道德、政治和法律上的绝对性。同时,它在社会内部人为地制造敌我,这样,权力与社会、尤其是与被确定为反

〔1〕《开国前后言论集》,第72页。
〔2〕《开国前后言论集》,第73页。

动的群体之间，就处于一种敌对关系。革命政府存在的前提就是在政府之外——有时甚至在政府之内——存在着必须以暴力予以消灭的敌人。这样的立国过程完全背离了民主的基本精神，当然也就不可能通向民主的制度。张君劢对此当然坚决予以反对。

正是这种不把政府视为敌人的思维模式，引导张君劢可以坦然地联合政府内部当权者。这一点可以在相当程度上解释，他何以决定冒着遭遇道德谴责的风险而参加制宪国大。对于这君劢这种思维方式，有论者责怪其缺乏对于政府的性质的准确认识，既没有认识到专制的属性，也缺乏革命精神，无法走向彻底的独立，而有一种“依归”心态[1]。这样的批评是反历史的，也没有对张君劢心目中的“政治”给予同情的理解。

被革命史观或自由主义史观支配的人们，无法理解政治地立国的可能性与其进路。政治意味着普遍的参与权利，建立现代国家的事业乃是全体国民的事业，排斥任何人都是不道德的，包括排斥掌权者。他们也同样表达自己关于现代国家之想象及自身具体诉求的道德与政治权利。当然，他们不应当继续垄断建国过程，因此，他们不应当试图借助政府的暴力镇压其他政治力量。但反过来，那些自认为在追求自由与权利的政府之外的政治力量，同样应当把政府背后的政治力量和社会群体，及具体的一个一个的人，视为现代国家的共同构建者。如果共和国是人民的共同财富，那么每个人都由权利参与这个共和国的构建。政府内外的力量之合作，就不仅是必要的，也是合乎政治道德的——对双方来说都是如此。它是建设性的建国心态的关键所在。

唯在具有上述共识之后，各种政治力量之间、政党之间才有妥协与合作的可能。张君劢列举“以政治方式解决政争”必须具有三个精神条件：容忍、妥协、爱民[2]。在张君劢看来，容忍、妥协是最大的、最重要的

〔1〕 参见《无穷的困惑》，第273～277页。
〔2〕 “中国民主社会党组织委员会宣言”，载《中国民主社会党》，第169～171页。

政党伦理、政治美德。如他早年所说,“政党与政党间,应有交让精神”。张君劢曾现场观察德国在一战后建国的过程,他指出,中国“欲学德意志者,当学其交让之精神,和衷共济之精神”[1]。何以故?按照现代国家的自然,现代的立国、立宪政治只能是国民主义政治。尽管在现实中,这种政治的主体必然呈现为分立的、多元的,有时诉求甚至相互对立的群体、社团、政党,但是,假如这样政治主体足够明智,意识到自己的目标是建立一个合理的、可以长期维持的现代国家,也即具有“爱民”的道德自觉。那么,宽容、妥协就不仅是一种善,更是一种必要。唯有借助这种心态,多元的政治主体方有可能在一个共同的精神轨道上努力,其努力方向尽管可能不同,但将共同地遵守着某种政治的、道德的底线,并且形成一种合作关系——这种合作可能是和衷共济,也可能是“和而不同”;可能是相互帮助,也可能是竞争性合作。多元政治力量之间的合作、竞争,将构成一幅完整的国民主义政治途径。而唯有国民主义的立国政治能够将立国事业始终维持在政治的层次上,而不至于堕落为非政治,甚至直接走上反政治之路。

张君劢以英国不同群体具有政治共识的例子说明,因为有了这些共识,“所以英国才成为一个国家而且是一个和平统一的国家”[2]。各种政治力量、政治团体之间如果没有上述政治共识,因而没有容忍、妥协,因而没有政治上的合作,则国民主义政治就将毁灭,而以反政治的方式勉强建立起来的国家,根本就不算一个现代国家。

总之,建立现代国家的唯一可取途径,乃是一种国民主义的建设性政治。它的目标是建立由自由宪政支持的现代国家体制,则此种建设性政治就必然是全民皆可参与之国民主义政治。据此,前宪政时期、立宪时期与宪政建立之后的常规时期之间,其实未必存在一个截然的分界线。相反,三者之间是存在着某种连续性。宪政的建设事业本身就

---

〔1〕《宪政之道》,第283页。
〔2〕《宪政之道》,第244页。

始于专制政制下，而真正具有道德和政治意识的立国者、立宪者必然知道，自己的目的不是推翻现有政权，更不是报复性地惩罚现有的掌权者，而是驯化权力本身。因此，他在政府之外努力，并与所有旨在推动宪政的政治力量合作的同时，也不会拒绝与统治者的合作。他会充分利用现有宪法、宪制所留下的每一个可能的空间进行努力；他会要求统治者落实宪法上每一个可取的承诺；同时，他也会通过政治活动，通过国民对统治者施加压力，要求其收缩、限制自身权力、扩大国民自由、权利保障之范围。这样，他的旨在寻求宪法变革、政体革命的努力，就始终在宪法框架内，因而呈现出保守性，但是，其目标又具有革命性。就是通过这国民主义的、保守的革命，现代的自由秩序逐渐在旧制度的框架内生长、扩展，将越来越多的人的生活面相置于新秩序中。最终在某个合适的政治时机，新秩序取代旧秩序，现代国家得以完整地建立。这样，每个人都是宪法的自然的制定者，由此所形成的国家自然是国民的国家(nation - state)。这就是张君劢所构想的政治地立国之路。

总之，在张君劢看来，现代国家之建立，不是什么历史的必然，而是生活于国家之内的人理性地选择和创造的产物。从原则上说，选择与创造的主体是"人民"。但在现实中，人民受种种局限而缺乏足够强大的立国政治行动意愿与能力，因而，立国的重任在很大程度上落在绅士群体身上。从绅士群体中则成长出立国政治家，他们的德性和政治技艺，对于立国之成败具有决定性作用。人民、绅士、政治家，在张君劢的论述中构成一种复杂关系，绅士自然地代表人民，政治家则正式地代表人民；绅士对人民承担道德责任，政治家对人民承担政治责任。绅士和政治家利用其德力和智力服务人民之长远利益。归根结底，绅士是立国政治之枢纽，而立国政治家乃是其中之具有特出思想之人。张君劢本人就是这样的立国政治哲学家。

把张君劢的立国政治活动置于现代中国历史中，可以说，张君劢所参与的乃是真正的、也是真实的立国政治。说其"真正"，系针对激进的政党而言，国民党实行党治，实际完全取消了政治。说其"真实"，系针对现代中国自由主义而言,胡适等自由主义群体有立国之志,也做出了诸多努力,尤其是塑造立宪的舆论,他们却终究未能完整而充分地理解“政治”,或者错误地把议政理解为政治,或者错误地把行政理解为政治,因而始终拒绝真实的政治,尤其厌恶政党政治。张君劢则始终在政治的层面上活动,既不在政治之下进行文化思想的启蒙,也未超乎政治之上鼓动颠覆社会结构之暴力革命。相反,张君劢以其政治性思想、学术活动,尤其是宪政科学体系的构建与宪法起草、审议,政治性社会组织与政党的创建、运作,完整地树立了现代中国立国政治之典范。

张君劢关于立国主体之思考,置于现代新儒家传统中也是独特而可贵的。牟宗三先生关于政治的考虑始终围绕着一个问题:如何开出新的外王问题,他在一篇讨论张君劢先生言行的短文中也十分精辟地提出了判断现代中国思想与政治实践是否合乎合理的公式:“数十年来中国之主要课题仍当是民主政体建国之政治问题,此为一中心之所在。故政治意识离乎此者为歧出,相应乎此者为正宗。”[1] 牟先生也特别以“生命”来比喻“中国文化”,从而强调,“中国文化”其实就是当下的“我们”:“我们是个活的生命,我们生在现在,有现在的一个奋斗的方向,也应该有现代的表现”[2]。这一论述,立刻让我们联想到张君劢先生关于中国文化之出路在造成以精神自由为基础之文化的论断,同样突出了国民的主体性。然而,一旦讨论到具体的立国之道,牟宗三先生却将目光仅局限于“知识分子”[3],从而使其所设想的“理性的架构表现”,即

---

〔1〕“中国数十年来的政治意识”,见《张君劢七十寿庆纪念论文集》,第30页,牟先生接着说:“乃以正宗之政治意识,于数十年来之发展中,竟不得势,湮没不彰,则固中国之悲剧,亦天运之未复也。”

〔2〕《政道与治道》,新版序,第14页。

〔3〕“知识分子思想上的自觉是很重要的,依此而发动文化的力量、教育的力量来创造这个东西;这就是我们现代化的道路”(《政道与治道》,新版序,第19页)。

宪政制度之建立,缺乏具体的建构者。[1]

张君劢的思考和努力,似乎更为健全。对于新的外王,尤其是其中的民主政治来说,至关重要的是构建"理性的架构表现",张君劢构想并现实地构建了从事此一建设事业的主体:主权意义上的国民,政治意义上的绅士,以及技术意义上的政党。相信政党是立国之必要工具,在这一点上,张君劢与现代自由主义者完全不同。另外,张君劢的政党理念又完全不同于当时的革命党人。在他看来,立国只能采取"理性的政治"进路,而"真正之理性政治必起于良心上之自由。本此自由以凝成公意,于是为政策,为法律"。[2]不仅于此,张君劢在其他地方也论述过,宪政框架本身也必须是透过理性的辩论、商讨、妥协而达成。张君劢所说的理性的政治,乃是以尊重人之良心自由这一基本道德原则为本的政治。这种政治既在此一政治道德的约束下,又要具有现实的力量,则只能采取政党的方式,张君劢也清楚地指出,理性的政治之前提乃是建立理想的政党,"理性政党成,则理性政治之实现必矣"。他为理想政党树立十大标准,这些标准可视之为"政党伦理"。事实上,张君劢曾在很多地方,包括《立国之道》中,频繁论及政治家伦理、政党伦理,且这种伦理带有强烈的保守性。正是这样的政党,不仅能够活动于常规的民主政治中,更重要的是,他们也有能力从事立宪政治。

---

〔1〕《为中国文化敬告世界人士宣言》也意识到了立国的主体问题:

我们说中国文化依其本身之要求,应当伸展出之文化理想,是要使中国人不仅由其心性之学,以自觉其自我之为一"道德实践的主体",同时当求在政治上,能自觉为一"政治的主体",在自然界知识界成为"认识的主体"及"实用技术的活动之主体"。这亦就是说中国需要真正的民主建国,亦需要科学与实用技术,中国文化中须接受西方或世界之文化。但是其所以需要接受西方或世界之文化,乃所以使中国人在自觉成为一道德的主体之外,兼自觉为一政治的主体,认识的主体及实用技术活动的主体。而使中国人之人格有更高的完成,中国民族之客观的精神生命有更高的发展。此人格之更高的完成与民族之精神生命之更高的发展,亦正是中国人之要自觉的成为道德实践之主体之本身所要求的,亦是中国民族之客观的精神生命之发展的途程中原来所要求的(《中西印哲学文集》,下,第876~877页。)

〔2〕 政治活动果足以救中国耶?

CHAPTER 07 >>

第七章

作为立宪政治形态的“修正的民主政治”

身处于第一次世界大战之后立国的现代时期，张君劢也在自己的立国规划中加入了现代的因素，这就是社会政策与明确的文化规划。但是，张君劢没有像其他立国者那样，因此而遗忘、甚至刻意地取消立国之古典时期的基本内容：宪政主义。相反，张君劢始终把宪政主义当成立国的根本，而社会政策与文化规划则被置于宪政的框架内进行建构、安排。于是，在张君劢的立国规划中，宪政主义与社会政策、现代文化规划保持了一种合理的结构关系。

至于建国的进路，张君劢在现代中国历史上的特出之处在于，他始终坚持政治地立国的进路，一贯地从政治与制度的角度思考立国问题，把“民主政体建国”视为立国的关键。他所设想的立国之道的首要内容是：以政治方式建立宪政政体，以此为基底而构造出现代国家。

关于宪政结构之规划，张君劢的思想是有过一些变化的[1]。到30年代，张君劢之立国规划的基本方

〔1〕 关于这一点，薛化元有详尽的描述，参见《民主宪政与民族主义的辩证发展》，第四章，国家基本蓝图的设计，第133页及以后。

案定型为“修正的民主政治”。这个特定的民主不仅是他所追求的目标,同时也是用于实现宪政的手段。但是,这个规划引起了诸多争议,很多人甚至怀疑他对民主价值、对宪政制度的忠诚。本章将通过引入立宪政治与常规政制的区分、尤其是通过提出一个关于立宪政治的过程的阶段性划分理论,对张君劢的“修正的民主政治”规划进行一个简单分析。一旦引入这些理论,我们将会发现,张君劢对民主政治进行的修正,虽被很多人视他的政治与思想生涯的污点,但其实在现代中国政治与政体科学发达史上具有十分重大的价值。

一、立宪政治的完整过程:修正阿克曼的理论

张君劢对民主政治的“修正”,受到若干秉持自由主义理念之论者的批评,他们甚至怀疑,张君劢的思想具有极权主义的倾向[1]。然而,只要查看张君劢系统论述修正的民主政治理念的《立国之道》上下文就会发现,这样的批评并不公允。可以说,终其一生,张君劢的民主价值及宪政制度的忠诚从来没有丝毫动摇过,尽管他的侧重点可能有所变动。1948年,张君劢曾经这样说过:

> 吾对于民主宪政,信念始终一致,中间未间断,未变更,我们虽不敢说是国内民主主义者第一位,却是始终不变的民主主义者。[2]

这样的自我评价是站得住脚的。张君劢每个时期对于自由的价值

---

〔1〕 比如,薛化元指出,在国家社会党成立前后以至抗战胜利前,面临日本侵略,张君劢的思想“就整体来看,集体主义的多党联合极权政治色彩,仍是最大的特点”,《民主宪政与民族主义的辩证发展》,第43页。作者在第四章有专节对此进行分析。作者在全书其他地方也反复使用“极权主义”一词。郑大华则说:张君劢的修正是“在传统的议会民主政治的框架内,向德、意的法西斯独裁政治的方向修正”。《张君劢传》,第312页。

〔2〕 “张君劢:民主宪法与总统”,载《中国民主社会党》,第352~353页。

对于中国人的珍贵性，及中国应当建立确保这种价值之民主、宪政制度的必要性，有很多论述，毋须一一列举。即便在他主张“修正的民主政治”时期，只要考察一下他在反对什么，就可以十分清楚地看出他对民主、宪政之价值、制度的忠诚。甚至于可以说，他把这一点作为自明之理，根本不需要论述。相反，对他来说，最为重要的问题是一个：通过什么样的途径构建出民主宪政制度。我们上面已经分析了他的答案：国民主义的政治的进路。不过，张君劢的思考并未停留在这样一个笼统的层次。他更进一步地思考，立宪政治进入到最后时刻的具体形态是什么，“修正的民主政治”就是他基于现代中国特定历史语境作出的回答。

“修正的民主政治”理念系统阐述于《立国之道》中，此书系国家社会党之纲领，而国家社会党正是在国民党实行一党专政之后成立的，正是以实际行动表达其对民主信念的忠诚，及在中国实行民主政治的努力。另外，在《立国之道》中，张君劢于论证修正的民主政治之前，对当时国际上有极大势力、在中国也有极大影响力的三种非民主的政制，即苏俄的无产阶级专政、德国的纳粹与意大利的法西斯主义，都进行了深入的批判，并得出十分明确的结论：“独裁政治虽有其一时的赫赫之功，但与之百年相安无事的民主政治相比，不免瞠乎其后矣。”对于民主政体，他的语气又截然不同：“民主政治对于世界人类，其贡献之大，非口舌笔墨所能形容，除非盲目的人，才会抹煞或轻视其所贡献的力量。”[1]因此，张君劢的宪政主义基本政治立场是确定不移的。

今日研究者之所以提出上述批评，很可能与其研究范式的盲点有关。这些研究者普遍具有现代自由主义的立场，如我们已反复指出的，这种现代自由主义置身于现代中国立国的语境中，存在着某种时代的错位，因为形成于西方宪政制度建立之后的现代自由主义理论体系，先天地缺乏立国的思考维度。也因此，这些研究者普遍忽略了张君劢提

[1] 《政制与法制》，第68、79页。

出此一方案的历史背景——现代中国面临的是立国的任务，他们以常规政治时代的信条来评价面对立国任务、也具有明确立国意识的张君劢的思考。略加分析即可发现，张君劢提出此一修正的民主政治方案，实际上是特殊的立国时代之政治架构，而未必是普适的、常规政治时代的一般性宪政框架。张君劢的批评者忽略了一个政治科学的基本原理：立宪时刻的政治安排不同于常规宪政时期。

前面我们已经简单提及美国宪法学家阿克曼的“立宪时期”（constitutional moment）之说。阿克曼论证了，美国人实际上建立了一套独具一格的立宪民主政体，与欧洲的主流模式不同。它是一种二元民主政制（dualist democracy），其典型特征就是一直区分了两种类型的政治——常规政制与立宪政治（normal politics and constitutional politics）。所谓常规政治，就是组织起来的各个利益团体试图通过制度化渠道影响民主选举产生的政治代表——总统、议员等，进而影响政府决策。所谓立宪政治则是指广大的公民被动员起来就根本的原则问题展开辩论并最终作出决策。历史上大部分时间，人们看到的都是常规政治，但在某些特定时期，当社会处于重大调整的时期，就会发生立宪政治。[1]

为此，阿克曼也认为，美国这个共同体的组成分子也具有二元性，他们是所谓的“私人—公民”（private - citizen）：在常规政治时代，他们是私人，也许可以用“理性经济人”、个人主义等词汇来概括他们的心智，他们更多关注私人生活的便利与幸福；但到立宪政治时期，他们则扮演更为积极的“公民”的角色，参与涉及共同体的根本问题的辩论，并最终由他们集体地做出宪法性决策，或者支持政治人物提出的宪法性变革方案。[2] 在国内，主要是高全喜引入了这个概念，用以讨论中国的

---

〔1〕 关于这一点的最简单的论述见[美]布鲁斯·阿克曼：《我们人民：宪法的根基》，孙力、张朝霞译，法律出版社2004年版，第5页。关于常规政治与立宪政治的基本形态，则本书各有专章论述。

〔2〕《我们人民：宪法的根基》，第168～171页。

现代国家宪政制度之构建问题[1]。

这一区分确实是富有启发性的，尽管笔者倾向于认为，阿克曼把美国内战后的重建、新政与美国之建国相提并论，似乎值得商榷。建国乃是初始型的、最高层次的立宪政治，它旨在确立一个国家的基本宪政架构。就政治秩序而言，它多少带有从无到有的性质，它经常体现为政体的革命。而在此一框架建立之后所发生的哪怕是比较重大的、广泛的宪法调整，毕竟也是在此一制度框架内进行的，因而它是现有宪法的调整，而不是宪法革命、政体革命。因此，在阿克曼那里，高级立法最后的立法者，乃是最高法院——下面我们将会引用这段话。这清楚地说明了阿克曼所探讨的立宪政治乃是体制内的宪法革命。而现代中国的立宪政治乃是属于初始性的立宪政治。

同时，笔者也提议，把立宪的政治扩展为立国的政治。毕竟，对于一个现代国家而言，宪法尽管至关重要，且立宪也确实是立国的核心和基础，但精神秩序、法律秩序、商业秩序等领域的制度之构建，也是相当重要的。这些领域内的制度变革，可能同样涉及政治，但非立宪政治所能全部涵盖。事实上，很多领域的根本性变革，只能通过广泛的社会运动的方式进行。

接下来我们讨论立宪政治的形态。阿克曼认为，美国立宪史上有三个重要的"立宪时刻"，分别是18世纪末的建国(founding)时期，19世纪中期的重建(Reconstruction)时期和20世纪30年代的新政(New Deal)时期。[2] 根据对这些立宪政治的历史分析，阿克曼提出了立宪政治过程的一般性理论。通常，一个表现为高级立法(higher law - making)的立宪政治可以划分为四个阶段：

---

〔1〕 比如高全喜：《现代政制五论》，法律出版社2008年版，第一章，论宪法政治。但笔者不采用"宪法政治"这样的译法，而译为立宪政治。

〔2〕 关于这一点的最简单的论述见[美]布鲁斯·阿克曼：《我们人民：宪法的根基》，第5页。关于常规政治与立宪政治的基本形态，则本书各有专章论述。

……从当它获得足够深厚而广泛的私人公民的支持，并被授权启动高级立法开始。在启动阶段，运动已赢得了宪法权力，有权宣称，自己的改革方案不同于在常规政治下的其他不计其数的意识形态的派别之争，应当被放在公众审查的中心。

这将进入该程序的第二个阶段：提出议案。在此阶段，在高级立法系统的激励下，运动的注意力集中在把雄辩的言辞化作一系列有操作性的宪法改革方案。

当时机成熟后，就进入第三阶段：集体审定。在此阶段，运动中提出的改革方案要经过高级立法程序的一次又一次的检验……

但是，如果该宪政运动确实具有浓厚而广泛的基础，那它就有通过缺席审查的可能，从而进入到最后一个阶段：制定法律。在此，最高法院负责把宪政要求转化为宪法条款，为以后若干年的常规政治提供具有指导性的、有说服力的原则。[1]

此处之所以长篇引用阿克曼的分析，是因为张君劢一定会对这样的阶段划分表示赞成。前面梳理的张君劢关于政治地立国的基本构想，就是始于国民发出"要求"，这种要求以集体的方式来表达，不同的意见、要求相互竞争，最后则形成关于宪法的决策。值得注意的，在阿克曼那里，最终的决策是由联邦最高法院作出的，这是一个法律决策——尽管是通过司法机构作出的。在这背后，则可以看出一个一般性事实：立宪政治必然以高级立法事件为一个关键环节。

由这一事实，基于政治过程和立法过程的不同，我们简化阿克曼关于高级立法四阶段的划分，把他所说的立宪政治划分为两大性质大不

〔1〕《我们人民：宪法的根基》，第 197 页。

相同的阶段:要求阶段与制宪阶段,或者说政治的阶段与立法的阶段。这里的“要求”,也正是梁启超和张君劢曾经使用过的词[1]。政治的、要求的阶段涵盖了阿克曼所说的前三个阶段,它必然是政治性的,政党政治乃是一种可能的、经常的形态。后一个阶段却是需要在一定程度抑制政治性,更多地让理性获得发挥的空间,从而能够理性地制定出普遍的正义规则体系。

此外需要注意,阿克曼所讨论的立宪政治,主要是宪政框架下的立宪政治。但一般意义上的立宪政治的功能却恰恰是构建宪政制度本身。对于这样的立宪政治而言,仅仅制定出一部宪法文本,并不意味着立宪的完成。关键的问题是这些纸上的条款能够变成现实的权力架构,及公共事务运作的程序。因此,在宪法性立法活动之后,还需要有一个搭建宪制的过程。对于一个宪政制度的建立和运转而言,在宪法文本通过后,基础性地宪制,也即最基本的权力架构与公共事务运作程序要被迅速构建出来,投入运行。否则,随着时间拖长,宪法文本就有可能仅仅停留在纸面上,而丧失变成现实的制度之机会。

根据上面的论述,我们也可以对阿克曼基于美国历史的立宪政治与常规政治之二元民主论进行修正,而提出一个关于宪政制度形成之四阶段的理论。它同样是四个阶段,但内容已与阿克曼的截然不同。这个理论可能更适合于理解一个共同体的初始立宪形态:

首先是政治的要求阶段,在这一阶段,由于种种原因,通常是由于道德的觉醒与政治的觉醒,宪政主义力量兴起,他们要求保障自由,当然通常是要求保障国民的自由和权利。旧秩序中的统治阶层为了维护自己的特权和利益,必须要对这种力量予以压制、打击、镇压。为了使自己的要求发挥作用,宪政主义力量必须进行观念的动员,进行组织,发起宗教、社会、政治等领域的运动。这场运动呈现为一个政治的过

---

〔1〕 张君劢说在《论今后民党之进行》中说:“近世列国立宪之原动力,无不出于国民之要求”,《开国前后言论集》,第 29~30 页。

程，在这个过程中，必然存在着公民组织化行动的载体，在后发国家，通常就是现代政党。

第二阶段是理性的制宪阶段。在立宪的政治过程中，旧制度内部的不同力量之间可能形成冲突，而后达成变革的共识，实行转轨；宪政主义力量与其反对者之间可能达成某种妥协，后者决定向前者开放权力，双方决定共同制定一部新的宪法，建立新的宪制；也可能，由于旧秩序的统治群体拒绝妥协，旧制度被推翻，宪政主义力量与它的盟友获得了统治权，进入宪法指定阶段[1]。这一阶段的关键是制宪会议（convention）之组织，在这个会议上，宪法将被起草、审议，最终被通过与颁布。

从原则上，制宪会议应当容纳最为广泛的阶层、群体，因为这是共和（republic）的基本要求。宪法必须反映尽可能广泛的民意，凝聚国民的政治、社会、乃至道德共识。不过，制宪会议通常难以做到完全按照常规民主的程序组织，比如，很难通过组织全国性大选的方式选举产生制宪会议代表，因为这个时候通常没有宪政秩序，民主的程序、选举的规则本身就是有待于制宪会议来制定的。因此，制宪会议代表的产生是带有某种偶然性的。制宪会议能否组织得当，往往不取决于政治程序，而取决于社会的组织化程度，取决于社会内部精英的道德与政治责任感，即他们非正式地获得授权、获得信任的可能性。某些精英在社会层面所积累的信任是他们进入制宪会议的门票。

这一代表产生过程未必是合乎民主规范的，但这一事实并不十分糟糕，甚至可能有某种好处。宪法应当被理性地起草、制定，制宪者应当合理地设计各种制度，这些制度既能够保障人民的自由和权利，又能使政府各个机构可以有效地运转，而同时还能够实现社会所共同认可之重要价值。制宪的过程必须既是理性的，又是政治的。从本质上说，

---

〔1〕 亨廷顿分析过现宪政制度从旧体制中形成的三种情形：变革、置换、移转，参见亨廷顿著：《第三波——20世纪后期民主化浪潮》，刘军宁译，上海三联书店1998年版，第三章。

制宪会议确实是政治博弈的过程,因为宪法的任何一个条款背后都可能涉及重大的权利、利益的分配与再分配。但是,这样的政治过程又是以理性的形态进行的。因而,制宪会议自身的性质要求意见支配利益,以理性来安排意志,不论是全体的意志还是部分的意志。宪政制度之为理性的制度,立宪政体有别于专制政体的建立过程之处,也正在于此。

换一个角度说,立宪的理性终究又要对意志承担责任。作为共和的制度形态,宪政制度必须是多数人认为合理的制度。因而,理性的产物又必须获得意志的认可,才具有法律的效力。具体而言,从时间上说,制宪过程可以区分为理性阶段与政治阶段。理性阶段即宪法文本的起草阶段,在这个过程中,理性、尤其是立宪的技艺理性,居于十分关键的位置。唯有明智地运用这种理性,宪法的自由价值才能够被构建为合理的制度。接下来则是政治阶段,也即宪法草案的审议、辩论与通过阶段。如联邦党人所说,宪法文本的起草者不过是人民的“顾问”,他们起草的宪法最终需要得到人民的认可,才能够变成真正的宪法。在此之前,它不过是起草者提交给人们的一份建议〔1〕。有了这个程序,则制宪会议代表形成的可能的非民主性,就不是一个太大问题。有的时候甚至可能有一些好处,比如,一些真正具有宪法专业知识的人可能进入制宪会议,而如果进行选举,他们未必能够进入。

这样一来,在现实中,制宪会议其实往往是呈现为两个会议:宪法文本起草会议与宪法审议会议。在后一个会议上,宪法将被审议、修改,并最终通过、颁布,从而产生法律效力。美国制宪过程就是非常典型的:首先,1787 年夏天的费城制宪会议制定出了宪法草案,并于 9 月 17 日通过;随后,使各州审议阶段,汉密尔顿、麦迪逊、杰伊就是在这个阶段撰写了《联邦党人文集》中各篇文章,说服纽约州及其他各州的政治家和人民支持新拟定的联邦宪法草案。同时,也有人对这个联邦宪

---

〔1〕 普布利乌斯对此有深入阐述,参见 The Federalist Papers, No. 40。

法提出批评,此即所谓"反联邦党人"[1]。到次年9月,第9个州予以批准,才正式生效所需的足够的州的赞成票。

唯有通过这两个阶段、两次会议,在意志与理性之间求得平衡,宪法的文本才能够变成现实的权力架构,并获得全社会的共识之支持。在整个制宪过程中,立宪的理性是可以在一定程度上超越意志的,但它又在一定程度上必须面向意志。两者都不能居于绝对地位,尤其是意志,局部的意志。假如占据主导地位的政治力量试图把简单地自己的意志书写成为宪法,而拒绝考虑其他国民的诉求,也拒绝理性的审查,那所制定出来的宪法,很可能是偏颇的,甚至是专制的,就是萨托利所说的"名义性宪法"。这样的宪法注定了将是不稳定的,无法担当起支持现代国家的重任。在一个快速变动的世界上,这种宪制安排难免激起反动或革命,而自行毁灭。

立宪政治之第三阶段是基础性宪制的构建阶段。这个阶段紧接着制宪,其主要工作是搭建出最基本的权力架构,确立人们参与、处理公共事务的基本程序。仅有宪法文本是没有意义的,宪法真正的价值在于它所内涵的实际的制度。这包括建立政府的基本机关,比如,立法、司法、行政部门。当然,宪政本身就在一定程度上是一个过程,就像美国宪政中至关重要的司法审查制度乃是在宪法通过16年之后才通过马布里诉麦迪逊案(1803年)被确立一样。事实上,也很难在较短时间内全部构造出完整的宪制结构。但是,一些基础性架构必须被迅速构建出来,而且应当是正确地被构建出来。这些政制架构可以为社会内部各种意见、权利、权力、利益之间的博弈提供一个制度平台,由此,细节性的新规则与制度将可以被生产出来。所谓的正确的制度,就是能够最大限度地开放政治参与,又规制政治参与,让这种参与在制度内部展开的制度。唯有如此,宪政才能够收到终结革命的效果。

---

〔1〕 他们的主张,可参见[美]赫伯特·J.斯托林:《反联邦党人赞成什么——宪法反对者的政治思想》,汪庆华译,北京大学出版社2006年版。

最后，在宪法制定完成、各种宪政制度建立起来之后，则进入第四阶段，即宪政主义的常规政治时期。当然，这种常规政制是由新宪法的规则、制度所塑造的，通过这样的政治过程，代表着新秩序的政府将会常规地被选举产生。

接下来需要讨论的问题也仍然是阿克曼的立宪政治理论所没有涉及的，也即过渡时期的政制安排问题。我们上面所说的包含了起草、审议、通过宪法文本并构建基本宪制的制宪会议，通常会持续相当长的时期，这样，在旧秩序崩溃到新秩序建立之间，就存在一段过渡时期。这个时期的精神、社会、政治秩序乃至经济状态，对于制宪会议代表之心态，进而对最终形成的宪法的内容，尤其是对基本宪制之构件，将具有极其重大的影响。假如过渡时期的社会、政治秩序陷入混乱，制宪会议很有可能无法正常召开，立宪政治就无法完成。而这个时间窗口一旦错过，整个社会关于立宪的共识破裂，就很难再展开一次立宪政治过程，由此现代国家就在相当长时间内无法建立。当社会、政治秩序陷入混乱时，还可能出现另一种可能性，某种强势人物、力量，比如军事力量，将会操控制宪会议，从而使宪法明显地不合理，偏离国民的共识，制造某个阶层、集团的独裁统治。这样的宪法同样没有政治鼎革的意义。或者，某些力量搁置宪法，而宪法所规定的各种制度迟迟不能建立起来。

因此，过渡时期的政府如何组织，是对那些致力于建立宪政主义新秩序的整治力量的一大挑战。考察各国宪政制度转型的历史就可发现，这个过渡时期又可区分为两个阶段:第一阶段为旧秩序崩溃到宪法文本完成制定的阶段。第二阶段是宪法文本已制定出来到基础性宪制构建完成的阶段。由于这两个时期的权力状态存在极大差异，两个时期的过渡性政府之性质是大不相同的。

第一阶段所存在的通常是所谓“看守性政府”。旧秩序已经崩溃，或者至少已经丧失正当性，其统治的权力已经解体，仿佛回到了关于政府起源之契约理论家所设想的自然状态。但现实的自然状态仍然是有秩序的,至少是需要秩序的。因而,此时仍然存在、也应当存在一个政府,它将维护最基本的和平秩序。这是制宪会议得以召开的最基本条件。没有一个最低限度的治理者、秩序维护者,制宪——也即所谓订立契约的工作——是无从进行的。

只不过,很显然,这个政府本身必然不是契约的产物。它通常是高度临时性的,乃是很多偶然因素凑合到一起而形成的。在很多时候,它是旧政府的延续。这个旧政府的权力已经大幅度地剥落,而扮演一个看守性政府的角色。看守性政府也必然是一个职权很不完整的政府,它仅保留了消极地维护各种秩序的职能,至于其他更为积极的职能它根本无力行使,也缺乏行使的正当性依据。这个政府的正当性乃是社会给予的非正式的、很可能只是默会的认可。这个看守性政府的最主要工作乃是组织召开制宪会议,并在制宪会议召开期间维护社会秩序。

当制宪会议结束,宪法被制定出来之后,则会出现另外一种过渡性政府,就是"宪制构建政府"。它当承担一项十分积极而重大的任务,那就是构建宪制。通常,这个政府应当由制宪会议设计:制宪会议不仅应当制定一部宪法文本,勾画出国家的蓝图,同时也应当为自己所制定的国家蓝图设计出一个施工队。通常情况下,这个宪制构建政府是从前一阶段的看守性政府延续下来的,但此时,它的权力的来源已经具有较为正式的正当性了,因而其权力的范围也就大幅度扩大了。当然,这个政府同样要维护基础性社会秩序。

原则上,这两个阶段的过渡政府都应当尽可能地容纳社会各种力量参加,也就是说,较为可取的过渡性政府是由各种政治力量联合组成之"联合政府"。尽管其联合的形态,前一个较为即兴,因而很可能是比较狭窄的联合,而后一个则较为正式,因而是比较广泛的联合。这种联合政府应当有能力得到社会各个群体的认可,如此它才有能力维持社会与政治秩序。为此,各个社会群体参与联合政府的比例与参与制宪会议的比例应当大体相称,这也可以保证制宪会议不受到联合政府的干扰,从而可以较为理性地制定出正义而合理的宪法。并且,非常重要的是，最终相对于单一政党、政治力量主宰的政府，联合政府比较有可能执行新订出来的宪法，构建基础性宪制。这个联合政府还应当主持按照新宪法选举产生第一个新政府的过程。

当然，即便宪制被构建出来并正常运转，但在未来某个时间，它仍不能免于重大调整。宪法运转一定时期后，必将会出现某种不适应。这时，就将出现阿克曼讨论得比较充分的立宪政治，或可称之为"常规性"立宪政治，宪政框架下的立宪政治。这种常规性立宪政治相对于我们上面所分析的初始性立宪政治，必然更为和平，出现系统性社会政治风险的可能也比较小。而且，最终的立宪决策很可能由体制内的议会或者最高法院做出，而通常不会另行召开特别的制宪会议，也不需要成立过渡性联合政府。正是这些因素，把初始性立宪政治与常规性立宪政治区分开来。

透过引入常规政治与立宪政治的区分，尤其是对立宪政治本身进行划分，引入制宪会议、看守性型政府、宪制构建政府等概念，我们似乎可以更为准确地理解张君劢身上表现出来的、误导了很多研究者的"自相矛盾"：一方面，张君劢把民主宪政制度之建立，视为一种理所当然之事；另一方面，他又主张"修正的民主政治"。这种看似矛盾的理念，其实显示了，张君劢已经意识到立宪政治与常规政治的区别，意识到了立宪政治的争取阶段与制宪阶段的区分及立宪政治不同阶段需要不同性质的政府——尽管在一定程度上只是朦胧的。

这一点是相当难得的。在现代中国立国历史上，我们经常观察到立国的理论与中国现实的"时代错位"问题。当中国进入现代立国、立宪时期的时候，西方国家大多数已经建立了相对稳定的现代国家体制，当然也包括现代宪制。换言之，他们已经处于常规政治时期，其思想学术界所讨论的议题，也主要是围绕着常规政治展开的。换言之，西方学人所讨论的主要是政策问题。这些就是中国知识人从西方所能看到、接受到的先进的政治思想。但很显然，这种先进思想未必切合处于立宪政治过程中的中国之具体需要，因为中国所面临的问题始终是建立做出这些政策性决策的宪政框架问题。不幸的是,很多中国知识人没有意识到这一点。他们有的时候不假思索地拿西方最时新的政治、社会、法律理论来,作为中国制定宪法的理据,尽管在西方,这些理论主要解决的政策层面的问题。[1] 这种错位当然会导致相当严重的后果。比如,人们很可能会忘记宪政制度的核心。中国立宪之屡次失败,与具有立国自觉的知识人、政治家的这种盲目是有一定关系的。

张君劢与众不同之处在于,他特别强调处在立国时期中国人的理性的选择问题。在张君劢的立宪活动生涯中,立宪科学支持着张君劢的政治实践,后者反过来又对张君劢的立宪科学产生了根本性影响。这种影响之最突出表现,就是他对常规时期的民主政治之常识的反思。清华《人生观》演讲的重要性就在于,张君劢已经清楚地意识到,中国人在构建现代国家的时候,必须对西方现成的理论、制度进行反思,经过理性的思考之后作出明智的选择。反思性是张君劢宪政科学的一个根本特征。

修正的民主政治是这种理论反思、立国政治自觉的产物。正是因为具有反思的自觉,所以,张君劢没有轻易地接受民主政治的"常识"。其实,这种常识,大体上是常规政治下的民主制度的具体安排。放到立宪政治的时期,这样的常识就未必成立。张君劢对现代民主政治的修正,似乎主要是修正他所看到的常规的民主政治,而面向中国的现实需求,回归立国时代之立宪政治,从而承担起建立现代国家的重任。张君劢的修正的民主政治思想的重要价值,正在于此。

二、从制宪角度修正政党政治

张君劢对民主政治的"修正",首先针对政党政治。这里同样可以看到一种"自相矛盾":一方面,张君劢是政党政治的积极从事者。在大

---

〔1〕 比如,我们在王世杰、钱端升之名著《比较宪法》中,就可以在几乎每一宪法问题上看到作者引用最时新的西方理论,并对其持肯定态度,希望以此作为立宪的理论依据。

陆期间,他一直都在从事政党政治。另一方面,在他的立国规划中,却试图对政党政治加以修正。这种看似自相矛盾的理念是因何而起?

政党乃是除了政府之外最为重要的现代政治活动主体,“政党政府”被今人普遍视为现代政府的基本形态,民主政府通常即被学界和民众理解为政党轮流执政的政府。张君劢深受梁启超政党思想影响,向来相信,政党政治乃是民主政治的基本形态。他本人再从事政治时也积极组织政党,从事政党政治,在不从事政治,如从事教育的时候,似乎也在为政党政治进行准备。张君劢相信,为着建宪政制度,国民必须通过集体行动的方式表达其共同的意见,立宪之原动力就是国民之“要求”,国民的要求唯有集体表达才能够产生政治上的效果,这种集体表达、行动之有效方式就是政党。

不过,在张君劢心灵中,中国的首要问题乃是立国。这样的立国意识就决定了他们对政党政治具有一种独特看法。早在跟随梁任公于民初积极组织政党、从事政治活动的时代,张君劢就不得不面对一个严重困扰:在中国,常规的政党政治的基本框架并不存在。清末开始立宪之时,人们已经开始有了朦胧的政党意识。民国成立之后,原有的一元控制权威崩溃,政党林立。但此时始终没有完备的宪法,基本的政治秩序也并未建立。因此,不论是梁任公还是张君劢,都有一种困惑。他们都察觉到,中国的政党政治看起来不像是西方的政党政治,中国式政党政治存在着一种严重的堕落趋势[1]。他们也意识到,这种堕落与中国宪政制度未能完整建立,包括武力横行有关系。

因此,张君劢虽然重视政党的作用,但其所设想的政党却并不只是作为选举工具竞争执政权。张君劢在推动共和党成立过程曾写信给梁启超称:“此间党争殊剧,要皆不足于言国民的运动。”因而他认为,组织

---

〔1〕 张君劢在《政治活动果足以救中国耶》、《国民政治品格之提高》两文中列举了政党堕落的种种表现。

一个极大的“第三党”，可以发挥较大政治作用[1]。当时《申报》报道该党“主张最公平之言论，不竞争政权，专注全力以普及政治智识，传统政治信条”[2]。梁任公也确实宣布，该党“以统一国家改良政治为目的”，因而，“虽对于不满意之政府，犹勉予维持，以俟正式政府之成立，以徐图改造焉”[3]。梁任公、张君劢相信，处于立国过程中的中国所需要之政党，至少是他们自己所组织的政党，不同于西方常态民主政治中、旨在争取执政权的政党，而是一种构建社会、政治基础性秩序的政党。只不过，他们在晚清和民初所组织的政党，依然只能在政治的夹缝中生存。

民国初年以常规的政党政治方式进行的立宪活动的失败，对梁启超、张君劢都产生了一定冲击。他们都开始怀疑政党政治在中国有没有意义[4]。他们产生这一怀疑的时间点是值得注意的。这一时间点说明，他们的困惑很可能源于中国的立宪事业所面临的“后发劣势”。满清覆灭，旧的统治秩序崩溃，立宪政治的“要求”的政治阶段大体上终结了。按照我们前面分析的立宪政治的一般流程，这个时候当在看守性政府的守护下，迅速召开制宪会议，制定、颁布宪法，构建基础性宪制。在临时性的过渡政府维持秩序的前提下制宪，这也确实可以概括民国初年的政治的历史的基本内容。

不过，这一制宪过程遭遇了一连串挫折：完整意义上的制宪会议始终未能召开，宪政主义的宪法始终没有被制定出来。一直到 1923 年，制宪国会才通过了一部《中华民国宪法》，但它被世人讥讽为“贿选宪法”。也正是由于这一立宪政治的失败，整个社会，尤其是知识分子逐

---

〔1〕《梁启超年谱长编》，第 646 页。

〔2〕《梁启超年谱长编》，第 649 页。

〔3〕共和党之地位与其态度，《饮冰室文集之三十》，第 20、21 页。

〔4〕我们已经引述过张君劢的文章《国民政治品格之提高》，另外一个间接的例证是 1920 年，“梁启超士人群”出版之《解放与改造》杂志改刊为《改造》的发刊词中，提出：“同人相信政治改造，首在打破旧式的代议政治，故主张国民总须得有组织的自决权”（《改造杂志》，第三卷，第一号，第六页）。所谓代议政治当然是以政党作为代议主体的。

渐对宪政主义产生怀疑[1]，进而对中国既有的整个文化社会秩序产生蔑视与怀疑。知识分子的心态急剧地激进化，中国迅速进入立国之现代时期。

这次失败的原因很多，关键的原因似乎在于：当时的精英没有充分意识到召开一次具有充分代表性的制宪会议、理性地制定宪法的重要性。在清亡之后，民国初年，政治社会精英们尽管召开了一次又一次具有制宪性质的会议，比如在清廷逊位之后的南京临时参议院，北京政府的参议院，乃至于北洋政府组织召开的制宪国会。但是，这些会议都是临时性的，缺乏充分的代表性，不能充分反映当时的政治、社会结构[2]。而参加会议的代表们似乎也无意于对国家的基本制度进行仔细的思考、设计，制定一部系统的、完整的宪法。因而，这些会议尽管出台了一部又一部宪法性文件，比如《临时约法》和《约法》，但从中都无法看到严肃、理性的思考，而是充满诸多权宜的策略与短期的政策性条款。

导致制宪会议失败的现实政治原因在于，当时的过渡政府乃是一个失衡的政府。也就是说，它不是一个各种政治力量均能平衡参与的联合政府，事实上，它被军事力量所控制。它不是一个仅仅消极地致力于维护社会政治基本秩序的看守性政府，而是一个享有独裁性权力的政府。它支持参与制宪会议的一方，这一方也就依赖军事力量和政府力量，总是倾向于把制宪会议当成固化自己单方面意志的工具。任何一种新的军事力量——不论是旧军阀还是新军阀——都可以操纵这个工具。这种格局，要么无法制定出宪法，即便通过宪法性文件，也不具有合理性，由此建立的宪制——当然与宪法一样它也是临时性的——就不具有内在的结构稳定性。

---

〔1〕 严泉指出："民初自由主义在政治层面的核心是宪政主义。人们关于政体、地方制度、政党制度、公民人权等宪政要旨的争论，则是宪政主义内部的分野"（严泉：《失败的遗产——中华首届国会制宪：1913—1923》，第34页）；但是，"从20年代开始，宪政主义不断受到批判，其影响也日益缩小"（第43页）。

〔2〕 最有趣的是，1913年民国国会被国民党控制，排斥袁世凯北洋派的参与。

有一点特别值得讨论：民国成立之后，制宪会议的职能就由普通国会来承担，普通国会变成了制宪国会。关于制宪会议应当采取何种形式，国内政坛、学界当初是有过激烈争论的。国民党等政治力量主张采用国会制宪模式，梁启超、章士钊及北洋派均主张采用专门制宪会议模式[1]。梁启超还专门构想过"国民宪法起草委员会"作为制宪会议。对于这个制宪会议的组成，他提出了这样一些原则：

一，起草员不宜过多，以免言庞事杂，陷于筑室道谋之弊。

二，草案未成时，宜坚守秘密，毋使受他力之劫持以守系统。

三，宜将国中最有学识经验之人，网罗于起草员中，使专心致志，为有价值之讨论以止于至善。

四，宜聘请东西公法学大家数人为顾问，以收集思广益之效（此条必须与否尚容商榷，吾则谓得此较善耳）。

五，起草员不可有丝毫党派之意见杂乎其间，庶不致有所偏蔽。

六，草案宜早日期成，使议会得早一日议定，正式政府即得早一日成立。[2]

梁启超在此提到了美国制宪会议，他关于制宪会议的设想似乎也正是根据美国历史经验提出的。很显然，他把宪法之起草视为一件理性范畴内的事情。在他看来，宪法之优良与否取决于起草者之学识与经验。不过，梁启超当然也注意到了制宪会议之充分代表性问题。他提出，如果宪法起草委员会由五十位成员，可经由下列四种不同途径产

[1] 关于这一争论情形，可参见《失败的遗产——中华首届国会制宪：1913—1923》，第205～209页。

[2] "专设宪法案起草机关议"，见《饮冰室合集》，第4册，文集之二十八，第26～27页。

生：由临时大总统副总统各指定三人；由参议院在本院议员中选举三人或五人；各省荐选每省二人；由本部在京师、成立于一个月前的各大政党各推荐一人。[1] 这显然是一个超越党派的全民性制宪会议。梁启超试图把在朝者与在野者、中央力量与地方力量、把军力与知识等因素，整合在一个普遍性制宪会议中。它确实具有足够的代表性，也符合宪法体现国民之共识的宪政原则。而且，由此制定出来的宪法也容易得到实施，尤其是基础性宪制之构建过程，可能得到掌握既有权力者的配合。

与这一原则相应，对于制宪过程，梁启超最大的担忧则是政党政治、党派精神：

> 国会为政党剧竞之场，选举委员，势不能不杂以政党之臭味。委员会成立后，政党分野，亦终难消灭。究其极也，必至各党各制一草案，各以授诸其党所属之委员，相持不下，于是以阻止国家根本问题，供政略之作用，而学理之辩难，乃以感情乱之。其结果或致历久不能脱稿，或牵合迁就，不成系统。贻毒国家，岂有涯涘，此最可惧也。[2]

任公的担心不幸成为现实。这其中军阀拥兵自重确实是制宪失败的重要原因，但常规的国会政治，也即政党政治，也部分地导致了制宪的混乱甚至不可能。原因在于，常规的政党政治内在地趋向于推动不同的意见极端化。当或两个或多个政党公开竞争的时候，它们为了获取支持，必然会将自己的意见极端化，并且很难做出妥协、让步，而这样的政党政治过程当然不大可能制定出理性的宪法。

任公的担忧还透露了他对制宪时机之重要性的敏锐认知。立宪乃是一个"希望"的事业。如果宪法是国民共识之凝聚，那么，制宪就必须

---

〔1〕"专设宪法案起草机关议"，见《饮冰室合集》，第4册，文集之二十八，第29～30页。
〔2〕同上，第27～28页。

在国民共识意识和希望最为强烈的时刻进行并完成。通常,当旧制度崩溃之初,国民必然普遍地具有一种被解放的兴奋,对于新秩序,人们也必然充满期待,他们的心智也具有充分的理想性。人们可能暂时忘却未来的不确定性,普遍地愿意尝试一种新制度,哪怕是旧制度下的某些既得利益者可能也被这种情绪感染。这个时候,后者即使有所疑惧,也很难获得其他人的共鸣。这个时候,即便存在党派,党派之间的分歧也将是比较小的。换言之,这个时刻,人们达成共识的意向时比较强烈的,因为对新秩序的希望将会诱导人们做出妥协。这就是制宪的最佳时机,此时,人们的感情能够最大限度地容纳理性的呈现。一旦错过这个时机,国民的共识将渐渐瓦解,热情消退,总之,人们的希望将逐渐破灭。此时,社会不同群体对于未来的想象将出现分化,而党派精神逐渐占据上风,社会内部的分歧将加剧。这个时候,理性表现的空间当然会日益缩小,而人们的耐心也已经流失,对宪法草案变得吹毛求疵。结果,哪怕是不错的宪法文本与宪制设计方案,现在也难以得到普遍的认同。这样,制宪失败的可能性大大增加。以至于最后制宪活动将患上"习惯性流产症",国家将陷入永久性临时状态,不得不长期处于不具有充分正当性的权力统治下。这就意味着现代国家构建走向失败。

因此,到1920年,在见证了多次制宪失败之后,梁启超再次深刻地反省了临时约法将制宪权赋予普通国会的巨大错误:

> 历次制宪所以不就,由于议员溺职与政府牵制固也。推原祸始,则制宪权本非国会所宜有,而临时约法以此权委诸国会,实为宪法难产之一大根源。盖宪法者,所以规定国家各机关之权限,其不容由一机关专擅制定,理本甚明。临时约法所以将此权畀诸国会者,实缘受"国会万能"之旧观念所束缚,当时漫不加省,沕此一条,遂以酿历年扰攘之恶而不能自拔。[1]

---

〔1〕"国民自卫之第一义",见《饮冰室合集》,专集之三十五,第29页。

张君劢陪同任公亲身参与了这样的政治过程,立宪失败的教训当然也深刻地印在他的脑中。在制宪机会再度出现时,如何防止制宪的失败,就成为张君劢非常关心的一个问题。主要就是因为这一考虑,促使张君劢对政党政治进行修正。理解张君劢修正政党政治之意图的关键是,令张君劢最感痛心的问题始终是宪法未被制定出来而基础性宪制没有建立的事实,他念兹在兹的也正是制宪。

当然,张君劢修正民主政治的另一个客观原因是,中国在立国时代的外部环境相当糟糕。日本加紧侵略中国,中国必须救亡图存。张君劢本人也确实在《立国之道》中再三强调,中国面临外患,必须建立起集中而行动敏捷的国家权力,建立起"举国一致之政府"。为此,政党政治当然要予以修正,实际上就是限制。多数论者也正是以这一历史事实解释张君劢修正民主政治之努力的[1]。

应该说,这一事实确实是重要的。不过,即便面对巨大外患,张君劢也仍然相信,最重要的问题是完成建国大业[2]。事实上,在他看来,救亡的关键正是建国,而唯有宪政主义能够完成建国大业。三四十年代,"抗战建国"乃是整个社会的共识。人们希望通过抗战实现民族独立,从而建立现代国家。反过来,张君劢相信,唯有通过取消国民党的一党专政,建立现代政体,全国民众才能被有效动员起来,投入抗战之中。因此,或许可以说,对民主政治的修正,建国、其中当然包括立宪的

---

〔1〕 比如参见丁三青:《张君劢解读》,第189页。另外,也可参见江勇振关于张君劢思想的概括性结论:"在他那种国家至上的倾向之下,自由主义毋宁由于是作为释放人培养或民的能力、责任感与公德的唯一管道,而成为大成国家富强目的的手段",《熊十力·张君劢·蒋中正》,第173~174页。

〔2〕 他曾提出抗战以后全国所得之新认识:"一、非全国一致团结,则民族生存无法维持。二、非政府安定强固,军政与民政无法进行。三、非发动全民民众,使其参加前方与后方的教养卫生等事,则国家建设大业无法完成",《政制与法制》,第51页。他在前言中则直言,《立国之道》为一"建国方案"(凡例,第11页)。他在《立国之道》的新版序中说:"吾国所急需者为国家民族之生存,为国内之团结合作,为内治方面和平与秩序之保持。"

考虑之权重，要大于抗战[1]，尽管我们并不想否认，战争对内部治理结构的要求必然会影响到张君劢关于宪制的思考。其实，这两种思考之混杂，并非中国特有的；美国立国，同样是在寻求对外独立的战争的过程中建立内部宪政秩序。而事实上，这两类事务，一个共同体对外进行战争，与其建立内部宪政秩序，都超越了常规政治，两者的政治过程的确具有某种相通性。

总之，主要是由于立宪的思考，促使张君劢对他所了解的西方常规民主政治，尤其是政党政治，进行修正。张君劢的这种修正努力，触及了一个重大的一般性理论问题：立国政治的主体是谁？普通政党，及基于这些政党竞争的议会是否有能力承担立宪、乃至立国的大任？

为讨论这一问题，我们不妨回顾一下西方国家立宪的历史。关于政党在西方宪政国家立国、立宪过程中的存在及其作用，西方著名政治学家萨托利有过这样一个结论：

> 在建立现代民族国家的过程中西方的政党体系并没有发挥作用，只是在合法性危机的问题解决之后——也就是在宪政统治被接受之后——才运作起来，这也许不是偶然的。也许政体必须首先存在，也许国家统一必须在政党“分裂”之前，也许这就是使政党相容于统一而不是有害于统一的条件。[2]

张君劢与他的朋友们在国家社会党的纲领中曾经说过这样一句话：“从民主政治的精神来说，政党的存在本不是原则上的。换言之，即只是出于运用民主政治时一种不得已的情势。”[3]这句话曾经招来某些

---

[1] 关于这一点，张君劢在1939年的宪政期成会上有过这样的论述：“我们的情形，稍稍与欧美不同：我们平时的意见是不一致的，而且内部争执甚多，不料到战时，抗战政策是全国统一的”，“我们应该大家全体一致的使宪法实行，以期完成一面抗战，一面建国的大事”，宪政期成会委员之讨论，见《近代中国宪政历程：史料荟萃》，夏新华等整理。

[2] 《政党与政党体制》，第37页。

[3] 《中国民主社会党》，第48页。

研究者的批评，但从萨托利的观察结论可以看出，这个论断完全合乎历史事实；而且，下面的分析表明，这一论断在理论上也是成立的。

并不能说，在整个立宪政治时期，政党都是一种不必要的或者坏的存在。在立宪的政治阶段，即宪政主义力量向旧制度抗争、争取的阶段，现代的政党或者现代政党出现之前的组织形态——"党派"（faction），中国古人所讲的朋党，甚至会党，乃是必要的，政治的力量就来自于组织。但是，到了立宪政治的理性阶段，也即到了制宪会议阶段，政党政治往往不是恰当的政治形态。相反，要保证制宪过程顺利进行，必须抑制政党政治或党派精神。

观察美国制宪会议，尽管其中存在严重的意见分歧，并隐然形成不同的利益和理念派别，站在小州利益的一派与站在大州利益的一派，强调州权和个人自由的一派与强调联邦权力与强大政府的一派，即所谓的联邦党人与反联邦党人。双方的争论在宪法批准阶级更为公开而激烈，后来更演变为明确的政治性党派。但是，至少制宪会议和宪法批准阶段，它们没有变成正式的党派。相反，在制宪会议期间，每当分歧达到比较明确的程度的时候，参与者都会相互警示，尽可能妥协，寻求共识。重量级人物也一直在努力地维持参与者之共识，其中最典型的是德高望重的富兰克林，1787 年 6 月 28 日，大小州之间的权力分配陷入僵局时，富兰克林请求每天开始讨论前进行祷告，因为，眼前的分歧已经证明："没有他[指上帝]的协力帮助，我们要想建造这座政治大厦，不会比巴比伦人建造他们的通天塔下场更好；我们将会被我们对小小地方利益的偏爱弄得分裂；我们的工程将会受到挫败。"[1]

在宪法批准阶段，普布里乌斯于《联邦党人文集》中依然对党派持有一种强烈的否定态度。他承认，"党派（faction）的狂热根源潜在于人性之中"，但它终究是一种"危险的祸害（dangerous vice）"[2]。在制宪

---

[1] 《辩论：制宪会议记录》，上，第 233 页。

[2] The Federalist Papers, No. 10，第 77、79 页。

会议中，他已经清楚感受到了这种党派精神差点使会议无法完成宪法起草工作。现在，当谋求各州批准宪法的时候，他也意识到党派精神是最大的麻烦。文集第一篇就已经清楚地表明了这一点。因而，他不断地呼吁公众以"中庸之道"(spirit of moderation)来考察新设计的宪制方案，尽管他也知道，"这种精神越是在需要超常地运用它的时候，越有可能弱化而不是强化"[1]。同时，普布里乌斯也相信，宪制设计的目标就是通过权力分立与制衡、联邦制等制度安排，控制党派精神的影响："一个设计构造优良的联盟所能带来的好处中最值得予以表彰的，无过于其具有打破和控制党派狂热的倾向。"[2]可能正是立宪者这种对于党派精神的自我克制，及因此而未形成明确的党派分裂、对立的事实，确保了美国制宪之成功——而这很可能与英美源远流长的法律精神，及法律人具有的"技艺理性"，有密切关系。归根结底，制宪是一项法律事业。

我们已经提及梁启超注意到了美国制宪之非党派性的历史经验，张君劢同样注意到了这一点。他在1948年的立宪政治时期说，美国在立国之初是没有政党的：

> 美国制宪时，就不知道有所谓党，亦不相信政党会做什么好事。但在今日，总统，上下院议员，各州州长，地方议会议员的选举，无一不是由党在背后做指使人，故政党名之为"无形的政府"。政党而有如此的大作用，诚出于美国制宪时制宪人的意料之外。[3]

反过来看法国大革命期间的制宪过程，它从一开始就被党派精

[1] The Federalist Papers, No. 37，第224～225页。
[2] The Federalist Papers, No. 10，第77页。
[3] "张君劢：民主社会党的任务"，见《中国民主社会党》，第199页。

神——尽管那时并无现代政党——所控制。国王最早召开三级会议，从制度上就区分为三个等级，内部形成世俗贵族、宗教贵族与平民等级（第三等级）之间的对立。后来成立的国民议会内部则形成具有强烈意识形态色彩的派系，最著名者有比较温和的自由派、共和派与激进的吉伦特派、雅各宾派等。这些派系之间无法进行有效的合作，也因此始终无法为法国制定出一部稳定、能够获得全民共识支持的宪法。每个派系主导权力之后，都会制定自己的宪法，但另一个派系掌权之后，则会废除它，另行制定出自己的宪法。

这也正是张君劢在20世纪前半期的中国所看到的情形。与普布里乌斯一样，张君劢也使用了“政治大厦”这个比喻：

> 五十余年来吾国所为，不特如宋人之揠苗助长，且换种子，移土地，或停止水利或风雨交作，如此而望其植物之生存不可得矣。再譬之建屋，图样改换不止一次二次及幸而造成，乃又有新建议拆而又造，造而又拆者，谓之筑室道谋可矣，以云奠定国家，则断断乎不可能也。良以建国之业，须有一定计划，且经各方之协和合作，与前后任之萧规曹随，而后积时既久，乃有巍然之大业见于目而存于心矣。[1]

依据上述中外历史经验，我们当可较为准确地评估张君劢在中国现代立国背景下修正政党政治的努力之意义。张君劢清楚地意识到，自己所面临的政治任务是立宪，确定未来民主政治的游戏规则，如张君劢所形容者：

> 犹之就麻雀言麻雀，决无办法；舍麻雀而先定打牌规则，则麻雀自打得成。总之，将争执问题，暂且搁下，而先定今后

〔1〕“老当益壮之自白”，见《中西印哲学文集》，上，第160页。

> 互相信守之法，此则政治上之唯一办法。[1]

而这样的过程，在最初的过程，即立宪政治的争取阶段，当然需要采取政党政治的方式。因为，旧制度已经塑造了一个既得利益者群体，要改变旧制度，就需要政治活动主体，简单地说，由国民自己去表达改变的“要求”。国民要争取制定这种游戏规则的权利就必须组织起来，集体地表达自己的意见、要求，抗争不合理的法律和政治。显然，政党乃是立宪的政治过程中有可能出现的政治主体。张君劢对于政党政治的坚持，也正是基于这样的考虑。有力量的政治，需要呈现为政党的政治。

然而，一旦旧制度已经崩溃，宪政主义力量面临的任务就是制宪。这将是一个立法的阶段，需要法律的精神。而党派精神显然是与法律精神相对立的。党派作为政治活动主体都天然地关注自己的权利、权力与利益。尤其是现代政党，通常会不具有古典的精英主义代表全民的道德意识，每个政党都只明确地代表一部分国民的利益和诉求，其主张很自然会趋向于极端化。如此分立的政治力量怎么可能制定出或者接受完全有可能限制自己的权利、权力、损害自己的利益——至少暂时——的规则？部分(party 政党的词根 part)能否为全部制定出普遍正义的宪法？宪政设计的奥秘当然部分地在于“必须创造出野心来对抗野心”[2]，但是，各种野心凑到一起，能否制定出普遍正义的宪法？这是任何讨论共同体治理的理论所不得不面对的大难题。

张君劢和他的朋友们似乎部分地意识到了这个问题，他们用党派意见和公意的概念来讨论这个难题：

> 须知民主政治的精神在使国家的实际意思即完全等于人

〔1〕《宪政之道》，第339～340页。

〔2〕The Federalist Papers, No. 51，第322页。

民的共同意思。所以没有一个民主国家不在宪法上规定民意发出的所在,即所谓民意机关。但不幸民意机关往往为党派所冒名顶替,以致所代表的不是人民的公意,却是党派的意思。[1]

在制宪的时期,这个问题尤其严重。立宪政治的根本宗旨在于寻求共识。如张君劢所反复申明的:“宪法之所以能成者非他,乃国民统一的意思之表示焉寻求共识。”[2]不错,在常规民主政治中,共同体内部的各群体之间、政党之间的利益、意见分歧乃至冲突是正常的。但是,在制定游戏规则的时候,人们却必须寻求、在一定程度上是创造共识,所谓宪法就是共同体关于一些“基本事项的一致”(Agreement on the fundamentals)[3]。因此,制宪过程是寻求和创造、表达,并体认、实施共识的过程,如萨托利所说:“基本原则上的冲突不是民主的一个可能的基础,的确也不是任何政体的基础:这样的冲突,也就是说真正的冲突,其唯一的结果就是内战和分裂”[4]。所谓立宪正是要在基本问题上——特别是在解决冲突的规则上寻找共识。否则,民主将无从展开。

如何寻求这种普遍正义的共识?霍布斯诉诸人的自然(nature),即自保的本能与理性。罗尔斯则提出了“无知之幕”的构想。普布里乌斯、张君劢这样的立宪政治家没有进行这样的纯理论讨论,但现实迫使他们不得不在立宪、立国问题上,对他们所信奉的民主理论进行修正,从而使得立宪得以进行。普布里乌斯再三告诉人们,美国的宪法不是按照经典民主程序制定的,这一点,我们前面已有所论述。下面一段话更清楚地说明了,美国的建国过程所采取的甚至不是民主的进路,而对民主进行了重大修正,以至于达到了反民主的地步:

---

〔1〕《中国民主社会党》,第48页。
〔2〕《宪政之道》,第283页。
〔3〕《宪政之道》,第243页。
〔4〕《政党与政党体制》,第36页。

在整个革命期间指导我们的大陆会议不是由其同胞作为整体遴选出来的，也不对其负责任；尽管他们每年被委任一次，并可被随时召回，但他们基本上对连任了三年，在本联邦条款批准之前还将留任。他们总是在奥秘的帷幕下进行协商……在整个战争期间，他们掌握其国家命运的程度，有望远超未来的代议士们……[1]

同样，费城制宪会议并未得到制宪的明确授权，整个会议也是秘密进行的。这当然是对民主的修正[2]。美国人是比较幸运的。在制宪时期，本来就不存在明显的党派，尽管却是存在不同的意见之激烈冲突。

张君劢所面临的问题要更为复杂而艰难：宪政制度尚未完整地建立起来，却已经出现了众多政党；本来应当进入制宪时代了，但政治却早熟地进入政党政治状态，那么，怎么立宪？在见证了政党政治无从完成立宪任务的历史之后，张君劢不得不对政党政治进行修正。张君劢始终相信，建国事业只能通过政治的过程进行，这是建立稳定的、持久的、内在自洽的现代国家的唯一可行之道。但是，旨在建立现代国家的政治，又必然不同于常规政治。既然是立宪政治，则人们基于常规政治而形成的原理、惯例就必须予以修正。此种修正其实不过是顺乎事物的自然，也即以立国政治、立宪政治来解决立国、立宪的问题。未加修正的民主政治即常规的政党政治，是以宪政框架之稳定存在为前提的，这样的政治形态当然不足以完成立宪、立国之大任。张君劢之修正的民主政治，在很大程度上就是创造了立宪的政治。

如《我们所要说的话》中所说，张君劢对常规的民主政治，具体地说

〔1〕 The Federalist Papers, No. 55，第 345 页。

〔2〕 当然，对于这一点，反联邦党人提出了严厉的质疑，参见《反联邦党人在赞成什么——宪法反对者的政治思想》，第 10 ~ 11 页。

对政党政治的修正，目的在于“虽有党派而于重要关头仍不能压倒人民的公意。换言之，即必须办到人民公意仍能于党派意见中脱颖而出”[1]。在已经存在诸多政党之间的竞争的情况下，如何办到这一点？

第一种是激进的办法：干脆撇开政党，回归到政党出现之前的政治状态，让某些非政党的政治主体在政党政治的框架之外立宪。我们上文所引任公于民国元年所提的“国民宪法草案委员会”方案就已寓有此意。1920年年中，任公有感于“九年无宪之苦痛，与夫现在制宪机关中绝穷于救济”[2]，而与同仁发起“国民制宪运动”[3]，张君劢也参与其中。上海国是会议之制宪，未始不是此一运动影响的结果。张君劢在向国是会议解释他所拟定之宪法草案的要点时曾论述说：

> 现时国会虽开，他日宪法能否成功，尚在不可知之数，故诸君切勿以为宪法一事，可以委诸国会。他日宪法不成，必有国民起而自负其责任之一日。适太炎先生云，国民主权之义中，含有制宪权一项。或者本届国会尚不能制定一种完美之宪法，则国民应起而举制宪之业……[4]

张君劢对与普通国会制定宪法的能力深表怀疑，而诉诸国民直接制宪。国是会议就是这样的会议。这个会议的参加者是非政党的，它是由社会贤达组成的。其代表或许可以说是人民的“自然”代表[5]，而有别于政治的选举程序选举产生的法定代表。张君劢参加这样的会

---

〔1〕《中国民主社会党》，第48页。

〔2〕“主张国民动议制宪之理由”，《饮冰室合集之三十五》，第32页。

〔3〕参见《梁启超年谱长编》，第913页及以后。关于此方案的主要论述则见前引之“国民自卫第一义”一文。

〔4〕“国宪草案之要点”，《宪政之道》，第323页。

〔5〕柏克曾经提出过“自然贵族”(natural aristocracy)的概念，最为精彩的论述可参考“An Appeal From the New to the Old Whigs”, in Edmund Burke, Further Reflections on the Revolution in France, ed. by Daniel E. Ritchie, Liberty Fund, 1992, p. 168。

议，并受其委托起草宪法草案的事实意味着，他承认这样的会议具有制宪之权。此一事实也意味着他相信，这样的制宪会议能够制定出理性而有效的宪法。分析这个国是会议的人员构成，其政治与社会代表性及其理性地制宪的能力，也未必就低于辛亥革命之后各省代表在南京召开的同样作为制宪会议的临时参议院会议及后来的制宪国会。

关于国民制宪的明确制度安排，则见于国家社会党成立时所发表之政纲《我们所要说的话》中，即"国民代表会议"，这个会议主要承担制宪会议功能：

> 国民代表会议行使国家主权。由全体公民每若干万选出代表一名组织之。其职权为：(一)选举宪法起草委员会与修正案起草委员会；(二)表决宪法与宪法修正案；(三)表决政府所提之各种定期建设计划大纲如经济建设等。[1]

很显然，这个机构的职能是混杂的，但它的重要职责是制宪。不过，张君劢等人没有说明，这个机构是常设的、变成后来的国民大会那样的机构，还是临时性的。但由此似乎也可以看出，他们确实把制宪视为第一重要的大事。因为，不完成制宪事业，政府就无从成立。

当然，国民制宪，如我们已分析，在现实中必然表现为极少数具有立宪技艺的人士提出宪法方案，以供国民——当然主要是绅士——选择。任公即曾明白指出过国民制宪的程序：

> 吾知最初必有少数热心者，各出其对于宪法上之意见互相讨论，讨论略趋一致后，则以共同意见揭为宪法大纲，或竟制成宪法草案，以为动议之基。其始则不过少数人之私见而已。虽然，既然欲从事于动议，则不能不求多数之赞同，于是

[1] 《中国民主社会党》，第73页。

出其意见以与国人共见。[1]

也就是说,在国民制宪模式中,宪法设计成功与否,在相当程度上依赖宪法专家的私见。张君劢本人从事立宪活动,正是以宪法专家的私人身份出现的,与其政党身份几无关系。他为国是会议起草《宪法草案》,固然是以私人身份而为的。抗战后,他同样是以私人身份制定《中华民国宪法》的,而在各派陷入争执僵持状态下,这个方案一经拿出,就因为其理性与均衡而获得各派的一致认可[2]。正因为这个宪法草案是以专家身份起草的,才超越了各党派的狭隘立场,最大限度地综合了各党派意见,从而为各党派之妥协提供了基础。这一事实确实揭示了立宪政治的高度复杂性,尤其揭示了其超乎常规民主政治的逻辑的性质。私人起草宪法草案乃是非民主的,反而能够起草出最民主的宪法。

如果我们理解民主政治和立宪政治的逻辑区分,则这一点就不难理解。可以设想,在正常的政党政治的框架内,单独一个党派起草宪法草案,必然倾向于把自己的政治主张和利益当成立宪的唯一依据,这样的宪法几乎不可能获得其他党派的赞成,这也正是民国初年制宪没有进展的根源。抗战之后,政协会议上,在张君劢提出他的宪法草案之前,各党派陷入僵局也是这个原因。反之,美国制宪,其实都是政治家们以私人身份提出草案,并以私人身份进行讨论而达成共识的[3]。按照张君劢的论述,德国《魏玛宪法》似乎同样是柏吕斯以宪法专家身份起草,并获得各方认可、国民同意[4]。

或许可以说,张君劢的制宪模式,其实是制宪的普遍模式,而并非

---

〔1〕《饮冰室合集之三十五》,第33页。

〔2〕具体经过可参见《中国第三势力》,第十章,张君劢特别指出:"虽然并非获授权草拟宪法,但我却成了目前这部宪法的原始作者",第191页。

〔3〕参考 The Federalist Papers, No. 38。

〔4〕参考《德国新宪起草者柏吕斯之国家观念及其在德国政治学说史上之地位》,作为附录收入《宪政之道》,在此文中,张君劢强调了在制宪过程中"独立的政治理智"(第353页)之重要性。

例外。由某些具有立宪之技艺理性的个人或一群人,以私人、专家的身份起草宪法草案,似乎反而具有更大的公共性,因为他或他们可以超越党派分野,可以更多地基于对宪法的逻辑理解,对现实的洞察,而制定出具有足够理想性,同时又可解决诸多根本现实问题的宪制方案。这个时候的宪法专家主要诉诸理性。如果我们相信制宪终究是理性之事,若果真有人提出一份合理的宪法草案文本,则各个政党在公众压力下是倾向于接受它的,即便它感受到自己的利益可能受到负面影响。

上述历史事实及分析表明,或许,一部宪法是否优良取决于其内在合理性,而并不完全取决于其是否按照民主程度被制定,尤其是在宪法文本的起草。也正是基于这种考虑,1923 年的《中华民国宪法》公布之后,社会普遍讥讽其为“贿选宪法”,否认其正当性,而张君劢却认为,“宪法虽有受贿之国会成之,然此项宪法比较合理,一笔抹杀,国民无此力量,不如赞成之,责以实行。”〔1〕这一点遭到当时大多数人的反对,但由此也正见出张君劢对制宪过程的非党派性的执著,及制宪事业在他的生命中所具有之根本意义。如有论者所说:“盖自欧游目睹德国民主政象之成功,认定宪法,为立国大本。既译俄德宪法于先,又自起草本国之宪法,乐观厥城,自属心理之自然。十余年来所呼号于国人者,亦唯望此民主国根本大法,早有奠基之日。为之民者,得享所应享之权利,而尽所应尽之义务耳。”〔2〕因此,我们从制宪事业成败的角度来理解张君劢对政党政治,乃至对整个民主政治的修正,大体上是可以成立的。

尽管如上文所说,党派精神不利于制宪事业,但政党一旦作为一个政治事实存在,就必然成为制宪过程中无法排斥的重要、主要力量。因此,张君劢不得不寻求制宪会议顺利进行的第二种办法:政党的联合,关于这一点,我们下一节将进行详尽讨论。

张君劢设想出的排斥党派精神的第三种办法,则是一种比较温和

〔1〕《张君劢先生年谱初稿》,第 23 页。
〔2〕同上。

的办法:他呼吁各政党具有一种立宪的政治伦理,即抑制自己的党派精神,在制宪的过程中具有妥协的美德。

前面已讨论过,张君劢提出,政党之最重要伦理也许就是妥协。因为,作为民主政治的一种具体形态,政党政治要求参与政治过程之各个政党相互尊重对方之道德的与政治的权利,要求多数尊重少数,而少数又对多数具有足够耐心。在制宪的过程中,这种美德就更显重要。民国初年制宪失败的一大原因就是不同政治力量均缺乏这种美德,尤其是北洋派与国民党之间形成一种激烈的对抗态势[1]。张君劢对这一点的记忆极为深刻,也为此痛心疾首。因此,此后,他特别强调政党的妥协精神,以其作为政党伦理的关键。

既然宪法旨在于国民中间寻求和创造共识,那就要求各个政党放弃关于本党短期权力、利益的考虑,而具有公共精神。此种公共精神要求各个政党对于他党、对于社会其他群体的诉求予以尊重和同情的理解,并且在必要的时候,能够就自己的主张作出一定妥协。如果宪法不是革命党进行革命的工具,而是安顿各个群体,在其间构造和平秩序的手段,则所有社会群体、党派在立宪过程中都需要妥协。

关于这一点,张君劢有清醒认识:

> 宪法之所以能成者非他,乃国民统一的意思之表示焉。今南与北分,北与北分,党中有党,派中有派,则统一的意思,如何表现?吾诚恐海枯石烂,而中国宪法无一日而能成立也。如欲学德意志者,当学其交让之精神,和衷共济之精神。[2]

唯有通过"交让"、妥协,共识才能被发现或者被创造出来;只有基

〔1〕 关于这一点的历史研究,可参见《失败的遗产》,第六章,尤其是第 212 ~ 216 页、第 221 ~ 228 页。

〔2〕 《宪政之道》,第 283 页。

于和衷共济之精神，各个群体、党派才能够循着共识去寻求合理的制度架构。换言之，唯有当激情被有效克制，制宪的理性才能够会浮现出来。因此，张君劢在观察了德国一战后成功制宪的历史后得出一个结论：宪法的制定需要中立的"超于党派之外之独立的政治理智"[1]。这种政治理智就是制宪的理性。它是超越政治的，因为宪法本身就主要是在为政治制定规则。如果它是被政治过程所主导的，则由此所确立的规则、所建立的架构，就很可能被扭曲。唯有借由这种"独立的政治理智"，制宪者才有可能超越现实，面向未来，基于宪政原则，理性地设计国家的基本制度，尤其是基本权力架构。而这种理性之浮现和运用，需要以党派精神受到有效抑制为前提。

本节的论述基于这样一个基本判断：张君劢对政党政治的修正，在很大程度上是为了因应制宪之需，这个事业需要理性，为此需抑制党派精神。能够证明这一命题的另外一个反向事实是：到 1948 年后，张君劢恢复了对政党政治的肯定。有论者已经注意到张君劢态度的这一转化[2]。

也就是说，张君劢对政党政治的看法实际上经历过两次转变：最初在晚清和民国初年是肯定的，他以为民国建立意味着宪政制度的建立，他满怀着希望投入到常规的民主政治。但他很快发现了，其实，宪政制度在中国并没有完整建立起来，甚至于宪法也始终没有制定出来。政党既不能完成制宪的大业，没有宪制平台的各个政党也自然地趋向腐败。这样的经历让他对政党政治的作用及其在中国展开的可能性产生了深刻的怀疑，这种怀疑一直延续到抗战期间。在这一时期内，他始终坚持对政党政治进行"修正"。不过，在宪法由他起草并获得各党派认可之后，他再度肯定政党政治，自己也积极投入政党政治。

---

〔1〕《宪政之道》，第 353 页。

〔2〕 薛化元强调了张君劢在 30 年代到抗战期间与抗战之后制宪时期的思想的巨大转变，参见《民主宪政与民族主义的辩证发展》，第 39 ~ 51 页。

这两次转变在很大程度上与制宪的考虑有关。由于政党政治导致制宪失败,所以,张君劢开始反思常规的政党政治可能在制宪时期会产生负面影响,因而要求对常规的政党政治进行修正,以部分地构造一个抑制党派精神,有助于制宪的政治、社会环境。后一转变的关窍即在于,在张君劢看来,中国已经完成了制宪事业,应当进入常规政治时代了,而政党政治就是这个时代民主政治之基本形态。

据此,我们可以更为准确地理解国家社会党成立之时张君劢等人提出的一个政治学命题:

> 现在所须注意的不是求办到没有党派,乃只是必须求办到虽有党派而于重要关头仍不能压倒人民的公意。换言之,即必须求办到人民公意仍能于党派意见中脱颖而出……从民主政治的精神来说,政党的存在本不是原则上的。换言之,即只是出于运用民主政治时一种不得已的情势。

> 必须建立一种政治制度在原则上完全合乎民主政治的精神;在实施上必须使党派的操纵作用不能有所凭藉。于是,这种政制在平时不拘两党或多党都能运用,即假定无党亦可运用;而在紧急时刻立刻可以集中全民的意思与力量。我们相信这样的制度不是不能创造的。[1]

从中外历史看,从理论上看,这个命题是深刻的,也是相当正确的。这些论述表明,这群宪政主义思想与政治人物的理论和实践抱负是令人尊敬的。只是张君劢等人没有明确地指出政党政治受到抑制的具体情势究竟有哪些,他们所说的"重要关头"、"紧急时刻"都是比较含糊的。他们所举的例子似乎主要在战争时期,不过从张君劢等人的志业

---

〔1〕《中国民主社会党》,第48~49页。

来看,在他们眼里,制宪乃是比战争更加重要的“重要关头”,尤其对中国而言,最紧急的事务莫过于制宪,即便在战争的紧急时刻。在制宪时期,当然必须让人民的公意最大限度地呈现出来,让制宪的技艺理性充分地发挥作用。为此,当然就需要采取某种特殊的制度安排以抑制党派精神。

三、作为立宪政治守护者的联合政府理念

制宪事业之正常展开,还需要一种合适的秩序环境。创造和维护这种环境是过渡性政府的责任。张君劢对民主政治的修正的另外一部分,即关于政府组织的规划,在相当程度上就是为了设计出一个维护有助于制宪之秩序,进而迅速而公正地构建基础性宪制的政府。

“修正的民主政治”的要点是“以举国一致的精神”组织政府,这一点是张君劢对民主政治的最大修正:

> 政府之成立,原所以为国家。但政党政治下之政府,往往由各党自为主张,或上或下,一若党重而国轻,失却政府原所以为国之意。今后之中国,常在艰难困苦中,唯有仿照欧战中英之联合政府、法之神圣联合,大家牺牲党见,以一心为国之精神组织政府。[1]

表面上看起来,张君劢倡议组建“联合政府”的目的,是应付战争之需。应当说,正是中日战争的威胁及战争这个紧急状态的需要,促使张君劢及整个国家社会党构思出“修正的民主政治”的政治规划。不过,这一规划其实还有远因,这一远因促使其构思修正的民主政府规划的力量,甚至大于战争这个表面上的原因。这个远因就是我们上面已经

---

〔1〕《政制与法制》,第89页。

辨析过的立宪、立国事业在他们心目中的紧迫性，尤其是其中的制宪事业。

在张君劢早期思想中就可以看到初期版本的联合政府形态。这其中最具想象力的方案是1923年夏秋之际张君劢提议之“国民委员会”，关于该委员会的组成和宗旨，张君劢在致张謇的信中[1]这样论述：

森以为为今之计，解决时局，厥在合南北要人于一炉。尝于报端主张所谓国民委员会，意味国家最高政治机关之说。五人为委员，除先生外，为蔡孑民、严范孙、熊秉三、汪精卫先生。此四人，年来久处政局之外，与各方感情尚能融洽，故必为全国所赞同。或则以森言为理想，谓孙吴等多不在其列，则此委员会无实力为后盾，故不如去熊于原有四人之外，再加孙文、黎元洪、吴佩孚三人。

张君劢最初的设想是推举久处政局之外的社会贤达，旨在把实力、政党等非理性因素排除在政府之外，而纯粹按照理性来治理国家。但他也意识到这种设想过于理想，因而同意加入一些实力人物。但委员会制本身又可以对这些实力人物形成约束：

至此制所以较他制优长者，暂去总统总理，而以委员会主持一切，故个人平等，可免地位之争，其长一。遇事公议，一人不得总揽大权，其长二。甲之言动，乙丙丁而监视之，乙丙丁之言动，甲得而监视之，其长三。委员会以裁兵与公开财政为其职掌，去兵财之障碍，而后可以言法治，则公开之委员会，担任其事，自胜于一二人之总统总理，其长四。

---

〔1〕 下引该信文俱见《张君劢先生年谱初稿》，第21页。

委员会内部将会形成一种有效的监督、制衡机制。至于该委员会作为最高政治机关的任务——裁兵与公开财政,则带有强烈的立宪意味。张君劢希望这个相对中立的最高政治机关能够为宪制之建立创造条件。换言之,这是一个过渡性政府,从专制秩序或者说无秩序向宪政秩序过渡时期的一个秩序守护者,而它同时又是一个联合政府,联合各个党派、政治力量,并且是以委员会集体决策的方式而非责任内阁的方式工作。

在《立国之道》中,张君劢系统地规划了一个基于政治协商的联合政府模型,张君劢将其称为“举国一致之政府”,又称为“新政制”。这个政制的基本原则及成立宗旨是:

> 国家之特征,在乎统一的政府,应以举国一致之精神组织之(军阀割据局面一日不打破,则纯一的民治政府决无成立之望,此点尤应首先解决)。

这个举国一致的政府要达成下面的目标:

> 这次对外抗战之后,我想国民心目中至少得了几个教训:一、如何使全国团结一致,造成一个安定的政府;二、安定的政府应该含有两个成分:(甲)政府行政贵乎敏捷,以图百废俱举;(乙)国民意志之发挥,如何使各个意志凝结于同一方向之中。这问题如能解决,则国家庶几立于安全的基础上了。[1]

由此我们可以看出,他的联合政府设想的重点所在。张君劢倡导联合政府的主要目的是为制宪、为宪制基础结构的构建创造政治条件。张君劢清楚地意识到了,这个联合政府其实不是“纯一的民治政府”,也

〔1〕《政制与法制》,第 79 ~ 80 页。

即不是常规的民主政府,它是具有过渡性质的。张君劢在论证过程中也提到了“立国”、“建国”之时[1],在这样的时期,国家面临着一些特殊问题,因而才需要以举国一致的精神组织的“统一的政府”,从下面的具体制度设计看,这个政府是各个政党与其他社会力量共同参与、平等发挥作用的“联合政府”。

联合政府的根本目的是建立基础性国家秩序。首先是实现对内对外的和平,恢复社会基本秩序。在积极活跃于政治舞台的张君劢心灵中,我们可以感受到一种强烈的“秩序焦虑感”。这也是当时几乎所有宪政主义者的共同心态。民国成立最初一两年,全社会似乎还有过某种政治上的共识,尤其是怀有希望。这是制宪之最好时机。但彼时各派政治因为激烈对抗而没有及时地制定出宪法,构建出有效的基本宪制。结果,中国陷入长期的政治社会失序状态。在这种状态下,制宪根本无从谈起。制宪虽然是在创造秩序,但它必须在某种基本秩序之内进行,而不可能在真空中或无序中进行。制宪展开的前提是旧的统治体制崩溃,但制宪成功的前提却是政治社会乃至文化秩序尚大体正常。张君劢在20年代之后的中国看到的情形却是,一方面是国民党的一党专政政制,另一方面则是社会政治的普遍失序,乃至于政党之间的武装对抗。占统治地位的政党没有制宪的意愿,没有实力、没有地盘的宪政主义政党则根本没有发言权。

立宪的政治当然也是政治,政治当然意味着各个党派具有政治的力量。但是,这种力量终究需要来自于意见,乃是一种理性的力量。惟其如此,从形式上看,立宪的过程、建立制度的过程才能够是政治的;从价值上看,也才能够是国民主义的。反过来,如果若干政党以武力作为后盾进入政治过程,则理性就被消声了,政治就被取消了。由此进行的立宪过程,由此制定的宪法,必然不是国民主义的,不是国家的,而是党派的;由此形成的宪法必然不是普遍的宪法,而是局部的政策,是那些

---

〔1〕《政制与法制》,第89页。

占有强大武力的党派的意志之成文化。

立宪、制宪首先需要政治社会基本秩序之恢复。而在张君劢所处的时代,此一工作的关键并不是打击盗匪,而是驯服武力,把组织化的、意识形态化的、政党化的武力,置于国民的政治的控制之下。从民国初年开始,张君劢极力地反对武力迷信,而倡导理性政治。在立国之道论述新政制的第一条即指出:“军阀割据局面一日不打破,则纯一的民治政府绝无成立之望,此点尤应首先解决。”在抗战结束之后,张君劢更清晰地主张“军队国家化”——这是当时所有期待立宪的人们的共同信念。1946 年,他所领导的政党再度呼吁结束武力支持的“权力政治”,消灭“权力主义”。这里的权力,其实应当做“强权”、“强力”、“武力”解。他认为,军队国家化乃是“使权力政治成为过去、渐向民主政治的最低要求”。[1] 换言之,军队国家化乃是处于过渡时期的政府所面临的主要任务。或者可以说,乃是这样的政府成立的基本条件。唯有在军队退出政治舞台之后,基于政治协商的过渡性政府才有可能成立,制宪才有可能进行。

至于新政制的具体制度安排,张君劢有如下设计:

> 二、国民代表会议,由全体公民每若干万人选举代表一名组成之,凡党纲公开、行动公开、不受他国指挥之政党,一律参与选举。
>
> 三、中央行政院由国民代表会议选举行政员若干名组织之,各党领袖一律被选,俾成为举国一致之政府。
>
> 四、第一次国民代表会议议决五年以内之行政大纲,此大纲与宪法有同等效力,非行政院所能变更。

略加观察即可以发现,这个政府形态具有一个程序上的特点,即通

〔1〕 俱见“中国民主社会党改组政府方案”,《中国民主社会党》,第 332 页。

过协商而非投票选举产生。国民代表会议由政党推举候选人进行选举，张君劢没有说明这个选举是以政党为基本动员单位还是别的。而他关于行政院组成人员的产生办法，则显然是政治协商而非投票选举。因为，举国一致政府至少在政治的形式上要保证重要的政党领导人都能够参与。由此推测，国民代表会议中，每个党派也都有自己的代表——尽管下面我们会看到，党派代表将被其他组成人员稀释。这样的安排确实有助于建成举国一致的政府。

换言之，这个举国一致的政府，其实就是后来人们所设想的联合政府。当然，这个联合政府也对非党派人士开放。这一点主要体现于新政制构想的第 10 条："国民代表会议之议员，宜规定其中之若干成，须具有农工商技术或科学家之资格。"[1]张君劢自己说，此一设计出于抬高行政、突出政治之技术性目的[2]，但似乎也是试图以此稀释政党在国民代表会议的主导地位。事实上，张君劢一直具有强烈的精英主义倾向，他一直相信绅士是最理想的治国者，因而他设计的国是会议宪法草案就特别规定，以省议会、全省之教育农工商会为选举全国立法机关议员的机关[3]。此次进入国民代表会议中的专家，就是一种特殊的绅士。

由此，张君劢设想的联合政府，在政治和行政两个层面上都是各党派通过协商的方式联合组成的，而非通过常规民主的方式选举产生。协商基础上的联合政府模式肯定不合乎常规的选举民主的规范性要求。然而，萨托利也注意到西方历史上的一个事实："冲突是使霍布斯在他的《利维坦》中渴望君主治下的和平的原因，同样也是博林布鲁克、休谟、麦迪逊和华盛顿寻求'政党的联合'的原因。"[4]而这些思想者和政治家所思考的都是制度构建的问题，或者就是立宪的问题。而霍布

[1] 《政制与法制》，第 88 页。
[2] 《政制与法制》，第 91 页。
[3] 《宪政之道》，第 43 页。
[4] 《政党与政党体制》，第 35 页。

斯与联邦党人也向立宪者展示了非此即彼的选项：当社会就构造其初始制度框架的时候，要么由一种支配性力量专制地立宪，要么通过所有可见的政治力量的联合——而不仅仅是政党的联合——共同地立宪。传统中国的打天下或者现代以来的暴力革命，显然属于前者。而宪政主义的立宪只能是后者。因为，参与是发言的前提，而普遍的参与乃是立宪具有正当性，从而取得成功的最基本条件。

在这个时刻，常规的民主选举不适用的，这不仅是因为，在宪法未被制定出来之前，公正的民主的选举本身无从谈起；更重要的是因为，在制宪权的分配上，并不适用少数服从多数的原则。共和国是共同体内所有人的共同的财产，则这个共同体的形式构造、制度设计的过程，就应当向所有人开放。宪政主义隐含的一个政治命题是：当共同体在立宪的时候，从道德上、政治上说，每个人都享有平等的制宪之权。当然，从现实来说，人人参与制宪会议不大可能，那么至少也当设计一种制度，让每个可见的政治力量参与到宪法的制定过程中，至少在审议阶段表达意见。唯有如此设计之立宪过程，才是国民主义的，全国的(national)。尽可能多的部分之和才能够构成一个完整的整体。从这个角度看，基于政治协商的、由尽可能多的政治力量参与而组成之政治协商会议，乃是最恰当的制宪主体，同样由尽可能多的政治力量参与之联合政府，也是制宪时期、基础性宪制构建时期最恰当的秩序守护者。

《立国之道》所设想的各政党普遍参加的联合政府确实不是民主的，但也绝非反民主的——这里的民主当然是指常规民主。它是为了因应立国时期的特殊需要而设计的。不过，张君劢构想此方案时，中国正处于战争最严酷的阶段，因此，战争的特殊需要与制宪的特殊需要混杂在一起，张君劢似乎有一种把特殊的制宪时期持久化的倾向：“此举国一致政府，不独在两三年内应如此办理，恐讲继续至一二十年之久。”不过，让联合政府持续如此之久的意图本身又显示了，它不只是为了应对战争之需，相反，“此所以实现民主政制而谋国家安定者”[1]。换言之，这个联合政府不管持续多长，其主要目的仍然是为建立宪政制度做准备，或者旨在实现宪政制度的巩固。很多研究者忽略了这一用心，他们没有意识到：这个超越民主的政制并不是张君劢心目中理想的宪政制度本身，而是通往这个理想的一个临时性桥梁。

作为联合的政治审议机构，张君劢安排给国民代表会议的主要职能是，制定一份建立和维护政治社会秩序的“行政大纲”，该行政大纲以“与宪法有同等效力，非行政院所能更改”。推测起来，其功能是通过社会秩序的重建，为制宪和行宪创造必要的政治社会条件。这份行政大纲是与制定宪法类似的方式制定的，也即“本各党公共认为必要者”，且由“专家议定”。这个大纲是要解决向常规民主政治过渡的诸多政治、社会、乃至经济问题。这个大纲制定之后，“各党所要负责者，为五年以内之行政问题，而非政策问题”[2]。用更准确的词汇来说，各党既已寻得施政方针上的一致，所争论的则不过是具体政策细节与实施措施问题。

讨论至此，我们不能不面对一个问题：各政党能否寻求到一致？张君劢相信，“今日国内各党，自有共同目标，然不能谓为全无异同，惟小异之重，自有其同处”，因此，“在各政党之上求一共同政策，并非不可能之事”[3]。张君劢所举的例子是资本主义与社会主义的政策主张之间存在共通之处。他仍然秉持他一贯的“会通主义”的哲学立场，相信在“不相容之两主义中，自有其调和的方法”[4]。不同的政治主张之间是存在可“会通”之处的。这首先如张君劢所指出的，在各政党的具体主张之间确有共同之处。不过，完全可以设想，在现代宪制尚未构建出来，当国家还处于过渡时期中，信奉不同主义的政党——只要不是极端

---

〔1〕《政制与法制》，第89页。

〔2〕同上。

〔3〕同上。

〔4〕同上。

的政党——最大的共通、相容之处，其实是其建国、制宪的共同意向。这也正是张君劢设想的联合政府之主要政治基础所在。

基于各政党的共同之处所设立的具有充分代表性的政党协商性政治机构，在当时现实政制环境下，是具有反专制之巨大效用的。第一，国民党自国民革命以来，即建立和维护一党专政体制，主张联合政府，各个政党参与治理，实际上等于迫使垄断政府权力的国民党开放党禁，承认各党存在。而这本身就是民主政制的一大进展。第二，在国民党长期垄断政府权力的环境下，也无从组织公正的选举，所以，以协商方式成立联合政府反而是比较公正的方式。第三，原先被禁止活动的宪政主义政党进入联合政府，也就等于以较低成本改造了原有的专制政府，将其导入民主的轨道，尽管并不完美。第四，最重要的是，联合政府可以让各个宪政主义政党公开地发出立宪的声音，从而可以更为有效地推动立宪政治之启动和展开。换言之，各党联合的国民代表会议完全可以成为立宪政治的一个主要推动者。

历史事实也确实如此，抗战的压力迫使原先实行权力垄断的国民党政权承认共产党、青年党、国家社会党等政党的合法性，并组织了国民参政会等政治协商性组织。这些政党得以参与国家治理，尽管程度并不很深。尤其是，这些政党可以积极地推动立宪。正是在抗战时期，已经被搁置的立宪政制再度启动，并且最终有了抗战之后的重庆政治协商会议，且形成了民主宪法草案。

既然各政党确定了共同政策，并组成举国一致之行政机构，则行政权事实上就获得相对于政党及议会之较大独立性。这也正是修正的民主政治的另一个要点，张君劢也明言“抬高行政权之重要性”。同时也通过文官制度，“庶几行政处于安定之地位，不致因党派意见而纷乱”[1]。恢复秩序乃是张君劢孜孜以求的一个目标。因为，张君劢过去20年所见到的中国之实际情形是：一方面是军事专制或政党专制，另一

[1] 《政制与法制》，第91页。

方面确实行政力量的软弱无力与社会基本秩序之废弛。这两者并存，而立宪是需要秩序的，一个强劲的行政权力或可有能力恢复和维护秩序。为了让这个行政机构自身首先保证稳定，他同样采取了政党合作和专业人员加入这两种策略。也就是说，作为过渡时期之政治机关的国民代表会议和行政机关的行政院，同时是协商的、联合的。唯有这两者同时正常运作，制宪才既有条件，也有动力。条件就是协商、合作带来的稳定，而制宪的动力则是这个联合政府中某些具有宪政主义诉求的政党的理想。

从一般政治学的角度看，张君劢所设想的这个政府是"负责任的"，而非"反应型"的。按照萨托利的研究，历史上，首先出现的是负责任的政府，然后才有反应型政府。英格兰在 18 世纪出现的不是反应型的政党政府而是负责任的政府。此时，政党活动于议会中，也组成内阁，但政党并非选举机器。随着普选权扩大，才有政党动员选民的活动，因而有了晚近的政党政治，进而有了进入政府的政党对选民作出积极回应的反应型政府，这种政府就是现在人们理解的标准的政党性政府[1]。

张君劢所拒绝的正是这样的反应型政党政府。政党作为一个政治事实已经普遍地存在，张君劢本人也组织和领导着一个政党，张君劢还看到了历史上最为激进的政党。但张君劢意识到，常规民主时期的政党政府是不适合于承担战争任务的，尤其是不适合于承担建国与制宪任务。于是，他对政党政治、政党政府进行了修正，而于无意中沿着政党在西方演进的轨迹，退回到了较为原初的政党—政府关系模式。他提议暂缓建立基于政党政治的反应型政府，而试图建立一个负责任的政府。这是一个各个政党与整个社会通过协商方式——部分地利用选举程序——组成的联合政府。考虑到张君劢一直把宪法之成立、基本宪制之构建当成毕生最大理想，则完全可以说，协商性联合政府就是张君劢为了确保制宪事业正常进行而设想的一种过渡性政府。

---

〔1〕 参见《政党与政党体制》，第 41～48 页的论述。

1947年年底,在为《立国之道》新版所写序言中,张君劢则表达了自己的自豪之情:抗战胜利前后进行的"政治协商",所谓"三党合作","已约略在吾人期望之中",他并指出,"不如是者,统一的政府无由产生焉"。[1] 张君劢确实有足够的理由自豪,因为,他所设计的宪法草案,也确实是在1946年1月10日召开的多党共同参与、合作的政治协商会议得以制定并获得各党同意的。这一历史事实证明了张君劢的制宪理论之合理性,尽管他的论述充满了含混性。

抗战结束,国民再次对于建立现代国家充满了"希望",这种希望凝聚成一种强大的民意,这个民意对那些拥有武力的政党也构成了极大压力。于是,各个政党都愿意进入制宪的政治过程中。立宪的时间窗口再次打开。在此,我们可以观察到一次比较完整而经典的立宪政制过程,尤其是制宪会议和基础性宪制构建的基本形态。

这次立宪过程的开端是1946年1月10日召开的政治协商会议,它首先充当制宪会议前半段的角色,即宪法文本起草会议。政协会议乃是由国共双方、中间党派与美国四方合力促成。政协会议的代表的组成是相当的政治的:参加政协会议的五方党派38名代表中,国民党有8名,共产党有7名,青年党有5名,包括张君劢之国家社会党的民盟有9名,可谓最大的独立党团,无党派人士同样为9名。也就是说,没有武力,也没有地盘的中间党派在数量上远远超过国共两大武力政党。尽管从对国共的政治立场看,支持国共双方的力量相当,但更值得注意的是,占据人数之大多数的中间党派表达了强烈的民主要求。换言之,从整体上看,在政协内部,宪政主义政治取向占优明显优势,甚至于国共两党也经常以宪政相号召。

关于这些代表的性质,当时的人们进行过争论。主要的争议在于,他们并未经过普选,是否能否代表民意,由这样的人士组成之政治协商会议,是否具有足够的代表性?已有研究者意识到,"这个会议的召开

[1] 《政制与法制》,新版序,第7页。

本身就是一个特殊的事件,因而其性质也是特殊的"[1]。政协会议的特殊性就在于,它是一个制宪会议。而从理论上说,制宪会议的代表是很难通过普选产生的,因为没有宪法,又如何进行普选?梁任公曾经从政治的逻辑对国会制宪权提出质疑,"必先有宪法而后有国会,不能先有国会而后有宪法。此自一定不易之理"[2]。诚然,制宪会议乃是民主政治的开端,是为民主政治制定游戏规则,因而,制宪会议本身就很难完全按照常规民主的程序产生。这是制宪会议的内在政治逻辑所决定的,不应当用常规民主的规范要求制宪会议。对于制宪会议,重要的不是它的代表如何产生,而在于他们能够获得国民的广泛认可——认可与选举是两个不同的政治概念。而在国民满怀建国之希望时,这种认可是较易获得的。因而,判断制宪会议成败的标志,最终是看它能否制定出一部合理而又可行的宪法。

正是在这次政协会议上,张君劢起草了后来被采纳的宪法文本。当然,在此之前,30 年代就已经有了一个宪法草案,即 1936 年通过之"五五宪草"。然而,这份宪法草案的起草过程,虽然容纳了专家,比如吴经熊先生长期参与。但从政治上说,宪法起草工作缺乏足够开放性,它更多的只是国民党政治意志的成文化。这个宪法草案具有过于强烈的国民党意识形态色彩,政制设计也拘泥于孙中山思想而不甚合理。政协会议的主要工作是起草宪法草案。政协会议作为制宪会议,具有足够政治代表性,尽管参加者并不是通过民主程序选举产生的。政协会议首先协商形成了修正"五五宪草"之 12 项原则。但对于宪法整体文本,各党派都缺乏系统构想,或者用张君劢的话说,缺乏一个连贯的"视界":[3]

〔1〕 邓野:《联合政府与一党训政:1944—1946 年间国共政争》,社会科学文献出版社 2003 年版,第 276 页。

〔2〕 "国民自卫之第一义",《饮冰室合集》,专集之三十五,第 31 页。

〔3〕 《张君劢先生年谱初稿》,第 56 页。

在会议[指宪草审议委员会]开幕前,我发现那十二项原则就像十二条线一样。而一部宪法就如同一件刺绣品一般;如果这些线没有织在一起,我们就根本说不出这部宪法看起来会像个什么样子。所以,我未与其他成员商议,就自己拟了一份宪草……这样,虽然并未获授权起草这部宪法,但我却成了目前这部宪法的原始作者。[1]

张君劢发现了或者说创造了这部宪法的"中心主轴或根本原则"[2],运用这一主轴和原则,把各个党派提出的带有强烈的意志色彩的主张——在文字的背后则是利益——整合为一部融贯的宪法文本。此一私人独自起草宪法文本的事实说明了当时的各个政党似乎缺乏足够的制宪理性。主要是两大政党具有强烈的意识形态色彩,而又过分迷信权力、尤其是武力。两者都已经存在巨大的既得利益,在这种情况下,他们更注重的是既得利益之维护与新利益之扩张,而非合理的国家结构之冷静设计。而张君劢则属于无地盘、无实力的政党,如他所说:"我们既无军队,又无地盘,只有靠自己的信念"[3]。因而,利益的考量并不十分重要,理性就可以浮现出来。事实上,张君劢的政党的影响力本来主要就来自理性。因而,当时也唯有他能够拿出一份比较理性的宪法文本。好在,在希望的气氛中,一旦有人拿出合理的宪法文本,各个政党是比较容易接受的。而这部宪法草案在很大程度上摆脱了国民党的一党意识形态主导,因而,它被人们普遍承认为宪政主义的宪法。

除了起草宪法文本之外,政协会议还审议了其他四项规划:政府改组,施政纲领、军事整编、国民大会召开4项工作。关于这些工作的逻

---

〔1〕《中国第三势力》,第191页。

〔2〕同上。

〔3〕"张君劢:民主宪法与总统",《中国民主社会党》,第353页。

辑关系，梁漱溟说过一段话：

> 政治协商会议的目标与任务即在实行宪政，那就必须先起草宪法，然后提交国民大会通过，所以设宪草小组和国民大会小组。而国民大会之召集不能由国民党一党包办，须由各方面共同召集，因此就须改组国民政府，容纳各党派参加政府，这样就设立了政府组织小组，协商政府改组事宜。政府改组后，宪政实施前，这一段时间如何施政，须要有意共同纲领，所以又设立了施政纲领小组。此外，由停战会议而产生的停战执行小组，只管调处停战，而两党军队如何变成国家的军队，如何实现军队国家化，如何裁军整军，还需要协商解决，所以又设立了军事小组。[1]

应该说，政协会议是一次非常成功的制宪会议。它不仅起草了宪法草案，同时也提出了一个过渡时期的完整规划。接下来就是实施这些规划，包括召开国民大会审议通过宪法，并构建基础性宪制。而要展开所有这些工作，就需要安排一个过渡性政府。国民大会的职能是审议并通过宪法，因而它属于宪法审议会议。政府改组，施政纲领、军事整编则都属于过渡性政府的范畴。

政协在这些方面的安排还是比较理性的。通过改组，治理之权从国民党控制的最高国防委员会转移到国民政府委员会。但委员会中国民党代表仍占半数，只不过，立场相近的中共和民盟只要达到总数的1/3就拥有了否决权。改组后的政府遵照《和平建国纲领》完成宪政实施前过渡时期的国家管理任务。国大代表的名额分配方面也尊重了既有现实：政协承认原有国民党主导下选出的900名旧国大代表资格，同

〔1〕 中国文化书院学术委员会编：《梁漱溟全集》，第6卷，山东人民出版社1993年版，第897页。

时推选一千多名新代表,在政协会后由各方按照商定比例分头遴选,并向改组后的政府提交名单。

从理论上说,过渡政府的设计对于宪政之实施具有极大影响。而在当时的中国,设计这一过渡性政府的难度是非常之大的。原因在于,国民党此前实行一党专政,而抗战期间立宪的进程不是既有统治秩序崩溃后的重建,而是垄断性权力在压力下的渐进开放。如果是前一种情形,最大的风险是政治社会失序以至于无法制宪、行宪。而在后一种情形下,最大的风险则是立宪的半途而废。因为,在制宪会议期间的看守性政府,并不是张君劢所设想的联合政府,而依然是一个一党专政的政府。尽管它现在的权力已经有所削弱,但垄断性政党的权力仍然具有较大支配力。而这个政党又相信自己有能力操纵政治进程,那它就随时可能从立宪政治过程中撤回。这种风险是随时存在的。这里又插入另外一个主张较为极端而力量又较为强大的政党,局势就更加复杂了,立宪的共识和力量的脆弱平衡完全可以被轻易地打破。

这也正是1946年宪法制定出来之后的政治趋势。宪法虽然制定出来了,但宪法的通过和实施却陷入僵局。在这种情况下,对宪政充满期待的张君劢,决定以自己微薄的力量支持这部宪法之通过与实施。因此,他与蒋中正交换函件,在蒋中正作出实施宪法的承诺之后,决定参加1946年11月15日召开之"制宪国民大会"。此举导致国家社会党与民盟决裂。

这次国民大会审议通过了《中华民国宪法》,随后政府开始改组,成立过渡期政府。国民党、青年党、民主社会党参加改组后之国民政府。张君劢本人则拒绝参加。但不幸的是,在这个时期,刚刚合并的民主社会党内部产生分裂,张君劢的立宪政治生涯也即将终结了。

这个过渡性政府开始组织基础性宪制的构建工作,包括组织选举,整编军队等。1948年3月底,"行宪国民大会"召开,依据选举产生了新一届政府,总统、副总统与五院组成人员。

这样,一个完整的立宪政治过程完成了。但当然,宪政制度并没有真正地建立起来,虽然已经有了一个宪政的形式。导致这次立宪失败的原因很多,如果对照张君劢的理论,可以发现若干主要症结所在:

第一,参与立宪的主要政治力量缺乏基本事项上的共识,缺乏立宪的共识。在立宪过程中,张君劢始终呼吁各政党"出于交让与容忍",提倡"举国一致之精神"[1]。但是,主要的两个政党之间形成了尖锐对立,尤其是这两个主要政党均具有程度不等的革命倾向。因为均具有革命意识,两党长期处于内战状态,几乎不可能设想这样的政党能够和平地、理性地共同制定宪法,并容忍对方共同在一个轨道上活动。

第二,参与立宪的两个最主要政治力量都拥有规模庞大的武装,而且都相信武力才是政治最后的决定性力量。他们都是现代立国时期的产物,他们的意识形态都具有强烈的强力政治倾向。基于这种理念,他们对政治地立宪的模式本身就三心二意,而随时准备以对手的某种失误为理由退出,而这两个政党总是能够相互给对手提供这样的理由。

第三,过渡性政府的设计不合理。这似乎是无可奈何的事情。过渡性政府就是原来的一党专政政府,尽管在制宪国民大会召开之后,进行了政府改组,但这个政府仍然不是一个真正的联合政府。原来的专制的政党依然控制着巨大的武装力量和行政系统,这种控制的自信给了它以随时退出立宪过程的虚幻信心。这样,这个政府就经常不是立宪政治的守护者,而是立宪政治的破坏者。

张君劢,也是全国民众一直期待的建立宪政制度的希望,最终落空了。不过,对张君劢来说,聊可欣慰的是,他终于设计出了一个宪法,并且它终于被通过且建立了政体架构。由于战争,由于独裁,这个架构遭到了扭曲,或者说是被暂缓实施。因此,1969 年 2 月 23 日,张君劢带着失望在异国他乡离开人世。但在张君劢身后,这个宪政架构摆脱了施加在它身上的束缚,得以在中华的一块土地上舒展地正常运作。如果张君劢地下有知,也当为之欣悦。

---

[1] 参见《政制与法制》,新版序。

值得注意的是,张君劢为政协会议所起草的宪法草案之很多设计,已经不再强调对民主政治的修正了,相反,他致力于设计一种一般性宪政主义政体框架。他回归了标准的现代民主政治模式,强调普选权,强调立法、行政、司法三个部门之间的分权与制衡。特别值得一提的有两点:第一,张君劢对常规的政党政治的重新肯认。此时他心目中的中国政党,就是一般民主国中的政党了,政党也可以发挥其动员选民、参加立法与行政机关、组成政府的功能了[1]。第二,张君劢强调议会(立法院)对总统和行政院的监督,比如他特别要人们注意,他设计的新宪法中立法院与行政院是处于对立状态的:“新宪法下的立法院与旧立法院大不同了,大权在握,是政府的主人翁”[2]。而在修正的民主政治规划中,张君劢始终强调行政权的稳定性。

由此一事实我们可以确认,张君劢在他的国家社会党同道心目中,“修正的民主政治”乃是特殊时期的政治形态,在很大程度上是立宪的政治阶段的政治形态。张君劢相信,随着抗战胜利,中国便接近于完成建国大业。因而,尽管宪法起草与通过过程仍然是循着《立国之道》的非常规的协商之道,但他清楚地知道,自己是在为未来的常规民主政治起草宪法。建立民主的常规政治得以展开的制度架构,这才是张君劢奋斗终生的目标。

理解张君劢政治、宪政思想的关键在于意识到,他自己区分了立宪政治与常规政治,虽然可能不是非常自觉。只是,张君劢的一生始终是在从事立宪政治,他的思考和实践主要是围绕立宪、立国政治展开的,他关于民主政治的思考也应当从这个角度理解。只是在其设计的新宪法中展现了常规政治的蓝图,除了民国初年勉强可以外,他几乎从来没有机会实际从事常规的民主政治。不断的挫折也让他倾向于把立宪的过程过分地拉长。因而,张君劢的实践与论述很容易给人一种印象,即

[1] 参见《中华民国民主宪法十讲》第八讲“民主国政党”。
[2] 《中国民主社会党》,第351页。

他没有正确理解民主政治,而是以国家主义反对民主政治。这当然不是事实。张君劢对民主价值、对宪政制度的忠诚是无可置疑的,但是立国的自觉让他认识到,建立民主制度的框架,与在民主制度框架下从事民主政治,是两个不同性质的事务。张君劢思考的是前者,他的思想不仅不是反民主的;相反,恰恰是在思考如何构建民主。将这种自觉与努力放在现代中国历史中,反而具有非常深刻的理论含义。

四、强行政权与对它的司法控制

最后我们对张君劢等人"修正的民主政治"规划中一个极具洞见的方面进行一个简单的考察,即以司法控制强大的行政权的宪制规划。这种构想主要体现在作为国家社会党党纲的《我们所要说的话》。

这个纲领试图构造出一个集中而强大的行政权,此即《立国之道》所反复强调的,"国家行政贵乎统一于敏捷,尤须有继续性"[1]。其目的是在战争这样的特殊时期获得行政效率,作者为这种政制辩护说:

> 我们却不能说这种政府是反乎民主政治的原则。我们反而可以说这样的政府所以能集中权力正是由于根据民治主义的真正精神。不然,便流于专制了。可见政权的集中。换言之,即行政效率的加高,实在与民主政治根本上不相冲突。所以我说这其中是由于有一个误会。这就是把政权的集中与民主认为不相符合。[2]

尽管作者后面所举的例子混淆了法西斯、苏联和英国的战时内阁的性质,但这个命题本身却是成立的。中国本身有君主专制传统,而这种前现代的专制通常以行政权专制的方式呈现,因为那时并无议会之

---

〔1〕《政制与法制》,第86页。
〔2〕《中国民主社会党》,第47页。

后的制度。所以，追求自由的人们，特别容易对行政权产生警惕，特别容易走向国会主权论，试图以一个强大的国会来约束行政权[1]。然而，宪政的美德在于均衡。宪政主义不仅是通过种种制度设计，让各种权力、当然也包括行政权力受到有效约束，从而使人们的自由得到保障，而同时，宪政主义的国家通常会拥有一个强政府，其中包括一个强有力的行政权力。在前现代国家经常出现一种看似矛盾的现象，这种现象在20世纪上半期的中国也可以看到：在某些领域和地区，行政权力非常强大，而不受约束，因而本身就变成秩序的破坏者；在某些领域和地区，它又非常软弱，连基本的社会秩序都不能维护。宪政主义的政制设计就是要解决这个悖反现象，让行政权力既是强大的，强大到足以在各个地区、领域维护秩序，但又是受到约束的，不至于自己变成祸害。

不过，在中国，主张一种强大的行政权的呼声也始终相当强大。梁启超、张君劢似乎就持有这样的主张[2]，因为他们更加重视秩序。而他们的这种主张似乎也有经验的依据。在各国的宪政设计中，行政权都是一个被认真对待的权力。尤其有趣的是，在美国制宪的一个重要成果就是创造出了一个强大的总统。同时，在民国时代中国学人较为熟悉的法国、德国、日本，行政权也都在宪制结构中居于相对重要的位置，经常比议会的权力更强大。而到了20世纪30年代，张君劢又可以找到新的例证。这就是德国、意大利、苏联强化行政权的例证。在他看来，这似乎是一种政制新趋势。而这样一个强大的行政权，恰恰是中国进行战争所需要的，也是创造一个适宜制宪的政制社会秩序所需要的。

强化行政权的主要方式，是削弱立法权对行政权的控制。这一设计体现在张君劢立国之道的新政制方案中，张君劢总结他的这一政制方案之基本原则是：

---

〔1〕 任公即曾于民国初年指出过这一点：“国家乘专制之旧者，当局每猜忌国会，若芒在背。而当人民新心醉于宪政之时，则国会万能之说必起，其视政府，亦若虎兕，必柙之然后即安也”，“宪法之三大精神”，《饮冰室合集》，第四册，专集之二十九，第107页。

〔2〕 比如可以参见上引“宪法之三大精神”一文。

总之,我人之修正的民主政治:一、以国家之利害,置于第一位,而视各政党之利害居于次位。如是庶几可一扫政党间争权夺利与空言多之流弊。二、抬高行政权之重要性,而以国民代表会议之立法辅助之。三、行政之事,部长与文官共同负责效率上之责任。庶几行政处于安定之地位,不致因党派意见而纷乱。国人所应深思者,即议会政治病,如意德,以议会权力行使之不当,致陷议会于灭亡。我人求一两得其平之法,即政府不因议会而动摇,议会不因其权力过度而自取灭亡。此即我人所谓修正的民主政治之精神。[1]

张君劢所提出的第一点原则旨在抑制党派政治,其余两点则都是试图抬高行政权。在他的方案中没有设立常设的国会,而国民代表会议也没有日常控制行政权的权力。这样,行政权就获得了相对的独立性。然而,这样岂不是造成行政权独大的格局?不过,张君劢们似乎设想了两种解决办法。

第一种解决办法是尽可能地增强行政的专业性。张君劢们似乎具有一种技术专家治国的偏好。《我们要说的话》第98条纲领中关于政治的一项基本原则是:"政治制度中,使专家占有地位,以减少党派操纵与捭阖之作用。"[2]关于这一点,正文有较多论述,这一设计基于他们对现代社会治理的一个基本判断:

国家政治的事情已不是具有常识的人所能应付措置了。政治上用专门家虽始于市政,然而却已逐渐推广及于全部。近世的政制一天一天向着借重专门家知识的路走去已是无可

〔1〕《政制与法制》,第91~92页。
〔2〕《张君劢先生年谱初稿》,第31页。

讳言的。不过我们还觉得未能满意。我们主张不仅是借重专门家的知识,并且必须使专门家占有地位,这个地位是不为党派作用所左右,或政潮所冲动。这样的主张不仅在于使政务各部都由专门知识来处理,并且亦在于使政务的大部分因为由专家设计,便可比较上成为坚实稳定,不至于时常发生无谓的变化。这一点是和上述对于民主政制的修正同其命意。[1]

这一设想为《立国之道》延续。其“修正的民主政治”纲领11条中最后3项即试图在行政部门和政治审议机构中引入“专家”:

九、文官超然于党派之外,常任次长以下之官吏,不因部长之辞职而更动。

十、国民代表会议之议员,宜规定其中之若干成,须具有农工商技术或科学家之资格。

十一、关于行政及经济计划,除国民代表会议议定大纲外,其详细计划由专家议定。[2]

这些设计的目的主要是减少政党对行政过程的操纵,从而保证行政权之稳定运转。不过这种设计同时还夹杂着对“计划”的幻想[3],又暗合于当时整个西方世界行政部门膨胀、政府趋向科层化的趋势。韦伯断言,现代政府的基本特征自始就是官僚化与“理性化”[4]。这当然

---

〔1〕《中国社会民主党》,第50页。

〔2〕《政制与法制》,第88~89页。

〔3〕张君劢对从苏俄、德国传来之“计划”的迷信,最集中地体现于关于经济制度的设计中,其名称就是“国家社会主义下之计划经济”。

〔4〕可以参见[德]马克斯·韦伯:《经济与社会》,下卷,林荣远译,商务印书馆1998年版,第九章第八节,第719页以后。韦伯在这里说“在一个现代的国家里,真正的统治者既非在议会的演说中,也非在君主的告示里,而是在日常生活中行政惯例的处置上,发挥作用,它必然地和不可避免地掌握在官员的手中,既包括军队的官员,也包括文职的官员”,第736页。

是依据西方历史的,中国前现代的政府就建立了成熟的官僚体系。不过,在19世纪后半期,西方各国政府的职能已经开始膨胀,政府从维护社会的法治秩序转变成为积极地提供众多福利,进而对经济过程进行越来越复杂的管制。于是,各国陆续建立了文官制度,大量专业人员进入政府,这些管理工作多数需要专业知识,需要制订计划,因此也出现了一种计划迷信[1]。在此基础上,出现了"专家治国论"[2]。张君劢等人注意到了西方世界的这种变化,并且,似乎是基于其固有的精英主义心态,而很自然地接受了这种新潮思想,并将其作为修正民主政治的一种有效手段——只不过,这样的精英,不再强调其道德性,仅突出其知识性、专业性。联系到他们对中国已有之官僚政治的厌恶和激烈批评,则他们心目中能够带来既有高效率而又稳定的行政权的人物的现代专家身份就更为明显。而他们仿佛相信,这些现代专家比起政治家来,更少政治的考虑,比起官僚来又不会滥用权力。这种信念可能过于乐观了。不过,他们毕竟是宪政主义者,因而也提出了下面一个原则:

> 总之,我们于行政总希望能尽量办到专门化,稳定化,敏活化与统一化;但必须在不违背民主政制的原则之下。[3]

那么,如何约束那些掌握着巨大行政权力的专家,使之不至于逸出民主政治的轨道?张君劢和他的朋友们没有提出具体方案。不过,对于控制行政权,张君劢们也设想出了第二种办法,那就是强化司法权,以司法权来控制行政权。

他们已经敏锐地观察到现代政治演进的一般趋势:立法与行政的

---

〔1〕 对此,哈耶克有出色分析,比如可参见[英]弗里德里希·奥古斯特·哈耶克:《通往奴役之路》,王明毅等译,中国社会科学出版社1998年版,第四章、第五章。

〔2〕 关于这一点,可参见[美]乔·萨托利:《民主新论》,冯克利、阎克文译,东方出版社1993年版,第14章。

〔3〕 《中国社会民主党》,第50页。

融合:“原来在三权分立说初起的时候却未曾料到后来的推演必至于立法与行政愈趋愈密。”他们自己在意大利的法西斯和苏联所观察到所为议行合一,乃是一种极端形态。事实上,在这种极端形态背后,还存在一种一般趋势。就权力的一般性质而言,行政与立法的关系本来就是比较密切,尤其是到现代,民主制度建立之后,民主选举产生的立法机构与同样由民主选举产生的行政当局之间的制约关系倾向于弱化,在这其中,政党乃是两者沟通的重要中介。哈耶克曾经指出过这样一种观念:

> 在过去100年里,民主的出现使政府的权力范围发生了重大变化。几个世纪以来,人们一直在致力于限制政府的权力,宪政制度的逐渐发展,目的不外乎此。但是突然之间有人相信,既然政府是由当选的多数人的代表所控制,再对政府权力进行其他任何监督便是没有必要的,因此在历史中发展起来的一切不同的宪政保障皆可废除。[1]

这种民主迷信的一个非常重要的表现就是有关立法机构之功能的原初观念丢失了,这种观念就是:立法机构也必须按照特定方式行使。换言之,立法机构也必须受到限制。哈耶克指出,现行代议制度是出于政府治理的需要而不是出于立法的需要而形成的。当然,哈耶克所说的“法律”乃是指一般性正当行为规则。[2] 换言之,现代的立法机构已经和行政当局没有太大差别了。为此,哈耶克提出了他的“模范宪制”(model constitution),其中的关键正是,在现有的治理性议会之外,设立一个新的立法机构——立法性议会,以有效地约束已经混合在一起的

---

〔1〕 “民主向何处去?”[英]弗里德里希·冯·哈耶克:《经济、科学与政治——哈耶克思想精粹》,冯克利译,江苏人民出版社2000年版,第421页。

〔2〕 参见[英]弗里德里希·冯·哈耶克:《法律、立法与自由》,第二、三卷,邓正来译,中国大百科全书出版社2000年版,第299~305页。

立法——行政权力。[1] 但是,这样的逻辑其实与哈耶克在本书前半部分的论述形成了断裂。在前半部分,他视为模范的宪政制度安排,乃是以英格兰的历史为基础的"普通法宪政主义"(common - law constitutionalism)模式,在这一模式中,法律是由普通法法官在具体案件中发展出来的[2]。戴雪也指出,英格兰的宪法重要条款也是由法官在案件中予以阐明的[3]。这样的法官也就成为行政权力的主要控制者。由此传统,美国发展出了司法审查制度。

现在不清楚,张君劢、张东荪等人是否注意到上述宪政思想——但《英宪精义》中译本于30年代初即已出版,而当时也有很多学者在研究英美法律与宪政。重要的是,张君劢、张东荪们的政体设计方案固然得到行政权强化,甚至与立法权混同的一般趋势之支持,但他们也非常注重于对这种日益庞大的行政权力的制衡,而他们所想到的办法便是通过司法控制行政权:

> 说到行政求其敏活,自然政权不能不求其统一。有人便怀疑起来了:以为若无平衡抵制之力势必流于专制。我们亦见到此。所以主张行政愈趋于集中,则司法非十分独立不可。原来行政立法司法三权分立在近代已稍稍变化了。虽则变化了,而其原来命意在于平衡与钳制则依然是不可忽视的。所以我们以为由立法而监督行政往往把行政的稳固化与计划化减低了,便不如以司法来任此钳制的作用。[4]

应当说,这样的认识是非常伟大的。它是现代中国宪政与政治理

---

〔1〕 关于具体方案,可参见《法律、立法与自由》,第三卷,第十七章,第423页以后。

〔2〕 参见《法律、立法与自由》,第一卷,第四章、第五章。

〔3〕 参见[英]戴雪:《英宪精义》,雷宾南译,中国政法大学出版社2001年版,第239~240页。

〔4〕 《中国民主社会党》,第52页。

论的一大突破,可惜后来没有继续发展、深化。这种认识已经突破了传统的三权分立常识,而进入到宪政理论的抽象层次进行思考。也就是说,他们意识到,作为一个整体架构的宪政的首要原则、根本原理是权力的分立与制衡(钳制)(separation and check – and – balance of powers),至于分立与钳制的主体、对象,却是可以变化的。事实上,所谓“三权分立”从一开始就不是对宪政的整体结构的准确描述和解释。在英国的内阁制中,并不存在立法与行政的截然分立,两者是可以相互支配的。《联邦党人文集》第47篇专门对孟德斯鸠对英格兰宪政的误解做过善意的分辨,而在他所说的“分立”之外,加上了一个具有重大理论突破意义的“制衡”。普布利乌斯始终担心,立法可能吞噬、支配行政。因而他授予行政意对抗,甚至反过来监督国会的权力。

当然,如张君劢等人所注意的,到了现代,在传统三权之外还出现了另外一种权力:专业官僚的技术权力,这是政府日常管理中最为常见的权力。立法、行政、专业管理权力这三种权力虽然性质上有所差异,但有一个共同点:它们都属于积极的政府部门,掌握着分配资源的权力,它们可以通过立法、政策、通过行政活动影响公民。事实上,由于事物的内在性质决定,这三种权力具有合作、合谋的倾向。比如,由于管理事务日益专业化,立法机构不得不让行政机构或专业机构起草法律草案,自己不过举手通过这样的法律,这样的法律很可能授予行政或专业管理机构以不合理的权力。这一趋势对宪政主义者构成了一个挑战。面对这种挑战,理论上可以设想的一种解决之道,就是以司法来控制上述三种积极的权力。宪政的美德是平衡。如果行政权及类似的积极的权力膨胀了,那么相应地就需要一种消极的权力来控制它,司法就是最为恰当的消极权力。

张君劢们对宪政主义之坚定信念及对宪政制度的深入理解,就体现在这一点上:他们固然设计了一个强大的行政权,但他们绝不放纵这种行政权。相反,他们始终惦记着,给这个行政权套上笼头:

> 我们在精神上赞成平衡与钳制之原则；但以为宜由司法任之；至于行政与立法虽然合一，然仍须有相当限制。[1]

他们设想的用来驯服行政权的主要笼头就是法律，套笼头的人就是法院：

> 须知我们怕行政的专擅无非是怕他侵犯人民自由，而人民生命财产等自由权的保障则当诉之于司法……因此便不能不特别注重于行政诉讼。关于行政诉讼应得在各法院中另设一庭，即于民庭刑庭之外另有行政诉讼庭。[2]

建立行政诉讼制度的目的就是约束官员：

> 现在的中国问题确有一个大问题横呈在我们面前：官吏的贪墨……苟不能把这个弊病彻底铲除，则无论何派组织政府亦必等于建筑高楼于沙漠之上。因此我们以为这是中国当前的一个大问题。而这个问题若求解决又诉之司法没有别的途径。[3]

张君劢们设计行政诉讼制度，既是为了解决这个老问题，也是为了解决新宪制下比较强大的行政权可能被滥用的问题。把司法当做控制行政权的主要手段，意味着权力的制约之性质发生了巨大的转移。国会对行政当局的控制和监督通常是事前的，是政治性的，法院对行政当局的控制和监督则是事后的，国民个人得以进入控制和监督行政权的

---

〔1〕《中国民主社会党》，第53页。

〔2〕《中国民主社会党》，第52~53页。

〔3〕《中国民主社会党》，第53页。

过程中。司法的基本特征是不诉不理,那些自认为遭到权力侵害的公民向法院提起诉讼,法院将启动审查程序。这样,所有公民都成为行政过程的实在的控制者、监督者。法院只不过是向公民提供一种协助。法院进行审理的过程,就等于审查行政权力行使方式,乃至其权力来源之合法性、合宪性、正当性。而法院的这种控制监督,又确实可以在很大程度上有助于建立张君劢们所设想的政制:行政权力有相当大的自由裁量权,它们却不能滥用权力。因为,如果滥用权力,将会遭到民众的起诉,法院的审查。

当然,行政诉讼庭能否达到他们所设想的目标,值得怀疑。比较有意思的是,张君劢们反对行政院制度:“这样的主张和所谓行政院完全不同。因为行政院仍是行政范围以内,不能有独立之权。”[1]由此可以看出,他们心目中的法院,乃是一个享有完整独立性的法院。活动于这样的独立司法体系内部的行政诉讼制度,似乎也可以在一定程度上控制、监督行政权力的行使过程。

总结本章的讨论,我们可以把张君劢关于政制的设计配置在立宪政治的四个不同阶段:政治的争取阶段,理性的制宪会议阶段,宪法制订完成之后的基础性宪制构建阶段,随后进入常规政治阶段。政党政治乃是抗争阶段的工具,但一旦进入制宪阶段,则需要抑制党派精神,应当尽可能让所有可见的政治力量参加制宪会议,国民在此寻求基本问题的一致同意,理性地制订出既具有理想性又可行的宪法。随后进入基本宪制构建阶段。在制宪会议期间和基本宪制构建阶段,都需要组成某种基于协商的联合政府,为制宪的顺利进行提供稳定而和平的政治社会秩序。由此,各种政治力量构筑出未来政治博弈的制度框架或者说平台,而进入民主政治的常规时期。这个常规时期当然可以容纳政党的活动,也需要权力的分立与制衡,同时需要政治和行政的分工与合理约束。

---

〔1〕《中国民主社会党》,第53页。

诸多针对张君劢的肤浅的批评，皆因为缺乏历史意识和政治理论意识，缺乏对于张君劢的问题意识的深切体认，而仅仅依据常规的民主政治的规范来要求张君劢。这些论者忘记了，张君劢始终生活于非常规的立宪政治时期，他自己清楚地知道自己所从事的事业乃是立宪。一旦把张君劢的思考和行动放到立宪政治的框架内，他的看似自相矛盾的种种主张，就可以得到一个融贯的解释。而张君劢政制理论的重大价值，也正在此。他对民主宪政的架构之思考，当然具有十分重要的意义。具有同等重要、甚至更为重要之价值的，则是他基于宪政主义进路对立国的政治的动力、形态之深入思考。毫无疑问，在现代中国历史上，激进的政治思想在这方面也是有所思考的，比如"训政"构想，自由主义在这方面却没有提出过有效的方案。张君劢作为现代中国保守—宪政主义传统的代表人物，以自由为依归构想了一种真正具有可操作性的立宪建国方案。这一政治思想遗产理应得到更为公允的评价。

CHAPTER 08 >>

第八章

中国文化的“再生”规划

第一次世界大战是欧美历史上至关重要的转折点,[1]同时也带动了中国现代思想与政治史的重大转折。

第一次世界大战后社会主义、共产主义在欧洲蔓延,以梁启超为中心的精英群体,包括张君劢、张东荪等人,都接受了欧洲的社会民主主义思想;陈独秀、李大钊等人则接受了来自苏俄的共产主义思想,此后的中国,无人不是社会主义者。

另外,第一次世界大战也决定性地影响了中国精英群体关于中国现代文化建设的态度。胡适等人领导的新文化运动[2]多为新式文人,有留学东洋、西洋之经历,他们愤激于民国初年的立宪政治失败,基本上以全盘性反传统主义为解决文化问题的方

---

〔1〕 有思想史学者称:“由于战争的缘故,一种新的犬儒主义应运而生,对人类价值的信仰荡然无存,这种情况是欧洲近代历史上从未有过的”,[美]罗兰·斯特龙伯格:《西方现代思想史》,刘北成、赵国新译,中央编译出版社2005年版,第427页。

〔2〕 其实,梁启超等人同样试图进行一场文化运动,举办教育、报刊、邀请外国思想家来华讲学等,以教育国民(见《梁启超年谱长编》,第896页)。不过,此处从俗,所谓新文化运动,依然是指以新青年为中心、以胡适、陈独秀等人为领袖之文化运动。

案。[1] 同样是以梁启超为首的精英群体产生了一种反思西方文化、同情地理解中国传统的自觉，张君劢可为其代表。

应当说，张君劢继承和发展了梁启超的思想，而与当时同样具有文化保守主义倾向的人物，如被视为现代新儒家代表人物的梁漱溟、熊十力等人之间有重大区别。形成这种区别的关键因素当在于，张君劢对西方世界，包括西方哲学、社会、政制保持着开放的心灵，且因为长期留学海外，因而对西方也有直接而深入的了解，能够认知到西方与中国的多重复杂性。正是这一因素，使得张君劢关于现代中国文化建设即本书所说“立教”问题的设想，坚守了古今中外之间的“中道”，其文化建设的基本进路可以概括为：中体西学，资相循诱。

首先说明一点，张君劢所谓“文化”，含义相当含糊。有的时候，他所说的是狭义的文化，通常包括哲学、学术、宗教、科学等知识活动及其产物。有的时候则进而包括社会风气，即社会伦理，这一点可见之于《立国之道》的论述。还有的时候他在泛泛而论的时候，文化概念则包括文明的所有要素，这一点可见之于《明日之中国文化——中印欧文化十讲》。

不过，不管采用哪一个文化概念，张君劢都特别重视“哲学”在文化中的枢纽性位置。[2] 而从他的论述中可以看出，他所谓的哲学，具有较广泛含义，毋宁说是“思想”，即关于自然、人、社会、政治等各个方面的抽象思考。张君劢在科、玄论战所捍卫的所谓“玄学”即是哲学，尽管他

---

〔1〕 参考[美]林毓生：《中国意识的危机："五四"时期激烈的反传统主义》，穆善培译，贵州人民出版社1986年版。

〔2〕 这一思考进路乃是现代新儒家所共通的："我们研究中国之历史文化学术，要把它视作中国民族之客观的精神生命之表现来看。但这个精神生命之核心在哪里？我们可说，它在中国人思想或哲学之中……只有从中国之思想或哲学下手，才能照明中国文化历史中之精神生命。因而研究中国历史文化之大路，重要的是由中国之哲学思想之中心，再一层一层的透出去，而不应只是从分散的中国历史文物之各方面之零碎的研究，再慢慢的综结起来"，"为中国文化敬告世界人士宣言"，见《中西印哲学文集》，下，第858~859页。这似乎也正是该宣言无钱穆签名的思想原因，尽管钱穆与四位签名者均有密切关系。

当时所指主要是欧洲新兴之带有强烈反理智主义色彩的"新玄学",[1]后来张君劢反复为哲学的重要性论辩。当然,一如既往地,张君劢是将"哲学"置于立国的框架中,如他反复论述文艺复兴以后哲学在欧洲现代世界形成过程中的作用,尽管"决不能说哲学是支配一切社会现象的因素……但哲学处在这大改造的时代中,自然能将当时的精神运动完全表现出来"。[2] 正因为此,中国同样需要创造自主的"新哲学"。[3]这一认知是他的唯心主义社会哲学的逻辑结论。

总体来看,张君劢和其他新儒家人物相信,文化乃至制度是人的"精神生命"之客观的呈现,是心之物,则人心之思,即思想与哲学尤其是其取向,就在相当程度上决定着物化的文化的结构、特征。由此可以解释,张君劢关于文化建设的很多讨论,主要以哲学、思想、有时再加上同样具有强烈精神性的社会风气为对象。

一、区分文化世界与政治世界:立国者的审慎

考察张君劢关于文化建设方案之思考,立刻可以发现其中具有明显的论辩性特点。在社会达尔文主义、进步主义成为知识分子群体之常识的时代,全盘性反传统主义正在占据知识人的心灵的过程中,文化保守主义在现代中国的思想场域中就是以防御性姿态登场的。张君劢当然并不拒绝新文化、西方文化,他本人就引介了诸多西方新文化,但他反对这种这种全盘性反传统主义的立场。张君劢反复论述,中国现代文化建设的正确进路应当是新旧并存。在《立国之道》中他这样说:

> 但所谓造成新文化,并不是说只要新文化而把旧的文化打倒;尽管采取新文化,旧文化不妨让其存在。因旧者并不妨

---

〔1〕《张君劢卷》,第642页。

〔2〕《民族复兴之学术基础》,第51页。

〔3〕《民族复兴之学术基础》其实就是论述这一命题,而所谓"学术基础",就是指"新哲学"。

碍新者之发生。在两者并存之中，各人自然知道选择方法。五四运动以后之“打倒孔家店”、“打倒旧礼教”等口号，是消灭自己的志气而长他人威风的做法。须知新旧文化之并存，犹之佛教输入而并不妨碍孔门人伦之说。欧洲有了耶教，何尝能阻止科学技术民主政治之日兴月盛？〔1〕

张君劢还举了更多欧洲历史天主教与新教并存、科学与宗教并存的例子说明：“我们尽可将新旧二者等量齐观，而不必有排他之态度”。张君劢还列举了日本的例子申明“新旧平等之可能性，或曰以新排旧之不必要”。〔2〕

那么，张君劢强调新旧并存的意图何在？我们仍然不能不首先回到张君劢的身份来回答这个问题。张君劢具有明确而强烈的立国意识、建国意识。他关于文化问题的全部思考，也是在现代建国的整体框架内进行的。建国之最重要工作乃是立宪，宪政制度是把前现代国家与现代国家区分开来的标志性特征，也是现代国家种种秩序、在一定程度上也是精神文化秩序展开的制度前提。因此，张君劢关于文化问题的思考，就可以从文化与立宪的政治的角度来理解。他在这方面的思考大体可以概括如下：不应让中国传统文化，包括儒家思想对民族危亡承担责任，可以把传统文化与传统政制分离开来。同样的，建国者的首要工作也是立宪，单纯致力于新文化并不能实现救亡的政治目标。归根结底，文化与政治是两个不同的领域。

我们前面已从张君劢之反对阶级学说、反对种族主义、反对暴力理论的角度，确立了张君劢立国之政治进路。这种政治性还表现于另一方面，即张君劢不相信下面两个命题：中国的现代立国应以达到新文化为前提；只要催生出新文化就可以立国。如他在《立国之道》中所说：

---

〔1〕《政制与法制》，第157页。

〔2〕《政制与法制》，第161页。

> 盖一国之存亡,在乎政治家之深识远见,懂得世界潮流之趋向与夫本国人情风俗邪正之故,自可使国家由衰而亡,由亡而存……仅有新文化之不能救亡,可以欧洲各国文化虽同而仍不能免于危亡为之证明……与其说新文化可以救亡,毋宁说有道德有知识之政治家可以救亡较为确当。新文化与救亡纯然是两事,不能并为一谈……吾人所欲指陈者,非不要新文化,乃在仅有新文化而不以新政治相辅而行之无济于事。[1]

这一段论述极为重要。在论述过程中,张君劢对当时流行的先进武器救国论、实业救国论、科学救国论、文化救国论等分别给予了简短的批评,而将国家荣枯、兴亡之本归结于政治安排,归结于政治家之明智选择。这种政治的制度主义进路在当时的中国的思想界是相当罕见的。具有启蒙倾向的现代中国自由主义者为了救亡而在文化上用力,以打破旧文化、打倒孔家店为途径。在张君劢看来,实在是用错了力量。出错的根源就在于,他们相信,正是中国文化导致了中国之衰亡。张君劢却相信:文化不可能导致一个国家亡国。能够让一个国家亡国或者衰落的,只能是该国的制度安排,该国的政治,以及该国政治家没有“深识远见”。

借助这一论辩,张君劢得以把中国传统的文化与政治区分开来,区别对待,他的基本态度是,后者不可取,而前者可取。

张君劢毕生都相信,传统中国的政治安排是失败的。针对钱穆先生关于中国政治的论述,张君劢于 60 年代后期陆续撰述《中国君主专制政制之评议》。[2] 张君劢在书中再三断定,中国自秦以来的政制,乃

---

〔1〕《政制与法制》,第 162 页。

〔2〕最初陆续发表于香港《自由钟》杂志,后结集成书。张君劢:《中国专制君主政制之评议》,弘文馆出版社 1986 年版。

是君主专制政体，君主享有主权，“以天下为一家之私”。外戚、宦官专权与王室内讧等政治混乱，即是由这种不受约束之君权衍生出来的。钱穆先生所称赏的宰相制度、三省制度、文官制度，乃至谏诤制度等，也都是由君主主权中衍生出来的，因而，它们并不能构成对君权的有限制约，也不能防止上述种种制度性混乱。

重要的是，这种皇权专制政制与文化，尤其是儒家传统之间，是何关系。反传统主义者普遍断言：皇权专制就渊源于儒家观念，以儒家为基底的中国传统文化支持着皇权专制，因此，要建立宪政共和，就必须打碎传统文化，建设新文化。张君劢则断言，政制自政制，儒家自儒家，此种君主专制政制与儒家思想并无关系。张君劢的这种说法，倒也并非没有历史依据。他引用历史资料，比较详尽地讨论了秦代立国之道，他从五个方面说明，

> 秦代所建之君臣，乃商鞅、韩非、李斯之事，而与儒家五伦所以奠定社会秩序者，决然为不相同之两事也。自汉武帝因董仲舒之言，有罢黜百家表彰六艺之诏，乃以五伦之说解释君臣上下之分，而专制君主之所以生，乃归罪于儒家之身。实则国人将六国统一之功属于始皇，与李斯者，付诸浑忘，而合之于儒家五伦之说，于是二者成为两千年来划分不清之事，而罪在于儒家之身矣。[1]

张君劢的上述说法，其实早已由汉宣帝道破：“汉家自有制度，本以霸、王道杂之。奈何纯任德教，用周政乎！”更具体地说，汉初制度本继

〔1〕《中国专制君主政制之评议》，第499页。

自秦制，[1]而杂之黄老与民休息之义。董仲舒策动武帝独尊儒术，实在是欲以儒家政治、道德理想驯化秦的专制君主，为此，他也不能不对此君主的权位给予伦理的论证。但这种论证却不是皇权的根本来源，相反，这毋宁只是一种策略性的事后承认而已。事实上，即便在儒家成为君主制的正统意识形态之后，在皇权与儒家传统——它以士大夫为载体——之间，始终存在某种紧张，尽管这种紧张没有发展成制度性的权力分立与制衡制度。但由此可以看出，皇权专制政制与儒家理念终究不是一回事。据此一事实，张君劢特别为儒家辩诬，而断言，君主专制之思想源头是在法家。

这样的分疏，或许失之于简单。但对张君劢来说，却是必要且重要的。张君劢首先是宪政主义者，但同时也是新儒家。而唯有经过这样一番梳理，张君劢才能够将宪政主义与儒家传统兼容在一个体系之内。否则，如果中国前现代的皇权专制政制本为儒家所建，且由儒家思想和士大夫支持，则以建立民主宪政制度为己任的张君劢，又如何从儒家思想中寻找立国、立宪之资源？

由此我们也可以理解一点：张君劢从来没有向中国政治传统中寻找民主宪政制度设计之资源。基于“君主专制政制”的定性，他对传统中国的政制持一种完全否定态度。

皇权专制政制与儒家理念这两者之间能否截然分开，这当然是可以争议的，甚至可以说确实失之简单。但张君劢作为现代立国者却必须做这样的划分，唯有如此，才能避免对于中国传统—现实的一概否定。现代中国自由主义者恰恰因为未作这种也许过于简单的划分，相反，秉持一种整体主义的思维方式，在两者之间建立起过于强烈的关系，因为对宪政民主政治的向往而走向了针对文化的“全盘性反传统主

[1] 同为新儒家的徐复观对此有深入论证，参见“儒家对中国历史命运挣扎之一例”，收入徐复观：《中国思想史论集》，上海书店出版社2004年版。及“先秦儒家思想的转折及天道哲学的完成——董仲舒《春秋繁露》的研究”，收入徐复观：《两汉思想史》（第二卷），华东师范大学出版社2001年版。

义”。托克维尔曾经指出过,法国大革命领导者之所以摧毁宗教,实在是因为宗教与政治有密切关系。[1] 同样,新文化运动之反传统,尤其是反儒家,也主要是因为人们厌恶专制,而民国初年建立民主宪政以替代专制的努力归于失败,文人便开始怀疑,儒家价值及其所涵养的社会结构乃是专制政制的价值与社会基础,为着建立新的政治秩序,必须摧毁儒家传统。只是,文人一旦投入到这种观念的破坏性战争中,就很容易遗忘最初的政治目标,而把政治非政治化。从某种意义上说,以反传统为重点的启蒙反而妨碍了现代民主宪政政制之建构事业。张君劢采取了不同进路:把儒家的思想和政治理想从笼统的传统中分离出来,并断言其与政制是两回事。

从张君劢的这种分割策略中,我们可以看到一种立国的技艺理性之明智与审慎。托克维尔在美国立国者身上同样观察到了将文化世界与政治世界分离的思考进路,只不过托克维尔将其称为道德(或精神)世界与政治世界(moral world and political world)的分立。托克维尔对美国的立宪政治进行过简短但极其重要,也十分富有启发性的讨论,其立论的核心正是这一区分:

> 美国人的想象力,即使在其最为飞扬的时候,也是谨慎的、有所迟疑的;它的冲动受到制约,它不能贯彻到底。这些克制的习惯(habits of restraint)也出现在政治社会中,而这十分有益于其人民的安宁和它所建立的制度的可持续性。自然和环境一起把合众国的居民变成大胆的人,他们在追求幸福的时候表现的那种创新精神就足以证明这一点。假如美国人的精神摆脱了一切约束,那他们很快就会成为这个世界上最

[1] 参见[法]托克维尔:《旧制度与大革命》,冯棠译,商务印书馆1996年版,第三编第二章“非宗教倾向在18世纪的法国人身上如何成为普遍占上风的激情,对大革命的特点有何影响”。

> 大胆的创新者、最没有宽容精神的挑剔者。然而,美国的革命者们却必须表明自己尊重基督教的道德和衡平……迄今为止,在美国,没有一个人胆敢提出这样的公理:为了社会的利益,一切皆可为;而在一个自由的时代,这个不虔诚的箴言已经被发明出来,给未来的所有暴君提供庇护所。[1]

在《民主制在美国》一书的开始,托克维尔讨论新英格兰人如何调和自由的精神与宗教的精神,说过类似的话且说得更为清楚:

> 政治的原则和一切人定的法律与制度都可以依自己之好恶予以制定或改变……
>
> 但是,在政治世界的边界上,他约束住了自己的研究,他明智地放下了他那无所畏惧的才能,他不再赞成去质疑或创新,而是小心地克制自己不去揭开圣坛的帷幕,他以恭顺的崇敬俯首于真理,而不去进行讨论。
>
> 这样,在道德世界中,每样东西都已各得其所,有条不紊,是确定的、可预见的;而在政治世界中,每样东西都是不确定的,可争论的……[2]

托克维尔所说的道德世界或者说精神世界,具有广泛的含义,可以指一般人所说的文化,其中包括宗教、习俗、人们的正义感,甚至包括基于习惯的法律等。在托克维尔看来,美国革命—立国者区分了这个道德的世界与政治的世界,他们对待两者的态度是不同的:对前者保持敬畏,谨慎地不去运用理性对其进行贸然的审查,而把理性的全部力量投注入宪制设计中。于是,在美国立国者身上,我们看到的是政制创新与

---

〔1〕 Democracy in America, Vol. 1, 第 305 页。
〔2〕 Democracy in America, Vol. 1, 第 43～44 页。

文化保守两种倾向、做法的混合，这两种倾向“各成体系而并不对立”。[1]

而这，似乎正是柏克所发展——毋宁说是概括英格兰的心智习惯——的“保守主义”观念的核心原则。保守主义者对理性采取一种平衡的态度：他们当然承认人区别于动物之处在于人具有理性，因而会积极地运用理性；他们与唯理主义者的区别在于，他们知道、承认、事实上可以说是非常重视理性的限度，而不迷信理性，因而再思考、行动的时候，通常不会滥用理性。他们相信，这个世界上有很多事情是在“理性不及的”(non - rational)[2]范围中的：传统、习俗等是在漫长岁月中自发地形成，它们的形成、构造、作用、影响等，不是任一单个人的头脑、理智所能理解的，也不是任一单个人的头脑、理智所能设计的，甚至于集中一个时代全部人的理智也不能做到这一点。那么，人对于这些制度，就只能保持一种敬畏的态度。

不过，在人类社会中，也有很多制度显然是通过立法等方式创制出来的，包括几乎所有的政体制度。那么，这些制度当然也是可以通过理智的思考、选择而予以变革、改造，乃至全盘重建。立宪正是这样的事业。人们从事立宪的预设性前提是，宪制的种种具体规则、制度，是可以被理性地重新设计和建造的。美国制宪者也确实是这样涉及和构造他们的共和国的宪制的。

这种文化—政治二元论的思考方式，也构成了张君劢立国策略之平行的两翼。在政制方面，张君劢走向了理性设计，发展了一门宪政科学，且毕生都在进行政体设计工作。他的主要政治思考对象就是如何合理地安顿权力，如何建立宪制。他在总统制、内阁制之间进行比较权衡，讨论如何处理议会与行政部门的关系，建立什么样的司法制度、财

---

〔1〕 Democracy in America, Vol. 1, 第 43 页。

〔2〕 哈耶克频繁地使用这个词，而邓正来先生的这个翻译十分传神，可参考《法律、立法与自由》，第一卷，第 6 页的辨析。至于唯理主义与有限理性的理性论的区别，也请参见该书第一章的论述。

政税务制度、文官制度等。由此可以看出，张君劢持有这样一种理念：政体是可以理性地设计的，当然也充分地可以学习西方。

另外，对于“文化”，对于道德或精神世界的事务，不论是美国立宪者，还是张君劢，都保持极为审慎的态度。他们的例证表明，立国者不应当有试图按照个人设计之某种貌似理性的规划全盘改造文化之企图。这是不可能的任务，立宪者根本也是不应当有这样的企图。张君劢就曾经批评胡适的种种立论

> 皆由于过信理性主义，以为孔子传统可以推翻，犹之欧洲怀疑主义者之对于宗教也；以为道德标准可以求诸欲中，犹之边沁氏苦乐说也；以为义理不必要，犹之欧人过信知识而忽视道德。此种种立论之根源，由于其以为传统可以任意推翻，而社会上一切现象可以凭知识标准或曰真理标准以得其解决。至于社会传统不在知识范围或真理标准下之所能讨论，则非适之所能想象者也。[1]

传统当然是可以反对的，也是需要改造的，现代中国自由主义知识分子的问题在于其全盘性反传统主义心态和全盘西化论的激进性，他们所反的目标存在错位：他们的反传统主义不只是针对政制而言，反而主要是针对在漫长的历史岁月中积累形成的中国传统文化而来的，包括儒家价值、观念、民众习俗、社会制度，甚至文字、文学等。张君劢本人处理政治与文化的关系，则与胡适相反。[2] 其立论之根本在于“社会传统不在知识范围或真理标准下之所能讨论”，他举例说：“譬以宗教论，社会传统之一也。世间应否有宗教，虽在讨论范围之列，然既有宗

---

〔1〕《中西印哲学文集》，下，第1035页。

〔2〕关于张君劢与胡适在此一问题上的分歧之论述，可参见卢毅：“建构论唯理主义与进化论理性主义——一个解读‘科玄论战’的新视角”，载《东南学术》2001年第4期。

教,虽加以讨论而无法以廓清之。以其已成社会的制度,虽讨论而无用也。”私人财产制度与此类似,由此“可知社会上,自有种种问题,不在理智讨论范围内,或即讨论亦无用者”。张君劢还清楚地指出,这种思想渊源于启蒙时代的唯理主义,而梁任公已启其端矣。[1] 这一结论及对其渊源的揭示,与哈耶克所谓“理性不及”之义符若合契。

哪怕在政治领域,这种文化与政治的区分有时也是十分重要的。梁启超先生曾经主张政体革命而反对种族革命。张君劢同样持有这种主张。[2] 最有趣的是张君劢进一步对推翻满清与打倒孔家店又进行了分疏。张君劢设想,有人反问自己:

> 如君之论,则满清皇室亦为传统之一,又何必推翻?吾答之曰,满洲皇室乃主权之在何人手掌之问题,故其推翻之也易……孔子在这篇文章中系统地阐述了自己的立场。以云国必有主权者之原则而推翻之,则其国必入于无政府状态中矣。以我所见,推翻孔子不等于推翻满洲,而等于推翻国必有主之原则。以孔子人格与中国文化本身,已成为一体,而不可分者矣。

在这里,张君劢如托克维尔所描述之美国立国者那样,区分了政治世界与文化世界,政治是可以进行根本性变革的,张君劢所从事的政治事业,早期是要将中国从专制君主制变成君主立宪制,后期是要变一党专政为民主宪政,这种变化都是“革命性”的。但是,孔子及此后发展出来的儒家哲学、弥漫社会中的儒家价值,儒家的种种社会制度,却是不可能轻易变革的。既然如此,尽管这些未必完全合理,也未必合乎现代国家之需求——对于这一点,张君劢多有论述——却不应试图强行改

---

〔1〕 “胡适思想界路线评论”,见《中西印哲学文集》,下,第1035~1036页。
〔2〕 参见“穆勒约翰议院政治论”,见《开国前后言论集》,第17~19页。

变它。张君劢的结论是：“质直言之，传统与知识，或者曰保守与进步，应如车之两论，鸟之两翼。”[1]此论深得保守主义的精髓。这也正是托克维尔所说，文化与政治“各成体系而并不对立”，适用于它们的态度应当分别是保守与进步。

从这个角度，我们可以更好地理解张君劢关于新、旧文化并存的论断之理据。在这个问题上，张君劢反复地举日本立国者推进变法而又保守传统文化的明智做法：

> 昔日本维新之际，尝议论东西文化之短长，二者是否相容。其时有佐久间象山氏治阳明学，以直截了当之言解决之曰：儒家所言为道德，西方之长在技术，二者两不相妨。日本对于此项问题，即此了结。然吾国有“中学为体，西学为用”之争，迄于五四，扩大而为“打倒孔家店”之标语。儒家思想与西方科学是否相容，尚在相持不下之中。[2]

在《立国之道》中，张君劢就这一点说得更为清楚：日本立国者认识到西方文明的力量之后，得出结论：“旧文化不行，要走上欧化之途”，但其措施是“采用西方制度，同时仍旧保存其旧文化”：“其所采用之西方制度如义务征兵、议会、宪法，同时尊重其万世一系之天皇，保持神道教、家族制度以及男尊女卑之旧伦理”。[3] 张君劢将此视为后发国家建立现代国家之成功案例，张君劢自己也正是以不同的原则分别从事于立教与立宪之事业的。这里的旧与新的关系，在一定程度上可以转换成中与西德关系，新旧并存在很大程度上就是中西并存，而旧、中与新、西的并存，张君劢在具体的语境中，又分别将其表述为玄学与科学之并

[1] 《中西印哲学文集》，下，第1037页。
[2] “新儒家哲学之基本范畴”，见《中西印哲学文集》，上，第538～539页。
[3] 《政制与法制》，第161页。

存、道德与知识之并存、传统与理智之并存、守旧与进步之并存、儒家与宪政之并存等。[1] 这里充分表现了张君劢思想的折中调和特征或者"中道"特征,由此,"会通"的必要性也就凸显出来。

二、中国传统文化之现代价值

基于立国的视野,张君劢区隔了文化与政治,而主张现代中国之立国,不应当以破毁传统政制之外的文化为前提。换言之,旧文化当可保留。因而,关于中国文化的一个基本主张是新旧并存,张君劢毕生都在为此主张进行论证。考虑到当时整个社会的思想倾向,张君劢为论证新旧并存之合理性,其关键不在于论证"新"之必要,而在于论证为什么要存"旧",为什么不应当破坏中国固有的文化。综观张君劢一生在这一问题上的论述,似乎多着眼于两个层次。

第一个层次是类型论。与当时很多学人一样,张君劢似乎把中西及印度等文明各自视为一个具有独特属性和内在连贯性的整体,以接近于文化多元主义的立场立论断言中西文化属于不同类型,中国文化由此而在全球文化场景中拥有其自然的、文化生态学上的价值。

在二三十年代,文化比较研究相当繁荣,有很多人,保守者如梁漱溟、激进者如陈独秀都使用文明类型说,来论证中国文化的内在价值或无价值。在《立国之道》中,张君劢即提及梁、陈二位的主张,并说,"中国、印度、欧洲所代表之三大文化系统……固各有其特长"。[2] 大约同期发表之《明日中国文化》演讲,其副标题正是《中印欧文化十讲》,分别论述了中国、印度、欧洲文化的类型学特征。

---

〔1〕 比如下面一段话:要而言之,建立一国之文化,不能缺少三种态度:(一)宇宙各种现象囊括无遗;(二)各异之学说应公平论断;(三)不忘本国历史与其所遗留之制度之真意义。有科学,同时不能无道德无宗教;不可因科学而排道德与宗教;亦不可因道德宗教而排科学。更进而言之,主革新者,不可抹杀传统,同时亦不可因传统而阻碍进步,参见"胡适思想界路线评论",见《中西印哲学文集》,下,第1040页。

〔2〕《政制与法制》,第157页。

不过，在人生观论战中，张君劢则以精神文明、物质文明来区分中西两种不同文明。对中西（或东方、西方）文明的这种分类，是现代中国保守主义的普遍论式。当然，张君劢的说法更为严谨一些。不过，当时没有人仔细研究张君劢的论述之复杂性，张也被笼统地划入相信中国文明为精神文明、西方文明为物质文明论说的行列，而这种说法遭到很多讥笑与反对。如胡适所说：“今日最没有根据而又最有毒害的妖言是讥贬西洋文明为唯物的，而崇东方文明为精神的”。[1] 这样的批评未必没有道理。

当然，在这种讥讽——其实也包括正面主张者的看法——背后，是一种整体主义思维方式。也即，文明被视为一个连贯的整体，各文明有自己固有的轨迹，而无共同演进方向。有些主张文明类型论的守旧者据此断言，中国毋须学习西方，事实上也根本无从学起；胡适等人则同样依据这种整体主义思维断言：中国实现现代化的唯一出路是“全盘西化”。守旧与全盘西化论者共享着同样的思想方法。守旧者拒绝思考政体被理性变革的可能性，全盘西化论者则从来都没有仔细地思考，宗教、哲学、信念、价值、社会结构属于狭义文化层面的东西如何全盘西化。

大约正是因为看到了这种整体主义思维的内在缺陷，张君劢并未一贯坚持标准的文明类型论。张君劢更常提及的另一种分析范式则引入了时间因素，从而使文明类型论发生了转向。张君劢主张，前现代西方的哲学、思想，与中国传统思想，尤其是宋明理学，多有类似、相近，甚至相同之处。比如，孔子与苏格拉底思想有“类似点”，“朱子和希腊亚里士多德在时间上相距一千五百年，可是，他俩的思想却非常接近”；[2] 孟子与柏拉图的思想有诸多相似之处，张君劢专文进行了对勘。[3] 中

〔1〕“我们对于西洋近代文明的态度”，见《胡适文存》，三集，第1页。

〔2〕《新儒家思想史》，第20、26页。

〔3〕“孟子与柏拉图”，见《中西印哲学文集》，第731页。

世纪的宗教思想固不必论，整体上，古希腊思想同样具有强烈的伦理倾向，这一点，尤其与中国传统思想取向相近。值得注意的是，张君劢基本上都是拿西方古典思想与中国古典思想进行对比，至于在现代西方思想与古典中国思想的对比中，他也更强调两者的相同、相通之处，而不那么突出相异之处。

当然，张君劢反复论及，只不过，到了文艺复兴之后，欧洲哲学、思想，乃至整个社会、政治结构发生巨变，西方进入现代，现代的思想取向与其传统有某种断裂，尽管仍然保持着联系。由此，同样作为前现代的中国思想就与现代西方之间呈现出较为明显的区别：中国重人生道德，西方人——尤其是现代西方人重纯粹知识之获得：

> 顾文化异同，在学术上尤为显著，以孔孟以来之学术与西方近代科学相对照，则吾国重人生，重道德，重内在之心；西方重自然，重知识，重外在之象，因此出发点之不同，亦即两文化之所以判然各别。[1]

张君劢到了晚年反复指出，中国古代思想家——尤其是孟子到宋儒——也早就注意到了“致知之心”的关键位置。“人类处于两界之中，一方为物质，一方为心灵，或曰思想。人类运用其心灵求所以宰制自然者，乃有知识。同为人类，有待人接物与团体生活之规范，是为道德。”[2]不过，此致知之心在中西各有不同指向，总的来说，中国先贤专注于向内，而发展出种种明善之道；西方的古代、中世纪与中国相似，但现代西方则特别偏重求真之道。[3] 在此，张君劢还专门列了一张表，对比东西之格物致知与西方之科学之间的差别。

---

〔1〕《民族复兴之学术基础》，第6页。
〔2〕“我之哲学思想”，见《中西印哲学文集》，上，第43页。
〔3〕“明善”与“求真”二词出自“儒家伦理学之复兴”，见《儒家哲学之复兴》，第119页。

这样的区别,与其说是文明类型的不同,不如说是文明发展的阶段差异。然而,在现代中国,直线式社会发展阶段论也在知识界十分流行。全盘西化论者就持有这样的思维方式。张君劢则明确地拒绝这样的思维方式,他相信,不论在前现代与现代之间并非截然不同,两者之间并无断裂,而是保持着连续性。不仅在西方自身历史上是如此,在传统中国思想中,同样可以看到现代西方思想的影子。一个最引人注目的事实,也是张君劢所注意到的事实是:19世纪末以来欧洲思想家反思欧洲现代文明的种种思考,竟然与古典中国儒家思考之间,存在着惊人的相似之处。

归根结底,如张君劢在回答丁文江的人生观文章中所说,偏重于道德或偏重于理智,乃是同时存在于所有文明人身上的两种不同心智倾向。有论者如此总结现代中国保守主义的基本思考取向:"在新传统主义者中,一个普遍一致的观点是,他们深信,在某种程度上,人类的生活是可分为明确的和独立的存在层次的,他们有的把这说成是'内在的'和'外在的'两个层次,有的把这说成是'精神的'和'物质的'两个层次。"[1]张君劢之拒绝科学支配人生观,就是因为他相信,人有两个世界:精神的存在与物质的存在。但张君劢接下来又承认,在不同文明中,或在同一文明的不同时期,两种倾向的比例有所不同而已。由此形成了某些文明类型或阶段的差异,但这种差异不是绝对的,而不过是程度的问题。[2]

因此,张君劢秉持其寻求"会通"的一贯立场始终相信,处于立国时期之中国人,需在理智与道德之间保持平衡。对于现代立国而言,这二者是同等重要的,缺少其中任何一个,均不能维持一个治理优良而繁荣之现代国家:

---

〔1〕《胡适与中国的文艺复兴》,第160页。

〔2〕参见"再论人生观与科学并答丁在君",见《张君劢卷》,第650~651页。

吾人以为道德理智，二者同为人类精神之原初产物，故应平等视之。以知识隶于道德之下也，是为科学之不发达，如吾国古代之弊是已；反是者如罗素辈之言，以道德隶于知识之下，其结果必流于否认道德……此我所以提出道德与知识并重之论，希冀吾国思想家对于此二者采取一视同仁之态，而不令其有彼此之仇视也。[1]

既然道德与理智同等重要，则中国传统思想、道德就获得了其存在之证明，"孔孟之垂训，宋明之理学，自为吾国文化之至宝，以其指示吾人以行己立身与待人接物之方。申言之，指示吾人以人生之意义与价值也"。[2] 更进一步说，中国传统的义理之学，对于现代中国之立国，还具有更积极的意义。

由此，我们开始讨论张君劢为保存中国之"旧"文化进行的第二个层次的论证：中国文化不仅具有自己的独特性，而且，这种独特之处也是"好的"、"善的"，不仅对中国是好的，从人类文化的角度看也是好的。

由上面论述可以看出，张君劢并不是标准的文明类型论者。在《立国之道》中，张君劢也承认，不同国家的文化或不同时期的文化是可以比较优劣的："事物之甲优乙劣，甲进步而乙则否，世人自有公共之认识。由此观之，文明之发展，在公论中固自有同一之标准。"[3] 这种优劣，不仅可见之于外在的物质文明、制度文明，甚至可以见之于精神文明。

具体说来，张君劢相信，在文明的政制方面，中国传统的君主专制制度与现代西方民主制度的差距，不可以道里计。即便是在精神文明方面，传统中国的发展水平也不及文艺复兴以来之现代西方：这时的西

〔1〕《民族复兴之学术基础》，第 29 页。
〔2〕《民族复兴之学术基础》，第 30 页。
〔3〕《政制与法制》，第 155 页。

方有逻辑学之发达,从而促成哲学之繁荣,及各个领域的科学之发展。张君劢终生都肯定这一事实,并再三向国人强调这一事实。

不过,这一基本历史事实并未妨碍张君劢对于中国文化、文明的肯定。在这里,他区分了文明的物质化表现与其内在精神取向;评估一个文明之高下优劣,应同时从两个方面考察,而这两者在公平的评估者的心目中,得分可能是相反的。这一点,他在人生观论战中就已经说明:“中国之精神文明当如何改进乎?一事也。西方之物质文明是否可效法乎?又一事也”。[1] 每一文明体都具需依赖物质与精神文明两者,所不同者是其内部的搭配比例与结构。在张君劢看来,现代西方文明中,精神文明与物质文明的搭配比例就是失调的,第一次世界大战的后果让张君劢得出了这一结论。

张君劢与其他文明类型论者不同,他对西方有深入了解,因而他强调指出,不论哪种文明都同时有物质文明与精神文明。“虽然,就其成分之多寡,则有依轻依重之分”。张君劢承认,现代西方的精神文明的成就,比如哲学与科学发达程度,远超中国。但是,现代西方文明就其总体取向而言,确实物质主义的:从思想学术、经济、政府政策 3 个方面看,“一若人生为物质为金钱而存在,非物质金钱为人生而存在”。[2] 正是从文明取向这样的角度看,现代西方文明是物质的——张君劢的这一说法,类似于经济学上的比较优势理论之论述进路。正是这种文明取向,给西方带来一战这样的大灾难。

西方文明既然已经出现了如此严重的病症,那一直按照西方模型致力于建立现代国家的中国人,就不能对此视而不见,而应对作为学习对象的西方保持一种理性的、批评的态度:

> 现时人对于吾国旧学说,如对孔教之类,好以批评的精神

---

〔1〕“再论人生观与科学并答丁在君”,见《张君劢卷》,第 651 页。

〔2〕《张君劢卷》,第 651 页。

对待之，然对于西方文化鲜有以批评的眼光对待之者。吾以为尽量输入与批评其得失，应同时进行。中国人生观好处应拿出来，坏处应排斥他，对于西方文化亦然。[1]

张君劢反对的不是学习西方，而是反对学习现代西方已被证明——至少是部分西方人、具有巨大影响力的西方哲学家已经做出了这样的表述——具有严重后果的那部分文明或“反文明”，特别是渗透于其国家各个领域的物质主义精神。由是，前现代的中国人、传统儒家思想对人的生存之精神面向的关注、强调，显示出对于正在形成的现代中国之价值。尽管中国在精神文明各个方面——比如哲学、学术——的具体表现未必优于西方，但起码中国文明的“精神主义取向”是可取的。当时很多敏锐的中国学者，包括张君劢，注意到西方世界在经历了一战前秩序的崩溃后进行深入反思，且其反思之道暗合传统中国的精神取向，即重视人生之精神维度，关注道德问题。晚年的张君劢继续坚持这一看法，尽管其用词有所不同。[2] 在张君劢看来，这一点证明了，中国文明并不是绝对于落后于现代西方，与西方也并非截然不同的两个文明类型。相反，中西文明已经展现了“会通”之趋向，中国文明已经显示了其在现代环境下的可取之处。换言之，中国传统文明到了现代并非只有死路，相反，它自有其活路。顺着其原来就有的取向发展——当然并不拒绝学习西方，就可以形成一种相对健全的现代中国文明，而又可以避免重蹈现代西方之覆辙。

正是基于这一点考虑，张君劢于传统思想之中扬宋学而抑汉

---

〔1〕《明日之中国文化》，第 137 页。

〔2〕“二三百年来，西欧人之心理上但知侧重知识，且以为知识愈进步，人类幸福殆无止境。然自两次大战以还，欧洲人深知徒恃知识之不足以造福，或且促成世界末日，于是起而讨论科学之社会的任务。申言之，知识之用，应归于利人而非害人，则道德之价值之重要，重为世界所认识矣”，参见“我之哲学思想”，见《中西印哲学文集》，上，第 44 页。

学——当然,这一点是现代新儒家,甚至包括钱穆的共同取向。[1] 自人生观论战中提出"新宋学"概念之后,张君劢反复谈及汉学、宋学取舍问题,而其基本立场没有改变过。其原因在于,相对于汉学,宋学对于现代立国更有现实意义,因为它能够砺人心、正风俗。直到后来,张君劢也仍然强调儒家的这一规正风俗人心之功能。这尤其可见之于其撰写于1951年的《中华民族精神——气节》一文中。在这里,张君劢再次重复了其关于宋明理学所代表之传统中国思想的特征的论断:"吾以为中西哲学思想有其根本上之异点,第一,吾国哲学家意在于求善,其所祈向者为一种价值论。以吾国名辞言之,为是非善恶之所归。西方哲人所致力者为求真,为认识论。"[2] 当然,此处之西方哲学是指现代西方哲学。气节即是在中国特有的思想文化传统中所形成的兼有理智、德性、信仰"三者而另成一种理性的信仰",[3] 是不能纳入普通所谓"哲学"范畴的。[4] 而恰恰是这种理性的信仰,对于处于20世纪之中国的立国者及民众而言,具有极为重要的意义。

传统中国文化中还有其他一些优点,这种优点同样具有强烈的现代性或者超现代性,足以矫正西方文明之固有及现代弊病。比如,中国文化传统中的宗教宽容精神。在《立国之道》中张君劢表彰中国文化为"西方人亦常常称道"的特点之第一条,即为"在宗教方面,没有武断的态度"。[5] 张君劢经常引用孔子的一句话:"万物并育而不相害,道并行而不相悖",这既是一种立国者所应采取的包容性的文化国策,同时也是张君劢会通古今中外之思想模式的渊源所在。

---

〔1〕 如"为中国文化敬告世界人士宣言"说:至宋明而后大盛的"此心性之学,是中国古所谓义理之学之又一方面,即论人之当然的义理之本源所在者。此新性之学,最为世之研究中国之学术文化者所忽略所误解者。而实则此心性之学,正为中国学术思想之核心,亦是中国思想中之所以有天人合德之说之真正理由所在",见《中西印哲学文集》,下,第866页。

〔2〕《中西印哲学文集》,上,第598页。

〔3〕《中西印哲学文集》,上,第599页。

〔4〕 张君劢对于所谓的中国哲学史概念本身就持一种批评态度。

〔5〕《政制与法制》,第169页。

张君劢也特别强调中国人具有“求知精神”，此为《立国之道》列举中国文化可取特点之第二条。[1] 孟子之所以伟大，就因为他突出了“心之官则思”这一哲学基础性命题，而张君劢也在晚年重述儒家哲学时把“致知之心”列为其基本范畴。[2] 张君劢认为，尽管这种致知之心的指向与西方的理智主义有所不同，但它却具有令中国人在保持对义理思考的同时也强化以自然为对象之科学研究的可能性与潜力。

经过上面的论证，我们可以看出，张君劢既不是文明类型论者，也不是文化进步主义者。相反，他相信，中西文化、古今文化之间，其实并无截然的界限、壁垒，而存在着诸多可以“会通”的空间。制度有好坏之分，文化同样有好坏之分。但这种好坏并不是历史的产物，也即好的文化并非随着时间推移而出现的。事实上，后出的文化，未必就比古典的文化更好。同样，更为现代的西方的文化，也未必就比相对传统的儒家的思想更好。在张君劢眼里，表面上传统的中国文化，其实与西方现代文化、与那些反思西方现代文化的最新哲学，又诸多相同、相通之处。

基于这一事实，时间因素，历史因素，对于现代中国文化的构造者来说，就不是一个重要问题。处于立国时代的中国人，应当深入中西古今方文化之内部，仔细辨析其相同相异与高下优劣之处，尤其是致力于“会通”。可以说，张君劢的文化观既是反历史主义的，也是反结构主义的。从某种程度上，他似乎接近于功能主义。或者可以说，张君劢是以儒家天下主义的心态来看待古今中西的文化要素的，重要的是构造出一种合理的、优良的文化结构，至于其材料出自何方，则似乎并不重要，尽管就人的本性来说，这种构造者天然地会对中国固有文化持有较为亲切的态度。但张君劢并不是守旧主义者，当然他也不是激进主义者，他就是保守主义者，站定自己的立场，基于自己的问题意识而又始终对外部世界保持开放心态。

---

〔1〕《政制与法制》，第170页。

〔2〕可见《儒家哲学在历史中之变迁》、《儒家哲学之基本范畴》等篇。

三、文化再造之主体性与会通的方法论

“会通”是张君劢提出的再造中国文化或者说构建现代中国文化的基本方法。会通的前提是古今中西的文化之间虽有相异，但也总有相同、相通之处。进行会通，当然是以我为主；由我对中外古今文化之优劣得失详加辨析；以我之需要为宗旨，寻求会通，以创造现代中国新文化。

在人生观论战中，上述张君劢之现代文化建构进路已初见端倪，第一篇演讲的结尾已包含上述全部三个要素：

> 方今国中竞言新文化，而文化转移之枢纽，不外乎人生观。吾有吾之文化，西洋有西洋之文化。西洋之有益者如何采之，有害者如何革除之；凡此取舍之间，皆取决于观点。观点定，而后精神上之思潮，物质上之制度，乃可按图而索。此则人生观之关系于文化者所以若是其大也。诸君学于中国，不久即至美洲，将来沟通文化之则即在诸君之双肩上。[1]

近半个世纪后，张君劢于去世前一年发表于《自由钟》杂志、带有政治遗嘱性质的《老当益壮之自白》一文，与此遥相呼应：

> 吾人处此文化交流时代，应会合东西，镕铸于一炉之中，知自己之所长所短而后，就其长者而守之，就其短者而去之。知西方之所长所短。西方之所长所短，不论其为近代古代为文学为科学，一律平等视之，悉心研究之后，再定去取。此乃

[1] 《张君劢卷》，第604页。

今后廓大自己闻见、智识以求文化复兴之唯一方法也。[1]

可以说,终其一生,张君劢关于现代中国立教之基本构想并无变化。所谓会通,意味着古今中外处于同等地位,即“一律平等视之”。首先对西方——其实不仅是西方,还有印度,张君劢保持全面开放之态度,这一点不同于文化守旧主义者。如他所说:

据我看来中国旧文化腐败已极,应有外来的血清剂来注射他一番。故西方人生观中如个人独立之精神,如政治上之民主主义,如科学上之实验方法,应尽量输入。如不输入,则中国文化必无活力。[2]

另外,张君劢又对西方秉持一种理性的态度,这一点又使他不同于全盘西化论者。张君劢对现代西方物质主义哲学及其制度设想的批判,在西方哲学中对不同传统的取舍,在不同政体之间的选择,都体现了这种态度。

需要指出的是,基于立国的问题意识,张君劢所关注之外国文化资源,多集中于各国建国时期。关于德国思想,主要关注德国处于建国时期的费希特、康德、黑格尔的哲学,对现代西方进行反思之倭伊铿的哲学,马克思主义哲学,魏玛宪法制定者柏吕斯之宪法思想。关于美国思想,张君劢似乎较多关注联邦党人。关于印度思想,张君劢则关注尼赫

---

〔1〕“老当益壮之自白”,见《中西印哲学文集》,第161页。吾人处此中西交通时代,应对于中国政治中国社会,与西方同以一种立场,一种定义分类法,先行试用,指出其共通者何在,所以见其为同种现象,自有同种公例之可求;更从而指出相异者何在,以见其既有特种情形存在,乃不能不加以另行说明或曰限制条件。《中国专制君主政制之评议》,第8页。张君劢又列举了中国与古希腊在宗教观念、德教、学术上的相同、相通之处,进而指出,“因此相同之故,吾人处以今日,唯有鼓励之,扩张之,合之于一炉之中,以促成相通而不失其本色而已。”第534页。接下来,张君劢更详尽地讨论了会通的具体策略。

〔2〕《明日之中国文化》,第137页。

鲁的生平与事业，并特别讨论过旨在于现代背景下复兴、重建印度哲学、宗教的罗达克立希纳之思想。[1] 张君劢为对比中西思想，也对柏拉图思想有所研究。这个西方资源的列表，看起来比较怪异，缺乏足够的内在联系性。但由此似乎也恰恰体现了张君劢以我为主的自觉选择意识。

其次，对于中国既有文明、文化，张君劢一方面保持强烈批判性，这尤其体现于其对中国古代君主专制政制的批判中，而对于传统中国之知识状态、宗教、哲学，张君劢同样提出了诸多批评。另外，张君劢又对中国文明保持开放态度，这一点使他不同于文化激进主义者。这也正是他与胡适、丁文江展开论战的肇因，并因此而也在哲学立场上进入新儒家的行列。

也就是说，在张君劢那里，古今中外均成为中国新文化构造的资源、原料。于是，甄别、抉择的重要性就凸显出来。与立宪思考一样，张君劢同样强调现代中国人在建构现代文化过程中的主体性。晚年张君劢提出，中国新文化、中国现代文明生成的基本进路是“自力更生中之多形结构”：

> 我以为吾国所以自处之道，曰自己努力，不可以为传统中之学术与制度，尚有效力，尚可遵行。唯有自己思考，自己观察，检讨自己所有，再将自己一切与世界各国所有者，较其优劣与得失，以定其取舍。惟其有待于外人，今后将无一源性可言。其可以采择之地，或为西欧或为美洲或为印度，或为各回教国，或为日本，其来源各异，将成为一种多形结构。然其选择、决定，与陶铸而成之权，操之于己，而不流于喧宾夺主。此之谓自力更生中之多形结构之要义也。[2]

---

〔1〕 即“印度哲学家罗达克立希纳学案”，见《中西印哲学文集》，下，第 1293 页及以后。
〔2〕 《明日之中国文化》，自序，第 1 ~ 2 页。

古今中外均为资源，但选择、决定与陶铸而成之权，却在现代中国国民之手中。早自人生观论演讲中，张君劢就强调由我取舍西方之有益、有害者。到30年代，在民族危亡之秋，更是反复强调思想之自主权、文化之自主权，这是《民族复兴之学术基础》、《明日之中国文化》、《立国之道》等全部论述的关键。也正是在这一点，张君劢对全盘西化——不论是化于欧美还是化于苏俄——提出严厉批评。[1]

张君劢的这一文化建国思想看起来具有民族主义色彩，很多人也确实把张君劢视为民族主义者。然而，我们已经辨析过，从政治上说，张君劢其实并非民族主义者。张君劢在文化领域之强调中国人相对于现代中国新文化之主体性，也另有更深刻的原因。中国与西方都是复杂的，在中国的传统—现实与西方的古今之间，存在着复杂的关系。中国人要建设现代新文化，就不得不在其间进行甄别、取舍、陶铸。若无这种主体意识，而盲目追随西方某一思潮，如杜威的理论或者苏俄的政法、社会理论，其所学习者反而不是“西方”，只是局部的西方或时髦的西方，甚至根本就不是西方。而时髦的西方、西方人自己也在试验中的理念、制度，未必是适合于现代中国立国之际参考、学习的资源。唯有通过甄别取舍，中国知识人和立国者才有可能学习完整的、可取的、现代的“西方”，一个对中国之间国事业有益而非产生扰乱、扭曲作用的西方。关于这一点，张君劢曾论述说：

> 文化为物，发之于内，由精神上之要求见之于制度文章。其性质为自我的、独立的，虽因外界之交通，而思想上有互换之处，然一洲或一国之固有文化之成立，必有其国民自身有特种人生观，有种种创作。此考之希腊文化与欧洲文艺复兴以来之文化，何一非创造的思想家之言论动作，有以涵育而成之，是其明证。故吾国今后新文化之方针，当由我自决，由我

〔1〕 比如可参见《民族复兴之学术基础》中“思想的自主权”一文。

民族精神上自行提出要求。若谓西洋人如何,我便如何,此乃傀儡登场,此为沐猴而冠,既无所谓文,更无所谓化。自此点观之,西洋人对于其文化之失望,吾人大可不必管他,但自问吾良心上究竟要何种文化。[1]

西洋有什么样的文化、当下的某些西洋人对各种文化都有哪些看法,只可作为参考,而不可作为作为铁的事实,作为定论。相反,哪个西方为好,哪个西方为坏,需要由中国人站在自身的问题立场上,予以甄别取舍。同样,也唯有通过甄别取舍,才有可能把握传统中国之思想、精神。传统是什么,并不十分重要,重要的是,深入到传统中,进行仔细的甄别取舍。在立国的主体意识下进行的双重的甄别取舍,就已经启动了现代文化的构造过程,而这个过程同时也就是中国文化的再生过程。

由此,张君劢很自然地在《明日之中国文化》中提出了一个具有强烈自由主义色彩的中国现代文化发展进路:“吾人以为今后吾族文化之出路,有一总纲领曰:‘造成以精神自由为基础之民族文化’。”此处精神,正是指理性,指思想力、思索力,它与物质相对而言的:“人类有思想、有判断、能辨善恶,故有精神。”他接着说:

精神之自由,有表现于政治者,有表现于道德者,有表现于学术者,有表现于艺术宗教者。各个人发挥其精神之自由,因而形成其政治、道德、法律、学术。在个人为自由之发展,在全体为民族文化之成绩。个人精神上之自由,各本其自觉自动之知能,以求在学术上、政治上、艺术上有所表现,而此精神之自由表现,在日积月累之中,以形成政治、道德、法律,以维持其民族之生存。故因个人自由之发展,而民族之生存得以

〔1〕《明日之中国文化》,第137页。

巩固。此之谓民族文化。[1]

此处所谓文化是广义的,实即整个文明。那些从民族主义进路研究张君劢的论者对此论断不免有些困惑,因为这些论断完全没有民族主义的、守旧主义的气息。其实,张君劢从来不是民族主义者,尽管他使用了很多看似具有民族主义色彩的字眼。如我们已经论述过的,张君劢的民族主义、国家主义,毋宁是"国民主义"。"国民"(nation)向来都是张君劢所说的现代国家的主体,国家就是国民之结合,因而,宪制固然当由国民创造、制定,文化同样也当由国民再造或创造。

这样,张君劢的文化建构进路就比较清晰了:现代中国文化就是现代中国人创造出来的:

> 吾国思想正处于新旧交替之际,君主也,民主也,大家也,小家庭也,旧道德也,新道德也,虽政府在表面,久有一定之章制,而私室以内之接膝谈心,其议论之上下参差,有不可以道里计者,诚欲有以统一之,决非复古二字所能为力,唯有以本时代之吾国人自创一者哲学上、社会上、政治上之学说以资解决,积日稍久,自为人所公认而奉为圭臬。[2]

"本时代"即现代的"吾国人",即国民,必须自己为自己创造出哲学、学术与制度。既然如此,现代文化之源其实是现代国民的"精神自由",国民自由地思考、创新与努力。各个国民之自由思考、创新,在整体上即呈现为民族文化之自我维新,形成现代中国的知识、道德与制度等。在张君劢看来,中国现代国家结构中之新文化是生成性的,而非现成的。它既不可能是全盘西化论者所鼓吹的现成之西方,也不可能是

---

〔1〕《明日之中国文化》,第85~86页。

〔2〕《民族复兴之学术基础》,绪言,第5页。

守旧主义者所鼓吹之现成的中国传统。相反,现代文化将由现代国民创造出来。

据此,我们可以理解下面一个事实:张君劢其实并没有费心去讨论新文化的实体性内容是什么,他更多的是在讨论通过什么样的方法、途径,才能更有效地生成新文化。基本上他相信,激进的全盘西化论与守旧主义,都不可能承担其现代中国之立教任务。唯一正确的进路是保守主义的“文化再造”,或者说文化“再生”。

张君劢国家社会党的主要刊物《再生》之英文即为 national renaissance,常规翻译应为“民族复兴”,张君劢30年代也出版过一本著作《民族复兴之学术基础》。复兴的前提当然是承认中国文化存在巨大问题,当西方已经建立了现代国家之后,中国还不是。而且,中国文明共同体内部确实存在严重的腐败,有诸多因素也不利于中国之现代国家构建。但是,中国文明仍然有自己独特的、普遍的价值,也因为此,中国文明也依然具有内在的生命力。立国者所面临的任务就是通过对既有的文明因素之重组,通过引入西方文明,而培植、扩大、强壮这样的生命力。所谓“力矫前非,在旧萌芽之上,培植而滋长之”。[1] 此之谓“再生”:再生者,中国固有之文化在开放世界中的内生也。此处之所谓“内”,就是中国的国民。

既然如此,则现代新文化的创造的过程也是受到限制的。因为,国民必然是生活于特定的文化规定性之中的。诚然,如张君劢的唯心主义所主张的,制度、文化乃是“心”之客观化,国民乃是文化的创生主体。但是,这种创造是在一定约束条件下进行的,也即创造是在既有的文化之中进行的。因而,创造的过程必然呈现为再生的过程,而不是凭空造作的过程。现代新文化乃是传统与创造之心互动的过程。在真空之中,不可能进行任何创造。如果试图全盘地摧毁既有文化,则创造就陷入无源之水的困境中。所谓再生,就是国民在既有文化中进行创造的

〔1〕“张东荪著《思想与社会》序”,见《中西印哲学文集》,上,第122页。

过程。为此,需要国民既充分运用理性,又十分审慎。既保持开放性,又具有明确的目的性。在“造成以精神自由为基础之民族文化”这个命题中,精神自由与文化相互为条件和结果。因此,与立宪过程一样,中国这个现代国家之文化,也是一个过程,而非一个可以事先予以全盘规划的实体。

四、中体西学,资相循诱

张君劢关于新旧中西文化的上述明智认知,形成于其关于西方现代化过程的历史研究与理论思考。

关于西方历史,张君劢特别关注现代国家建立的时期,及其在20世纪初期动荡重建的时期。而他发现,制度乃是人心之产物。这正是人生观讨论中他的核心主张。在《立国之道》中,张君劢总结西方立国时期“一派相传的史实,可分四点来说:一、宗教改革;二、文艺复兴;三、科学兴趣之重兴;四、民主政治运动。此四大改革背后,有其一贯之精神,即个人理性与人格之发展。”[1] 在1948年的演讲《民主政治之哲学基础》中,张君劢将西方的现代化概括为宗教革新、科学发展、民主政治三大组成部分,而“这三个运动之中,从其根本上言,宗教上之可信与不可信,学理上之是非与夫政治上之善恶,另有一种客观的标准存在,这就是人类的理性。”[2] 到1965年的《中国现代化与儒家思想复兴》一文,他再次指出,欧洲的现代化包括宗教改革、文艺复兴、科学发展、民主政治四部分,它们又可归结为一点:“基本上,人的理智自主是现代化的真正动力”。[3]

换言之,欧洲现代化,或者说,西方的现代国家,构成国家的哲学、学术、宗教、社会、政制等,无一不是西方人的心官之思的产物,是“心的

---

[1] 《政制与法制》,第158页。
[2] 《中西印哲学文集》,上,第246页。
[3] 《中西印哲学文集》,上,第581页。

物”，是西方人“精神上之要求见于制度文章者”，也即是西方人自主地发现、创造出来的。这也正是张君劢的唯心主义社会秩序生成理论的核心观点。归根到底，现代国家是由西方的哲学家、政治家与普通国民作为主体创造出来的。

由此可以得出一个政策性推论：现代化必然是内生的，原发的西方是如此，后发的中国同样是如此：“现代化的程序应从内在的思想着手，而不是从外在开始。”[1]既然如此，中国就不应当只是学习西方既有的制度，

> 因为欧洲的现代包括若干方面，文艺复兴、宗教改革、科学，以及政府，我们不能像设立工厂，装设机器和建筑公路那样地来做现代化的工作，我们一定要从它的根源做起，这就是说，从心或思考作用开始。因为心或思考作用是获得知识的。[2]

因此，具有明确而强烈之现代立国意识的张君劢始终强调中国人处于开放环境中的思想自主。在一篇题为《学术思想自主引论》的文章中，他讨论学术思想自主之含义，第一条即为“毋忘自由心官之思，而寄耳目于世界任何一人一国。”[3]自己进行选择、思考，成为他毕生不断重复的一个话题。据此，张君劢设想的现代立教之道，甚至于现代立国之道可概括为：中体西学，资相循诱。[4]

张君劢在30年代初提出的文化建设之“死后复活”之说，就隐含了

---

〔1〕《中西印哲学文集》，上，第593页。

〔2〕《中西印哲学文集》，上，第593页。

〔3〕《中西印哲学文集》，下，第1395页。另外两条是：“第二，每一国家有其过去历史，应查明病症而后治之以药石，断非生吞活剥所能有济；第三，世界上事业之光耀夺目者，未必即为人类之幸福，吾人应以批判的眼光，衡量今后世界之前途”，同上引。

〔4〕关于这一命题的一般性论述克参见拙作：“论自由主义的保守化”，载《原道》，第十五辑，陈明、朱汉民主编，首都师范大学出版社2008年版。

这一模式。所谓的“死”，是指“吾国之旧家庭旧社会旧政治，如同灰堆中之器物，其与西方相遇，犹之草棚泥屋之不敌铁筋洋灰”。[1] 中国文化、文明乃至国家生存陷入危机，“视为将亡也而呼号奔走，则正所以存之，此所谓死后复活之说也，其条目有二：第一，以死后复活之新生命，增益其所本无。第二，以死后复活之新生命，光辉其所固有。”[2]

在接下来的解释中，张君劢首先针对陈独秀所代表的“骛新派”，提倡新旧文化之并存，比如，“科学之发达，未必即为四书五经之消灭”，因其中所体现的“道德”，实为“立国之第二因素”。[3] 但他同样反对“竺旧派”的保存说，而强调文化创新的重要性：

> 旧文化已如秋蝉之壳，形骸虽在，而精魂消失。除以新努力在知识上道德上有所建树外，已无自存之道。今后之事业，在开发将来，不徒在保存既往；在实现活文化，而不在陈列死文化。以科学之发展言之，其无关于保存，不待言矣。即固有之旧制旧说，经一番新体验之后，重复出现于社会，其面目亦不大相同。吕大钧之《乡约》，蜕化而成为梁漱溟之村治说。清代汉学家之治学，胡适之目之为科学方法。唐代之“母题”，参插于梁思成之新建筑中。古人之成绩，经此新解释新体会、新应用之后，视昔日之存于灰堆中者活跃多矣。凡此吾之所无与吾之所有，经胸中一番新酝酿，而后发之为学说为规制，斯为有活力有性命之文化。[4]

1960 年，张君劢又说：

---

〔1〕《民族复兴之学术基础》，第 13 页。
〔2〕《民族复兴之学术基础》，第 14 页。
〔3〕《民族复兴之学术基础》，第 14 页。
〔4〕《民族复兴之学术基础》，第 15 页。

近年以来自己思想上一种转变，曰与其对于西方某派左袒或右袒，反不如以吾国儒家哲学思想为本位，刷新条理，更采西方哲学中可以与儒家相通者，互为比较，互为衡量，互为引证。或者儒家之说，得西方学者之助，更加明朗清晰。而西方哲学家言，因其移植吾国，更得所以发荣滋长……儒家哲学与西方哲学之交流与互为贯通，不独可以补益东方，或者可以产生一项交配后之新种也。[1]

此论不仅适用于哲学，也适用于整个文化。历史也证明，“吾国人不轻易承认外国文化而向之低头，必待自己纳之胃中消化以后，化为自己血液，而后吐而出之”，[2]中国佛教流派，尤其是宋明新儒家哲学就是如此出现的，张君劢也特别表彰宋明儒家在这一点上的贡献，其倡导新宋学其实也正是试图在西方文化的环境中，以西方的学术思想，实现中国传统之自我更新。

这也正是“中体西学、资相循诱”的宗旨所在[3]。所谓“中体”，其第一层含义是指张君劢反复论证的中国人作为中国现代文化之创造者的主体性。对于任何一个共同体来说，现代文化都不是一个现成的完满的实体，相反，它必然是一个由其“文化之担负者”[4]孕育、创造、身体力行因而持续生长的过程。文化、乃至于国家，都是其国民的“心官之思”的外化、物化。

“中体”的第二层含义则是指从事现代文化创造的国民生存于其中的中国之传统—现实。国民作为现代文化、现代国家创造之主体，不是

〔1〕“新儒家哲学之基本范畴”，见《中西印哲学文集》，上，第521～522页。

〔2〕“儒家哲学处于西方哲学环境中之觉悟”，见《中西印哲学文集》，上，第479页。

〔3〕关于这一理论的一般性论述，可参见拙作：“论自由主义的保守化”，载《原道》，第十五辑，陈明、朱汉民主编，首都师范大学出版社2008年版，第126～133页。

〔4〕《明日之中国文明》，第138页。

空洞的存在。处于文化创造中的中国人本有文化上的某种规定性，他必然是依传统而生活的、生活于传统之中的。这个传统，在很大程度上构成了人的文化自我，中国人正是由中国文化所界定、所决定的。因此，现代中国之哲学家、政治家、绅士及普通国民必然立足于这种规定性，进行其文化选择、创新、创造活动的。此即所谓“中体”的第二层含义，现代文化的构建工作，应从文化、从传统的内部着手，而不是从外在的、局外人的身份进行。合理的、健全的现代文化、现代国家之型构，必然是以其固有之传统—现实为出发点的，呈现为国民对于自身之文化自我进行维新的过程。创造即再生，而不应当是全盘摧毁再在废墟上新建。如此，则主体不具有任何规定性，创造也就无从谈起，因为主体已经被消解了。

当然，这一“中体”之所以能够成为现代，乃是因为，中国传统中的诸多价值、制度、理念，其实具有相当明显的现代性，有些与现代西方相同、相通，有些与20世纪初西方哲学的反思相同、相通。这些因素、结构，完全可以作为中国建立现代国家、现代文化的基础。换言之，中国传统的思想、价值，乃至社会制度，具有指向现代国家诸多种构成要素之潜力和可能性。

张君劢主要从哲学、思想等方面对此命题进行了论述。张君劢接触哲学，就是因为中西哲学会通的刺激：他在倭伊铿、柏格森那里，似乎读出了宋明心学的气息。因此，他毕生关于哲学、文化的所有讨论中都反复重复一个命题：中国传统儒家思想与古典西方、与现代西方哲学思想之间，均有可会通之处。如他在《儒家哲学之复兴》的自序中说：

> 我考儒家思想之范畴，曰万物之有，曰致知穷理，曰心之同然，曰形上形下相通。此数原则中，何一不可与西方哲学联系者乎？何一反于科学者乎？何一妨碍民主政治者乎？何一不可为世界大同导其先路者乎？我再思三思，觉“五四”以来主张“打倒孔家店”者，但见“三纲五常”与夫“礼教吃人”之为

害，然于儒家思想与德赛两先生可以同条共贯之处，竟然视而不观不闻！[1]

正因为此，中国"固有之传统，可以为今后推陈出新之基础"。张君劢始终相信，中国传统中，唯有政制几乎全无足取，专制政制当彻底抛弃，这是他一贯的思想，[2]直到晚年，更是以《中国君主专制政制之评议》巨著，依据中国历史事实，对钱穆所说的中国传统政制中蕴涵现代精神的说法，逐条予以反驳。不过，除此之外，中国传统之其他领域，哲学思想，道德、宗教、社会等制度，都有可取之处。这一点，我们上面已有所论述，下面再作补充。

就道德而言，张君劢专门多次从其变与不变的角度论述了现代中国之道德建设何以可以延续中国传统，而又可以取法乎西方的道理。在《立国之道》由牟宗三所代笔的最后一部分，即对此问题有所论述。[3]

> 同此人类，同此心理，同此善恶是非之准绳，因其生活环境之改造，所以表现其德庇之方式，因时因地而不同。然其合于人之所以为人之道，自古至今，始终一贯者矣……变中有不变者在，人心是矣，善恶是非之准绳是矣，伦理是矣。古往今来政治社会制度之所以变，或因战乱，或因暴政，或因束缚太甚，或因分配不均，然所以谋人之各得其所者不外乎平等自由与胞与之义。此三义背后之主动，则人而已，心而已，理而已。人、心、理三者所以表现之道德，虽有时为一人或少数人计，然其趋势之归于人人之平等自由，是乃所以充其人之所以为人

〔1〕《儒家哲学之复兴》，自序，第2页。

〔2〕如张君劢在30年代初写道："国中近来提出东方文化说者日盛，即吾辈亦以为东方文化自有其价值，不可忽视也。然但就政治就国家之理论言之，则古人之言，绝少可以为新国家建设之凭藉者，此国人所当确认者也。惟其然也，除以西方柏拉图以来之国家论，大昌明于国中外，无他法矣"，见《民族复兴之学术基础》，第123页。

〔3〕《政制与法制》，第220页。

之量也。[1]

张君劢研究中西文化,力主推原于其根本处。比如,关于西方文化,“一种外国制度,总要找到他背后的理性与根据”,[2]关于中国,“今人读古书,当求古人之真面目,不可合其相连一起者而排之。要而言之,从善意方面加以解释,自能于四千年之历史中求得其精义,以范围国民心态”;“且唯此推本于古代文化之政策中,然后求得吾族之真正自我,不独其源流贯通,且与新文化中自能发挥吾族之特点”。[3]

一旦推原于此根本处,则可以看到,中西之间并无根本差异。相反,中西古今具有共同的趋向,或者说共同的“相”(idea)。这个 Idea,出自陈寅恪先生的论述:

> 吾中国文化之定义,具于《白虎通》三纲六纪之说,其意义为抽象理想最高之境,犹希腊柏拉图所谓 Idea 者。若以君臣之纲言之,君为李煜亦期之以刘秀;以朋友之纪言之,友为郦寄亦待之以鲍叔。其所殉之道,与所成之仁,均为抽象理想之通性,而非具体之一人一事。夫纲纪本理想抽象之物,然不能不有所依托,以为具体表现之用。其所依托表现者,实为有形之社会制度,而经济制度尤其最要者。故所依托者不变易,则依托者亦得因以保存。[4]

---

[1] 《儒家哲学之复兴》,第 124 ~ 125 页。

[2] “养成民族思索力”,见《明日之中国文化》,第 119 页。

[3] “中华民族文化之过去与今后之发展”,见《明日之中国文化》,第 110 页。

[4] “王观堂先生挽词并序”,见《寒柳堂集》,上海古籍出版社 1980 年版,寅恪先生诗存,第六页。先生接着说:“吾国古来亦尝有悖三纲、违六纪、无父无君之说,如释迦牟尼外来之教者矣。然佛教流传播衍盛昌于中土,而中土历世遗留纲纪之说,曾不因之以动摇者,其说所依托之社会经济制度,未尝根本变迁,故犹能借之以为寄命之地也。近数十年来,自道光之季迄乎今日,社会经济之制度,以外族之侵迫,致剧疾之变迁;纲纪之说,无所凭依,不待外来学说之掊击,而已销沉沦丧于不知觉之间。虽有人焉,强聒而力持,亦终归于不可救疗之局”(第 6 ~ 7 页)。此论未免过于悲观。

当然,西方文化、现代文化也都有其共相。而张君劢相信,中国文化与西方文化的抽象理想之间,中国传统文化与现代文化的抽象理想之间,也即中、西文化之“体”与现代、传统文化之“体”之间,并非截然区别,而是存在着相同、相通之处。此一立论的基础也许就是孟子所谓“人同此心,心同此理”。愈是推原于根本处,中西之间、古今之间的这种相通之处就愈多。比如,西方现代文化强调平等、博爱,张君劢断言,这同样是中国文化所固有的。自由、平等、胞与就是中国文化之“体”,此一中体早已为中国哲人发明,即“阳明所谓昭灵不昧之心,所以善恶是非之良知也。此其一体之仁未或稍变,且无时而不在”[1]。这样的中体,与西方构造社会之抽象理想,并无直接对立,甚至根本就是相同的,尽管其具体的、历史的制度有所区别。因此,在《义理学十讲纲要》的最后,张君劢提出了一系列关于现代国家构建的具体方案,

> 以上四项,宗教、学术知识、道德、政治四者之改革方案,验诸儒家学说与西方民主国之制度,无不互相吻合,良以儒家学说(一)尊重人权,(二)限制君权,此二者与民宪国家之保护人权也,议会也,责任内阁也,地方自治也,固无一而非同条共贯者也。[2]

当然,张君劢知道,儒家圣贤发明、坚守的此类思想只是观念层面上的抽象理想,而未能在历史中落实于具体的制度中。这也可以解释张君劢处理传统政治的态度之表面上的矛盾:张君劢一方面坚决主张中国秦以来的政制是君主专制,几无可取之处,这种决绝态度在现代新儒家群体中是比较独特的。不过,这并不等于说,儒家思想就是专制的。张君劢再三指出,秦制是以法家思想为本建立起来的,儒家思想反

[1] 《儒家哲学之复兴》,第125页。
[2] 《义理学十讲纲要》,第54页。

而受到了压制。换言之,现实的政制与儒家政治理想始终处于对峙之中。在这里,张君劢以立国者的审慎,在文化与政治的区隔之外,对中国文化进行了另一个区隔:中国文化的内在精神或者说儒家抽象理想,与其历史地呈现的制度是两回事情。当然,这两者未必总是对立。在很多领域,儒家的抽象理想得到了正当的呈现,主要是在社会领域。但是,在有些领域,主要是政治领域,儒家的抽象理想并没有得到充分表现,甚至遭到皇权及其衍生出来的种种腐烂的权力的压制而根本无从表现。

应当说,儒家抽象理想与现实制度之间的区隔,乃是前述文化与政治区隔之深化。事实上,这种区隔并非人为想象,而是一种事实存在。现代初期众多儒家思想人物在于西方接触之后很快就接受了议会、自治、司法独立等制度安排,就是因为,这些制度安排背后的精神,即人人平等、个人自由与尊严、政府的存在系为民众的幸福等基本原则,与儒家的民本、理性、民胞物与等原则的内在精神是相同、相通的。正因为此一事实,现代新儒家提出了一个关于现代国家构造的基本命题:民主政制之建立,不仅不与儒家思想相冲突,反而是儒家政治社会思想之实现。

这恐怕也是儒家思想复兴有助于中国现代化的一个面相,尽管在《中国现代化与儒家思想复兴》一文中张君劢并未论及这一点。这种思想,在张君劢参与之《为中国文化敬告世界人士宣言》中有最为清晰之表述:

> 我们承认中国文化历史中,缺乏西方之近代民主制度之建立,与西方之科学,及现代之各种实用技术,致使中国未能真正的现代化工业化。但我们不能承认中国文化思想,没有民主思想之种子,其政治发展之内在要求,不倾向于民主制度的建立。亦不能承认中国文化是反科学的,自来即轻视科学

实用技术的。[1]

“种子”、“内在要求”之说特别值得注意。实际上,这也正是张君劢所说的中西“同条共贯”之处。在学术方面,张君劢所强调的儒家哲学的“致知之心”,是可以转换出科学“认知之主体”的。[2] 在政治方面,民主政治的“种子”、“内在要求”在历史上也曾经顽强地寻求表现,这包括董仲舒之以天限制天子的“天道宪政主义”努力,也包括历史上中国人尝试过的宰相制度、御史制度、征辟、科举制度等。

这些制度,都可使君主在政府内部之权力受一些道德上的限制,并使中央政府与社会间,经常有沟通之桥梁。而这些制度之成立,都表示中国社会之知识分子所代表之中国文化之力量。[3]

当然,这些制度的设计的确存在内在缺陷,儒家民主政治的内在要求,也即中国文化之抽象理想,并不能获得正常的、有效的表现:

只是这些制度之本身,是否为君主所尊重,仍只系于君主个人之道德。如其不加尊重,并无一为君主与人民所共认之根本大法——宪法——以限制之,于是中国知识分子仍可被君主及其左右加以利用,或压迫放逐屠杀,而在此情形下,中

〔1〕《中西印哲学文集》,下,第877页。

〔2〕《中西印哲学文集》,第876页。关于这一点,张君劢曾有论述:“昔日人生观论战之中,曾有新宋学之主张,不图今日为理学下新解者,已大有人在矣。吾国所谓理,所谓道,在闭关时代,不外乎仁义礼智孝悌忠信而已。孰知此理此道,传至欧洲之后,乃变为理性主义,在知识方面为范畴为论理方法,在行为方面为道德为意志自由。夫吾国为理与道之发见者,特不知推广而用之于理智方面,以自陷于不识逻辑不识科学之大病。今而后惟有力矫前非,在旧萌芽之上,培植而滋长之,不墨守陈腐之道德说,乃由新理智以达于新道德,庶理性与理智有以见其全体大用矣”,《中西印哲学文集》,第123页。

〔3〕《中西印哲学文集》,第881页。

国知识分子则只能表现为气节之士。至此气节之士之精神中，即包涵对于君主及其左右之权力与意志之反抗……此即谓由中国君主制度本身之发展及中国文化对于君主制度下政治之反抗与要求，中国政治必须取消君主制度而倾向于民主制度之建立。[1]

也就是说，在漫长的皇权专制时期，“中国文化中之道德精神与君主制度”之间存在着根本矛盾，且在中国历史中未能得到有效化解，“而此矛盾，只有由肯定人人皆平等为政治的主体之民主宪政加以解决，而民主宪政亦即成为中国违规中之道德精神自身发展之所要求。”[2]儒家政治理念之展开，就要求建立体现自由、平等、胞与精神之制度。只是在古代，中国人未能找到实现此以道德精神的具体制度安排，此种精神在现实的专制政制也就隐而不彰。但现代西方所发明之宪政制度，相比于传统中国的政制，能够更有效地实现自由、平等、胞与精神之义，则现代儒家自然就不会拒绝以宪政制度替代君主制度。事实上，实现这一政制制度革命，乃是真正理解、把握、具有儒家精神的人士的道德与政治责任所在。由此可以理解，为什么身为新儒家的张君劢——及梁启超，是坚定的宪政主义“政治革命”倡导者，而同样身为新儒家的牟宗三、徐复观等人，也以民主建国为现代中国的基本主题。

而按照上述论述，此一建立宪政制度的努力，并非是向外学习，相反，这种立宪的努力毋宁是儒家固有的道德精神之内在要求在新的知识、政治脉络中的自我展开，是自由、平等、民胞物与之传统理念，作为制度的“种子”在更为有利的新环境下的自我生发。这是中国文化之内在理念呈现为具体事实的过程的，从可能性变成现实的过程，使抽象理想变成历史的过程。在《新儒家政治哲学》一文中，张君劢又列举了孟

〔1〕《中西印哲学文集》，第881页。
〔2〕《中西印哲学文集》，第883页。

子辨杀弑君与杀一夫之别、“国人皆曰可杀”而杀之,天下系“天与之、民与之”、“防民之口甚于防川”等论述,及黄宗羲斥责君主专制的论述,然后指出:

> 以上所举儒家之传统,无一字一句非今日之至宝,倘国人奉之为圭臬,而求一一见之于实事,则所以追随英国光荣革命与美国华盛顿与杰弗逊者,何难之有乎?……倘吾人能继孟子与梨州诸贤之后,静心以思之,明辨以言之,详备之,明确之,更济以笃行之志。则儒家政治哲学之一新耳目,且旦暮遇之,非国人所应心慕力追者乎?[1]

据此,现代中国国家之建立,包括宪政制度之建立,现代文化之建设,在很大程度上就是中国文化之“体”——蕴涵于儒家思想中之哲学、政治、文化等理念——见之于具体的知识、伦理规范、社会结构与制度的过程。因为儒家具有这种潜力、可能性,中国文化有这样的“种子”和“内在要求”,所以,在1965年的《中国现代化与儒家思想复兴》演讲中,张君劢明确断言,儒家思想有助于中国的现代化:

> 如果人们深究儒家思想的根源,显然,儒家思想是基于一些原则的:如理智的自主,智慧的发展,思想与反省的活动,以及质疑与分析的方式。如果这一看法不错,则儒家思想的复兴适足以导致一种新的思想方法,这种新的思想方法将是中国现代化过程中的基础。我的看法是:儒家思想的复兴有助于或者是中国现代化的先驱。人们甚至可以说,在中国人心目中根深蒂固的儒家思想足可为导致中国现代化的基本

〔1〕《儒家哲学之复兴》,第146~147页。

方法。[1]

当然,儒家的抽象理想见之于实事的过程,需要借"西学"之助。在中西接触之前,传统儒家理念所实现之学术、社会,尤其是政制,存在严重缺陷。但由于知识的约束,人们无法找到更好的制度安排。现代西方则提供了一种全新的哲学、科学、政治、国家主义道德等方面的经验,儒家理念自我实现的更大可能性,乃是经由现代西方的社会事实之光而被发现、确认的。现代西方的经验以"学"的方式呈现给致力于立国之中国人,中国人通过这种"学",即可以找到儒家理念更好地实现的具体制度安排。如果没有这种西学,则儒家的抽象理想依然无法找到可以事先、依托的制度,则现代中国与传统中国就不会有什么标志性区别。

因此,对西学保持开放态度,就构成了张君劢本人思想与学术活动的一大特征。在新儒家诸多人物中,张君劢对西方的构造(constitution)的了解、理解,也许是最为深入的。事实上,他对西方现代的这种了解、理解程度,恐怕也超过自由主义知识分子。也因此,张君劢能够娴熟地借用西方的宪制理论、制度,进行中国的宪制设计,从而身为现代新儒家,却设计了相当完善的宪政的宪法。

但是,开放之中有原则,即《儒家哲学之复兴》自序中所说,"自力更生中之多形结构"。张君劢所寻求的乃是可以滋长儒家理念——当然,这种理念本身也具有跨文化的普遍性——之西方资源,比如康德哲学,科学,民主宪政制度。至于不合乎儒家理念者,如唯物论、法西斯独裁政制,则拒绝之。于是,现代中国人借助经过甄别、选择之西学而熔铸而成的新文化、新文明,无非是大学所说的"明明德",或者是"为往圣继绝学"。[2] 从这个角度看,所谓"新文化"其实是旧精神焕发了新的生

---

〔1〕"中国现代化与儒家思想复兴",见《中西印哲学文集》,上,第579页。

〔2〕《儒家哲学之复兴》,自序,第2页。

命力——梁启超、张君劢们所从事的“新文化”运动，其实是文化的自新运动。

与牟宗三等具有强烈哲学倾向的现代新儒家不同，张君劢特别强调，儒家固有抽象理想之呈现为制度，不是神秘的、整全的、哲学意义上的“客观精神”之自动呈现，而必须借由国民——尤其是其中的哲学家、政治家、绅士——这个主体之主动的思考与行动方能完成，即上文所引之“静心以思之，明辨以言之，详备之，明确之，更济以笃行之志”。归根到底，精神之呈现为制度，乃是秉有此种精神的人的思考与创造过程。站在真正的唯心主义立场上，在文明演进过程中，居于主体地位的，不是那神秘的、整全的“客观精神”，而是人本身。客观精神并不客观，真正客观的是人。客观精神本身也在人的心中，心才是世界的创造者。

这样，现代中国文化之再生，就是中体的内生，就是中国文化在新的环境中的自我呈现，就是儒家抽象理想寻找更为合理有效的表现形式。反过来说，现代国家建立的国家，也是传统—现实被儒家固有的抽象理想驯服的过程，是传统—现实趋向于理性化的过程。现代国家相对于传统政制是好的，不是因为——或者说不完全是因为——中国人学习了西方的时新的东西，而是因为，中国人借助西方找到了实现其固有之抽象理想——它最集中地表达于儒家圣贤之论说中——的具体方案，而在前现代时期，人们一直没有找到这种实现抽象理想之手段。

当然，在这里，张君劢遇到了讨论立宪问题时同样遇到的问题：国民素质未必适合于通过儒家精神之见之实事而进行之文化创造。问题可能出在两个方面，一方面是学术界根本不承认中国固有传统之价值，而试图通过全盘西化重起炉灶建设中国之新文化。对于这一点，张君劢多有批评。另一方面，当讨论到文化的另一个层面——国民生活风气——的时候，张君劢则注意到中国立国面临的一个严重困难：

> 本来西方人是先有了某种生活习惯，然后才有产生某种政治法律制度与文化现象，所以两方面是一致的，是殊途而同

归的。而我们的困难问题即在一方采用西方的制度，而他方则有几千年所沿袭的旧习惯……我们的生活是旧式的，而西方制度之采用是由于外界压迫的结果，所以制度自制度，生活自生活。[1]

正是这一困难，促使张君劢也部分地认同“启蒙”。可以说，梁启超一系的精英群体，包括张君劢，同样主张中国人的精神之改造。就在新文化运动时期，梁启超、张君劢等人同样转向了教育国民的文化事业。在张君劢看来，国民既然是现代国家之主体，而中国人有很多国民性格的缺陷，他们甚至不能成为合格的国民，这正是中国立国不断失败的根源。因此，张君劢在1921年2月作一文，深入讨论了国民教育对于建立现代国家之重要性。比较有趣的是，张君劢把政党视为一个教育机关：

所谓政党者，皆辅知识教育之不足，而视之为政治教育机关而已。以团体以演说以养成国民之政治习惯，积之日久，则民智日高，团体日坚。始行之于一方，继推之于全国，则吾理想政党之普及全国必矣。[2]

在这篇文章中，张君劢发下了“一心併力于政治社会教育，而期收效于十年百年之后”的宏愿。[3] 事实上，《人生观》演讲本身就强调文化、思想层面上的人生观的变化，乃是中国建立现代国家的前提。《立国之道》继续坚持这一看法，其中张君劢关于文化问题的不少论述，乍看起来，与新文化运动的倡导者没有太大区别，如下面一段：

---

〔1〕《政制与法制》，第177页。

〔2〕“国民政治品格之提高”，载《改造杂志》，第四卷第二期，第10页。

〔3〕“政治运动果足以救中国耶”，载《改造杂志》，第三卷第六期，第6页。

> 吾人以为今后要改造中国政治经济，其下手处应先从人生观着手，或曰人生观应彻底改造。由此生活态度之改造中，乃生我们所要之新文化。有此新文化，不怕无新政治制度与新经济建设。此新政治制度与新经济建设，若无新人生观或新文化为衬托，恐怕便成为无本之木，无源之水。[1]

张君劢也大量论述了国人的旧生活态度与新引进之民主制度之间的不匹配问题，进而提出改造国民精神的纲要：“（一）由明哲保身变为杀身成仁，（二）由用于私斗变为勇于公战，（三）由巧于趋避变为见义勇为，（四）有退有后言变为面责廷诤，（五）由恩怨之私变为是非之公，（六）由通融办理变为严守法令。”[2]这样的纲要是完全可能得到陈独秀、胡适赞成的。

不过，张君劢的启蒙方式却完全不同于陈、胡。在这里，张君劢回到中国历史中寻找启蒙的范式：“我们历史上对于生活风气之改造，亦已有过好几次。”在接下来简短的历史叙述中，张君劢提及具有“转移风气本领的大人物”。[3] 他发现了儒家转移风气、改变制度的模式。基本上，张君劢相信，生活风气之改造，就是这类人物之道德自觉、身体力行的结果。这也正是他晚年演讲“义理学”之用心所在。社会生活风气之转移，系于“明是非、彰善恶以正人心而已”。[4]

这样，在张君劢那里，我们看到了一种奇异的启蒙，但其实是儒家的正统启蒙观：启蒙的依据不是外在的知识或启示，而就在于回到自己的内心。启蒙不需要借助西方的新知识、新观念、新价值。启蒙乃是自我启蒙，这里的意思不仅是指个体的自我启蒙，也是只中国文化的自我

〔1〕《政制与法制》，第157页。
〔2〕《政制与法制》，第179页。
〔3〕《政制与法制》，第183页。
〔4〕《义理学十讲纲要》，引言，第5页。

启蒙。从个体层面上说，启蒙的途径就是儒家所揭示的正心诚意的工夫。从文化层面上说，启蒙就是重温儒家的抽象理想，借助这种抽象理想之光，依据西方的制度原料，设计现代中国的新制度。

当然，这样的启蒙只能始于少数人之自觉，逐渐扩展，由此逐渐成就一种新的风俗习惯。于是，哲学家、政治家之重要性再度凸显出来。由他们所组织之社会自我治理，将能启普通民众之蒙。因此，张君劢所设想的转移风气的工作，乃是社会的、实践的，而非简单的观念上、理智上的启蒙：

> 这样的一个大运动，应该全国上下一致励行，先做一番解释功夫，再立一个规约，大家互相遵守，如清末之不缠足会，不嫖、不赌、不娶妾的会。只要以自动的精神努力去做，推广到各省会各乡村去，何患几百年的恶习惯不能大大的刷新，而造成新气象。须知这事要比鼓吹新思想、新主义还重要。[1]

也就是说，与立宪及实施民主政治一样，刷新社会生活风气的事业，最终要依赖于绅士群体的努力，所谓的各种“会”当然是由这些人士组织、参与的。于是，在张君劢那里，启蒙就不是文人之事，而是绅士之事，不是纯粹理智主义的思想运动，而是具有强烈道德意味的社会自治运动。

如此看来，在张君劢的论述中，不论是立宪还是立教，其主体都是中国社会现实结构中的精英，其上层是哲学思想家、政治家，其基础则是绅士群体。他们构成了第三个层面上的“体”：现代中国立国的行动之“体”。他们是立国的主体，是历史的行动的主体。这样的看法具有精英主义倾向，与张君劢关于立宪政治的政治规划是一致的。但这只是从事实上观察的结果，张君劢并未赋予这些精英以道德和文化上的特权。毋宁说，通过理智的思考、基于中国传统创造新文化，乃是精英

---

〔1〕《政制与法制》，第184页。

的一种道德和文化义务。

当然,这些思想家、政治家、绅士也都立足于中国文明之"体",按照其"内在要求"、基于儒家固有的"抽象理想",而以开放的心灵借助西学,通过艰苦的甄别、选择,进行哲学、学术、社会、制度等方面的创新,以建立现代国家。但此种创新,其实又呈现为"为往圣继绝学",即传统中国之精神在现代环境下的内生性生长,呈现为抽象理想之现实化,呈现为中国文明之"再生"。张君劢理想的中国的现代国家之构建过程乃是"旧邦新命"。

五、"张嘉森主义":现代国家的精神抉择

张君劢也借助于"会通"的方法,基于儒家的抽象理想,为正在建设中的现代国家确立了某种精神取向。

这一点,张君劢在人生观讨论过程中就已经清楚地阐述过了。张君劢之讨论"人生观",强调心、物两分,至少具有两个功用。首先,通过这样的区分,张君劢突出了国人在立国事业中的主体性。他对人生观之主观性、自由意志性之强调,可以被转换为下面的命题:建立一个什么样的国家、制度,不是命定的,而是共同体选择之产物。面对立国任务之共同体,尤其是其精英、立国者,应当在不同的价值、制度之间进行甄别选择。按照后来提出的社会哲学,既有的制度乃是"心的物",它确实对人的行为构成约束,显示其权力性。但归根到底,人的意力是具有自动性与主宰性的。

心、物两分,还具有第二层功用:确定中国所要建立之现代国家的内在精神。立国者既然必须进行辨析、抉择,在开放的环境下,张君劢关于立国问题的思考,不能不涉及中西对比、抉择的问题。于是,"西方是物质文明、中国是精神文明"的命题,也就成为人生观讨论中引起甚多争论的议题。

这一命题是张君劢提出的,也是当时保守主义的普遍论断。第一

次世界大战中及其后的欧洲悲惨情形，迫使一些敏锐的知识分子追问其根源何在。由此，梁启超、张君劢等人了解到西方思想界的自我反思，进而对西方的现代立国取向进行了反思。《人生观》演讲就是为反思现代西方的处境而发，主要见演讲的最后一部分，在此，张君劢围绕精神与物质、男女之爱、个人与社会、国家与世界的关系，对西方进行了反思[1]。或者如他后来所说，“现代欧洲文明之特征三：曰国家主义，曰工商政策，曰自然界之知识。”[2]这个说法后来被简化为“中国为精神文明、西方为物质文明”之说，并遭到丁文江、胡适等人则对此予以猛烈抨击。但如我们前面已经简略讨论过的，张君劢所说的“物质的文明”，主要是指蕴涵于西方现代国家结构内部之广泛而深刻的物质主义精神。如张君劢所说，现代西方的种种制度安排，“一若人生为物质为金钱而存在，非物质金钱为人生而存在。”[3]因而，说西方文明为物质文明就是指其现代西方之人生观也即其国家观具有强烈的物质主义倾向。

应当说，张君劢的这一见识是非常敏锐的。确实，现代民族国家从其诞生时起，就具有强烈的物质主义倾向。现代国家相对于前国家，不论是古典城邦，还是中世纪的基督教国家，其突出特征就是世俗化，就是物质主义。这种物质主义首先基于对人性的重新界定，比如，在作为现代伦理、法律、政治之基础的现代自然法理论中，人被还原为肉体的存在，而与超验性价值剥离了关系。[4] 也因此，从伦理学上说，物质欲望的满足就被普遍地视为人生的主要价值，而权力——而不再是正义——则成为政治学讨论的主要对象。也正是在这样的背景下，出现了经济学，而在重商主义那里，这种旨在追求国家财富的经济学是呈现为一门治国之术的。因此，现代政府是一个仅追求现世的财富、力量的

---

〔1〕《张君劢卷》，第603～604页。

〔2〕《张君劢卷》，第654页。

〔3〕《张君劢卷》，第651页。

〔4〕关于这一点，可参见［德］海因里希·罗门：《自然法的观念史和哲学》，姚中秋译，上海三联书店2007年版，第71页。

机构。正是这样的政府，导致了19世纪国家与国家之间的“权力政治”（或强权政治）。

有必要再次强调的是，张氏所说的物质主义，不是指个人的人生观，批评他的人士普遍地作如是理解。张君劢是着重从国家价值层面上来讨论物质主义的。在西方物质文明的四大表现中，三种都表现为国家的制度安排与政策之倾向：国家竭力保护发明，国家竭力发展工商业、国家保护、推动对外贸易。因此，张君劢说西方是物质文明，其实是说，西方现代国家具有强烈的物质主义精神，现代西方是以物质主义立国的。其结果就是第一次世界大战的惨剧，张君劢曾于1922年所作《国宪议》中详论这一点：

> 欧美百年来文化之方针，所谓个人主义，或曰自由主义。凡个人才力，在自由竞争之下，尽量发挥，于是见于政策者，则为工商立国，凡可以发达富力者则奖励之，以国际贸易吸收他国脂膏，藉国外投资为灭人家国之具。而国与国之间，计势力之均衡，则相率于军备扩张，以工商之富，维持军备，更以军备之力，推广工商，于是终日计较强弱等差，乃有亟思乘时逞志若德意志者，遂首先发难，而演成欧洲之大战。今胜败虽分，荣辱各异，然其为人类之惨剧则一而已。于是追念往事者，悟昔日之非，谓此乃工商立国之结果也，此乃武装平和之结果也。一言以蔽之，则富国强兵之结果也。[1]

张君劢在这里的用词或不合乎当代之习惯，且容有若干含糊之处，但其所举出的现象却确实构成现代西方国家之制度，如奖励工商与对外贸易，实即自现代国家形成以来即被采为国策的“重商主义”，斯密在其《国富论》中曾对之予以系统批评。而欧洲各国之军备竞赛与频繁战

---

〔1〕《宪政之道》，第86页。

争,也正是现代主权体制的必然产物。此两者之结合,则有帝国主义侵略政策。正是基于对现代西方国家运转逻辑的分析,张君劢曾于1920年预言,协约国限制德国军备,但“十年二十年之后”终将遭德国人之报复——该预言竟然十分准确。[1]

既然如此,参与制定宪法的张君劢在《国宪议》中对现代中国的立国者提出一个重大抉择问题:“吾国今后之立国,其长此随人俯仰乎?抑将离欧美而自辟途径乎?”[2]张君劢本人给出了明确的回答:对于正在进行建国事业的中国人来说,“循欧洲之道而不变,必蹈欧洲败亡之覆辙。”[3]中国人建立自己的现代国家,必须改弦更张。

有点奇怪的是,张君劢当时所寻就之立国新路是同样出自西方的民主社会主义。在1922年的宪法草案中列入“社会主义的规定”一章,有论者谓,这是“民国立宪史上的一大创举”。[4] 就张君劢一生之议论来看,社会主义是张君劢思想三个版块中之一个。之所以说有点奇怪,乃是因为,欧洲19世纪兴起之社会主义,同样呈现出强烈的物质主义精神,社会主义的主要社会和政治诉求就是对物质财富进行再分配,甚至主张用暴力实现物质生产资料的占有权在不同阶级之间的转移。国家的物质主义现在呈现为阶级的物质主义。

不过,诚如亲近张君劢之人士所云,“张君劢思想中社会主义部分,不必过度的重视”,[5]这里所说的社会主义,似乎主要是指欧洲的社会主义。与民主宪政之思考、实践和儒家哲学论述相比,他关于社会主义的论述缺乏足够连贯性,在抗战胜利后他在政治上最为活跃的时期,甚至根本不再提社会主义。

推测起来,也许有一个因素对他的这种态度产生了影响:张君劢曾

---

〔1〕“德国新共和宪法评”,《宪政之道》,第282页。

〔2〕《宪政之道》,第86页。

〔3〕《张君劢卷》,第654页。

〔4〕《民主宪政与民族主义的辩证发展》,第146页。

〔5〕《民主宪政与民族主义的辩证发展》,第67~68页。

在赴美参加联合国会议期间，读到当时畅销美国的哈耶克之《通往奴役之路》。李璜甚至曾建议张君劢，鉴于苏俄之极端政策，“你的社会主义，但取社会主义的精神，配合人群进化的趋势，不要像以前社会主义者的整套办法。如果有人说这不似一向的社会主义，则你直名之张嘉森主义（Chang Carsunism）可也。”[1]

尽管张君劢后来仍然继续关注社会主义，但其心思主要用于发现儒家思想对现代的价值。而李璜的那个玩笑之词倒确实适合于描述张君劢之社会主义思想。他的社会主义的确坚持了欧洲社会主义的某些基本主张，但他对欧洲版社会主义进行了儒家化改造，弱化了其物质主义的面向，而强化了其精神的一面。因此，“张嘉森主义”是“会通”中西关于美好社会的理想的产物。

首先，如同对待其他西方资源一样，张君劢之社会主义系经过辨析、甄别之后仔细选择而成的，他对苏俄有较早了解，断然拒绝了那种激进社会主义，而倾心于德国之民主社会主义，[2]部分地受英国基尔特社会主义之影响。[3]

其次，张君劢又自始即寻求西方社会主义观念与中国儒家思想之“会通”。在《国宪议》的《社会主义》中，张君劢引用《礼记》的《礼运》篇后说：

> “货恶其弃于地”而“不必藏与己”，非工商虽兴，而不必存私有财产之制乎？“力恶其不出于身”，非劳动神圣之谓乎？“老有所终”，非养老年金之谓乎？“矜寡、孤独、废疾者，皆有所养”，非盲哑学校与死伤保险之意乎？“天下为公”，非共和

---

〔1〕 参见李璜：“关于统制经济问题研讨的回忆”，收入《张君劢先生七十寿庆纪念论文集》，第33页。

〔2〕 早年的论述自不必论，晚年论述社会主义的主要文章“社会主义思想运动概观”，《张君劢传记资料》，1979年，即始终以德国社会民主党的纲领与政策为社会主义之典范。

〔3〕 比如，介绍拉斯基社会主义思想之《拉斯基学说概要》，在《社会主义思想运动概观》中同样有论及。

之制乎？“是谓大同”，非今之所谓国际主义乎？则西方社会党之要求，与我先圣之言，契合若此。[1]

“张嘉森主义”实为中西思想熔铸而成者。而其哲学基本则是人的存在之精神性。国家之建立必须以人性为依归。优良治理，不能不顺乎人性。国家的精神，是以国民关于人生、关于生命、关于美好生活的想象为基础的。现代西方国家的物质主义倾向，源于现代西方关于人生、关于美好生活的物质主义认知。如最能代表现代西方之起源的马基雅维利和霍布斯均颠覆了欧洲传统侧重德性之人性观，而主张人的行为以欲望为动机，“并且认定这种欲望只是下等的欲望——物质的欲望。物质的欲望中最重大的，就是私有财产的欲望。”[2]正是这种人性观，驱动现代国家走上物质主义之途。

张君劢相信：“苟明人生之意义，此种急功近利之念自可消除。”[3] 20年代的张君劢相信，物质主义的国家已到穷途末路，因而他依据那些反思此类现代思想的非理智主义思想，如倭伊铿的思想，重新主张精神的优先性：“人之生于世也，内曰精神，外曰物质。内之精神变动而不居，外之物质凝滞而不进。所谓物质者，凡我以外者皆属之。如大地山河，如衣服田宅，则我以外之物也；如父母妻子，如国家社会，则我以外之人也。”[4]30年代后，张氏将更明确地以“心”、“物”来表述这一区分。张君劢相信，“人生者，介于精神与物质之间者也；其所谓善者，皆精神之表现，如法制，宗教，道德，美术学问之诶也；其所谓恶者，皆物质之接触，如奸淫掳掠之类。”而且，“人类目的，屡变不已；虽变也，不趋于恶而必趋于善。”对此，张氏又说，“其所以然之故，至为玄妙，不可测

[1] 《政制与法制》，第87页。
[2] 高一涵：《欧洲政治思想史(1926年)》，东方出版社2007年版，第241页。
[3] 《张君劢卷》，第654页。
[4] 《张君劢卷》，第623页

度”[1]。这就是人性。

正是在对于人的“精神”的高扬这一点上，张君劢发现了中西方沟通的桥梁。西方有一些思想家的立场与中国是相同的。“倭伊铿之哲学之大本曰精神生活。人生者介于物质与精神之间者也。物质常为吾人之障碍，故超脱物质，以靖献于大我生活之中，是倭氏立言之要旨也。”[2]在中国，自孔孟至宋学诸子，同样坚持精神的优先性，如孟子所谓：“求则得之，舍则失之，是求有益于得也，求在我者也”，据此，生活的根本价值在于“内生活”，而不在外在的物质。[3] 张君劢之主张中国为精神文明，即是呼吁中国人坚持这一精神主体性取向，它是传统的，但放在欧洲人自我反省的背景下却又是最现代。最重要的是，在张君劢看来，这样的人性观、人生观是可取的、合理的。它应当构成现代中国国民的基本精神取向，构成正在构建中的现代中国之国家精神。

既然如此，则中国的立国之道就当不同于现代西方的立国之道：“我们立国之方策，在静不在动，在精神之自足，不在物质之逸乐，在自给之农业，不在谋利之工商，在德化之大同，不在种族之分立”。[4] 现代国家的这种精神，是反物质主义的。

这种国家精神具有强烈的中国色彩。“本此以言修身，则功利之念在所必摈，而惟行已心之所安可矣。以言治国，则富国强兵之念在所必摈，而唯求一国之均而安可矣。吾惟抱此宗旨，故于今日之科学的教育与工商政策，皆所不满意，而必求更张之”，即提倡“内生活”。但是，张君劢也意识到了这是反现代之道而动，其难度是很大的：“在锁国与农国时代，欲以‘求在我’之说厘正一国之风俗与政治，已不易矣；在今日之开国与工国识大体，则此类学说，更不入耳。然吾确认三重罗网实为

[1] 《张君劢卷》，第627页。
[2] 《张君劢卷》，第643页。
[3] 《张君劢卷》，第655页。
[4] 《宪政之道》，第87页。

人类前途莫大之危险,而尤觉内生活修养之说不可不竭力提倡"[1]。

或许可以说,张君劢思想之三大版块——民主宪政、新儒家、社会主义,均由此一认知发展而来:

由此"内生活修养"之价值,张君劢从哲学上走向了宋明理学,因而有"新宋学"之论,主导其此后的哲学、学术活动。

同样是据此精神之优先性,张君劢为民主政治作出一项论证。现代西方的富国强兵政策把人当成工具,把人视为物。但人既然首先是一种精神的存在,则人本身之价值就高于一切外在的物的价值,因而,人人应享有平等、自由与尊严,而民主宪政制度的基本原则正是把人当成人,它有能力保障个人的尊严与自由、平等,"自由学说之最大价值,在其能养成独立人格与健全公民"。另一方面,"一国之大多数人民,不养成自由人格,不有自动自发之精神以参加国事",则民主制度也难以建立及有效运转[2],此正为现代中国立宪频繁失败的原因所在。因此,张君劢特别强调国民的公共精神之自觉,国民生活风气之改造等[3]。关于这一点,我们后面将略为详尽地讨论。

对"内生活"的重视也引导张君劢走向了儒家版本的民主社会主义。重商主义的富国强兵政策,让人服务于物,不论其物是私人的还是国家的。如果人的基本价值在于内生活,则人就不应为物所累。立国的首要考虑目标,就是给每一个人提供能够维持尊严的基本条件,使得每个人"生天壤间,各有应得之智识,应为之劳作,应享之福利,而相互之间,无甚富,无赤贫,熙来攘往于一国之内与世界之上,此立国和平中正之政策也"。[4]

此"立国和平中正之政策"主要关乎经济问题。经济问题,即所谓的生计问题,开始进入张君劢的立国规划中。我们前面已经指出,张君

[1] 《张君劢卷》,第655页。
[2] 《政制与法制》,第85~86页。
[3] 参见《立国之道》第四编《文化政策》之五《国民生活风气之改进》。
[4] 《宪政之道》,第86页。

劢在这方面属于得风气之先者。不过,我们也已经指出,张君劢始终将这种社会主义置于宪政之下,作为一项政策问题来处理。在此我们则指出,通过引入儒家思想,源于欧洲的社会主义发生了某种微妙的转向。张君劢的经济政策重点已经不在于特定阶级对物质的占有,而仅在于政府进行必要的再分配活动。

关于这一点,张君劢在1923年就已经明确指出了。他引用儒家经典的论述,对社会主义作了重新解释,从而提出了安排生计的基本原则:“《礼运》大同之论,《论语》不患寡而患不均之言,乃吾国文明之精粹,建国之根本也”。[1] 据此,他断言:“吾以直截了当地语告国人:一国之生计组织,以公道为根本,此大原则也”,因为,“世界一切活动,以人类之幸福为前提。19世纪以来,以图富强之故而牺牲人类,今思反之,宁可牺牲富强,不愿以人类作工厂之努力牛马焉”。[2]

这就构成张君劢规划社会经济事业的基本原则。根据这一原则,张君劢在《立国之道》中提出了一个民主社会主义的福利国家制度方案,仍保留私人所有制,但在有些重要部门兴建国有制与社会所有制企业、事业;政府对私人企业进行统一管理,使之服务公共利益;政府进行广泛的再分配,建立诸多福利事业。所有这些制度设计的目的是确保每个人享有基本的生存保障,从而享有尊严,得以发展其人格,如张君劢晚年所说:“一个国家之最大资本,曰各个人之人格之发展”,[3] 而政府有责任确保每个人具有发展自己人格的政治、经济、社会条件。所谓政治条件就是民主政治,所谓经济条件就是福利国家政策,所谓社会条件,则是社团之发展。最后一个立场,张君劢似乎主要得之于拉斯基的多元主义国家论思想。张君劢强调,国家也即政府、社会即各个社团,与个体,乃是一个国家内部的三个不同面相,政府并不居于绝对主权地

[1] 《宪政之道》,第92页。
[2] 《宪政之道》,第89页。
[3] “社会主义思想运动概观”,见《张君劢传记资料》,1979年版,第265页。

位。不同职业团体可参与经济、社会管理，并可参与政府之立法，从而实现某种程度的社会所有与社会自我管理。[1] 此亦系人格尊严之保证。

当然，张君劢对于这一儒家社会主义的经济社会规划的用心，远不如对宪政制度和儒家传统之忠诚。尽管如此，张君劢在这方面的思考，显示了张君劢作为一位立国思想家、政治家所具有的宽广视野与审慎。现代各个政治共同体，都倾向于建立现代国家。然而，建立国家究竟所为何来？这是共同体，尤其是立国者必须深思熟虑的问题。张君劢反复地讨论过西方各国“民族性”之异同，比如“英国政治以个人的个性为出发点，德国政治是以国家为本位”。[2] 每一国家都有某种基本的价值和基础性精神倾向，它们渗透于国家各个领域的制度中，决定着国家运转的方向。而这种国家价值、精神倾向，乃是由该共同体对于何为美好生活的集体想象，即所谓“人生观”决定的。张君劢曾这样对人生观下定义，“我对于人以外之物也，常求所以变革之，以达于至善至美之境。虽谓古今以来之大问题，不出此精神物质之冲突可也。我对于我以外之物与人，常有所观察也，主张也，希望也，要求也，是之谓人生观……人生一日不灭，则人生目的之改进亦永无已时。”[3] 所谓人生观，就是人对于自己生活的世界的主张、理想、希望、要求，一言以蔽之，就是人的价值观念。一个共同体内部居于主流地位的人生观就规定了国家的目的，决定着国家的基本精神。

从立国的道德目的及经济性角度来考虑，立国者应当致力于按照国民的这种想象去建设一个“好”国家、“正当”国家。也就是说，可以人为设计的种种国家制度，不论是文化、经济、社会还是政治领域的制度，都应当有助于共同体之成员过他们所想象的美好生活。于是，对于立

〔1〕 参见“赖斯基学说概要”，见《中西印哲学文集》，上，第252～256页。
〔2〕 《民族复兴之学术基础》，第220页。
〔3〕 《张君劢卷》，第623页。

国者来说，随之而来的一个重要问题就是，共同体成员的普遍的人生观、价值观是什么？对于中国的立国者来说，这个问题尤其困难。现代中国与传统中国不同之处在于，立国之价值取向是开放的。知识分子可以了解到西方的多样的人生观；同时，中国人也有自己传统的人生观、价值观。当然，这两者之间在不同人群的心目中的力量对比和正当性是大不相同的。西方之强盛让西方的价值观在某些知识分子心目中具有无可置疑的正当性。但是，知识分子群体又因为西方本身的多样性而被撕裂，陷入对立。事实上，整个20世纪，一直面临建国大业的中国，始终处于自身冲突的西方之拉扯之中，比如，三四十年代，中国之立国事业就面临极为严重的甄别、选择问题。在《中华民国民主宪法十讲》的最后，张君劢指出，中国立宪面临内外两界困难，内有武力冲突，外有苏美两国的拉扯，这种局面对于立国者构成巨大挑战：

> 一方面不容许两国之中有一国的势力来压制我们，他方面自己内在的心理，是不是有一种殉道精神与周详智虑来抉择我们综合民主的方针与实施的方策。唯有如此，才能表现中华民族还有立国之朝气，对于英美与苏联两种民主方式之外，提出第三种方式。[1]

在这种情况下，张君劢反复强调立国者独立地思考、审慎地选择之重要性。张君劢基本上延续儒家——尤其是宋明理学——思考治理问题的方式，也正是这一点，引发了所谓“科玄大论战”。张君劢以相当含糊的“精神文明”来概括中国之文明特征，同时也以其作为现代中国的基本价值取向。这一选择是明确地反乎现代西方之国家精神的。

我们不应当仅仅将这视为民族主义的情绪化反应。事实上，我们已经论述过，张君劢从来不是民族主义者。相反，整个现代新儒家具有

〔1〕《政制与法制》，第249页。

广阔的问题视野,其所考虑的不仅是中国问题之解决,更是人类生存困境之解决,此一困境从第一次世界大战中显露出来。[1]

托克维尔的相关论述,或者可以帮助我们理解张君劢及其他中国哲人关于现代中国应走精神文明之路的思考。托克维尔对于物质主义在现代社会的蔓延深表忧虑,“在所有国家,物质主义都是人的心灵之危险病症”,它会导致很多恶果解决之道是让人们面向自己的灵魂,“民主社会的立法者与一切生活于其中的有德而开明之士们的不懈目标是提振其同胞的灵魂,将其向着天堂的方向推升”。[2]

托克维尔认为,人区别于动物之处在于人除肉体之外,也有灵魂,而且,灵魂占先于肉体:“在灵魂的提升与属于肉体的那些东西的改进之间的关系,要比人们通常认为的更为紧密。”托克维尔的意思是,人优于动物之处在于,“我们使用灵魂去寻找动物只靠本能驱使的那些物质好处。”因而,对人而言,相对于肉体来说,灵魂是居于优先支配地位的。即便是肉体的享乐本身,也唯有通过灵魂,才有人的意义。托克维尔这一灵肉关系哲学具相当强烈的古典性。按照这样的人性观,灵魂的状态决定着人的幸福的程度,不仅是精神的幸福,也包括物质的幸福:

> 凡是能够提升、扩大、扩展灵魂者,都能使灵魂在与其无关的领域同样更能取得成功。相反,削弱、贬低灵魂者,也会使灵魂在所有领域趋于软弱,不论是最重要的领域,还是最琐屑的领域,会使灵魂在这两种情况下几乎同样地无力。因此,灵魂必须保持强大而有力,即便是在偶尔将其力量和强大服务于肉体之时。

---

〔1〕 关于这一点可参见杜维明的论辩,“探究真实的存在——略论熊十力”,见傅乐诗等:《近代中国思想人物论:保守主义》,周阳山、杨肃献编,台北,时报出版1980年版。

〔2〕 Democracy in America, Vol. 2, 第145页。

人在获得及享有肉体幸福的时候，同样需要借助灵魂，其幸福才是圆满的。否则，“人假如只让自己满足于物质目标，很可能将在很大程度上丧失生产这些物质的技能；最后会跟野兽一样，不加辨别地享用一些物质，而无所改进。”[1]

张君劢作为“立法者”即立国者，所从事的正是这样的提升人们的灵魂的努力。建立现代国家，是为了让人们过上美好的生活，而不只是创造更多财富，不论是为个体，还是为集体（国家）。现代国家的首要价值在于它提供某种条件，让国民自由而有尊严地生活，这与国民的物质生活条件有关，但更多地关乎国民的心灵层面。立国者必须时刻以国民的精神的自由和提升作为构建国家的最终目标，这一点，同样是中西贤哲普遍认可的。

本章讨论了张君劢关于开放世界中的中国文化之再造规划，这里需要补充说明的是：从根本上说，在张君劢来说，文化绝非立国之全部，对立国而言它甚至不是最重要的工作。这一点，是张君劢区别于诸多新儒家人物也区别于启蒙主义者的关键所在。张君劢强调，“不能谓单单有了新文化，即可解决国家之存亡”，尽管新文化本身也确实具有“极宝贵之价值”。张君劢关于立国之思考，始终以政治为枢纽，即便在强调文化、道德、儒家之时，张君劢仍不忘提醒这一点：

> 盖一国之存亡，在乎政治家之深识远见……与其说新文化可以救亡，毋宁说有道德有知识之政治家可以救亡之较为确当。新文化与救亡纯然是两事，不能并为一谈。假定一国上流社会，其所活动者为钻营奔走，为营私舞弊，政治如何上轨道，民生如何得救济，此而不问，纵有新文化亦无济于事……吾人所欲指陈者，非不要新文化，乃在仅有新文化而不

[1] 全部引自 Democracy in America，Vol. 2，第 148 页。

以新政治相辅而行之无济于事。[1]

与此同时,张君劢对于实业救国论、科学救国论、武器救国论都提出批评。"新政治"之决定性于此凸显出来。张君劢在此特别强调政治家对于立国之作用,但此处最引人注目者乃是"新政治"与"新文化"之对列。救亡,或者说立国,首先是政治之事,尽管文化可以作为基础,建设新文化也是立国之内容,但绝不是关键。相反,在张君劢看来,文化须依赖政治才可得以保存、生长。中国文化的保守依赖于立宪的成功:

今后必须经一番新努力,以求新政治之基础之确立,而后旧传统反而可因新努力而保存,而不至于动摇。否则,新者不能创造,而旧亦无由保存。[2]

当然,在张君劢看来,文化,或者更具体地说,传统的道德,可以为立国的政治事业提供强劲的动力、激励。孙善豪在为《张君劢儒学著作集》丛书所写的编者跋中说:"或以为,张君劢先生之所以'通入'儒学,实因政治无可为之故。但是,如果看到,张君劢先生对文化复兴之一贯热衷、一贯认为文化复兴乃民族复兴之根本,则即显然可见,文化之复兴与政治之可为,在张君劢先生并非'非此即彼'之而事,而是一个连续的整体。"但是,在这个连续的整体中,居于中心位置的依然是立国的政治、立宪的政治,尽管张君劢也反复地论证:道德乃是政治的前提,精神的尊严、自由,文化的复兴也是政治的目的。

〔1〕《政制与法制》,第162页。
〔2〕《明日之中国文化》,第86页。

CHAPTER 09 >>

第九章

结语：张君劢的立国之道

本书的论述立基于下面一个基本判断：建立现代国家乃是过去一百多年间中国人努力的首要目标。晚清士大夫在内外压力下，最初确认了这一目标。此后百多年，国人始终致力于此一目标之实现：从戊戌变法、清末新政、立宪，到孙中山发动革命、民初立宪，经过新文化运动到国民革命，然后是抗战建国、共产党革命，一直到20世纪80年代之后的台湾民主转型、大陆改革开放，乃至于香港、澳门回归，都是为了解决这一“立国”(nation - state building)问题。

为了实现历史进程中的人们为自己设定的目标，我们可以按照人性，按照政治学、法学、经济学等社会科学的理论逻辑，按照其他国家的历史经验，来抽象地讨论，人们理应提出什么样的方案。同样，根据理论、历史、经验，我们也可以辨析，在历史进程中的人们所提出的诸多方案之中，有些方案有助于该目标之实现，有些却不能，甚至可能妨碍该目标之达成。

围绕着“立国”这一伟大而艰巨的目标，过去一百多年间，国人也提出了不同方案。这些方案各有短长，实践的程度不等，后果不同。通过阅读历史，笔者越来越倾向于认为，在这些方案中，张君劢的方案是最卓越的。这个方案杰出的地方在于，他最巧妙而妥当地处理了古今中外间的复杂关系。而现代中国立国方案之优劣，端在于处理这些关系的模式。

正是基于这一点，本研究得出的一个初步结论是，张君劢是现代中国历史上最重要的人物，不论从思想还是从政治实践上看。本书已经把张君劢作为坐标，在行文之中随时据以评判国人，尤其是以自由的名义于过去一百多年间为建立现代国家而进行的各种重要思考与实践。

以张君劢作为观察、判断现代中国历史的坐标，可能会引起争议。无论是正统的革命史观还是后来出现的自由主义史观，都毫不犹豫地断定，张君劢的事业已经失败了。张君劢本人也曾经认定自己的事业失败了。〔1〕

这样的断言在一定程度上是正确的，在有限的时间尺度内观察尤其正确。不过，如果稍微拉长历史观察的时间尺度，比如到了今天，张君劢理想失败的论断，就未必站得住脚了。首先，张君劢念兹在兹的是在中国建立宪政制度，今天，这个宪政制度至少在我国台湾地区已经实现，而此一制度赖以为基础的《宪法》，当初正是由张君劢负责起草的。他在当时环境中作出的艰难而明智的政治决定，对于那部《宪法》之诞生与实施，也起到了关键作用。

更进一步说，即便张君劢的实践失败了，也仍然无妨于我们以张君劢作为现代中国历史的坐标，只要我们能够确认，张君劢所运思与实践之方向是正确的。中国古代历史学有一个伟大传统，那就是不以成败论英雄，而是关注于历史人物的思想与行为本身是否“正”，是否合乎道德原则与政治伦理，而不在于一时一事之成败。〔2〕 此即牟宗三先生所说的“道德判断”：“道德判断足以保住是非一成褒贬，护住理性以为本体，提挈理想以立纲维”。〔3〕 按照这样的历史学和哲学传统，如果我们

---

〔1〕 张君劢多次表达过这种看法。比如，在流亡美国期间所写《张东荪先生八十寿序》一文中曾说：“余与东荪者，皆使命失败之人也”，《中西印哲学文集》，下，第 1405 页。

〔2〕 参见饶宗颐：《中国史学上之正统论》，上海远东出版社 1996 年版，第 76 ~ 79 页。

〔3〕 《政道与治道》，第 190 页。

能够确定现代中国应当做什么,再检视张君劢的思想,就可以对张君劢的思想与实践作出较为准确的、超越于一时一事之成败的评估。

一、立国与作为一种秩序的自由:坚持立国之古典性

张君劢的事业强烈的自由价值,构建现代国家的最核心任务就是构建宪政制度。因此,经常有人把张君劢置于自由主义谱系中进行研究,并做出评估。[1] 于是,就出现了一种判断的错位。

现代中国思想史研究中有一个常见的说法是,现代中国思想人物普遍地没有理解西方的自由主义,在外来压力下,过多关注国家存亡,因而将自由工具化了。李泽厚的"救亡压倒启蒙"的论断[2]——或者说责备、惋惜——就是对这种主张的经典概括。这样的评估用在张君劢身上,似乎最恰当了。

事实似乎再明显不过了:在张君劢思想中,自由总是与国家建设勾连在一起的。比如,在《立国之道》中,张君劢提出了下面的看法,"各个人之自由发展,同时即为国家养成健全的分子";[3]"自由学说之最大价值,在其能养成独立人格与健全公民……一国之大多数国民,不养成自由人格,不有自动自发之精神以参加国事,而件件赖政府之批示,则此国家之基础当然不健全,不牢固。譬如造屋,西人以铁筋洋灰为其梁柱,而我则以烂泥为墙壁,两者经久性之长短,不待智者而后知。国家何独不然?"[4]

据此,有论者这样评论张君劢:"尽管他对西方的了解要超过严复,

---

〔1〕 典型的例证就是台湾地区学者江勇振所著之张君劢,薛化元所著之民主宪政与民族主义的辩证发展——张君劢思想研究,与大陆学者丁三青所著之张君劢解读:中国史境下的自由主义话语。

〔2〕 参见李泽厚:"启蒙与救亡的双重变奏",载《走向未来》,1986 年创刊号,见许纪霖编:《二十世纪中国思想史论》(上卷),东方出版中心 2000 年版。

〔3〕《政制与法制》,第 68 页。

〔4〕《政制与法制》,第 86 页。

他却依然是在达尔文式的集体主义之下来诠释自由主义。”[1]论者谓，这些论述说明，张君劢是从国家富强角度思考问题，将自由作为实现国家富强的工具，而未将个体自由本身作为立国的目标。

或许不得不说，这样的批评似乎未得张君劢思想之要领，既错误地理解了西方立国之理论与实践，也错误地理解了现代中国的历史语境。

自由主义是一种现代学说、价值，它形成于西方各国的宪政框架建立之后的19世纪。它是以宪政框架的存在为前提的，在此框架内界定个人与社会、政府各自活动的范围，如约翰·穆勒之《论自由》所作的那项工作。

这样的自由主义价值、理念理论对于中国是有益的，但从另外一个角度看，对于现代中国之立国事业来说又是超前的。不仅对于中国来超前的，对于处于建国时代的英美立国者来说，也是超前的。在英美建国时代，大体上不存在今天所理解的“自由主义”。这个自由主义的核心概念是“个人”自由，但这样的概念在19世纪之前是模糊的。看看美国宪法序言：“我们，合众国人民，为着构造一个更完美的联盟，确立正义，确保内部的安宁，提供共同的防御，增进普遍的福利，我们自己和子孙稳享自由之福，特为美利坚合众国订立和确定本宪法”。[2] 这里根本就没有出现“个人”自由的字眼，相反，美国制宪者所考虑的是国家的安宁、秩序和共同福利。也就是说，它的基本进路也是共同体主义的。

理解这一点的关键是，英美立国时代的政治哲学不是19世纪才形成的自由主义，而是更为古老的宪政主义。尽管是基于一个不同的语境，但哈耶克对英国式自由主义、法国式自由主义的区分，及他本人拒绝自由主义之名而宁可自称“老辉格党人”，并称美国制宪者詹姆斯麦迪逊的思想也反映了这一思想体系，[3]似乎也能够说明他认为，英美建

---

〔1〕 张君劢思想述评绪论，《张君劢传记资料》，第81页。

〔2〕 The Federalist Papers，第529页。

〔3〕 参见［英］弗里德里希·冯·哈耶克：《自由秩序原理》，下，邓正来译，三联书店1997年版，第203～204页。

国时期的理念体系,并非现代自由主义,而是一种更为古典的思想体系。

这种更为古典的宪政主义体系固然也是追求自由的,但它思考、处理自由的角度,与现代自由主义大不相同。其间的关键正在于个人概念之强弱。宪政主义立国者不可能从伦理、社会、文化的角度看待个体,他必然是从制度的角度处理人与人之间、人与政府之间的关系。制度主义的视角不可能不是共同体主义的,因为,宪政设计的关键其实就是为共同体提供游戏规则。

自由主义是在这个游戏规则框架形成之后,才在欧美世界发展出来、趋向成熟的。它的关注对象是"个体"的自由,它所关心的范围已经从宪政制度之建立转向了个性解放、社会再分配。在政治的游戏规则已经确立者,它思考着如何解决社会中之政策问题。

这样的自由主义进入中国在一定程度上构成一种时间上的错位,这是现代中国所面临的"后发劣势"之一:中国人已经普遍意识到最重要的挑战是建立宪政制度,但部分人所运用的理论工具却只适合于政策分析。美国学者格里德基于胡适研究而对现代中国自由主义作出的经典评论,倒也确实道出了现代自由主义在立国时代的中国的尴尬:"自由主义之所以失败,是因为中国那时正处在混乱之中,而自由主义所需要的是秩序。自由主义的失败是因为,自由主义所假定应当存在的共同价值标准在中国却不存在,而自由主义又不能提供任何可以产生这类价值准则的手段。"[1]现代自由主义在社会文化等领域的展开,须以宪政框架为前提。而中国所缺乏的正是这样的宪政框架,它是有待于热爱自由的人来构建的。

张君劢,以及他所在的现代中国保守—宪政主义传统,似乎更恰当地承担了这个使命,因为他们更为准确地把握了现代中国立国的基本

---

〔1〕[美]格里德:《胡适与中国的文艺复兴——中国革命中的自由主义(1917—1950)》,江苏人民出版社2005年版,第368页。

使命。胡适等人基于自由主义理念,关注的是个体如何从旧秩序——主要是社会和文化旧秩序——中获得解放。如殷海光所说,“中国早期的自由主义者多数只能算是‘解放者’。他们是从孔制、礼教与旧制度里‘解放’出来的一群人”,殷海光还说了一句意味深长而未展开的话“中国的自由主义迄未定型”。[1] 没有定型的含义,恐怕就在于,这句话的含义恐怕就是,这些获得解放的个人还没有组成一个自由的秩序。现代中国的自由主义者对于新秩序是什么,没有深思熟虑。对自由来说,个体获得解放也许是必要的;但是,如果要让自由是可靠的、有保障的、可持续的,就必须构建一种自由的秩序。而现代自由主义的理念框架本身似乎就限定了,胡适等人无法对此秩序问题进行深入而有效的思考。

这种限定主要体现为,自由主义设想的是一个原子式个人组成的世界,从逻辑上说,在这个世界中是不存在社会、文化,也不存在政治,当然也就无从创造秩序。对于已有宪政框架的社会的自由主义者来说,这一点当然无关紧要。制度对个体而言是先在的。与秩序保持距离,甚至是保持自由主义之批判性美德的前提。但对于中国这样一个处于建立宪政框架的过程中的社会来说,自由主义不关注于秩序之构造,就使自己丧失了存身之所。不存在这样的秩序,个人又如何保有、维系其自由?即便人们可以从哲学上假定个人生来就是自由的。现代自由主义缺乏秩序的维度、缺乏制度的维度,因而它只能寄身于一种它不满意的制度中却又无力改变它,而陷入深深的失落与失望、绝望之中——在胡适身上经常能够看到这种失望之情。

相反,不论是梁启超还是张君劢,虽然他们间或有一些摇摆,但总体上,他们坚持了制度主义的进路,他们始终关注于如何构造新秩序这样一个立宪、立国的问题,他们具有强烈的宪政意识。或者说,他们始终坚守着立国之古典性。对于 19 世纪末以来欧美思想、社会、政治的

---

[1] 《中国文化的展望》,第 277 页。

巨大变化,这个知识人群体给予了密切关注,他们举办的《解放与改造》杂志对于欧战最新政治、哲学、社会思潮做了广泛介绍。比如,民国初年的梁启超就已经是社会主义者,张君劢也一直坚持社会主义理想。他们热烈地主张改造社会、改造经济,乃至于创造新文化。但是,他们没有因为这种现代内容而遗忘立国的古典任务:宪政制度之构建。关于这一点,张君劢在1937年的一篇文章中有清楚的论述。

在这篇文章中,张君劢用"拘束时代"和"开放时代"作为分析历史的两个模型。所谓现代国家之构建,就表现为从拘束时代到开放时代,中国自中外交通以后,也致力于此,这种变化之本质在于:

> 将欧洲之文艺复兴、宗教革命、科学发展与夫十九世纪之平民政治所得之结果,一切移而至于东方。但是这种运动尚未结束,而欧战以后之欧洲,又出现于吾人之眼前。欧战以后之欧洲,与自文艺复兴迄于欧战以前之欧洲,立于互相背驰之境。政治上由民主而趋于独裁,经济上自由竞争而趋于统制,个人主义一变而为集体主义,妇女解放变而为妇女回家运动,思想自由变而为思想束缚。因此之故,使我们关于接受欧洲文化问题,发生一种冲突。[1]

这种困惑见之于第一次世界大战爆发之后整个中国学界、政界。由于民初的宪政民主试验在一定程度上失败,精英群体的立宪共识破裂,知识人陷入分裂,激进革命力量兴起,新兴的革命性政府也建立了一党专政体制。当此之际,张君劢自《人生观》演讲之后即反复强调一个主张:

> 我们要创造我们的新文化,不可盲人瞎马似的追逐欧洲。

〔1〕"中国教育哲学之方向",见《中西印哲学文集》,上,第300~301页。

应自己有一番考虑斟酌。欧洲人之所谓良药,不一定适于中国的病痛。中国人现在之病痛,不一定与欧洲之病痛相同。我们不应拿欧洲之所弃者弃之,所取者取之。[1]

在这一主张背后,我们看到的是立国者之主体意识。立定了这种主体意识,在纷乱的世界中,中国命运的思考者和立国者才有可能作出正确的决定。具体来说,不论对欧洲新兴的社会主义的经济社会政策有多么浓厚的兴趣,张君劢始终相信,欧洲自文艺复兴以来所形成的保障人民地位平等的制度,保障言论信仰自由之制度,议会政治制度,都是"欧洲文化之至宝",

如其我们承认以上种种是有价值,那么15、16世纪以至于欧战前之开放运动中之种种成绩,我们还得拿来细细考察一番,将其长处表彰出来,并须照他来做,以为吾人今后改革之目标,而不可轻轻抹杀了去。[2]

在张君劢看来,中国所面临的问题,仍然主要是现代立国之古典任务,其中主要是构建宪政制度,建立一个全体国民之基本自由和权利得到法律之平等保护,因而可以自由地合作交易的国家秩序。基于新兴的政治、历史理念,这个任务是古典的,看起来并不时髦。但是,对中国来说,这个任务却是根本性的、最为重要的。这一问题意识,在当时追逐时髦的知识、政治气氛中,带有保守性,但却是最为健全的。

基于这样的中国问题意识,梁启超、张君劢等保守—宪政主义者始终把关注点集中于现代国家基本架构的构建问题上。他们自然不可能从个体的角度,而必然是从秩序的角度、从现代国家构建的角度思考政

---

〔1〕"中国教育哲学之方向",见《中西印哲学文集》,上,第301页。

〔2〕"中国教育哲学之方向",见《中西印哲学文集》,上,第301页。

治、经济、文化、社会等全部问题的。他们所探讨的核心就是,个体如何构成一个彼此间和平地交易合作的国家,这个国家怎样构成才可以长久维系。

由于政府在国家结构的稳定中居于中心位置,因而,他们思考的核心问题也就是政府的权力与人的自由之间的关系。因此,张君劢下的说法是非常健全的:

> 自对内言之,自由二字之意义,在某种范围内,不受政府之干涉。在对外言之,分子之自由发展,即所谓谋大团体对外力量之增加。从国家全体言之,自由与权力二者,不是两党关系相对立的东西。[1]

对于立国者来说,首要的问题是秩序,而秩序依赖于社会制度,尤其依赖于关于政府的制度安排。从这一角度看,个人确实被当成了立国的工具。这一点遭到的批评最多。事实上,这种看法,在张君劢最早的著述《穆勒约翰议院政治论》一文中,已经有清楚地表达:张君劢基本上是从立宪制度构建与维系的角度来讨论国民的智力、德力与活动力的,仿佛国民不具有独立的价值,仿佛国民的价值就是构建和维护宪政秩序。

然而,一旦回到立国的框架中思考,则这一点根本就不构成为一个值得讨论的问题:除了国民、除了这些组成国民的个体本人之外,又有谁能够为他们建立一个自由的秩序?处于建国过程中的国民必须自己充当自己的工具,他们必须自己为自己创造出新秩序来。因此,当张君劢说,“各个人之自由发展,同时即为国家养成健全的分子”,其实强调了个体在立国进程中的主体地位。如果国民自己不充当构建国家的工具,那他们就会成为某个自居于国民之外、之上的力量构建国家的纯粹

〔1〕《政制与法制》,第58页。

对象。因此,国民投身于构建宪政制度的事业中的时候,他们反而呈现了自己相对于国家、相对于秩序的主体性。这些国家之健全的分子乃是自己为自己建立优良治理的秩序,而不等待任何人来赏赐。国民自行充当建国之工具,实际上就成为建国之共同主体,而避免建国之被动对象。

而且,这一建设过程必然是以集体的方式进行。这一点,可能同样引来自由主义视角的批评。但是,从原则上说,宪政秩序只能由国民自己来构建,则立国的唯一正当方式就是国民主义的。当然,实际地能够采取行动的主体,不可能是作为一个整体的国民,而是局部的、个别的国民。这样的国民之个别的努力要取得成就,就需要组织,为此,需要动员社会资源,即需要组织政党,也即需要以政治的方式活动。国民主义的立国政治必然呈现为一种组织化的政治,通常是政党政治。非政治的努力,比如仅仅局限于言辞上的启蒙,效果终究是有限的。反过来说,局部的、个别的国民之努力若需始终合乎作为一个整体的国民的利益,则这些分散的努力也只能采取政治的方式,而排除一切反政治的方式,比如使用大规模的暴力。因此,在建国时代,国民的共同行动策略,似乎是一种不可避免的,也是唯一有效的策略。

张君劢在现代中国历史上的价值也正在于,张君劢的宪政主义具有秩序的维度、制度主义的维度。也因此,他才能够始终坚持政治地立国的进路。这种政治指向了秩序的构建,而非破坏。通过这种政治,形成了国民自己为自己立宪、自己建立自己的国家的建国图景。毫无疑问,这是唯一可能的现代建国之道。国民以集体行动的方式,在混乱的旧秩序甚至无秩序中,按照自己的意愿创造出一个自由的秩序。

当然,对于现代中国思想史上诸多人物关于国家富强与个人自由之间的论述,还需要更为仔细的研究与梳理。但是这样的梳理必须以现代中国需要建立秩序——具体地说是宪政主义秩序——为基准线。否则,貌似机智的评论,并不能切中肯綮。

二、综合价值、知识与实践的立国之技艺理性

张君劢的个体生命形态在今人看来是独特的,他毕生游走于“政治国”与“学问国”之间,价值、知识与实践三者构成了一个相互循环、相互支持的统一体,即立国之“技艺”(art)。

几乎可以肯定,张君劢是现代中国历史上最坚定的宪政主义者。他从学生时代即追求自由宪政事业,至终老海外,无一时放弃这一理想。张君劢曾在1948年局势最为混乱的时刻有过这样一番夫子自道:

> 本党成立的时间很短,可是回溯以往的历史,其实很长,在国内有三十几年的历史。吾对于民主宪政,信念始终如一,中间未间断,未变更,我们虽不敢说是国内民主主义者第一位,却是始终不变的民主主义者。无论国际政治左转为俄国式,右转到德意志式或者意大利式,本党的主张,依然坚定,可以说,我们对于民主政治的主张,从清末到现在,迄未动摇。[1]

张君劢对自由价值的信仰,不仅见之于言辞,更付诸行动。与自由主义知识分子不同的是,张君劢不仅关注和传播抽象的宪政理念,更是积极参与实际的立宪政治活动。他早年追随梁启超先生参与政党、政治活动,任公去世后即自行组织政党,并参与创建民盟,在香港曾发起“第三势力”。尽管他也曾经对政治的效果表示过怀疑,也表达过对此门从事学术研究、思想启蒙的向往,但是,只要有可能,他就立刻会投入到现实政治之中。这种态度并不容易被人理解:

> 张君劢很少获得理解:在我们朋友乃至于我们弟兄之间,

〔1〕“张君劢:民主宪法与总统”,《中国民主社会党》,第352~353页。

都认为君劢这个人是研究学问的，可以成一个哲学家。可是，他认为政治理想不是凭空可以实现的。所以他总不忘怀于实际政治，国家一有事情发生，他就会情不自已地去参加政治……最基本的原因，是由于他自身的兴趣与外在的国家环境相矛盾。他尽管对于学术有兴趣，但觉得人生的一切一切是要贡献于国家，所以国家不兴，只有参加政治。〔1〕

晚近的研究者对张君劢之热衷政治，更有很多惋惜，批评，甚至相当严厉苛刻。姑且不论这些批评之无的放矢，这些人士甚至也忽略了一个事实：张君劢虽然积极地以政党方式参与立宪政治，但同时又未失学者本色。

在前面几章中，我们已经初步地分析了张君劢讨论建立现代国家的主体及由主体的努力建立现代秩序的进路之立国的哲学，讨论现代国家之构建的政治方式和主体的立国的政治哲学，讨论宪法之具体制度设计的政体科学。同时，我们也讨论张君劢关于现代中国再生之理论。这些就构成了张君劢的立国之学。

在这里，尤其值得一提的是张君劢的政体科学。张君劢也许是现代中国最杰出的宪法学家。1922 年和抗战之后，张君劢抓住政治机会，利用自己丰富的宪政知识，两度参与起草宪法草案，尤其是后一宪法草案，因其暗度陈仓的条款设计，而获得社会各界广泛赞誉。同时，张君劢积极地介绍欧洲当时的最新宪法，及宪法理论，围绕着他起草的两部宪法草案，撰写了两本宪法解释著作。与此同时，他对联邦制与地方自治等问题，也有深入而精彩之研究。可以说，张君劢虽然长期醉心于“哲学”，但他真正的学术成就也许是在政体科学领域，他或应被视为现代中国宪政科学的缔造者。

因此，张君劢既是一位学者，也是一位政治家。张君劢对于现代中

〔1〕 张嘉璈，《传记文学》，14 卷第 4 期。

国的贡献同时体现于“立国之学”与“立国之行”两个方面。尤其重要的是,在张君劢那里,立国之学与立国之行之间形成了一种良性互动关系,从而形成立国之道学或技艺。

知识对于建国具有十分重要的意义。构建现代国家即是构建方方面面之现代制度,这些制度始于人们对于善的向往,但唯有通过知识才能够得到实现。因此,立宪在相当程度上是一个知识问题。在立国过程中,尤其是在制宪过程中,利益固然十分重要,但知识同样至关重要。对于后发的中国来说,知识则尤其重要。人们信奉什么样的知识,尤其是对于现代的西方、对于中国的传统—现实,持有什么样的认知,决定着人们的希望,决定着人们的现代国家想象。

《中庸》曾区分过“或生而知之,或学而知之,或困而知之”,[1]这里且不论生而知之,至少在现代中国,我们会看到,现代自由主义知识分子及激进革命者似乎都属于“学而知之”,这两者似乎都迷信某种西学,并不管中国的状况而实施之。这是因为,这两类人物似乎都具有强烈的文人倾向。他们的事业分为两个阶段:知识的认定与学习阶段,由此,他们经常倾向于把知识变成信仰;随后则是实践阶段。知识与实践被截为两橛,两者之间不存在循环往复的互动关系。

与之相反,张君劢的立国之学则似乎属于“困而知之”。他对于立国的知识之探求来源于实践的困惑与需要。他是基于政治地立国的实践意识而寻求知识的,因此,可以说,即便他在引入西学,但也不是在获取现成的知识,而在发现和创造新知识。因为,当下的中国的政治地立国的实践,虽然可能在本质上与西方的立国、与欧战后西方的大变动,有某些相同、相通之处,但终究,这一事件是独一无二的。因而,他所需要的解决这一个立国问题的知识,其实是尚不存在的。在张君劢那里,是不存在所谓的政治常识的。他的实践所需要的知识有待于他自己去

[1] “或生而知之,或学而知之,或困而知之,及其知之一也。或安而行之,或利而行之,或勉而行之,及其成功一也。”

创造。因为此,他始终强调立国的选择之主体性、思想力。为了获得这种并不存在的知识,他深入中西古今之各个传统—现实内部。不管是西方还是中国的思想、政制传统,都被张君劢拆解、辨析,然后重新组装。既有的知识,都是他进行思考、创造的原材料。由此他所发现和创造的知识,当然是一种从前并不存在的新知识。尽管就其构成要素看,其中多是既有的材料,但这些材料已经被重新组装,被安置于一个新的结构中,从而具有了新的意义。

当然,由此获得的知识,自然地具有实践的内在趋势。张君劢之思考、发展政体理论,就是为了进行宪法设计。张君劢之思考政党的组织、功能,思考政党伦理,就是为了从事政党政治。张君劢的立国、立宪的实践,乃是以知识为依据的,而非盲目的冲动,也非理想的放纵。

也就是说,实践促使张君劢可以从实践的过程中反身思考知识,以一种实践者的心态寻求知识的修正或完善。反过来,他发现和创造知识的过程同时也是实践的过程。因此,在张君劢那里,知识与实践之间呈现为一种循环往复的关系,知识和实践都呈现为一个连续的、交织的过程。张君劢的立国之学从其被构思之时期,就是因实践之困而起的,因而自然也就具有可实践性。

张君劢虽然是学者,但他的思考比起纯粹学术指向的思考又明显不同。同样,张君劢虽然是政治家,但他的政治实践活动又与一般政客或者革命者大不相同。知识让张君劢可以从理智的角度理解政治,实践让张君劢可以从政治的内部观察政治。

当然,除了知识与价值外,在张君劢心智中,价值或者说道德,也是同等重要的一个维度。而张君劢倡导新宋学之复活的思想,实为其立国的实践所催生者。因为民国初年之立国努力遭遇失败,在欧洲有眼见作为中国立国之学习榜样的欧洲发生翻天覆地的变化,而在国内,五四运动与新文化运动也已经极大地改变了文化与社会图景,当此之时,仍然具有明确立国意识的张君劢不能不深思,中国的立国实践当从何处入手,在已经进入立国的现代时期,当做怎样的抉择?由此,张君劢进入专业的哲学领域;更重要的是,由此,张君劢关于立国主体的思考,从平面的、给定的国民,进入到更深层次的心性层面,所谓"心性之发展,为形上的真理之启示,故当提倡新宋学"[1]。他从一位无哲学的立宪者,成长为以哲学为本的立国者。而这种哲学一方面指在解决立国之思考方式问题,更重要的是为立国、立宪提供动力,提供规范。这种动力和规范就在他所想象的宋学中,也即传统的道德修养工夫,及由此所体认之义理与道德觉悟。

这样,道德、知识与实践的循环往复,就陶铸了一种立国者的"技艺理性"。这种技艺理性是理性的,因而当然借助于理论理性,但又具有强烈的实践意向,并且借助于经验的积累。同时,这种技艺理性既是理智的,也是道德的。因此,张君劢的立国之学,就不是学院式学问,不是教授的政治学,也不是文人的雄辩;张君劢的立国之学既具有实践的指向,也具有一种道德的温润。据此,张君劢所进行的实践是理想的,他知道自己是在创造一种新秩序,他拒绝向旧秩序妥协;但同时,他的行动又是审慎的、节制的,他知道自己的行动是有些边界的。他是勇敢的,但拒绝放纵。

正是凭借这种技艺理性,张君劢的心灵始终面向立国,并且与立国之道相逢而笑。他不仅体认了、融入了儒家圣贤相传之"道",也丰富了这个道,促成了这个道在现代之实现。

三、现代中国的保守—宪政主义传统

张君劢以立国之"道"来命名自己建立现代国家的纲领,大有深意焉。朱子于《中庸章句序》中首倡"道统"之说,此道统体现于尧、舜、禹、汤、文、武、周、召的身上,"以天下之大圣,成天下之大事"。这些理想人物既有圣人之德、圣人之学,又有圣人之行。但孔子虽有圣人之德,却

---

[1] "再论人生观与科学兵答丁在君",《张君劢卷》,第661页。

不得君师之位以行其政教，乃成“道学”。此为华夏文明一大转折。此后两千多年，道统与政统分立——至少是部分地，中国因而历史地存在着君主专制政制，对此，张君劢及其他现代新儒家人物均予以严厉抨击。

至现代民主宪政理念引入，现代新儒家自认已找到使道统与政统再度合一之可能——张君劢、牟宗三、徐复观等人都曾再三论述这一点。[1] 牟宗三在讨论中国文化新外王之构建时指出，“中国文化生命之特色是‘理性之运用表现’，而缺乏了‘理性之架构表现’”。[2] 此处所谓“理性”就是“人格中的德性”，而其运用表现(functional presentation)就是“此德性之感召，或德性之智慧妙用”。从政治方面说，则理性之运用表现便是“儒家德化的治道”。[3] 换言之，理性的运用表现，就是由内圣直接推出外王，或者简直可以说就是直把内圣当外王。中国古代政治在政体上是不民主的，但在内容上却是民主的。[4] 换言之，有自由、平等之精神取向，却没有实现这些价值的具体的政治与法律安排。也有致知之心，却无科学体系之安排。被牟宗三称为“理性之架构表现(constructive presentation)”者，就是现代西方的科学与民主政治[5]，而这是为中国文化所缺乏的。因而，中国文化只有治道而无政道，换言之，外王面严重不足。准此，牟宗三先生提出，“儒家学术第三期的发展，所应负的责任即是要开这个时代所需要的外王，亦即开新的外

---

[1] 比如，可参见牟宗三、徐复观、张君劢、唐君毅1958年的《为中国文化敬告世界人士宣言》第九节，《中国文化之发展与民主建国》，此处云：中国文化之道德精神与存在了两千年之君主制度之间有根本矛盾，“而此矛盾，只有由肯定人人皆平等为政治的主体之民主宪政加以解决，而民主宪政亦即成为中国文化中之道德精神自身发展之所要求。今日中国之民主建国，乃中国历史文化发展至今之一大事业，而必当求其成功者，其最深理由，亦即在此”，《中西印哲学文集》，下，第883页。

[2] 《政道与治道》，第39页。

[3] 《政道与治道》，第40~42页。

[4] 《政道与治道》，第104页。

[5] 《政道与治道》，第44页。

王”,[1]即科学与民主政治。而民主政治之关键,乃是树立民主之政道——事实上,在牟宗三看来,民主政制是唯一可能的政道。[2] 民主政制可分为两层制度,底层为“维持政权(维持其本性与实现其为集团所共同地有或总持地有)与产生治权之制度(即宪法,政道),则为骨干、根源或第一义之制度”,第二义之制度则为由此派生出来之治道。[3] 现代中国民主建国之关键,正在于建立民主之政道,制定民主宪法并使之正常运转。

张君劢构思了以民主宪政为骨干的现代中国的立国之学,且积极地实践之,即大有古圣王之庄严精神在。张君劢的立国之学与立国之行,就是在构建现代中国之新道统—政统。张君劢曾自称,自己的立国之道“体大而思不精”,[4]但是,把他的这个规划及他的实践置于现代中国历史中就可以发现,这确实属于立其大者的构建现代国家之大道。

张君劢以儒家之身份,成为现代中国最活跃之制宪者。这是一件具有重大象征意义的历史事实。事实上,张君劢的人生形态,似乎以现代立国的事业为《大学》下移注脚。“大学之道,在明明德,亲民,在止于至善”,这是一个追求善治的基本纲领,而在现代,这个善治就是宪政之治;格物、致知,正心诚意,修身齐家,治国平天下的纲目,则是实现制度变迁的次第纲领,既指示了德性、知识与行动不可偏废的个人行动规范,也指示了一种通过个人的道德觉悟,转移风气、由小及大、由近至远的制度变迁路径。

于是,我们似乎可以说,《大学》作为“大人之学”,提出了一个基于个体的道德觉醒与政治责任的制度变革理论。放到现代建国的语境中,这种制度变迁理论似乎是一种最为可信的宪政制度构建理论。它

[1] 《政道与治道》,新版序,第8页。关于这一点,《为中国文化敬告世界人士宣言》第八、九节有更系统之阐述。

[2] 《政道与治道》,第18~19页。

[3] 《政道与治道》,第20页。

[4] 《政制与法制》,凡例。

与民主政治之间存在着一条相当平滑的转换通道。它主张积极的公民，强调公民的责任心、公民美德、公共精神，它鼓励国民的参与，而且，它指示这种参与可以是多向度的、多层次的，没有任何东西可以全面地剥夺参与的机会。因而，哪怕是在专制的旧秩序下，通往现代国家之路也总是开放的。

换言之，儒家修己治人、化民成俗的心智结构，借助于关于现代国家之制度的新知识，完全有能力承担立国的责任。事实上，很可能，在所有社会群体中，具有这种心智的人，最有从事建国事业之精神与道德资格。历史似乎也证明了这一点。张君劢一方面倡导新宋学之复活，另一方面积极从事民主政治实践。这一事实提醒我们，在这两者之间必然存在内在联系。如果我们抛开某些成见则确实可以发现，在现代中国历史上存在着一个以儒家为基底，致力于建立现代国家的保守—宪政主义思想与政治传统。

现代中国之立国，必须完成立教、立法、立宪，对于后发国家来说，最大的挑战即在于处理在西方历史中所形成的政治、法律制度安排与本土历史地形成的文明传统之间的关系——这个传统其实也是试图立国的共同体的现实。对于中国所有致力于建立现代国家的人士来说，处理古今中西的关系必然是最棘手的问题，但也是自身方案成败的关键所在。

秉持不同价值的立国者对此采取了大不相同的处理策略。本书主要关注那些旨在追求自由的理念和社会力量在处理古今中西，处理舶来之宪政制度与中国传统—现实间的关系的模式。因为，对于寻求信奉宪政理念的人来说，处理古今中西关系的难度可能最大。相对于军事独裁、威权主义或革命，自由的诉求要更为西方，也更为现代，那么，中国传统—现实与自由的理念、制度之间，究竟应当是一种什么样的关系？对此问题，同样具有自由诉求的人们，比如，张君劢与胡适，作出了不同的回答，由此而形成了现代中国历史上与自由相关的两个思想和政治传统：现代自由主义传统与保守—宪政主义。

关于现代中国的自由主义,已有很多研究。关于现代中国保守主义的谱系,人们通常将其与新儒家紧密联系在一起,而又略为广泛,[1]余英时先生在《陈寅恪的学术精神与晚年心境》一文中则有一个简单而深刻的勾勒:

> 研究二十世纪中国思想史的人往往只注意所谓进步与保守两种极端的倾向;前者以西方为楷模,后者则坚持中国文化自具系统,不必也不能舍己从人……但事实上,中国现代思想界并不能如此简单地一分为二。在所谓"进步"与"保守"的两极之间,还有一大批知识分子对中西文化问题不持笼统之见、极端之说。他们一方面承认西方文化确有胜于中国传统而为所必须吸收之处,但另一方面则认为中国文化自有其特性,外来思想也要经过改变然后始能适合中国环境而发生作用。但是由于他们不相信任何简单的公式可以解决文化问题,他们的基本立场和观点无法由一两句响亮的口号表达出来,因此也就不为一般读者所知。就我个人所知,如吴宓、萧公权、汤用彤、洪业诸先生都可以归在这一类知识分子之中,而陈先生更是其中比较突出的代表人物。[2]

余英时所说的与激进(radicalism)相对之"保守",更恰当的说法是"守旧"(traditionalism),位于激进与守旧两个极端之间的中道立场更恰当的称呼是为"保守主义"(conservatism),即英国大哲爱德蒙·柏克基于英国文明演进过程而概括出的那个理念、价值体系。余英时在这里标举出了中国的保守主义思想传统。笔者对此概念予以扩充,将其延

---

〔1〕 可参见傅乐诗等:《近代中国思想人物——保守主义》,周阳山、杨肃献编,时报文化出版事业有限公司 1980 年版。

〔2〕 余英时:《陈寅恪晚年诗文释证》,东大图书 1998 年版,第 8 ~9 页。

伸到政治领域，而提出现代中国保守—宪政主义传统这个概念，用以描述现代中国历史上的一种以儒家心智为基底，而致力于现代国家构建的思想与政治力量。

按照张君劢的说法，这个传统甚至进一步可以上溯至曾国藩：

曾国藩的一生差不多经历了整个十九世纪。他喜爱中国文化传统。他属于保守派，但不会不知道可从外来文化吸收良好的东西。他重新调适对新世界地位的方式，是开明的和进步的。虽然他没有机会访问西方世界；可是，却间接指导西方教育制度、政治制度、技术和科学。他是建立中国现代化基础的第一人。[1]

这里的现代化不仅仅是指引入现代技术，他在现代化方面的可见的事功确实表现于这一方面，

但是，这并非表示曾氏对西方的民主政制一无所知。对于这一点，我不能举出一些直接证据，但是，我们至少可以假设，如果有人向他解释民主政治的基础精神是爱民，那么，他一定会了解。我们也可以从曾国藩友人，一八七七年驻英公使郭嵩焘的正式文件来证明。郭氏在其向政府报告中说，英国巴力门是代表民意的机关，有似中国古代的公议公决制度。

最后，我要告诉大家，曾国藩是第一个要儿子（曾纪泽）学习英文和西方科学知识的中国人……[2]

另根据陈寅恪先生的梳理，19 世纪末变法之论哄起，

---

〔1〕“新儒家思想史”，《中国现代学术经典·张君劢卷》，第 558 页。

〔2〕“新儒家思想史”，《中国现代学术经典·张君劢卷》，第 559 页。

当时之言变法者,盖有不同之二源,未可混一论之也。咸丰之世,先祖[指陈宝箴]亦应进士举,居京师。亲见圆明园干霄之火,痛哭南归。其后治军治民[陈宝箴曾任湖南巡抚,主持变法新政],益知中国旧法之不可不变。后交湘阴郭筠仙侍郎嵩焘,极相倾服,许为孤忠闳识。先君[陈三立]亦从郭公论文论学,而郭公者,亦颂美西法……至南海康先生[康有为]治今文公羊之学,附会孔子改制以言变法,其于历验世务借镜西国以变神州旧法者,本自不同。[1]

应该说,这一"历验世务派"与曾国藩有密切关系,比如曾经对英格兰议会制度大加称赏的郭嵩焘。

这一派是厌恶康有为之附会张狂的非常可怪之论的。陈宝箴在举办湖南时务学堂的时候,聘任梁启超为导师,而拒绝了康有为。但是,康有为的公羊学自有其伟大的价值,它是产生了道德和政治自觉地儒士在新的历史情势下对儒家经典进行的最为大胆的宪政主义解读。康有为承续了公羊学传统,因而才能够像汉儒那样产生一种"宪政主义的想象":他把开国会、建立君主立宪制度的宪政理想第一次明确地表达出来,从而上接董仲舒的"天道宪政主义"理念,[2]引入西方宪政理念,而把维新发展成为一种触及制度根本的立宪、更化、改制。这是"历验世务派"的心智所不敢触及的。

清代儒家道德与政治自觉的两条不同线索汇集于梁任公身上。牟宗三先生称任公、张君劢先生"对于民主政体建国的政治意识,一生信

---

〔1〕 陈寅恪:"读吴其昌撰梁启超传书后",见陈寅恪:《寒柳堂集》,第148~149页。

〔2〕 关于这一点的简单论述参见拙作"'大一统'理念辨析",载《学海》2008年第6期。

守而不渝”,[1]将任公作为民主政体建国之正宗政治传统的开创者,可谓慧眼独具。当然,在清末立宪运动中与梁任公内外呼应的张謇等立宪党人,也都在这一保守—宪政主义传统内。

梁任公以其人格魅力聚集了一批青年人,他们形成了一个“梁启超派士人群”。[2] 包括张君劢、张东荪、丁文江、蒋百里、林宰平等,后来还有曾琦、李璜。这些人士有一个突出特征,他们同时活跃于“政治国”、“学问国”两个世界。尤其值得重视的是,张君劢、张东荪等创建了国家社会党,曾琦、李璜等人领导国家主义派,后来成立中国青年党。这两大党成为三十年代之后从事民主政治的主要政治力量,并共同推动完成了1946年的制宪。除此之外,梁漱溟同样以儒家身份积极参与政治。

在较为纯粹的思想学术领域,除余英时所举的王国维、陈寅恪、吴宓、萧公权之外,也可包括牟宗三、徐复观、唐君毅等现代新儒家,另外,稍年轻一代之周德伟、余英时、林毓生、韦政通等先生似乎也属于这个传统——关于这一点,还有待于更仔细地研究。

笔者目前尚无力对这个保守—宪政主义传统进行完整的研究,但似乎可以看出,张君劢在这一传统中居于某种承上启下的地位。[3] 在政治思想上,张君劢上承梁任公“政治革命”传统,[4]而坚持立宪、立国之政治进路。在现代新儒家历史上,张君劢与梁漱溟、熊十力为一代,于20年代首倡新儒家;随后又到港台,与钱穆、牟宗三、徐复观相过从,如有论者所说,“张君劢事实上是唯一跨越两个世代的新儒家”,且融合

---

〔1〕“中国数十年来的政治意识——寿张君劢先生七十大庆”,《张君劢先生七十寿庆纪念论文集》,第30页。

〔2〕这个概念受章清教授提出的“胡适派学人群”的启发,见章清:《“胡适派学人群”与现代中国自由主义》。

〔3〕程文熙曾撰文,详尽阐述从康有为到梁启超到张君劢之间思想上的连续性,见“张君劢先生的政治思想:从变法维新到民主社会”收入,《张君劢传记资料》。

〔4〕梁任公关于政治革命的论述,主要见其于清末与革命派的论战中,当时所针对的是排满之“种族革命”。但1927年,当北伐声势极盛之时,任公对于党人所鼓动之“社会革命”极为震惊,这一点可见于丁文江、赵丰田编:《梁启超年谱长编》,第十二册,1927年部分。

德国哲学、宋明理学与民主政治于一炉者,不是梁、熊,而是张君劢,因而,“直到张君劢,新儒家思想的发展方向才算确立,新儒家的面貌也才浮现出来”。[1] 张君劢《立国之道》最后一篇《我人思想之哲学背景》,由张君劢“拟成大意,由牟君宗三代为写成”;[2] 牟宗三也承认,自己关于政治的思考受启发于张君劢,[3] 新儒家之新外王实发端于张君劢。因此,笔者相信,对张君劢思想进行深入研究,有助于把握现代中国历史上的保守—宪政主义传统之基本特征。

粗略观察即可发现这个保守—宪政主义传统的一个令人惊讶的特征:政治上的宪政主义与文化上的保守主义在张君劢身上毫无冲突,反而相互支持。张君劢所努力者,既不是单纯地从文化、知识的角度考虑保守、复兴儒家传统,也不是仅仅致力于建立一种与文化无关的现代宪政制度建设。相反,他试图同时追求这两个目标。而他成功了。

毫无疑问,张君劢知道,现代国家是一种新秩序,中国的现代国家更是进入新的世界的新秩序。但是,在张君劢的立国规划中,中国的现

---

〔1〕 薛化元:《民主宪政与民族主义的辩证发展——张君劢思想研究》,稻乡出版社 1993 年版,第 3、4 页。在国内,应奇似乎较早注意到这一点,他在 1994 年发表的一篇论文中指出,归总起来,就对当代新儒学理论发展的贡献而言,张君劢在以下两个方面比较突出。首先是相对于梁漱溟在一片西化声浪中打出儒学的旗帜,高扬孔子的地位,张君劢在科学主义甚嚣尘上之时,公开出来捍卫儒家的心性之学,力标宋学,这一重要倾向对后来新儒学运动的影响至深且巨,因为当代新儒学的许多关键性理论构造主要是通过对标志心性之学大盛的宋明理学的重新疏解而表达出来的,其次在当代新儒学诸大家当中,张君劢比较早地开启了将儒学和德国理想主义尤其是康德哲学相互比观这一有决定性的方向,因为当代新儒家在本体论上对儒学进行重构,这主要是通过借鉴康德哲学而完成的,张君劢在这两方面无疑是开先河者。

就政治思想而言,由于张君劢在理论和实践两方面都具有比较丰富的资源,因此他较早地在政治哲学层面建立了一个所谓“修正的民主政治”框架,历史的发展把本就很容易随着时间褪色的政治理论冲到一边去了,这一点自不待言,饶有兴味的是,由其一贯的文化立场发展而来,亦由于对现实政治的失望,张君劢在晚年一再谈到从中国文化自身中伸展出民主政治的要求,这一点也成为当代新儒家们反复申论的主题,应奇:“论张君劢的政治哲学”,《浙江大学学报》,第 8 卷第 2 期,1994 年 6 月,第 38 页。

〔2〕 《政制与法制》(即《立国之道》),凡例,清华大学出版社 2008 年版,第 11 页。

〔3〕 牟宗三自述:“君劢先生尝谓予曰,中国以前只有吏治,而无政治。此语对吾影响甚深。吾乃知以前君主专制之不行,民主政体之进步。凡吾今日对于政治所有之一点知识,皆先生之所赐”,牟宗三:“中国数十年来的政治意识——寿张君劢先生七十大庆”,收入《张君劢先生七十寿庆纪念论文集》,第 30 页。

代国家不仅是新,同时也是旧的。新与旧并存着,但不是两相凑合,而是构成了一个有机体。

放宽视野,现代历史上,对于可行的宪政最为忠诚并全身心投入者,似乎都是具有儒家倾向之现代绅士。有些人确实忠于自由的价值,但拿不出可行的宪政方案。有些人具有行动的勇气,但缺乏理智的支援。还有些人则根本就放纵激情。儒家心智则似乎支持者又约束着保守—宪政主义者。这一历史事实似乎证明,儒家确实具有转生出新外王之可能性,儒家的内在道德精神确实可以在历史过程中合乎逻辑地通往宪政。这一历史事实同时证明,由心性之学所养成之人格,也确实能够为立宪事业提供精神支持。

四、理解"自相矛盾的"张君劢

我们比较详尽地讨论了张君劢为了建立现代国家而进行的思考。张君劢尽管从青年时期起,即关注此一问题,不过,基本上,到第一次世界大战后期及之后,在欧洲的见闻及学习,促使张君劢的思想趋向成熟,其思想的基本结构在那之后便无太大变化。

张君劢从欧洲的角度反观中国,在欧洲他观察到的是西方世界自身的剧烈变化,从政治、社会、经济结构,到社会风气、思想、哲学,乃至文学、科学。此一变化对张君劢后来的思考产生了双重影响:首先,张君劢清楚地意识到了西方世界的多样性、复杂性及其内部冲突,因而,中国如果要继续学习西方进行现代化事业、建立现代国家,则中国人必须在这个自身已经分裂而冲突的西方中间进行审慎的甄别、抉择。其次,西方世界一致性在张君劢心目中的终结——当然在此之前也本来就不存在这样的一致性,只是中国人对此缺乏了解——也使中国文明的价值在张君劢的文化对比之天平上抬了起来,从而进入张君劢的思考范围。张君劢惊奇地发现,西方世界最时髦的哲学,竟然与中国传统儒家主流思想有某种契合之处。

于是,古今中西都进入了思考建国问题的张君劢的思考范围。置身于此复杂情势中,主体性的问题相当紧迫地呈现出来。张君劢在表明其思想成熟的人生观论战及晚年带有政治思想遗嘱性质的《老当益壮之自白》两篇文章,都相当自豪地提到了自己处理哲学、政治等问题态度,前者谓,“不以时俗之好而为之……不以时俗之不好而不为”;[1] 后者云,“但知读书以求其理之当然而可行者,若夫‘刘季之好大言’,以新奇以夸大为取悦众人之计,为我之所不能为”。[2] 这既是他个人之治学处世态度,同时也是他认为中国在多变而复杂之世界中所应取之立国心态。

既然中国所处之世界,从时间和空间维度上看均如此复杂,张君劢自然也就相信,中国人建立现代国家的事业不可能照搬任何现成的模式、结构,既不可一成不变地延续传统,更不可原封不动地模仿某个西方。既然世界如此复杂,则“正确而可行”的国家结构就不是给定的,而是有待于发现、创造的。据此,张君劢反复强调,现代中国只能由生活于当下的中国人发挥其精神自由创造。中国人需要在自由主义、法西斯主义、集体主义等政制的夹缝中创造出新政制;中国人需要在多样的传统与同样多样的西方之间创造出新文化,中国也需要在多样的中西哲学传统之间创造出新哲学,如此等等。

于是,有人以为,张君劢是自相矛盾的。事实上,在张君劢身上所能看到的“自相矛盾”是多重的:

第一,在文化与哲学方面,张君劢在介绍、研究西方哲学,尤其是德国哲学的同时,又研究宋明理学,从而成为现代新儒家的一位代表人物,且成为唯一横跨新儒家第一期、第二期的人物。据此,张君劢被人毫不犹豫地归入守旧的潮流,所谓“玄学鬼”是也。但另一方面,张君劢却始终强调个人之精神自由及创造性对于中国文化发展的决定性意

---

〔1〕《张君劢卷》,第661页。

〔2〕《中西印哲学文集》,上,第155页。

义。就这一点而言,与胡适等人的主张并无区别。

第二,在政治方面,张君劢始终坚持民主政体建设之目标,两度起草宪法草案,并在国民党建立一党专政之独裁政权时,成立政党,冒着极大风险从事立国政治。然而,他所起草之宪法,却始终不是完全合乎西方的范本。在政治哲学思考中,他时时强调“国家”的重要性,因而有人甚至称他具有“极权主义”倾向,最客气的说法也是,他具有集体主义倾向。然而,他又从来十分坚决地抨击一切反自由的理念和政制。

第三,张君劢具有浓厚的社会主义倾向,他始终坚持社会主义的经济与社会理想。然而,他又始终坚定地反对激进的社会主义思想,反对剥夺私人财产,反对群体间你死我活的斗争。

表面看起来,这些是自相矛盾的。我们在前面已经从立国的角度,对某些貌似的自相矛盾进行了辨析。这样想补充的是,人们之所以断言张君劢“自相矛盾”,实在是因为,在中国,人们对于“保守—宪政主义”向来缺乏认真的思考与深入的理解,这些所谓的“自相矛盾”,其实正是保守—宪政主义的基本特征,也是其在现代世界中的价值之所在。

在当下的知识和政治世界中,这个保守—宪政主义传统隐而不彰。之所以如此,诸多论者之所以无法理解张君劢或现代中国保守主义的逻辑而指其为自相矛盾,可能是因为,现代自由主义过于深入人心了。现代中国思想史上,主张儒家复兴者通常是反对自由主义的。张君劢与胡适等人展开的科学与玄学大论战,就是保守—宪政主义与自由主义在哲学上的一场论战。在台湾,徐复观与殷海光之间的论战,同样是保守—宪政主义与自由主义之间在更广泛领域内的论战。

中国保守—宪政主义者之反自由主义是容易理解的,因为现代中国的自由主义乃是启蒙主义的,其最引人注目的纲领正是全盘性反传统主义,而这是保守—宪政主义者所不能接受,也不能理解的。基于这些事实确实可以说,保守—宪政主义是反对自由主义的。

但这绝不意味着,保守—宪政主义是反自由的。这也不等于说,主张复兴儒家传统者就拒绝宪政。事实上,如张君劢、梁漱溟及现代新儒家的例证所表明的,儒家与宪政主义之间似乎有一种特别的亲和力,现代新儒家念兹在兹是在中国建立民主政体。保守—宪政主义者对自由的价值的认知,并不亚于现代中国之自由主义者;对宪政的制度性、具体性之理解,甚至超出自由主义者。保守—宪政主义者相信,在中国建立具体的宪政制度,是一件复杂的工作,因而也需要复杂的头脑去应对。由此,他们的理念结构中存在着自相矛盾。

相比之下,现代中国的自由主义的逻辑是单纯的。这一点,只要从自由主义的宪政学术之匮乏就可以看出来。自由主义始终在张扬自由的价值,传播宪政的常识。这两者对于立宪的政治当然是十分重要的,但对于立宪的事业来说,光有这两者是不够的。因为,立宪的政治需要集体行动,需要解决集体行动的困境,而制宪的事业需要制度的构建。更不要说,中国人所面临的任务超出了立宪的范畴,而是要构建现代国家,这包括构造或者再造精神秩序。而现代自由主义的价值对于立宪、立国的事业来说,可能是超前的。它的大多数思想文化主张是非政治的,其后果是反政治的。因为这一内在的逻辑,自由主义基本上没有意识到政治的重要性,从而未能准确而全面地理解立国事业的内涵。保守—宪政主义却正是以其貌似的复杂性和自相矛盾,相对全面而准确地把握了立国之道。

第一,现代国家本身就是一个极其复杂的制度体系。我们曾经将现代国家简化为宪制、法律、文化三个领域,立国者必须就各个领域的制度给予合理的设计,同时又确保各个制度之间的适应、接合。而这一目标就规定着立国的过程之复杂性,乃至自相矛盾性。建立现代国家对于一个共同体来说,意味着秩序的新旧交替。这个秩序的重建,涉及方方面面,因而必须以复杂的心灵去面对它。有的时候,也必须容忍自相矛盾。比如,所有人都有权参与制宪,包括曾经的专制统治者。如果不能容忍这种非整齐划一的特征,盲目追求逻辑的一贯,则建国事业必然出现偏差。

第二,立国者所应面对的是立国问题,而建立现代国家的活动大大地不同于现代国家建立之后人们在该现代国家框架之内的活动，举其中之政治言，立国的政治完全不同于宪政框架建立之后所展开之常规政治。相对来说，常规政治的规则是较为简单的，而立国政治却很难有明确的规则，其中充满了复杂性。而唯有高超的政治智慧，方能应对这一使命。而这种智慧超出了理论理性的单纯逻辑，而需要从事立国政治的人们的历史感、经验与政治创造性。

第三，立国之核心是在各个领域建立其基本的游戏规则，此一过程意味着社会各个领域之基本结构、人们之间的权利、利益分配格局将发生巨大变化。宪政主义建国事业与此前一切建国事业的根本不同在于，它承认，每个人、每种利益都有表达自己关于宪政之想象的道德与政治权利，也都有资格要求新建立宪法和法律保障自己的合法的或者正当的力量，而不容许在建国过程中存在任何不正当的剥夺。因此，建国的事业意味着利益的妥协与并存。建国者必须妥善地平等保护各种正当的利益，而不是按照一个单纯的原则重新全盘安排利益。与后者相比，前者当然是一项更为复杂的事业。

第四，宪政主义的立国的主体同样是复杂的。大体上，守旧主义者根本就拒绝立国；激进主义者则倾向于设想立国者在现有社会结构的边缘或之外，比如自由主义设想其为启蒙文人，激进革命运动的理论家则设想其为革命者，他们都不受既有社会结构及其内在价值、道德的约束，而按照理性或者历史的指示，从社会之外进行变革，这种变革通常体现为先破坏后建设的两阶段论式。这样，普通国民就是立国之被动的对象，而非主体。此所谓外在立国之道。保守—宪政主义者却相信，现代立国不是天国的降临，而是固有文明之生命的自我更新，乃是社会的自我演进。因而，保守主义设想变革的主体是国民，具体来说，是社会结构内部的精英——绅士，以及绅士中的精英，思想家与政治家。现代国家不是历史地出现的，而是由这些立国主体构建出来的，这些立国主体则当然是成长于旧秩序之中，而不可能来自于旧秩序之外，也无人可以声称自己在一切秩序之上。因而，从主体的角度看，宪政主义的建国的事业必然是在断裂中保持了连续性,理解这种连续性,乃是立国成功的关键。

第五,既然立国是一项十分繁难的工作,则在立国过程中,知识、道德、意志同等重要。唯有借助外部的新知识,中国人才会克服制度设计的知识难题,走出传统的治乱循环轨道。强烈的道德意识能够激发政治家、绅士超越短期利益成本计算,从而进行制定游戏规则的活动。而同样是这种道德意识,又约束着人们的活动,使之不至于变成打天下的纯粹情欲冲动。因此,一切都在互动地同步生成过程中,处于生成中的道德支持着、同时也约束着现代法律、现代政制的生成,后者又为道德之更化提供了空间。知识、道德、意志之间的这种互动关系,决定了立国不可能是一种与过去的断裂,而必然呈现为新旧交错的情形。

总之,现代国家就是在具有自觉性的人与既有的制度的互动中逐渐形成的。保守—宪政主义所构想的立国过程并无破坏的环节,相反,立国更类似于有机体的新陈代谢过程,自始至终都是在从事建设。在建设过程中,不合理的制度、规则、价值被自然地放弃。保守主义致力于造出一个新中国,但这个中国并不与旧中国断裂,并非形成于虚空之中,而是“中国文化生命”的自然生长,尽管这个“自然”已带有强烈的人为性。新的国家是新与旧的混杂。此所谓内在立国之道。

换言之,保守—宪政主义所设想、张君劢所进行的立国之道,乃是一种宪政地进行宪政革命,合法地、合乎道德地建立现代国家的进路。表面上看起来,这一进路是自相矛盾的。人们一直相信,唯有通过“大”革命的方式——不论是启蒙者还是革命者都梦想着大革命——才能够建立起现代国家,这种大革命意味着超越法律,超越宪制,甚至超越道德约束,从而是与过去的彻底断裂,新国家是一种全新的开端。但这种全新开端其实是不可能的,或者只具有一种伪装的可能性。保守—宪政主义的基本设想却是在给定的社会结构、文化,甚至政制框架内,建立现代国家。它是反革命的,但它所带来或者说它所能带来的,却是真正的革命。

实际上，这种自相矛盾呈现于保守—宪政主义的各个方面：有时，它呈现出守旧的面相，主张不要去专门摧毁传统，打倒孔家店。但有时，保守—宪政主义又呈现出十分激进的面相：新文化归根到底是由共同体的成员创造出来的。它主张，传统政治的具体制度一无足取，但它又主张，儒家思想有其伟大价值。张君劢等新儒家被划入思想史上的保守主义行列之中，但是，他们的思想反而是最有创造力、创新性的。

面对立国任务，这种自相矛盾其实是现实的态度。立国的事业，既需要道德自觉，也需要宪政科学知识，更需要积极的政治活动。现代国家需要具有自己的精神支撑，也需要宪政制度框架。因而，技艺理性是立国者最恰当的思考和实践工具，审慎是对从事立国事业的思想者基本要求，复杂性——从而也就呈现出某种貌似的自相矛盾——则是其思考成果之必然特征。就此而言，张君劢为探究现代中国立国之道留下最为宝贵的智慧，既有理论性智慧，也有实践智慧。

由此，张君劢先生所探究的立国之道，乃是现代中国最健全的立国方案。张君劢所理想之现代国家，就是平等的国民基于某些共同精神因素、通过合理的政治、社会制度结合而成的、有助于个人增进自由和福利的共同体，这是一个文化与政治共同体。所谓文化体现为中国传统，它混入了西方元素，所谓政治则体现为民主制度，但经过了具体化改造。张君劢的卓越之处在于把这两者融为一体。

似乎也正是这一点，让张君劢长期不被理解。张君劢复兴儒家传统与建立宪政制度的双重努力之内在复杂性，对自由主义取向的现代中国思想、政治史讨论的所谓“常识”，构成了一个强有力的挑战：按照现代中国自由主义的基本逻辑，自由的理念与作为传统之代表的儒家理念是相冲突的。但在张君劢的思考和实践中，这两者却融会贯通，各得其所。同时，张君劢还是社会主义者。张君劢实现了宪政主义、儒家与社会主义的相容。在张君劢那里，这三者形成了良性互动关系。这种复杂性超出了自由主义的简单逻辑所能理解的程度，从而导致张君劢的伟大思想没有在自由主义史观的历史叙事中得到应有重视。

跳出自由主义历史观的局限,以更开放的心态来思考,就可能承认,张君劢理论思考与实践已经在推进中国文化生命在现代之健全生长,从理论上说,则为由中国内圣之学开出新外王找到了一条通道。开新外王乃牟宗三为现代儒家确定的基本任务。然而,如何才能够开除民主宪政,更广泛而言,开出现代国家这个新外王?牟宗三指出,中国历史演进之根本困境在于,自三王之后,英雄与圣贤分立,“英雄一格从刘邦开出,圣贤一格从孔子开出”。[1] 前者乃是情欲生命之直接呈现,后者则诉诸理性,后者成就圣贤德性,前者则成就客观功业。两者既已相隔,则纯以打天下之英雄所建立的政体只有治道而无政道,儒家哲人也只能向内用功,而无从建立政道,即无从建立其理性之架构表现,使中国政治徘徊于理性的作用表现而无法继续演进。所谓开出新外王,就须克服主观道德与客观功业或理性与生命之矛盾,其客观的克服之道是:

> 就个人说,须是圣雄:既是圣人,又是英雄,儒者所谓内圣外王也。但此百年不一遇,谈何容易?降格以求,不就个人兼备说,则退而就众志成城之共业说,此亦须先有作理性表现而能见得到之思想家,次须有能认识而承认此理性表现之行动家。众志成城,合而为一圣雄,合而为一内圣外王,此即今日之人权运动、社会运动等所采取之方式也。在运动方式下,于过程中求实现。[2]

也就是说,民主政治运动就是“圣王”在现代形式下之“共业”,牟宗三未曾提及的是,在这里,根本的、首要的、前提性的新外王事业乃是建立“理性的架构表现”之框架本身,也即立宪政治,即牟宗三所说之“民

[1] 《政道与治道》,第83页。
[2] 《政道与治道》,第209页。

主政体建国”之事业。这一事业正是“圣王”的大事业。它是政治的,由思想家、政治家、绅士、国民共同参与。它不是打天下的英雄的情欲生命之自然宣泄,而有圣贤德性提升;它又不是理念之启蒙,而有宏大之本领,此本领之依托就是民主政党。这种现代内圣外王事业之根本目的,是落实“天下者天下人之天下”之道德与政治理想,此为具有伟大道德含义的事功。

综观现代中国历史,唯张君劢避免了生命与理性之偏至,而具有牟宗三所说的“实践的谋国以忠的民主政体建国之政治家的立场”。[1]这里的“实践的”、“谋国以忠的”、“政治家的”等修饰词,个个具有深意。唯有将其置于中西现代立国之思想史和政治史中,方可获得全面而准确的理解。最后我们引用牟宗三纪念张君劢之短文的结尾来结束本书的讨论:

> “先生民主政体建国之政治意识是恰当的。
> 先生自身是一致的。”[2]

---

〔1〕《张君劢先生七十寿庆纪念文集》,第30页。

〔2〕《张君劢先生七十寿庆纪念文集》,第30页。

图书在版编目(CIP)数据

现代中国的立国之道 / 姚中秋著. —北京:法律出版社,2010.8
(法政思想文丛)
ISBN 978-7-5118-1141-7

Ⅰ.①现… Ⅱ.①姚… Ⅲ.①中国特色—社会主义建设模式—研究 Ⅳ.①D616

中国版本图书馆 CIP 数据核字(2010)第 167035 号

法政思想文丛 | **现代中国的立国之道** | 姚中秋 著 | 责任编辑 董 飞 装帧设计 乔智炜

开本 787×960 毫米 1/16　**印张** 33.75　**字数** 443 千
版本 2010 年 9 月第 1 版　**印次** 2010 年 9 月第 1 次印刷
出版 法律出版社　**编辑统筹** 学术·对外出版分社
总发行 中国法律图书有限公司　**经销** 新华书店
印刷 北京北苑印刷有限责任公司　**责任印制** 陶 松

法律出版社/北京市丰台区莲花池西里 7 号(100073)
电子邮件/info@lawpress.com.cn　销售热线/010-63939792/9779
网址/www.lawpress.com.cn　咨询电话/010-63939796

中国法律图书有限公司/北京市丰台区莲花池西里 7 号(100073)
全国各地中法图分、子公司电话:
第一法律书店/010-63939781/9782　西安分公司/029-85388843
重庆公司/023-65382816/2908　上海公司/021-62071010/1636
北京分公司/010-62534456　深圳公司/0755-83072995

书号:ISBN 978-7-5118-1141-7　**定价**:64.00 元
(如有缺页或倒装,中国法律图书有限公司负责退换)